Entwicklung IT-basierter

Klaus-Peter Fähnrich · Christian van Husen
Herausgeber

Entwicklung IT-basierter Dienstleistungen

Co-Design von Software und Services mit ServCASE

Physica-Verlag
Ein Unternehmen von Springer

Prof. Dr. Ing. habil. Klaus-Peter Fähnrich
Universität Leipzig
Institut für Informatik,
Abt. Betriebliche Informationssysteme
Postfach 100920
04009 Leipzig
faehnrich@informatik.uni-leipzig.de

Dr.-Ing. Christian van Husen
Fraunhofer-Institut für Arbeitswirtschaft
und Organisation IAO
Nobelstraße 12
70569 Stuttgart
Christian.vanHusen@iao.fraunhofer.de

Das dieser Veröffentlichung zugrundeliegende Vorhaben wurde mit Mitteln des Bundesministeriums für Bildung und Forschung unter dem Förderkennzeichen 01ISC36 gefördert. Die Verantwortung für den Inhalt dieser Veröffentlichung liegt bei den Autoren.

ISBN 978-3-7908-1943-4   (Hardcover)

ISBN 978-3-7908-2893-1   (Softcover)

ISBN 978-3-7908-1944-1 (eBook)

DOI 10.1007/978-3-7908-1944-1

Bibliografische Information der Deutschen Nationalbibliothek
Die Deutsche Nationalbibliothek verzeichnet diese Publikation in der Deutschen Nationalbibliografie; detaillierte bibliografische Daten sind im Internet über http://dnb.d-nb.de abrufbar.

© 2008 Physica-Verlag Heidelberg, Softcover 2013

Herstellung: LE-TEX Jelonek, Schmidt & Vöckler GbR, Leipzig
Einbandgestaltung: WMX Design GmbH, Heidelberg

Gedruckt auf säurefreiem Papier

9 8 7 6 5 4 3 2 1

springer.com

Vorwort

Im Jahr 2003 erschien unter dem Titel „Service Engineering – Entwicklung und Gestaltung innovativer Dienstleistungen" das Handbuch dieser jungen Disziplin. Die Herausgeber Hans-Jörg Bullinger und August-Wilhelm Scheer vermerkten dabei in ihrem Vorwort:

„Service Engineering – hinter diesem Begriff verbirgt sich mehr als nur ein Schlagwort. Service Engineering umfasst die systematische Entwicklung und Gestaltung innovativer Dienstleistungen. Es ist ein Konzept, das sich als unverzichtbares Instrumentarium sowohl auf strategischer als auch auf operativer Ebene durchsetzen wird. Es richtet sich nicht nur an klassische Dienstleistungsunternehmen, sondern auch an Hersteller von Sachgütern, die ihr produktbegleitendes Dienstleistungsangebot professionalisieren wollen."

Das vorliegende Buch widmet sich der Thematik des Service Engineering in seiner Verbindung zur Informatik, welche in besonderer Weise in die Entwicklungs- und Erbringungsprozesse von modernen Dienstleistungen eingebunden ist. Auf der einen Seite wird durch die die Informatik Software für die Dienstleistungsentwicklung bereitgestellt und die notwendige Arbeit effizient unterstützt. Darüber hinaus fungieren moderne IKT-Lösungen in vielen Bereichen der Dienstleistungswirtschaft als Produktionssystem synonym zur Produktions- und Automatisierungstechnik sowie der Logistik in klassischen produzierenden Unternehmen.

Das Buch summiert dabei die im Rahmen des vom Bundesministerium für Bildung und Forschung (BMBF) geförderten Verbundvorhabens ServCASE gewonnenen Erkenntnisse um ein Co-Design von Software und Services und dokumentiert neben den wissenschaftlichen Erkenntnissen und erarbeiteten Modellen auch die in Betriebsprojekten und bei Praxispartnern gewonnenen Einsichten zur Anwendbarkeit und Umsetzung.

Der Wunsch der Herausgeber besteht in der Fortsetzung der mit dem Grundlagenband zum Service Engineering begonnenen Reihe der Publikationen in einem interdisziplinären Kontext. Wir hoffen, dass diesem Buch in dieser Reihe viele weitere aus dem Blickwinkel der Ingenieurwissenschaften, der Wirtschafts- und Sozialwissenschaften sowie der angewandten Informatik folgen werden.

Wir danken allen Autoren für die Bereitstellung ihrer Beiträge und für die gute Zusammenarbeit. Insbesondere danken wir Herrn Kyrill Meyer und Herrn Oliver Pape für die Zusammenstellung und Betreuung des Manuskriptes. Dem Bundesministerium für Bildung und Forschung (BMBF) danken wir dafür, die Arbeiten ermöglicht zu haben. Dem Projektträger Informationstechnik beim Deutschen Zentrum für Luft- und Raumfahrt (DLR) danken wir für die kompetente, konstruktive aber auch kritische Betreuung des Vorhabens.

Leipzig und Stuttgart im August 2007

Klaus-Peter Fähnrich
Christian van Husen

Inhaltsverzeichnis

Abkürzungs- und Symbolverzeichnis

λ	Gewicht(ung)
AC	Active
ACM	Association for Computing Machinery
AIT	Anteil der gewichteten Kriterien (IT-Anteil)
AMA	American Marketing Association
AML	ARIS Markup Language
API	Application Programming Interface
ARIS	Architektur integrierter Informationssysteme
ASP	Application Service Provider/Providing
AVE	ARIS Value Engineering
B	Bewertung
B2B(I)	Business to Business (Integration)
B2C	Business to Consumer
BFH	Berner Fachhochschule
BI	Business Intelligence
BIS	Betriebliche Informationssysteme
BMBF	Bundesministerium für Bildung und Forschung
BMI	Bundesministerium des Inneren
BPEL	Business Process Execution Language
BPM	Business Process Management
CAD	Computer Aided Design
CAM	Computer Aided Manufacturing
CASET	Computer Aided Service Engineering Tool
CI/CD	Corporate Identity/Corporate Design
CMM(I)	Capability Maturity Model for Software (Integration)
CMS	Contentmanagementsystem
CNC	Computerized Numerical Control
CRM	Customer Relationship Management
CSCW	Computer Supported Cooperative Work
d	Planungs- und Definitionsarbeiten
D	teilfertige Dienstleistung
DFG	Deutsche Forschungsgemeinschaft
DIN	Deutsches Institut für Normung
DL	Dienstleistung
DLR	Deutschen Zentrum für Luft- und Raumfahrt

DMS	Dokumentenmanagementsystem
DSS	Decision Support System
DV	Development
e	Einführungsarbeiten
E	Electronic
EAI	Enterprise Application Integration
EDV	Elektronische Datenverarbeitung
EL	End of Life
EMF	Enhanced Metafile Format
EPK	Ereignisgesteuerte Prozesskette
ERP	Enterprise Ressource Planning
FMEA	Fehlermöglichkeits- und Einflussanalyse
FRAP	Frequenz-Relevanz Analyse von Problemen
FSC	Future Search Conference
G	Grad der IT-Basiertheit
GI	Gesellschaft für Informatik
GUI	Graphical User Interface
HEF	Haupterfolgsfaktor(en)
HMD	Praxis der Wirtschaftsinformatik (Handbuch der modernen Datenverarbeitung)
HSG	Hochschule Sankt Gallen
HTTP	Hypertext Transfer Protocol
IAO	(Fraunhofer-)Institut für Arbeitswirtschaft und Organisation
ID	Identifikationsnummer
IEEE	Institute of Electrical and Electronics Engineers
IHK	Industrie- und Handelskammer
IJPE	International Journal of Production Economics
IKB	Deutsche Industriebank AG (vormals: Industriekreditbank AG)
IKT	Informations- und Kommunikationstechnik
IM	Information Management
IP	Internet Protocol
ISO	International Organization for Standardization
IT	Informationstechnik
ITIL	Information Technology Infrastructure Lbrary
ITSM	IT-Service Management
IuK	Informations- und Kommunikations…
IWi	Institut für Wirtschaftsinformatik
J2EE	Java 2 Enterprise Edition
JSP	Java Server Pages
k	Beteiligung des Kunden
K	Kriterium

KBSt	Koordinierungs- und Beratungsstelle der Bundesregierung für Informationstechnik in der Bundesverwaltung
KI	Künstliche Intelligenz
KJ	Jiro Kawakita (entwickelte die KJ-Methode)
KMU	kleine und mittelständische Unternehmen
KoopA ADV	Kooperationsausschuss Automatisierte Datenverarbeitung Bund, Länder und Kommunaler Bereich
KPI	Key-Performance-Indikator
LMS	Lernmanagementsystem
LOM	Learning Object Metadata
MDA	Model Driven Architecture
MMS	Multimedia Solutions
MS	Microsoft
NPO	Non-Profit Organizations
OLAP	Online Analytical Processing
OO	objektorientiert
OOPM	Objektorientiertes Projektmanagement
ORS	Operational Services
OSCI	Online Services Computer Interface
OWL	Web Ontology Language
PDM	Produkt-Daten-Management
PeP	Produktentwicklungsprozess
PKI	Public Key Infrastructure
PLM	Product Lifecycle Management
PO	Phase Out
PoS	Part of Speech
PPM	Process Performance Manager
PPS	Produktionsplanung und -steuerung
PRS	Product Related Services
PSM	Professional Service & Solution Management
q	in einer Phase umzusetzende Anforderungen
QFD	Quality Function Deployment
QoS	Quality of Service
RDBMS	Relationales Datenbank Managementsystem
RDF(S)	Resource Description Framework (Schema)
RKW	Rationalisierungs- und Innovationszentrum der Deutschen Wirtschaft
RoI	Return on Investment
RTSC	Real Time Strategic Change
RUP	Rational Unified Process
SAGA	Standards und Architekturen für E-Government-Anwendungen
SAKD	Sächsische Anstalt für kommunale Datenverarbeitung

SCM	Supply Chain Management
SCORM	Shareable Courseware Object Reference Model
SCR	Service Classification Recommendation
SCS	Service Component Specification
SEI	Software Engineering Institute
SLA	Service Level Agreement
SOA	Serviceorientierte Architektur(en)
SOAP	Simple Object Access Protocol
SPMM	Service Provider Maturity Model
SPS	Service Product Specification
SQL	Structured Query Language
SSCL	Service Specification and Configuration Language
SW	Software
SWOT	Strengths Weaknesses Opportunities Threats
t	Tests (als Achsenbeschriftung: time)
TCO	Total Cost of Ownership
TILMAG	Transformation idealer Lösungselemente durch Matrizen der Assoziations- und Gemeinsamkeitenbildung
TQM	Total Quality Management
UIMS	User Interface Management System
UML	Unified Modeling Language
URI	Unified Resource Identifier
VDI	Verein Deutscher Ingenieure
VR	Virtual Reality
W3C	World Wide Web Consortium
WAN	Wide Area Network
WBT	Web Based Training
WSDL	Web Services Description Language
XML	Extensible Markup Language
XTM	XML Topic Maps
YAWL	Yet Another Workflow Language

Einführung

1 Das Projekt ServCASE

Roland Laqua

GSM Gesellschaft für Software Management mbH, Düsseldorf

1.1 Einleitung

1.1.1 Problemstellung

Im Bereich der Dienstleistungsindustrie, die zwei Drittel des Bruttosozialprodukts repräsentiert, sind zwei dominante Entwicklungen auszumachen:

- *Industrialisierung:* Große Teile der etablierten Dienstleistungswirtschaft werden mittels Automatisierung durch Informations- und Kommunikationstechnologien industrialisiert.
- *Innovationssprünge:* Durch die konsequente Anwendung von Informations- und Kommunikationstechnologien, vor allem in jungen Wachstumsbranchen des Dienstleistungssektors, läuft die Innovation sprunghaft ab.

Anders als in traditionellen Industriezweigen, wie etwa dem Maschinenbau, fehlt im Dienstleitungssektor ein systematisches *Engineering*. Formale Produktmodelle, Plattform- und Produktlinienstrategien, Komponenten-Engineering oder Lifecycle-Management sind kaum bekannt oder bestenfalls in ersten Ansätzen vorhanden. Die Industrialisierung und das Verlangen nach Innovation erfordert jedoch gerade die systematische, modellbasierte Entwicklung IT-basierter Dienstleistungen. Kernaufgabe des *Service Engineering* ist es, hierfür geeignete Vorgehensweisen, Methoden und Werkzeuge zu erforschen und entwickeln (Backhaus et al. 2001; Haller 2001; Herrmann u. Klein 2004).

Da die zentrale *Produktionstechnik* IT-basierter Dienstleistungen die Informationstechnik ist und die Distributionslogistik bei Produkten des I-Commerce (Information Commerce) vollständig durch die Kommunikationstechnik geleistet wird, muss das *Service Engineering* Vorgehensmodelle, Methoden und Werkzeuge des Software Engineering und Managements integrieren.

Insbesondere für die Modularisierung von IT-basierten Services bieten sich Methoden des Komponenten-Engineering an (Atkinson et al. 2002). Für variantenreiche IT-basierte Dienstleistungen, wie beispielsweise *Kontoführung für verschiedene Zielgruppen* oder *Online-Services mit unterschiedlichen Service Levels,* eignen sich zudem Methoden der generativen Systementwicklung.

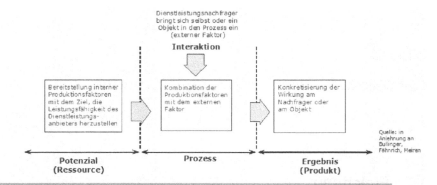

Abb. 1-1. Operationalisierung des Dienstleistungsbegriffs mit Hilfe der Konzepte Ressource, Prozess, Produkt und Kundeninteraktion

Zusammenfassend lässt sich die Problemstellung wie folgt formulieren: In einem der wichtigsten Bereiche der Volkswirtschaft mit zentraler Bedeutung für die zukünftige wirtschaftliche Entwicklung Deutschlands fehlen durchgängig Vorgehensweisen, Methoden und Werkzeuge für die Produktentwicklung und Leistungserbringung eines Service Engineering und Management.

Insbesondere für die Internationalisierung bzw. Exportfähigkeit von IT-basierten Dienstleistungen sind schwerwiegende negative Konsequenzen zu befürchten.

1.1.2 Zielsetzung

Das Ziel der ServCASE-Methode besteht in der Entwicklung und Umsetzung eines Referenzmodells für das Co-Design von Software und Services. Insbesondere umfasst das Referenzmodell Vorgehensweisen, Methoden und Werkzeuge für die integrierte Entwicklung von Software- und Dienstleistungsprodukten. Um einen hohen praktischen Nutzen zu erreichen, wird das Referenzmodell in Form einer werkzeuggestützten Entwicklungsplattform umgesetzt. Neben der übergeordneten Zielsetzung wurden folgende Teilziele mit ServCASE angestrebt:

- Entwicklung eines konfigurierbaren Vorgehensmodells unter Würdigung der bekannten Klassen von Vorgehensmodellen wie etwa Phasenmodelle, iterative Modelle, Prototyping oder Komponentenmodelle.
- Entwicklung von Methoden und Werkzeugen für das Service Engineering mit Fokus Produkt-, Prozess-, Ressourcen- und Kundeninteraktionsmodellierung.
- Entwicklung eines Reifegradmodells für das Co-Design von Software und Services.
- Zusammenführen der Teilmodelle in ein umfassendes Referenzmodell und Bereitstellung einer integrierten Entwicklungsplattform.
- Demonstration der Anwendbarkeit in Betriebsprojekten und Transfer der Ergebnisse in die Praxis.

1.1.3 Gegenstandsbereich IT-basierte Dienstleistungen

IT-basierte Dienstleistungen sind Dienstleistungen etwa in den Bereichen Finanzdienstleistungen, Versicherungen, technische Dienste, Mediendienste, IT-Services, Telekommunikationsdienstleistungen, E-Business, E-Logistik oder E-Learning. IT-basierte Dienstleistungen sind dadurch gekennzeichnet, dass die Erbringung der Dienstleistung hauptsächlich durch IT-Systeme und Kommunikationssysteme realisiert wird, ja dass sogar das Produkt selbst wie bei Mediendienstleistungen weitgehend immateriell ist.

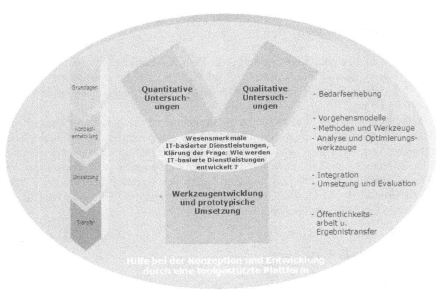

Abb. 1-2. Forschungskonzeption des Verbundvorhabens (Quelle: Universität Leipzig)

1.2   Umsetzung IT-basierter Dienstleistungen

1.2.1   Service Engineering und Software Engineering

Für die Anforderungsdefinition und das Design von Dienstleistungen sind wesentliche Erweiterungen der bisherigen Methoden des Software Engineering notwendig. Eine Dienstleistung ist *wesentlich mehr* als die zu ihrer Realisierung benötigten Anwendungssysteme. Für die Entwicklung IT-basierter Dienstleistungen wird ein Software-Service-Co-Design benötigt (Bullinger et al. 2003). Dieses wird um das Software Engineering als einhüllende Methodik gelegt. Dabei müssen die verschiedenen Entwicklungen in den Bereichen Betriebsmittel, Betriebs- und Anwendungssoftware koordiniert werden. Die übergeordnete Methodik des Service Engineering wird in Anlehnung an und kompatibel zu Vorgehensmodellen, Methoden und Werkzeugen des Software Engineering entwickelt. Darüber hinaus werden Methoden des industriellen Engineering und der Systemgestaltung eingebracht, um dem spezifischen Charakter von Dienstleistungen in unterschiedlichen Domänen gerecht zu werden.

Des Weiteren werden speziell Ansätze der Produktmodellierung, des Variantenmanagements und der Produktkonfiguration aus der Konstruktionstechnik und dem Produktlinien-Engineering herangezogen, um variantenreiche, auf Plattform-Strategien aufbauende Service-Produkte rationell entwickeln und produzieren zu können.

1.2.2   Operationalisierung

Der Begriff IT-basierte Dienstleistungen ist bisher in der Literatur nicht als eigene Kategorie verankert. Ein Hauptziel von ServCASE ist daher die Operationalisierung IT-basierter Dienstleistungen, was mit Hilfe eines prozessorientierten Ansatzes erreicht wird.

Gemeinhin werden Entwicklung, Unternehmensinfrastruktur, Personalwirtschaft, Beschaffung, Eingangslogistik, Leistungserbringung, Ausgangslogistik, Marketing und Vertrieb sowie Kundendienst als die Kerngeschäftsprozesse eines Unternehmens so auch im Dienstleistungsbereich angesehen. Für jeden einzelnen Kerngeschäftsprozess muss der Grad, mit dem der Geschäftsprozess auf IT basiert, definiert bzw. festgestellt werden. Dies kann beispielsweise rein intuitiv mit Hilfe eines Venn-Diagramms geschehen (siehe Abb. 1-3).

1.2.3   Anwenderforschung

In ServCASE wurden mehrere Teilbereiche IT-basierter Dienstleistungen mit Hilfe von Fallstudien praxisnah untersucht. Dazu zählen Dienstleistungen aus den Bereichen Logistik, E-Learning, E-Business, Technische Dienstleistungen, Finanzdienste, E-Government und IT-Outsourcing, die jeweils von einem Anwendungspartner schwerpunktmäßig erarbeitet wurden.

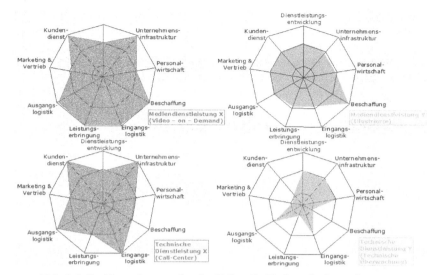

Abb. 1-3. Problemschwerpunkte der Fallstudie *Technische Dienstleistungen*
(Quelle: Universität Leipzig)

Über die Fallstudien hinaus wurde im Rahmen einer Bedarfserhebung eine Vielzahl von Experteninterviews geführt. Die strukturierten Interviews wurden durch einen Leitfaden unterstützt, der die Themenbereiche Leistungsangebot, Softwareentwicklung, Dienstleistungsentwicklung, das Zusammenspiel von Software- und Dienstleistungsentwicklung sowie allgemeine Informationen zu Unternehmen und Interviewpartnern abdeckte. Um einen engen Praxisbezug und einen möglichst großen Querschnitt sicherzustellen, wurden IT-basierte Dienstleistungen nach mehreren Kriterien strukturiert.

Abb. 1-4. Intuitive Operationalisierung IT-basierter Dienstleistungen

Für die Umfrage wurden Unternehmen verschiedener Betriebsgrößen und IT-Bereiche ausgewählt um einen repräsentativen Querschnitt zu erhalten (siehe auch Fähnrich u. Meiren 1999). Die Unternehmen decken sowohl die Seite der Software als auch die der Dienstleistungen ab. Die Ergebnisse dieser Interviews flossen in das Vorgehensmodell und die ServCASE-Methode ein.

1.3 Methodik IT-basierter Dienstleistungen

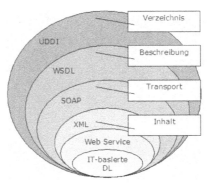

Abb. 1-5. Schalenmodell für IT-basierte Dienstleistungen mit Bezug auf *Service-Based-Architectures* (Quelle: Universität Leipzig)

Zu Produktmodellen im Dienstleistungsbereich existieren bisher kaum wissenschaftliche Arbeiten. In einigen Dienstleistungsbranchen, wie etwa Versicherungswirtschaft, Banken, IT-Outsourcing, E-Business oder E-Government, sind seit Kurzem erste Ansätze für formale Produktmodelle oder zumindest standardisierte Dienstleistungskataloge anzutreffen. Auch Produktkataloge im Bereich des E-Business sind als Vorläufer umfassender Produktmodelle zu betrachten. Produktmodelle, die es erlauben, die Sicht von Entwicklung, IT, Marketing und Kunde auf eine IT-Dienstleistung gleichermaßen zu repräsentieren, existieren jedoch nicht. Insbesondere gibt es keine standardisierten formalen Beschreibungssprachen für Produktmodelle. XML spielt dabei für einfache Strukturen eine wesentliche Rolle. Komplexe Abhängigkeiten, Verwandtschaften oder komplexe Berechnungsvorschriften werden hierbei aber nicht berücksichtigt. Hier leistet ServCASE Grundlagenarbeit und praktische Umsetzung zugleich. Die Arbeiten werden dabei auf modernen Service Architekturen, wie etwa Web Service Architekturen, aufgesetzt. Überdies sind Komponentenansätze und Plattformstrategien ein wesentlicher und innovativer Schwerpunkt von ServCASE. Darüber hinaus werden Techniken der Konfiguration aus der KI-Forschung sowie der *generativen Programmierung* integriert (Atkinson et al. 2002; Raether 2004; Ramaswamy 1996).

Während Produktmodelle darstellen was eine Dienstleistung leistet, beschreiben Prozessmodelle wie die Ergebnisse einer Dienstleistung zustande kommen. Dabei werden die Prozesse mit dem Ziel dokumentiert, bereits in der Konzeptionsphase

Transparenz zu schaffen und schon im Vorfeld eine möglichst hohe Prozesseffizienz zu erreichen. Ziele sind unrentable Aktivitäten frühzeitig zu eliminieren sowie überflüssige Schnittstellen und Medienbrüche zu beseitigen. Außerdem kann die Effizienz mit Hilfe der ServCASE-Methode durch die Parallelisierung von Prozesssequenzen und die Ausrichtung der Prozesse am Standardfall und nicht am kompliziertesten Fall erhöht werden. Durch diese Maßnahmen soll erreicht werden, dass während der Erbringungsphase von Dienstleistungen typische und oftmals kostenintensive Prozessoptimierungen vermieden werden.

Unter Ressourcenkonzepten sind Entwicklungsergebnisse subsumiert, die sich mit der Leistungsbereitstellung von Dienstleistungen befassen; d.h. die Planung von Ressourcen, die für die spätere Erbringung von Dienstleistungen erforderlich sind. Darunter fallen insbesondere die Personal- und Personaleinsatzplanung, die Planung des Betriebsmitteleinsatzes sowie die Konzeption der unterstützenden Informations- und Kommunikationstechnik. Speziell bei der Planung des späteren Mitarbeitereinsatzes wird ein wesentlicher Unterschied zur klassischen Produktentwicklung deutlich. Mitarbeiter mit direktem Kundenkontakt müssen mit den notwendigen Kompetenzen im Umgang mit den Kunden ausgestattet werden (Schreiner u. Nägele 2002). Zudem muss bereits im Vorfeld eine möglichst optimale Unterstützung der Mitarbeiter in der Erbringungsphase der Dienstleistung vorbereitet werden.

Ein besonderes Defizit in der Forschung besteht gerade bei qualitativen und quantitativen Analyse- und Simulationsmethoden für IT-basierte Dienstleistungen. Hier betrat ServCASE weitgehend wissenschaftliches Neuland.

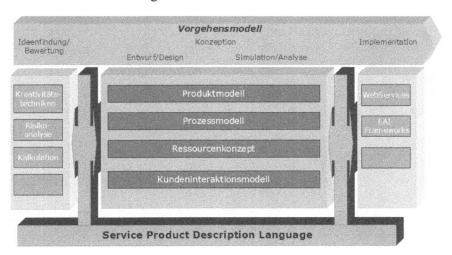

Abb. 1-6. Eine Service Product Description Language als „Mapping" der Artefakte des Service Engineering auf eine Service-Based-Architecture (Quelle: Uni Leipzig)

Literatur

Atkinson C, Bayer J, Bunse C et al (2002) Component-Based Product Line Engineering with UML. Addison-Wesley, London Munich

Backhaus K, Bieling M, Possmeier F, Voeth M (2002) IT-basierte Dienstleistungen. LIT, Münster Hamburg et al

Bullinger HJ, Fähnrich KP, Meiren T (2003) Service Engineering – Methodical Development of New Service Products. In: IJPE 85 (3):275–287

Fähnrich KP, Meiren T (1999) Service Engineering; Ergebnisse einer empirischen Studie zum Stand der Dienstleistungsentwicklung in Deutschland. Fraunhofer IRB, Stuttgart

Haller S (2001) Dienstleistungsmanagement; Grundlagen – Konzepte – Instrumente. Gabler, Wiesbaden

Herrmann K, Klein R (2004) Methodenbasierte Visualisierung von Dienstleistungen. In: Scheer AW, Spath D (Hrsg) Computer Aided Service Engineering; Informationssysteme in der Dienstleistungsentwicklung. Springer, Berlin Heidelberg New York S 93–119

Raether C (2004) Innovationsfördernde Softwarewerkzeuge. In: Spath D (Hrsg) Forschungs- und Technologiemanagement. Hanser, München Wien

Ramaswamy R (1996) Design and Management of Service Processes; Keeping Customers for Life. Addison-Wesley, Reading MA

Schreiner P, Nägele R (2002), Methodische Gestaltung kundenorientierter Dienstleistungsprozesse. IM – Fachzeitschrift für Information Management & Consulting 17:72–76

2 Die ServCASE-Methode im Überblick

Kyrill Meyer[1], Christian van Husen[2]

[1] Universität Leipzig, Abteilung Betriebliche Informationssysteme
[2] Fraunhofer-Institut für Arbeitswirtschaft und Organisation IAO, Stuttgart

2.1 Einführung

Im folgenden Abschnitt werden die Grundlagen zur Thematik IT-basierter Dienstleistungen dargelegt. Aufbauend auf den Definitionsansätzen klassischer Dienstleistungen wird das Themengebiet IT-basierter Dienstleistungen von der Definition bis hin zu den Entwicklungsansätzen aufgespannt.

2.2 Klassische Dienstleistungen

2.2.1 Definition klassischer Dienstleistungen

Im Rahmen der Dienstleistungsforschung existieren unterschiedliche Definitionsansätze, von denen stellvertretend die Definition von MEFFERT und BRUHN aufgeführt wird, da diese mit ihrem Ansatz eine Reihe anderer Ansätze subsumieren:
„Dienstleistungen sind selbständige, marktfähige Leistungen, die mit der Bereitstellung (zum Beispiel Versicherungsleistungen) und/oder dem Einsatz von Leistungsfähigkeiten (zum Beispiel Friseurleistung) verbunden sind (*Potentialorientierung*). Interne (zum Beispiel Geschäftsräume, Personal, Ausstattung) und externe Faktoren (also solche, die nicht im Einflussbereich des Dienstleisters liegen) werden im Rahmen des Erstellungsprozesses kombiniert (*Prozessorientierung*). Die Faktorenkombination des Dienstleistungsanbieters wird mit dem Ziel eingesetzt, an den externen Faktoren, an Menschen (zum Beispiel Kunden) oder deren Objekten (zum Beispiel Auto des Kunden) nutzenstiftende Wirkungen (zum Beispiel Inspektion beim Auto) zu erzielen (*Ergebnisorientierung*)."
(Meffert u. Bruhn 2006)
Aus diesem und weiteren Definitionsansätzen können Dienstleistungscharakteristika abgeleitet werden, welche die typischen Eigenschaften von Dienstleistungen hervorheben. Da angebotene Leistungen jedoch oft eine Kombination von

Produkt und Dienstleistung sind und Dienstleistungen in ihren Ausprägungen ein breites Spektrum abdecken, gelten solche Charakteristika in unterschiedlichem Grade für einzelne Dienstleistungen. Zu diesen Charakteristika gehören (Fitzsimmons u. Fitzsimmons 2005; Meffert u. Bruhn 2006):

- Integration des externen Faktors (Kunde als Teilnehmer am Dienstleistungsprozess),
- Simultanität der Produktion und des Absatzes (uno-actu-Prinzip),
- Nichtlagerbarkeit und Immaterialität des Produktes,
- konsumentenabhängiger Verkaufsort sowie
- Notwendigkeit der Leistungsfähigkeit.

Neben Definitionen und den aufgeführten Charakteristika können konstitutive Merkmale zur Abgrenzung des Dienstleistungsbegriffs genutzt werden. Zu diesen Merkmalen gehören: die Interaktion mit dem externen Faktor, das notwendige Potenzial, der aus dieser Kombination entstehende Prozess sowie das letztendliche Ergebnis (siehe Abb. 2-1).

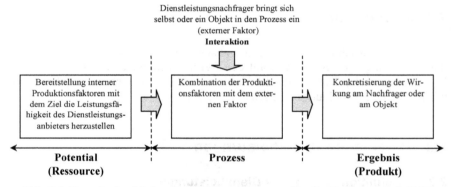

Abb. 2-1. Konstitutive Merkmale von Dienstleistungen (Quelle: Bullinger et al. 2003)

Im Zusammenhang mit den Charakteristika von Dienstleistungen wurde bereits auf das breite Spektrum von Dienstleistungsausprägungen hingewiesen. Um einzelne Dienstleistungsgruppen in einem solchen Spektrum definieren und beschreiben zu können müssen diese klassifiziert werden. Hierfür kann ein morphologischer Kasten genutzt werden (Jaschinski 1998; Abb. 2-2).

Neben der aufgeführten Klassifizierung mittels eines morphologischen Kastens können einzelne Typologisierungskriterien auf zwei Achsen gegenübergestellt werden (siehe Abb. 2-3). Somit kann eine Abgrenzung aggregierter Gruppen von Dienstleistungstypen vorgenommen werden.

Produkttyp	individuelles Produkt	Baukastenprodukt	Standardprodukt
Haupteinsatzfaktoren	menschliche Arbeitsleistung	Maschinen, Geräte	Informationssysteme
Hauptobjekt der Dienstleistung	Kunde	materielle Objekte	immaterielle Objekte
Produktumfang	Einzelleistung		Leistungsbündel
Produktart	konsumentenbezogen		unternehmensbezogen
Erbringungsdauer	kurz (< 1 Tag)	mittel (< 1 Monat)	lang (> 1 Monat)
Interaktionsort	angebotsorientiert	nachfrageorientiert	getrennter Ort
Kundenrolle	Akteur	Zuschauer	ohne direkte Beteiligung

Abb. 2-2. Morphologischer Kasten zur Klassifikation von Dienstleistungen
(Quelle: Jaschinski 1998)

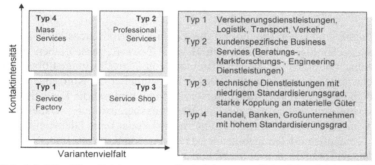

Abb. 2-3. Vier Dienstleistungstypen (in Anlehnung an Fähnrich u. Meiren 1999)

2.2.2   Disziplin des Service Engineering

Zu Beginn des Wandels zum tertiären Sektor wurden Dienstleistungen oft ad hoc erstellt, angeboten und verkauft ohne eine zugrunde liegende Systematik zu nutzen. Seit ungefähr zehn Jahren entwickeln sowohl Wissenschaft als auch Praxis Ansätze für eine strukturierte und geplante Erstellung von Dienstleistungen. In diesem Zusammenhang wird, angelehnt an das Produkt- und Software Engineering, der Begriff des Service Engineering geprägt (Bullinger u. Scheer 2003). Dieses umfasst die systematische Entwicklung und Gestaltung innovativer Dienstleistungen und beinhaltet ein Konzept, welches sich als unverzichtbares Instrumentarium sowohl auf strategischer als auch auf operativer Ebene durchsetzen soll. Die Weiterentwicklung des Service Engineering ist insbesondere durch den stetig wachsenden Wettbewerbsdruck sowie die sich verkürzenden Lebenszyklen notwendig und so müssen Vorgehensmodelle, Methoden sowie Werkzeugen zur systematischen Planung, Entwicklung und Realisierung von Dienstleistungen entwickelt werden.

2.3   IT-basierte Dienstleistungen

2.3.1   Veränderung des tertiären Sektors

Neben der Entwicklung hin zu einem dominierenden tertiären Sektor in hoch entwickelten Ländern (Fitzsimmons u. Fitzsimmons 2005) unterliegt dieser Sektor wiederum selbst einer Veränderung. Insbesondere die zunehmende Verbindung zwischen dem Dienstleistungssektor und der Informations- und Kommunikationstechnologie kennzeichnet diesen Wandel, welcher vollzogen wird, um den gewachsenen Kundenansprüchen nach modernen und integrierten Lösungen aus Dienstleistungen und IT gerecht zu werden (Bullinger u. Scheer 2003; Fitzsimmons u. Fitzsimmons 2005). Diese Veränderung mündete in der Entstehung des Forschungs- und Praxisgebietes *IT-basierter Dienstleistungen* (im angloamerikanischen Raum oft *e-services* genannt; Rust u. Kannan 2002).

2.3.2   IT-basierte Dienstleistungen – eine Definition

Im angloamerikanischen Raum wird die Verbindung von Dienstleistungs- und Informationstechnologiesektor mit dem Begriff *E-Service* beschrieben. E-Services sind demnach definiert als die Bereitstellung von Dienstleistungen über elektronische Netzwerke (Rust u. Kannan 2002). Dies beinhaltet die Konzepte von IT Services, Web Services und Infrastrukturservices und umfasst die Dienstleistung, die Dienstleistungsumgebung und die Dienstleistungsbereitstellung. Dabei ist es irrelevant, von wem (bspw. Produktionsunternehmen oder reine Dienstleistungsanbieter) das Geschäftsmodell angeboten wird (Rust u. Kannan 2002).

Im deutschsprachigen Raum etabliert sich zunehmend der Begriff *IT-basierte Dienstleistungen*, welcher im Kern dasselbe Phänomen wie der Begriff E-Services definiert:

„*IT-basierte Dienstleistungen* sind Dienstleistungen, deren Nutzen für den Kunden zu einem maßgeblichen Teil durch den Einsatz von Informations- und Kommunikations(IuK-)Technologien entsteht. Sie treten auf in Form von Dienstleistungen, deren effiziente Gesamterbringung nur durch den Einsatz von IuK-Technologie gewährleistet werden kann, als begleitende Dienstleistungen zu Produkten der IuK-Technologie sowie als komplexe Hybridprodukte von Dienstleistungen und IuK-Produkten." (Böttcher u. Meyer 2004)

Der zweite Teil der Definition legt dar, dass IT-basierte Dienstleistungen in drei Gruppen untergliedert werden können, deren Unterscheidungskriterium durch das primäre Produkt in der Dienstleistungs-IT-Kombination definiert wird (Abb. 2-4):

- *Durch IT unterstützte Dienstleistungen:* Primärprodukt ist die Dienstleistung (z.B. Terminals für den Fahrkartenverkauf).
- *IT-begleitende Dienstleistungen:* Primärprodukt ist die Informationstechnologie (z.B. „Full Lifecycle Support" für verkaufte Informationstechnologie).
- *Integriertes Hybridprodukt:* beide Bereiche sind bezüglich der Priorität gleichberechtigt (z.B. Video on Demand über das Internet, Beratung via Nutzung mobiler Geräte). (Böttcher u. Meyer 2004)

Die Übergänge zwischen den Kategorien können nicht als strenge Grenzen definiert werden.

Abb. 2-4. Grundlegende Klassifizierung von
IT-basierten Dienstleistungen

Für IT-basierte Dienstleistungen gelten die aufgeführten Charakteristika klassischer Dienstleistungen. Diese Charakteristika werden um *die Notwendigkeit der IT-Basiertheit* erweitert.

2.3.3 Matrix zur systematischen Entwicklung

Sowohl die Entwicklung von Software und IT-Systemen als auch die Entwicklung von Dienstleistungen sind umfangreich formalisiert (Software) bzw. befinden sich im Wandel zur Formalisierung (Dienstleistung). Dieser Tatsache muss auch die kombinierte Entwicklung beider Teilbereiche, wie sie für die Erstellung von IT-basierten Dienstleistungen notwendig sein wird gerecht werden. Die systematische Entwicklung IT-basierter Dienstleistungen erfordert somit zumindest die Verbindung der Entwicklungsbereiche des Software und Service Engineering, bzw. geht über ein reines Zusammenspiel hinaus. Die Gewichtung von IT und Dienstleistung, welche für die Unterteilung IT-basierter Dienstleistungen genutzt wurde, dient im Weiteren für eine Betrachtung der Entwicklungsmethodik. Die Komplexitäten der jeweiligen Teilprodukte Dienstleistung und IT können als Achsen genutzt werden, um eine 9-Felder-Matrix aufzuspannen (Abb. 2-5).

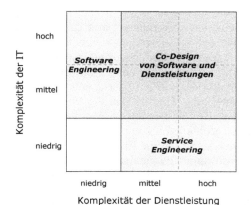

Abb. 2-5. Ausprägungen IT-basierter Dienstleistungen in Abhängigkeit
der Komplexität von Dienstleistung und Informationstechnologie

Bei niedriger Komplexität von sowohl Dienstleistung als auch IT ist der Einsatz systematischer Methoden und Werkzeuge zur Entwicklung nur begrenzt notwendig, so dass dieses Gebiet nicht Betrachtungsgegenstand des Forschungsgebiets IT-basierter Dienstleistungen ist.

Sollte bei dem angebotenen Produkt die Komplexität der Dienstleistung gering und die Komplexität der IT entweder mittel oder hoch sein, finden die Methoden und Werkzeuge des klassischen Software Engineering ihre Anwendung. Vergleichbar verhält es sich mit Produkten, bei welchen die Komplexität der IT niedrig und die Komplexität der Dienstleistung mittel oder hoch ist. In einem solchen Falle werden die Ansätze des Service Engineering angewendet. Der wesentliche Fokus für die Betrachtung IT-basierter Dienstleistungen liegt auf dem Bereich, mit jeweils mittlerer oder hoher Komplexität von Dienstleistung und IT. Dieser Bereich kann entsprechend der Komplexitätskonstellation wiederum in vier Bereiche unterteilt werden, für welche jeweils besondere Herausforderungen an die Methoden und Werkzeuge der Erstellung gelten (Abb. 2-6).

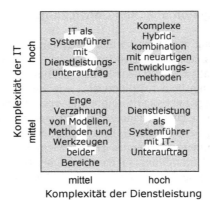

Abb. 2-6. Entwicklungsbereiche IT-basierter Dienstleistungen

Das *Feld 1* weist eine enge Verzahnung von Dienstleistungs- und Softwareerstellung auf. Zwischen den existierenden Methoden und Modellen müssen Abstimmungspunkte gefunden und Redundanzen beseitigt werden, um das Produkt entwickeln zu können. Hierbei geht es um die Entwicklung einer abgeschwächten Ausprägung der Hybridprodukte. *Feld 2* ist charakterisiert durch eine Dominanz der komplexen Dienstleistung. Hierbei sind die Vorgehensmethoden für die Entwicklung durch das Service Engineering dominant und die Entwicklung der dazugehörigen Informationstechnologie kann als eine Art Unterauftrag durchgeführt werden. Es handelt sich somit um die Entwicklung von Dienstleistungen, welche durch die Informationstechnologie unterstützt werden. Als Vorgehensmodelle zur Dienstleistungsentwicklung können hier beispielsweise das Modell nach EDVARDSSON und OLSSON, SCHEUING und JOHNSON, RAMASWAMY, JASCHINSKI oder SHOSTACK eingesetzt werden (Schneider et al. 2003). Korrespondierend verhält es sich im *Feld 3*, bei welchem die Paradigmen des Software Engineering respektive der Entwicklung von informationstechnologischen Systemen dominieren und die Dienstleistung sekundär und nebenläufig erstellt wird. Dieser Bereich repräsentiert somit die Entwicklung von Informationstechnologie, die um Dienstleistungen erweitert werden. Im Bereich der Softwareentwicklung können hierbei Phasenmodelle (Wasserfall-, V-Modell), Prototypen-Modelle, evolutionäre/inkrementelle Modelle, objektorientierte Modelle, nebenläufige Modelle sowie das Spiralmodell eingesetzt werden (Balzert 2000). Eine neue Herausforderung wird an die Entwicklung komplexer Hybridprodukte *(Feld 4)* gestellt. Es geht hierbei um die simultane Entwicklung hochgradig verzahnter, hybrider Dienstleistungs- und Informationsprodukte. In diesem Bereich sind traditionelle Vorgehensmodelle und Methoden nicht ausreichend, um den Ansprüchen eines systematischen Engineering gerecht zu werden. Unter anderem diese Feststellung begründete das Projekt ServCASE. Im weiteren Verlauf des Buches werden Ansätze für dieses systematische Co-Design von Software und Services vorgestellt, welche den Anforderungen der komplexen Hybridprodukte gerecht werden.

2.3.4   Grad der IT-Basiertheit – Ansätze zur Messung

Als weitere Charakteristik für IT-basierte Dienstleistungen wurde neben den bestehenden Charakteristika für klassische Dienstleistungen die *Notwendigkeit der IT-Basiertheit* aufgeführt. Unter IT-Basiertheit ist hierbei der Grad der Integration von Dienstleistung und Informationstechnologie zu verstehen. Dieses Typologisierungskriterium der IT-Basiertheit wird für eine bessere Operationalisierung für einzelne Bereiche einer Dienstleistung, nicht für die Gesamtdienstleistung betrachtet. So können das Konzept des Front-, Middle- und Back-Office (Bodendorf 1999) sowie die Wertschöpfungskette (Porter 2000) als mögliche Untergliederungsparadigmen genutzt werden. Im ersten Falle geht es um die Differenzierung der Dienstleistung in Prozesse, welche direkten Kundenkontakt haben (Front-Office), Prozessen, welche losgelöst vom Kunden im Hintergrund ablaufen (Back-Office) sowie die dazwischen liegenden verbindenden Aktivitäten (Middle-Office) (Abb. 2-7). Durch diesen Ansatz rückt die Interaktion mit dem Kunden in den Mittelpunkt der Betrachtung der IT-Basiertheit.

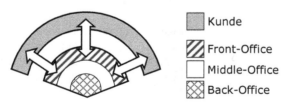

Kunde

Front-Office

Middle-Office

Back-Office

Abb. 2-7. Konzept des Front-, Middle- und Back-Office

Im zweiten Paradigma betrachtet man die IT-Basiertheit entlang der Wertschöpfungskette von PORTER (Porter 2000) und legt den Fokus somit auf einzelne Prozesse (Abb. 2-8). Es gilt also zu betrachten, für welche Aktivitäten während der Erstellung der IT-basierten Dienstleistung entsprechende Grade der IT-Basiertheit erreicht werden.

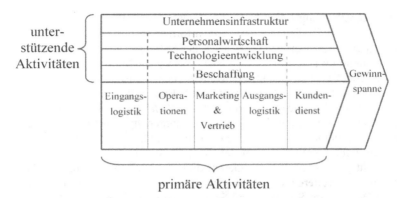

Abb. 2-8. Die Wertschöpfungskette

Die Auswertung der Analyse entlang der Wertschöpfungskette kann dann mittels eines Venn-Diagramm vorgenommen werden, um einen ersten Eindruck zum Grad der IT-Basiertheit zu bekommen (Abb. 2-9). Im Beispiel wurde eine vierstufige Skala (innerster Punkt: keine, innerster Kreis: geringe; mittlerer Kreis: mittlere und äußerster Kreis: hohe IT-Basiertheit) angewendet.

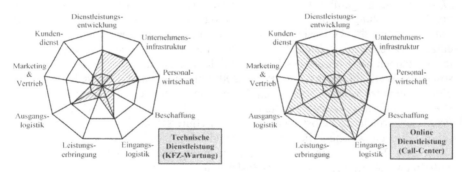

Abb. 2-9. Zwei Dienstleistungsbeispiele mit unterschiedlichem Grad der IT-Basiertheit

Unabhängig vom Betrachtungsfokus der IT-Basiertheit können unterschiedliche Skalen für die Messung herangezogen werden. So sind beispielsweise die Bewertungsstufen „niedrig", „mittel" und „hoch" denkbar. Die Einschätzung des Grades der IT-Basiertheit kann hierbei allgemein intuitiv oder über umfangreichere Auswertungsmatrizen bestimmt werden. Einen möglichen Ansatz bietet die folgende Matrix, bei welcher gewichtete Kriterien bewertet werden. Dabei repräsentieren die Kriterien Aussagen zum Betrachtungsgegenstand (z.B. „Verkauf eines Online-Kurses geschieht ohne direkten Kundenkontakt") und werden, in diesem Beispiel durch diskrete Bewertungsausprägungen definiert (Abb. 2-10).

Um eine solche Bewertungsmatrix auswerten zu können, werden im Folgenden zwei Möglichkeiten dargelegt.

Gewichtung	Kriterium	Bewertungen			
		B_1	B_2	...	B_m
λ_1	K_1				
λ_2	K_2				
...	...				
λ_n	K_n				

Abb. 2-10. Grundlegende Bewertungsmatrix für den Grad der IT-Basiertheit

2.3.4.1 Berechnung einer Gesamtzahl

Für dieses Herangehen, bei welchem eine Gesamtzahl über alle Kriterien ermittelt werden kann, gelten folgende Prämissen:

Sei ein solches Bewertungssystem mit Bewertungen B_m und Kriterien K_n gegeben und es gelte als Anforderung an den Bewertungsmaßstab weiterhin dass $B_1 > B_2 > ... > B_m$ (B_1 ist die höchste mögliche Bewertung) sowie $B_1 \neq B_2 \neq ... \neq B_m$ und $K_1 \neq K_2 \neq ... \neq K_n$ (wobei alle Kriterien nicht widersprüchlich sein müssen). Es existiere des Weiteren für jedes Kriterium K_n genau eine Gewichtung $0 \leq \lambda_k \leq 1$ mit

$$\sum_{k=1}^{n} \lambda_k = 1 \cdot$$

Wird nach der Aufstellung der Bewertungsmatrix jedem Kriterium K_n genau eine Bewertung B_m zugeordnet (durch ankreuzen in der Matrix an der Stelle BK_{xy}), lässt sich der Grad der IT-Basiertheit der bewerteten Dienstleistung (G_{IT}) wie folgt ermitteln:

$$G_{IT} = \sum_{x=1}^{m} \sum_{y=1}^{n} \lambda_y BK_{xy} \left(\frac{100}{m-1} \right) (m-x) \tag{1}$$

In der in (1) genannten Formel kann der Wert BK_{xy} dabei die Werte 0 (nicht markiert) oder 1 (markiert) annehmen.

Das Ergebnis dieser Berechnung ist ein auf die Bewertungsmatrix bezogener Prozentsatz, der, die gemeinsame Bewertungsmatrix vorausgesetzt, einen Vergleich verschiedener Dienstleistungen bezüglich des Grades ihrer IT-Basiertheit ermöglicht.

2.3.4.2 Berechnung und Betrachtung der Verteilung

Die vorgestellte Berechnung der Gesamtzahl als erster Auswertungsansatz hat jedoch einerseits eine eingeschränkte Aussagekraft und fordert andererseits gleichverteilte Bewertungen. Insbesondere der zweite Aspekt ist allerdings nicht immer gegeben, da die gewählten Bewertungen auch aufgrund subjektiver Empfindungen erstellt werden (wie gleich verteilt sind beispielsweise „kein", „mittel" und

„hoch"?). Hierfür wir der folgende Auswertungsansatz vorgestellt. Es wird dabei dieselbe Bewertungsmatrix mit denselben Prämissen, bis auf die Gleichverteilung der Bewertungen, zugrunde gelegt. Ziel der Auswertung ist nun nicht mehr eine Gesamtzahl. Vielmehr geht es darum dem Nutzer die Möglichkeit zu geben Aussagen zur Verteilung treffen zu können. Dazu kann einerseits betrachtet werden welcher Anteil der gewichteten Kriterien (also der Anteil der Gesamtbetrachtung) AIT_p oberhalb einer bestimmten Bewertung (B_p) liegt (Fragestellung: Wie hoch ist der Anteil der Kriterien, welche über der Bewertung B_p liegen?)

$$AIT_P = \sum_{x=1}^{p} \sum_{y=1}^{n} \lambda_y BK_{xy} \, . \tag{2}$$

Ebenfalls kann betrachtet werden oberhalb welcher Bewertung B ein vorgegebener Anteil der Kriterien liegt (Fragestellung: Oberhalb welcher Bewertung liegen 80% meiner Kriterien?). Somit ist es dem Analysten möglich, Aussagen bezüglich der betrachteten IT-basierten Dienstleistung treffen zu können.

2.3.4.3 Grenzwert der IT-Basiertheit

Aufgrund der Vielzahl möglicher Dienstleistungen ist eine spezielle Ausprägung des Kriteriums IT-Basiertheit bei der Bewertung bzw. dem Vergleich von Services zu berücksichtigen. Hierbei handelt es sich um den maximal möglichen Grad der IT-Basiertheit für eine Dienstleistung, welcher benötigt wird, um festzustellen, welcher Grad überhaupt erreicht und somit angestrebt werden kann. Es ist leicht verständlich, dass der Wert G_{IT} (ermittelt als Gesamtindex) einer Onlinedienstleistung (wie z.B. ein Webhoster, der fast sämtliche Geschäftsprozesse mit Hilfe von IT abwickelt) wesentlich höher ist, als beispielsweise der einer klassischen Dienstleistung (z.B. eine Kfz-Reparatur). Bezieht man sich bei der Betrachtung auf einzelne Bereiche der Wertschöpfungskette bei der Erbringung einer Dienstleistung, kann auch bei klassischen Dienstleistungen partiell eine sehr hohe bzw. komplette Umsetzung der Prozesse mit Hilfe von IT erreicht werden.

Mit Hilfe der Kennzahl $G_{IT\,max}$ wird der bei einer bestimmten Dienstleistung maximal erreichbare IT-Basiertheitsgrad, bezogen auf einen zu Grunde liegenden Kriterienkatalog, bezeichnet.

2.3.5 Auswirkungen der Integration von IT in Dienstleistungen

Bei IT-basierten Dienstleistungen lassen sich für den Kunden während des Dienstleistungserbringungsprozesses zwei Effekte feststellen, welche aus dem Einsatz der Informations- und Kommunikationstechnik am Kundenkontaktpunkt resultieren. Einerseits nimmt die Möglichkeit des situativen Handelns dienstleistungserbringender Institutionen bei zunehmenden Einsatz der Technologie ab, da Prozeduren und Abläufe vorher programmiert und somit festgelegt werden (Abb. 2-11). Dadurch ist eine kurzfristige Adaption der zu erbringenden Dienstleistung resultierend aus einem unvorhergesehenen Kundenwunsch nur schwer möglich.

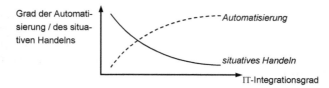

Abb. 2-11. Gegenläufigkeit von Automatisierung und situativem Handeln

Aus dieser Einschränkung des situativen Handelns lässt sich des Weiteren eine Aussage bezüglich der Qualität erbrachter Dienstleistung ableiten. Durch vorher bestimmte Abläufe und gleich bleibender Umgebung kann die Qualität der Dienstleistung besser vorhergesagt werden. Auch werden unerwartete Negativerfahrungen (bspw. unfreundliche Angestellte oder unkoordinierte Dienstleistungserbringung) wegen des geregelten Ablaufes und/oder der technischen Kundenschnittstelle unwahrscheinlicher. Andererseits ist es nicht mehr möglich durch hervorragende kundenindividuelle Bedienung beim Kunden das Gefühl einer ungewöhnlich hohen Dienstleistungsqualität zu erzeugen (Abb. 2-12).

Abb. 2-12. Qualitätsveränderung bei automatisierten Dienstleistungsprozessen

2.4 ServCASE-Methode im Überblick

In der Softwareentwicklung sind verschiedene Vorgehensmodelle bekannt und im Einsatz. Beispiele sind das Wasserfallmodell, das V-Modell, objektorientierte Modelle, das Spiralmodell oder Prototypen-Modelle. In der Praxis der Dienstleistungsentwicklung kommen quasi nur Phasenmodelle zum Einsatz, wobei die Phasen in der Anzahl und Ausgestaltung sehr unterschiedlich ausfallen. Was in Forschung und Praxis bisher nicht entwickelt und eingesetzt wurde, sind Vorgehensmodelle, die die integrierte Entwicklung von Software und Dienstleistungen explizit behandeln. Dabei ist ein solches Co-Design durchaus von Bedeutung. Ein Disziplinen-Denken kann als Grund angeführt werden, dass Softwareentwickler als IT-Experten und Dienstleistungsentwickler – häufig Personen mit betriebswirtschaftlichem Hintergrund – sehr unterschiedliche Sprachen sprechen und somit nur ansatzweise zusammenarbeiten. Neue komplexe Aufgaben wie das Co-Design von Software und Dienstleistungen erfordern aber auch ein Co-Working. Diese Zusammenarbeit soll unterstützt werden, indem ein geeigneter konzeptioneller Rahmen bereitgestellt wird.

Vorgehensmodelle sind neben den Methoden und Werkzeugen des Service Engineering ein grundlegender Bestandteil der systematischen Entwicklung IT-basierter Dienstleistungen. Ein Vorgehensmodell für das Co-Design von Software und

Service muss beschreiben, welche Tätigkeiten in welcher Reihenfolge durchzuführen sind, welche Zuständigkeiten für diese Tätigkeiten existieren und was die Ergebnisse sind. Darüber hinaus werden Hinweise benannt, wie die jeweilige Tätigkeit am Besten durchgeführt werden kann. Somit bildet das Vorgehensmodell eine Grundlage für das Projekt- und Qualitätsmanagement in Entwicklungsprojekten.

2.4.1   Anforderungen und Einsatz des Vorgehensmodells

IT-basierte Dienstleistungen stellen jedoch den Projektleiter bei der Auswahl eines geeigneten Vorgehensmodells bisher an den Scheideweg zwischen zwei konträren Paradigmen. Durch den Mix aus Dienstleistung und Informationstechnik muss entschieden werden, welchem Element die tragendere Rolle zukommt. Handelt es sich bei dem Endprodukt hauptsächlich um eine Dienstleistung, welche Informationstechnik benutzt, wird meist ein Modell des Service Engineering ausgewählt und die IT „irgendwie ringsherum" gebaut. Ist das Endprodukt beispielsweise eine Software, dann wird ein bewährtes Modell des Software Engineering benutzt und die dazugehörige Dienstleistung fällt nebenbei mit ab. Dies birgt die Gefahr, dass ein Teil des Endproduktes sehr strukturiert konzipiert und geplant wurde, der andere aber beiläufig und daher auch unkoordiniert gewachsen ist. Spätestens wenn versucht wird, ein Projekt mit ähnlichen Komplexitäten in der Dienstleistung wie der Informationstechnik zu projektieren, stößt man an die Grenzen dieses Vorgehens und bemerkt das Fehlen einer übergreifenden oder parallelen Anleitung zur Co-Entwicklung. Ein Vorgehensmodell zur Entwicklung komplexer IT-basierter Dienstleistungen muss daher folgende Anforderungen erfüllen:

- *Allgemeingültigkeit* – das Vorgehensmodell muss den Erstellungsprozess einer IT-basierten Dienstleistung umfassend beschreiben.
- *Anwendbarkeit* – der Entwicklungsprozess des Produktes muss durch das Vorgehen konstruktiv begleitet werden können. Insbesondere müssen Elemente des Software und des Service Engineering Beachtung finden.
- *Anpassbarkeit* – das Vorgehensmodell muss für eine Vielzahl möglicher Entwicklungsprojekte mit unterschiedlicher Ausprägung im Spannungsfeld zwischen Dienstleistungs- und Softwareentwicklung verwendbar sein.
- *Zielorientierung* – das Ergebnis des Entwicklungsprozesses ist eine IT-basierte Dienstleistung.
- *Wiederverwertbarkeit* – sowohl das Vorgehensmodell selbst als auch die während des Erstellungsprozesses einer Dienstleistung erstellten Informationen müssen geeignet gespeichert werden und bei Bedarf verfügbar sein.

Sind diese Anforderungen erfüllt, kann das Vorgehensmodell im Rahmen der Entwicklung einer IT-basierten Dienstleistung eingesetzt werden. Dies bedeutet, Entwicklungsprojekte, bei denen sowohl die Komplexität der Dienstleistungsentwicklung als auch die der Software mittel bis hoch sind (vgl. Abb. 2-5) können durch ein Vorgehen, das explizit Rücksicht auf die Interdependenzen des Co-Designs nimmt, effizienter und qualitativ höherwertiger erstellt werden.

2.4.2 Modulares Vorgehensmodell

Im Rahmen des Verbundprojektes ServCASE wurde ein Vorgehensmodell entwickelt, welches die im letzten Abschnitt genannten Anforderungen erfüllt und für ein Co-Design von Software und Services eingesetzt werden kann.

Dieses Vorgehensmodell ist phasenorientiert und kapselt einzelne Arbeitsschritte in Form von Modulen. Im Rahmen der Produktentwicklung werden folgende Phasen unterschieden:

- Projektinitiierung,
- Definitionsphase,
- Anforderungsanalyse,
- Konzeptionsphase,
- Implementierung,
- Test,
- Roll-out,
- Projektabschluss.

Um dem besonderen Element des Co-Designs Rechnung zu tragen, werden drei sogenannte Layer für Entwicklungsmodule unterschieden (Abb. 2-13), wobei Projektinitiierung und -fortführung für jede Form der Entwicklung gelten. Je nachdem, ob das Service oder Software Engineering oder das integrierte Entwickeln im Vordergrund stehen, wird ein Layer als Master definiert, dem die anderen Entwicklungsbausteine untergeordnet werden. Die einzelnen Module, die innerhalb der Layer angeordnet sind, beinhalten die Vorgehensschritte, die zur Bearbeitung einer Phase notwendig sind. Dabei beinhaltet der Service Engineering Layer die Arbeitsschritte der Dienstleistungsentwicklung, der Software Engineering Layer diejenigen der Softwareentwicklung und innerhalb des Integrated Engineering Layers werden komplex verzahnte Arbeitsschritte sowie Abstimmungs- und Reviewelemente aufgenommen.

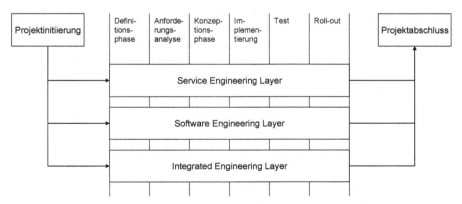

Abb. 2-13. Grundstruktur des Vorgehensmodells

Die Entwicklungsbausteine, die zu einem integrierten Vorgehensmodell zusammen gefügt werden können, sollen eine einheitliche Struktur aufweisen. Bestandteile der Module können u.a. eine geeignete Bezeichnung, Eingangsinformationen, Ergebnis, Rollenbeschreibungen, Methoden sowie Unterstützungs-Tools sein. Die einzelnen Module werden durch Attribute näher bestimmt, die einerseits den beschriebenen Arbeitsschritt definieren und andererseits eine Einordnung in den Entwicklungsprozess ermöglichen. Diese Attribute sind in Tabelle 2-1 dargestellt.

Tabelle 2-1. Merkmalsattribute der Entwicklungsmodule

Attribut	Beispiel
Bezeichnung des Moduls	Konzeption Prozess
Zuordnung zu Entwicklungsphase	Konzeptionsphase
Zuordnung zu Entwicklungslayer	Dienstleistung
Anfangszeitpunkt	3. Projektwoche
Bearbeitungsdauer	2 Wochen
Abstract (Ziel)	"Mit dem Modul sollen..."
Aktivitätsbeschreibung	"Erstellen Sie als erstes..."
Eingangsgrößen (Vorraussetzungen)	Ergebnis der Produktkonzeption
Ausgangsgrößen (Ergebnis)	Dokumentiertes Prozessmodell
Links zu anderen Dokumenten / Tools	www.ids-scheer.de
Literatur	"Scheer, A.-W.: ARIS in der Praxis..."

2.4.3   Verwendung des Vorgehensmodells

Ein wichtiger Schritt im Vorfeld eines Vorhabens zur Entwicklung komplexer Software-Service-Bündel ist die Planung des Gesamtprojekts. Es bedarf konkreter Projektmanagement-Funktionalitäten, die die Elemente Initiierung, Durchführung, Abschluss und permanentes Controlling unterstützen. Dazu müssen u.a. Termine und Meilensteine, Ergebnisse, Verantwortlichkeiten sowie Kapazitäten festgelegt werden. Solche Basis-Funktionalitäten des Projektmanagements bilden den Rahmen für die Ausgestaltung inhaltlicher Aspekte des Entwicklungsprojekts.

Mit Hilfe des im letzten Abschnitt beschriebenen Vorgehensmodells lassen sich Entwicklungsprojekte für IT-basierte Dienstleistungen durchführen. Da innerhalb des Vorgehensmodells aufgrund der Anforderung der Allgemeingültigkeit in der Regel mehr Arbeitsschritte beschrieben sind, als für ein konkretes Vorhaben notwendig sind, ist für die Verwendung folgender Ablauf vorgesehen.

1. *Bestimmung des Szenarios.*
   Für das Entwicklungsprojekt wird entschieden, ob es sich um bei dem zu entwickelnden Produkt um Softwareprodukte, welche um Dienstleistungen erweitert werden, Dienstleistungen, welche mittels Informations- und Kommunikationstechnologie erbracht werden, oder um komplexe Hybridformen von Dienstleistung und Informationstechnologie handelt.

2. *Wahl eines Referenzmodells.*
Aufgrund des gewählten Szenarios sowie weiterer Kenndaten (Projektvolumen, Anzahl Beteiligte usw.) wird ein Referenzvorgehen ermittelt, welches aus einer Teilmenge der im Vorgehensmodell beinhalteten Module besteht.

3. *Tailoring.*
Das vorgeschlagene Referenzmodell muss an das spezifische Projekt angepasst werden. Dazu gehören sowohl letzte Entscheidungen über Arbeitsschritte als auch Zuordnung von Ressourcen.

4. *Durchführung des Entwicklungsprojektes.*
Innerhalb dieses Schrittes werden die Arbeitsschritte durchlaufen und das Produkt entwickelt.

Idealerweise wird die beschriebene Anwendung des Vorgehensmodells durch entsprechende Software unterstützt. Innerhalb des Projektes ServCASE konnte auf Basis des ARIS-Toolsets der Firma IDS Scheer ein erster Prototyp für eine softwareseitige Unterstützung des Vorgehensmodells implementiert werden. Im weiteren Projektverlauf wurde dieser Prototyp verbessert und in der Praxis evaluiert.

Literatur

Balzert H (2000) Lehrbuch der Software-Technik; Band 2: Software-Management, Software-Qualitätssicherung, Unternehmensmodellierung. Spektrum Akademischer Verlag, Heidelberg Berlin

Bodendorf F (1999) Wirtschaftsinformatik im Dienstleistungsbereich. Springer, Berlin Heidelberg New York

Böttcher M, Meyer K (2004) IT-basierte Dienstleistungen. In: Fähnrich KP, Husen C van (Hrsg) Entwicklung IT-basierter Dienstleistungen in der Praxis – Kurzstudie zum Co-Design von Software und Services in deutschen Unternehmen. Fraunhofer IRB, Stuttgart S 10–20

Bullinger HJ, Fähnrich KP, Meiren T (2003) Service Engineering – Methodical Development of New Service Products. In: IJPE 85 (3):275–287

Fähnrich KP, Meiren T (1999) Service Engineering; Ergebnisse einer empirischen Studie zum Stand der Dienstleistungsentwicklung in Deutschland. Fraunhofer IRB, Stuttgart

Fitzsimmons JA, Fitzsimmons MJ (2005) Service Management – Operations, Strategy, and Information Technology. McGraw-Hill, Boston

Jaschinski C (1998) Qualitätsorientiertes Redesign von Dienstleistungen. Shaker, Aachen

Meffert H, Bruhn M (2006) Dienstleistungsmarketing; Grundlagen – Konzepte – Methoden. Gabler, Wiesbaden

Porter ME (2000) Wettbewerbsvorteile; Spitzenleistungen erreichen und behaupten. Campus, Frankfurt/Main et al

Rust RT, Kannan PK (2002) E-Service: New Directions in Theory and Practice. ME Sharpe, Armonk New York

Schneider K, Wagner D, Behrens H (2003) Vorgehensmodelle zum Service Engineering. In: Bullinger HJ, Scheer AW (Hrsg) Service Engineering – Entwicklung und Gestaltung innovativer Dienstleistungen. Springer, Berlin Heidelberg New York S 117–141

Bedarfserhebung

3 Ermittlung von Problemfeldern bei der Entwicklung IT-basierter Dienstleistungen

Christian van Husen[1], Bettina Fuchs[1], Martin Böttcher[2], Kyrill Meyer[2]

[1] Fraunhofer-Institut für Arbeitswirtschaft und Organisation IAO, Stuttgart
[2] Universität Leipzig, Abteilung Betriebliche Informationssysteme

3.1 Ziel der Interviews und Untersuchungsdesign

Die empirischen Untersuchungen begannen mit einer Reihe von Interviews. Diese sollten der Identifizierung von aktuellen Problemstellungen bei der Entwicklung IT-basierter Dienstleistungen dienen und somit eine erste Basis für die nachfolgenden Studien sowie die konzeptionellen Arbeiten bilden. Durch die Interviews sollte von Beginn an sichergestellt werden, dass sich die Arbeiten im Rahmen des Verbundvorhabens an den Problemstellungen der Unternehmen orientieren. Die Zielgruppe der Befragten bestand aus Unternehmen der Dienstleistungs- beziehungsweise IT-Branche, welche sich bereits erfolgreich mit der Entwicklung von Software und Dienstleistungen beschäftigen und über langjährige Erfahrungen auf diesem Gebiet verfügen. Dabei wurden Unternehmen aus verschiedenen Branchen und mit unterschiedlicher Größenordnung berücksichtigt. Für die Befragung wurde ein halbstandardisierter Interviewleitfaden erarbeitet, der Raum ließ, innovative Lösungsansätze aufzuzeigen. In ausführlichen Gesprächen wurden in der Zeit von Februar bis Juni 2004 20 Unternehmen befragt. Ziel der Kurzstudie, die aufgrund der Interviewanzahl keinen Anspruch auf Repräsentativität erhebt, war eine erste Bestandsaufnahme in der Praxis. Die Analyse und Aufbereitung der Ergebnisse erfolgte in Form einer Kurzstudie, die erste begründete Thesen vorstellt und Handlungshilfen für die Praxis bietet (Fähnrich u. Husen 2004).

3.2 IT-basierte Dienstleistungen als Betrachtungsobjekt

Im Rahmen der Interviews wurde das Betrachtungsobjekt „IT-basierte Dienstleistungen" in den Unternehmen näher untersucht. Dabei wurden die Definition und die Unterscheidung der drei Typen zugrunde gelegt, die bereits in Beitrag 2 dieses Buches dargestellt wurden.

IT-basierte Dienstleistungen werden brachenübergreifend eingesetzt. Die in der Kurzstudie betrachteten Unternehmen repräsentieren daher ein breites Spektrum von Multimedia über Consulting, Softwareerstellung, Datenmanagement, Telekommunikation, IT-Dienstleistungen und Finanzdienstleistungen bis zu Marketing.

Im Zusammenhang der Systemführerschaft von Dienstleistung und Software stellt sich die Frage, welche der beiden Leistungen das eigentliche Basisprodukt und somit federführend bei der Erstellung und Erbringung der Gesamtleistung ist. In der praktischen Umsetzung hat dies zur Folge, dass die Vorgaben und Produktspezifikationen entweder von der Fachabteilung (Dienstleistung ist Systemführer) oder von der IT-Abteilung (Software ist Systemführer) vorgegeben werden. Lediglich bei einer festen Verzahnung der beiden Leistungsaspekte, die eine gleichwertige Komplexität mit sich bringt, ist eine engere Zusammenarbeit zwischen den Abteilungen zu beobachten. Die Analyse der Systemführerschaft kann durch die Anwendung einer 9-Felder-Matrix unterstützt werden (Abb. 3-1). Die Systemführerschaft besitzt prinzipiell die Komponente mit dem höheren Komplexitätsgrad.

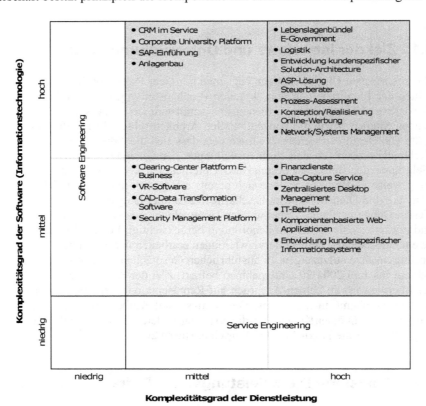

Abb. 3-1. Betrachtung IT-basierter Dienstleistungen unter den Kriterien der Software- und Dienstleistungskomplexität

Hinsichtlich der zukünftigen Entwicklung von IT-basierten Dienstleistungen ließen sich verschiedene Trends erkennen. In der Befragung kristallisierte sich bei mehreren Unternehmen eine stärkere internationale Ausrichtung der IT-basierten Dienstleistungen als bedeutender Zukunftstrend heraus.

Zudem wurde auf die Notwendigkeit kompletter Leistungsbündel hingewiesen, die eine zunehmende Verflechtung von Dienstleistungen und Informationstechnologien zur Folge haben werden. Darunter werden komplette, intermediale, prozessorientierte Leistungsangebote verstanden, die dem Kunden für einen definierten Preis angeboten werden sollen. Die Standardisierung der angebotenen Leistungen sehen die befragten Unternehmen als einen wichtigen zukünftigen Schwerpunkt.

Der Trend geht von den hochgradig individualisierten Leistungen hin zu baukastenartigen Standardprodukten, die in einem vorgegebenen Rahmen individuell für die Kundenwünsche zusammengestellt und adaptiert werden können. Die vermehrte Standardisierung soll eine entscheidende Effizienzsteigerung mit sich bringen. Zudem wird eine Ausgliederung einzelner Leistungspakete an kooperierende Unternehmen und eine eventuelle Einbindung von Offshore- und Nearshore-Services erleichtert. Offshore- und Nearshore-Services nutzen das Lohngefälle zwischen verschiedenen Ländern, um verbilligt Dienstleistungen erbringen zu können.

Die Entwicklungszyklen IT-basierter Dienstleistungen weisen zwei Ausprägungen auf: Einerseits verkürzen sie sich aufgrund der hohen Dynamisierung des Marktes. Aufgrund der hohen Individualität der Produkte, die bei jeder Kundenanfrage eine Neuentwicklung erforderlich macht, werden häufig neue Leistungen entwickelt. Ein Teil der befragten Unternehmen entwickelt daher in kurzen Zyklen regelmäßig neue IT-basierte Dienstleistungen. Andererseits gaben einige Unternehmen an, existierende Angebote lediglich einem jährlichen Re-Engineering zu unterziehen und dann bei Bedarf anzupassen oder weiter zu entwickeln. Die explizit genannten Entwicklungszyklen variieren stark und umfassen ein Spektrum von monatlichen Neuentwicklungen bis hin zu lediglich einer Neuentwicklung pro Jahr.

Als Ergebnis der durchgeführten Interviews lassen sich als ausschlaggebende Gründe für die Neu- und Weiterentwicklung von IT-basierten Dienstleistungen sowohl der Marktsog als auch der Technologiedruck identifizieren.

Basierend auf der Typologisierungsbetrachtung klassischer Dienstleistungen nach Kontaktintensität und Variantenvielfalt (Fähnrich u. Meiren 1999) wurden die Unternehmen befragt, wo sie ihre Leistung entsprechend einer fünfstufigen Skala einordnen würden. Diese Aussagen wurden in Abb. 3-2 zusammengefasst, die die Anzahl der Unternehmen pro Segment darstellt.

Die meisten der befragten Unternehmen stufen die Variantenvielfalt wie auch die Kontaktintensität ihrer angebotenen Leistung als hoch bis sehr hoch ein. Zukünftig muss beobachtet werden, ob die oben genannten Standardisierungspläne und die daraus resultierende Variantenreduktion gegenüber dem Kunden überhaupt durchsetzbar ist.

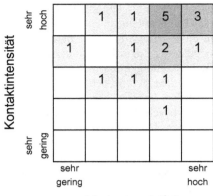

Abb. 3-2. Typologisierung befragter Unternehmen nach
Kontaktintensität und Variantenvielfalt

3.3   Entwicklung IT-basierter Dienstleistungen als Problemstellung

Je intensiver Dienstleistung und Software inhaltlich miteinander verknüpft sind, umso sinnvoller erscheint es, einen integrierten Entwicklungsprozess für diese beiden Komponenten zu haben. Dennoch sind solche bisher in der Praxis kaum vorzufinden. Im Rahmen der Kurzstudie wurde daher untersucht, wie das Zusammenwirken der Komponenten in den verschiedenen Fällen charakterisiert ist und welche Problemstellungen sich daraus für den Entwicklungsprozess ergeben.

Unter den interviewten Unternehmen sind Dienstleister, die Software extern einkaufen, in etwa gleich stark repräsentiert wie solche Unternehmen, die sowohl Dienstleistung als auch Software entwickeln und diese in eine Komplettlösung umsetzen. Die angebotenen Leistungen der Interviewpartner richten sich fast ausschließlich an Firmenkunden, nur in einem Fall wurde eine B2C-Dienstleistung beschrieben.

Betrachtet man den Verlauf des Entwicklungsprozesses von der Ideenfindung bis zur Markteinführung, so werden Unterschiede bei dem Entwicklungsaufwand für Software und Dienstleistungen sowohl hinsichtlich der Höhe wie auch im Verlauf deutlich. Es zeigte sich, dass der Aufwand für die Softwareentwicklung mit den späteren Phasen zunimmt und grundsätzlich in der zweiten Hälfte des Prozesses den Höhepunkt aufweist. In den Untersuchungen zeigte sich, dass drei Fälle von Entwicklungsprojekten unterschieden werden können, die schematisch in Abb. 3-3 dargestellt sind. Der erste Typ ist durch eine dominierende Dienstleistungsentwicklung gekennzeichnet, die relativ frühzeitig ihr Maximum erreicht. Der Aufwand der Softwareentwicklung hat einen zeitlich verzögerten Verlauf, da die Spezifikation für die Software von den Anforderungen der Dienstleistung abhängt. Je nach Art der unterstützenden IuK-Technik kann der Aufwand für die

Softwareentwicklung gering sein oder sogar den der Dienstleistungsentwicklung übersteigen. Fälle, in denen die Softwareentwicklung dominiert und meist auch den höheren Aufwand darstellt, bilden den zweiten Typ. Die Dienstleistungsentwicklung setzt dabei erst nach der Softwareentwicklung ein und erreicht ebenfalls in den späten Phasen ihren Höhepunkt. In diesem Fall hängt die zu entwickelnde Dienstleistung eher von der Software ab. Je nachdem, welche Komponente den Impuls für den Entwicklungsprozess gibt, sind die Entwicklungsverläufe der ersten beiden Typen also gegeneinander phasenverschoben. Für den dritten Typ ist ein inverser Verlauf der Kurven charakteristisch. Während hier für die Softwareentwicklung der Aufwand langsam zunimmt, einen Höhepunkt erreicht und zum Ende des Prozesses wieder abfällt, beginnt der Aufwand der Dienstleistungsentwicklung schon in den frühen Phasen auf einem hohen Niveau, fällt in den mittleren Phasen und steigt mit den späten Phasen zur Markteinführung wieder an. Ein solcher Verlauf ist typisch für die Anbieter individueller Komplettlösungen, die als Dienstleistung eine detaillierte Anforderungsanalyse durchführen, auf dieser Basis die Software erstellen und schließlich wiederum als Dienstleistung das Rollout vornehmen. Überwiegend finden in jedem Fall getrennte Entwicklungsprozesse statt, die nur zum Teil miteinander verzahnt sind.

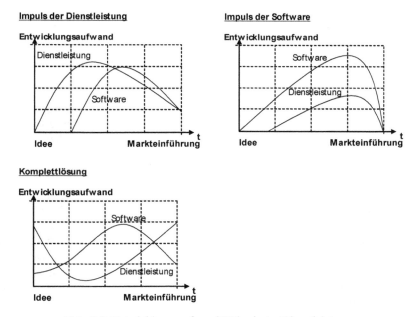

Abb. 3-3. Entwicklungsaufwand IT-basierter Dienstleistungen

Problemfelder im Bereich der Entwicklung wurden von den Befragten insbesondere auf Seiten der Dienstleistungsentwicklung sowie beim Anforderungsmanagement gesehen. Allgemein wurden zudem Einzelthemen wie die Qualitätsorientierung, das Management von Kundenerwartungen sowie die Beschreibung von Produkten und Prozessen als Schwächen benannt.

3.4   Software Engineering für IT-basierte Dienstleistungen

Zur Erbringung der IT-basierten Dienstleistung kommen bei den befragten Unternehmen Standardsoftware, Eigenentwicklungen oder eine Kombination zum Einsatz. Die Auswahl orientiert sich am Grad der Individualität der IT-basierten Dienstleistung.

Der Prozess der Softwareentwicklung wird von den befragten Unternehmen durch ein Vorgehensmodell definiert, Ansätze hierfür liefert beispielsweise ein Phasenmodell. Die Untersuchung ergab, dass nur wenige Unternehmen komplexere Vorgehensweisen wie das Spiralmodell oder Prototyping anwenden. Betrachtet man die Verantwortlichkeiten während der Softwareentwicklung, wechselt diese in den interviewten Unternehmen zwischen den einzelnen Phasen, wie in Abb. 3-4 aufgezeigt.

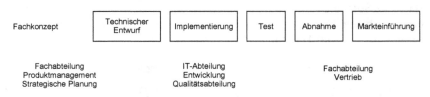

Abb. 3-4. Phasenbezogene Verantwortung im Software-Entwicklungsprozess

Die Anforderungsspezifikation ist von mehreren Faktoren sowie Personen abhängig, beispielsweise von externen Institutionen im Zusammenhang mit rechtlichen Rahmenbedingungen oder dem internen Management, welches die finanzielle Ausgestaltung des Projekts vorgibt. Ausschlaggebend sind zudem die Kundenanforderungen.

In der Untersuchung zeigte sich, dass insbesondere in vier Bereichen Probleme bei der Anforderungsspezifikation bestehen können:

- Allgemeine Probleme (z.B. sind die gestellten Anforderungen oft unvollständig),
- kunden- und fachabteilungsspezifische Probleme (z.B. fehlt oft ein konkreter bzw. der für diese Spezifikation kompetente Ansprechpartner auf Kundenseite),
- abteilungsübergreifende Probleme (z.B. existieren oft unterschiedliche Erfahrungsstände bei Auftraggebern und -nehmern, welche zu Kommunikationsproblemen führen),
- Probleme bei der expliziten Spezifikation der Anforderung (z.B. kann eine Priorisierung der aufgestellten Anforderungen schwierig sein).

Nur einige der befragten Unternehmen setzen in großem Umfang Vorgehensmodelle, Methoden und Werkzeuge für die Entwicklung der Komponente Software ein. Insbesondere Unternehmen, bei denen der Softwareanteil an der IT-basierten Dienstleistung gering ist, und Unternehmen, welche mit eingekaufter

Standardsoftware das Leistungsspektrum abdecken können, verzichten auf komplexe Engineering-Methoden. Dahingegen werden bei Unternehmen mit einer eigenen IT-Abteilung und umfangreichem Softwareteil auch komplexe und etablierte Vorgehensmodelle sowie Methoden und Werkzeuge (z.B. ARIS von IDS Scheer oder VISIO von Microsoft) eingesetzt.

3.5   Service Engineering für IT-basierte Dienstleistungen

Im Folgenden werden die Ergebnisse der Interviews zu Zielen, Organisation und Vorgehen bei der Entwicklung der Dienstleistungskomponente vorgestellt. Die zentralen Zielsetzungen für neue Dienstleistungen liegen aus der Sicht der befragten Unternehmen insbesondere bei der Erschließung neuer Geschäftsfelder, der Stützung des Produktgeschäfts und der Erhöhung der Kundenbindung sowie einer langfristigen Profitabilität.

Die Untersuchung ergab, dass die Verantwortlichkeiten sehr unterschiedlich geregelt sind – bedingt durch die Unternehmensgröße sowie die jeweiligen Organisationsstrukturen. Ein klarer Trend, wer für die Dienstleistung zuständig ist, lässt sich nicht feststellen. Hinsichtlich externer Beteiligung an der Dienstleistungsentwicklung stellte sich neben der Kundeneinbindung heraus, dass sehr häufig Kompetenz extern zugekauft wird. So erfolgt beispielsweise eine Einbindung von Marktforschungsinstituten, Beratern, Grafikern oder Rechtsanwälten.

Eine Formalisierung des Entwicklungsprozesses ist bei dem Großteil der befragten Unternehmen bisher nicht gegeben, die Entwicklung erfolgt vorwiegend ad hoc und intuitiv. Lediglich sieben Unternehmen konnten eine Formalisierung bestätigen, die im Wesentlichen ein definiertes Prozessmodell bzw. Projektvorgehen beinhaltet. Die wesentlichen Phasen des Entwicklungsprozesses werden beispielhaft durch die Vorgehensweisen von drei Unternehmen aufgezeigt:

a. Marktforschung, Konsultation der Fachbereiche, Machbarkeitsstudie, Aufstellung eines Business Case, Formulierung der Dienstleistung.
b. Ideenfindung und Bewertung durch die Fachabteilung, Evaluation der technischen Machbarkeit durch die IT-Abteilung, Rentabilitätsentscheidung, Entwicklung und Umsetzung.
c. Ideenfindung (spontane Ideen, Web-Recherchen, Messen, Benchmarking, Partnerbefragung), Analysephase (Technikerbefragung), Einkaufsverhandlungen mit Lieferanten, Design (Produktbeschreibung, Kalkulation), Umsetzung, Vertrieb.

Bei der Dauer der Dienstleistungsentwicklung wurden Schätzwerte angegeben, die Mehrheit der Interviewten setzt eine mittlere Entwicklungsdauer von sechs bis zwölf Monaten an. Kleinere Unternehmen gehen von einer kürzeren Entwicklungsdauer von bis zum einem halben Jahr aus, wogegen die großen Unternehmen in der Spitze bis zu zwei und mehr Jahren einplanen. Zeittreiber können in allen Entwicklungsphasen auftauchen, begonnen bei der Ideenfindung bis hin zum Roll-out.

Die Phasen der Dienstleistungsentwicklung werden anhand des Fünf-Phasen-Modells (Abb. 3-5) beschrieben.

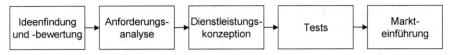

Abb. 3-5. Fünf-Phasen-Modell der Dienstleistungsentwicklung

Phase 1: Ideenfindung und -bewertung
Die Befragung ergab, dass viele der Ideen von den Mitarbeitern mit Kundenkontakt formuliert werden. Instrumente hierfür sind u.a. Innovationsworkshops oder Marktuntersuchungen. Neben den marktnahen Bereichen wurden weitere unternehmensinterne Quellen wie Kompetenzzentren oder New Business Development aufgeführt. Anwendung finden hier beispielsweise Benchmarking oder Fachliteratur. Von größter Bedeutung sind die Einflüsse der Kunden, etwa ein Drittel der Unternehmen gibt diese als Ideengeber an.

Phase 2: Anforderungsanalyse
In der Anforderungsanalyse erfolgt bei den befragten Unternehmen in der Regel eine Klassifizierung und Priorisierung der Anforderungen Diese können unterteilt werden in strategische, funktionale, organisatorische und Marktanforderungen oder in fachliche sowie technische Anforderungen.

Phase 3: Dienstleistungskonzeption
In der Untersuchung zeigte sich, dass die Unternehmen bei der Konzeption von Dienstleistungen Produktmodelle, Prozessmodelle, Ressourcenkonzepte sowie Marketingkonzepte einsetzen. Bei einigen Unternehmen finden jedoch nur einzelne der vier Konzeptionselemente Anwendung.

Phase 4: Tests neuer Dienstleistungen
Die Mehrheit der Interviewten führt Dienstleistungstests wie Akzeptanztests oder Benutzertests durch. Eingebunden werden hierfür bevorzugt Pilotkunden, alternativ können dies auch Mitarbeiter sein.

Phase 5: Markteinführung neuer Dienstleistungen
Die Einführung von neuen Dienstleistungen wird bei den Befragten sowohl im Unternehmen wie im Markt von zahlreichen Marketingmaßnahmen begleitet. Dies beinhaltet im internen Bereich Kommunikationsmaßnahmen wie Mitarbeiterschulungen, Workshops, Flyer oder Broschüren. Für die Markteinführung setzen die Unternehmen sowohl gedruckte als auch elektronische Medien ein. Die neuen Leistungen werden auch im direkten Kundenkontakt, wie auf Messen, durch Vorträge oder Road-Shows präsentiert.

Neben einem Vorgehensmodell, das die Dienstleistungsentwicklung in sinnvolle Phasen untergliedert, unterstützen einzelne Methoden und Werkzeuge – hier insbesondere als Software verstanden – den Entwicklungsprozess. Die in Abb. 3-6 aufgeführten Methoden wurden den Gesprächspartnern genannt, um deren Einsatz zu beurteilen. Dabei zeigte sich, dass die betriebswirtschaftlichen Methoden wie Wettbewerbs-, Wirtschaftlichkeits-, Kosten-Nutzen- sowie Stärken-Schwächen-/Chancen-Risiken-Analysen (SWOT) bevorzugt eingesetzt werden. Bezüglich der Methoden zur Gestaltung der Dienstleistungen ergibt sich ein uneinheitliches Bild.

Während die Prozessmodellierung sehr häufig durchgeführt wird, sind Methoden wie Service Blueprinting, Quality Function Deployment (QFD) oder die Fehlermöglichkeits- und Einflussanalyse (FMEA) nur selten im Einsatz.

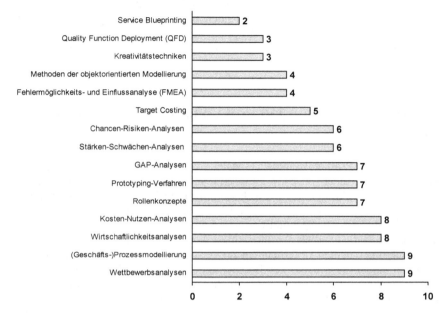

Abb. 3-6. Methodeneinsatz bei der Dienstleistungsentwicklung

Das Ziel bei der Entwicklung einer Dienstleistung ist die Erlangung einer hohen Qualität bereits zu Beginn der Markteinführung. Auf die Frage: „Wie versuchen Sie bereits innerhalb der Entwicklung eine hohe Qualität der später zu erbringenden Dienstleistung sicher zu stellen?" gaben die Interviewten als ersten Punkt ein formalisiertes bzw. strukturiertes Vorgehen an. Dieser systematische Entwicklungsprozess zeichnet sich durch Etappen aus, die mit Meilensteinen bzw. Reviews enden.

Als qualitätssichernde Methoden wurden eine frühe Anforderungsanalyse, Tests im Entwicklungsprozess bzw. Prototyping, begleitende Dokumentationen sowie die Ausrichtung am Marketing-Mix angeführt. Von großer Bedeutung ist die Ausrichtung an den Kundenanforderungen. Je nach Phase können hier unterschiedliche Methoden zum Einsatz kommen. Von den Interviewten wurden u.a. Feedback durch Kunden bei Pilotierungen, regelmäßige Kundenbefragungen bzw. ein Kundenzufriedenheitsindex angeführt.

Die an der Kurzstudie beteiligten Unternehmen wurden auch befragt, wie hoch sie ihren Reifegrad hinsichtlich der qualitätsorientierten Entwicklung von Dienstleistungen einschätzen. Auf einer Skala von 1 (sehr niedrig) bis 5 (sehr hoch) ergab sich ein Mittelwert von 3,0. Die niedrigen Werte von 1 und 2 werden von den Interviewten dadurch begründet, dass sie sich noch am Anfang befinden, eine qualitätsorientierte Entwicklung von Dienstleistungen wird gerade erst aufgebaut.

Selbst die Befassung mit Service Engineering ist kaum gegeben, da bisher der Fokus auf dem Software Engineering lag. Handlungsbedarf wird u.a. bei einer umfassenderen Planung (z.B. der Kapazitäten), dem Einsatz von Tools sowie strukturierten Abläufen gesehen. Die Unternehmen, die ihren Reifegrad der qualitätsorientierten Entwicklung von Dienstleistungen als hoch bis sehr hoch einstufen, begründen dies u.a. mit einem hohen Qualitätsanspruch innerhalb der gesamten Organisation, definierten Entwicklungsprozessen und umfassenden Schulungen der Vertriebsmitarbeiter.

3.6   Herausforderungen und Lösungsansätze für das Co-Design

Eine spezifische Problemstellung IT-basierter Dienstleistungen liegt in den Interdependenzen zwischen Dienstleistung und Software. Während die Spezifikation der Dienstleistung in der Regel Einflüsse auf die Spezifikation der Software hat, ist umgekehrt die Machbarkeit der IT-Lösung bei der Dienstleistungskonzeption zu berücksichtigen. Die Qualität der zu erbringenden Dienstleistung kann nur so gut sein, wie es die Qualität der unterstützenden Software erlaubt.

Bei den untersuchten Unternehmen zeigte sich, dass der größere Teil nicht über einen formalisierten Prozess zur Entwicklung von Dienstleistungen verfügt. Die Entwicklung der Dienstleistungen geschieht dort eher ad hoc und auf Basis individueller Erfahrungen. Ein klarer Bedarf für ein systematischeres Vorgehen wurde jedoch gesehen. Darüber hinaus wird eine intensivere Unterstützung des Entwicklungsprozesses durch geeignete Methoden und Tools oder sogar eine entsprechende IT-Plattform als wünschenswert angesehen.

Für die Dienstleistungsqualität spielt bereits die Entwicklungsphase eine entscheidende Rolle. In dieser Phase werden die Grundlagen für stabile Prozesse, aber auch für mögliche Fehlerquellen gelegt. Qualitätsorientierung in der Entwicklung geht somit eng einher mit einem formalisierten oder strukturierten Vorgehen. Bei vielen Unternehmen, deren Fokus in der Vergangenheit stärker auf technischen Themen im Bereich des Software Engineering lag, findet derzeit ein Veränderungsprozess hin zu einer stärkeren Qualitätsorientierung in der Entwicklung statt. Bei Unternehmen, die sich im Hinblick auf Qualitätsaspekte während der Entwicklung eher im Mittelfeld sehen, existieren vielversprechende Ansätze, jedoch auch noch deutlicher Handlungsbedarf – insbesondere im Vergleich zur Entwicklung von Sachgütern oder Software.

Bei der Auswertung der Interviews kristallisierten sich insbesondere vier Erfolgsfaktoren für die Entwicklung IT-basierter Dienstleistungen heraus:

- Formalisiertes Vorgehen nach einem definierten Prozess,
- Kundennähe und Kundenintegration in den Entwicklungsprozess,
- detaillierte Anforderungsanalyse,
- Schnelligkeit und Flexibilität.

Die Ergebnisse dieser Interviews ermöglichten bereits früh im Verlauf der Projektarbeiten einen intensiven Einblick in die Thematik aus Sicht der Unternehmen. Dadurch konnten die Ansätze gut auf unterschiedliche Anforderungen, z.B. die drei grundsätzlich unterschiedlichen Typen IT-basierter Dienstleistungen ausgerichtet werden. Gleichzeitig konnten die Arbeiten an den wesentlichen Problemstellungen der Unternehmen ausgerichtet und interessante vorhandene Ansätze in die Betrachtungen einbezogen werden. Um die ersten qualitativen Erkenntnisse zu dieser Thematik auch im Hinblick auf eine Repräsentativität abzusichern, wurde auf Basis dieser Ergebnisse im nächsten Schritt eine Breitenerhebung durchgeführt, die im nachfolgenden Beitrag erläutert wird.

Literatur

Fähnrich KP, Husen C van (Hrsg, 2004) Entwicklung IT-basierter Dienstleistungen in der Praxis; Kurzstudie zum Co-Design von Software und Services in deutschen Unternehmen. Fraunhofer IRB, Stuttgart
Fähnrich KP, Meiren T (1999) Service Engineering; Ergebnisse einer empirischen Studie zum Stand der Dienstleistungsentwicklung in Deutschland. Fraunhofer IRB, Stuttgart

4 Software-Service-Co-Design – Zusammenfassung der Breitenerhebung

Kyrill Meyer[1], Martin Böttcher[1], Christian van Husen[2]

[1] Universität Leipzig, Abteilung Betriebliche Informationssysteme
[2] Fraunhofer-Institut für Arbeitswirtschaft und Organisation IAO, Stuttgart

4.1 Einführung

Ausgehend von den Ergebnissen der Expertenbefragung (siehe Beitrag 3 in diesem Buch) wurde ein Fragebogen zur Breitenerhebung erstellt. Diese Breitenerhebung wurde mit deutschen Unternehmen aus der Dienstleistungs- und Informationstechnikbranche durchgeführt. Die Ergebnisse dieser Breitenerhebung reflektieren aktuelle Ansätze von Methoden und Werkzeugen für die Entwicklung und Umsetzung IT-basierter Dienstleistungen in deutschen Unternehmen. Diese Ergebnisse flossen als Best Practice in die Entwicklungen im Projekt ServCASE ein.

Der vorliegende Beitrag fasst die Ergebnisse zusammen und hebt die wichtigsten Aussagen und Erkenntnisse hervor.

4.2 Methodik der Studie

Der Fragebogen für die Breitenerhebung beinhaltet 36 Fragen, welche folgende Themengebiete umfassten: Leistungsangebot der Unternehmen, Entwicklung IT-basierter Dienstleistungen, Management der Entwicklungsprozesse, Entwicklungsobjekte, Softwareentwicklung, Dienstleistungsentwicklung und Handlungsbedarf (Husen et al. 2005).

Als Grundlage für die Befragung dienten Unternehmen, welche potenziell IT-basierte Dienstleistungen als Haupt- oder Nebenprodukt anbieten. Hierbei wurde der Fokus auf Unternehmen des Informations- und Kommunikations- sowie des Dienstleistungssektors gelegt. Um den deutschen Markt zu repräsentieren wurden die Unternehmen aus der Hoppenstedt Datenbank entnommen. Für den Dienstleistungssektor wurden Firmen mit mehr als 50 Mitarbeitern und für die IT-Branche

Unternehmen mit mehr als 10 Mitarbeitern ausgewählt. Die Fragebögen wurden an die Geschäftsführung bzw. bei Unternehmen mit mehr als 1.000 Mitarbeitern an die Abteilung Öffentlichkeitsarbeit der jeweiligen Unternehmen geschickt. Die Fragebögen wurden an 3.892 Unternehmen (1.386 der IT-Branche und 2.506 des Dienstleistungssektors) versendet. Der Rücklauf von 111 Fragebögen entspricht einer Rate von 2,9 Prozent. Zur Analyse der Daten wurden Frequenzanalyse, Kreuztabellen und Clusteranalysen genutzt.

Die Fragebögen wurden von der Geschäftsführung (42 Prozent), durch Mitarbeiter des Verkaufs und Marketing (17 Prozent) sowie Mitarbeiter der Entwicklungsabteilungen (15 Prozent) beantwortet. 85 Prozent der antwortenden Personen gehörten der Vorstandsebene bzw. dem höheren Management an.

Da der Wandel zu IT-basierten Dienstleistungen aktuell bzw. erst im Laufe der kommenden Jahre vollzogen wird, wurden die Unternehmen nach ihrer derzeitigen Kernkompetenz befragt, wobei einige Unternehmen hierbei auch mehrere Antworten gaben: 85 Prozent sehen ihre Kernkompetenz in der Dienstleistungsentwicklung, 38 Prozent in der Softwareentwicklung und 13 Prozent in der Hardwareerstellung (Husen et al. 2005).

4.3   Ergebnisse der Studie

4.3.1   Der Markt IT-basierter Dienstleistungen

Eingangs wurden mit dem Fragebogen Informationen zum befragten Unternehmen, dem Markt in welchem sie agieren sowie dessen zu erwartende Entwicklung erfasst.

Der Großteil der antwortenden Unternehmen (52 Prozent) gab an, Dienstleistungen für andere Unternehmen anzubieten. In Bezug auf die Unternehmensmitarbeiter und den Umsatz konnte ein ausgewogener Querschnitt betrachtet werden, bei welchem die Zahl der Mitarbeiter von unter 50 bis über 1.000 und der Umsatz von unter 5 bis über 500 Mio. Euro reichte. Die Anzahl der Kunden beläuft sich bei über 50 Prozent der befragten Unternehmen auf über 100, bei 25 Prozent sogar auf über 1.000. Alle befragten Unternehmen gaben an, einen Mix aus Dienstleistung, Software und Hardware anzubieten und somit entsprechend das Segment IT-basierter Dienstleistungen zu bedienen. Da ein Großteil (85 Prozent) seine Kernkompetenz im Bereich der Dienstleistungen definiert hat (Software 38% und Hardware 13%), ist die entsprechende Verteilung des Leistungsangebotes (Anteil an der Wertschöpfung) nachvollziehbar (Dienstleistung ≈58%, Software ≈25% und Hardware ≈18%). Des Weiteren wurde eine Zuordnung zur dreiteiligen Klassifizierung IT-basierter Dienstleistungen vorgenommen, bei welcher sich 43 Prozent zum Segment *durch IT unterstützte Dienstleistungen*, 19 Prozent zum Segment *IT-begleitende Dienstleistungen* sowie 38 Prozent zum Segment *Hybridprodukte* zuordneten.

Eine der großen Herausforderungen an die Entwicklung IT-basierter Dienstleistungen ist die gleichzeitige Standardisierung (zur Kosteneinsparung) und Individualisierung (zur Differenzierung) des Leistungsangebotes. Dieser Herausforderung

wollen Unternehmen gerecht werden, indem das Leistungsspektrum modular aufgebaut wird und somit standardisierte Segmente zu individuellen Angeboten zu-
sammengefügt werden können. Ein solcher modularer Aufbau wird bereits von
65 Prozent der Unternehmen vollständig und von 27 Prozent teilweise durchgeführt. Obwohl dies darauf schließen lässt, dass Unternehmen bzgl. dieser Problematik bereits umfangreiche Ansätze besitzen, sieht doch ein Großteil der Unternehmen weiterhin in der Modularisierung eine große Herausforderung für die
Zukunft.

Neben der effizienten und effektiven Entwicklung von IT-basierten Dienstleistungen sind insbesondere die notwendige Verbindung der Teilgebiete Informationstechnologie und Dienstleistung als auch die Nachfrage des Kunden nach
„Rundum-Sorglos-Paketen" Indiz für eine zunehmend komplexer werdende Wertschöpfungskette im tertiären Sektor. Darüber hinaus stellen Internationalisie-
rungsbestrebungen, welche insbesondere durch den zunehmenden Einsatz der IT
möglich werden, neue Herausforderungen im Dienstleistungsbereich dar, da kulturelle Unterschiede in sehr hohem Maße Auswirkungen auf die angebotenen
Dienstleistungen haben.

Um die Kundenausrichtung der Unternehmen, welche IT-basierte Dienstleistungen anbieten, bestimmen zu können wurde gefragt, ob es sich um unternehmens-
oder konsumentenbezogene Dienstleistungen handelt und ob Neuentwicklungen
durch den Markt (Market Pull) oder durch die Technologie (Technology Push) getrieben werden. 84 Prozent der Unternehmen gaben an, ihre Dienstleistungen für
andere Unternehmen anzubieten und somit hauptsächlich im B2B-Bereich tätig zu
sein. Viele der befragten Unternehmen sind Dienstleister für Dienstleister, deren
Aufgabe darin besteht den Entwicklungsprozess IT-basierter Dienstleistungen zu
begleiten oder durchzuführen. Auch sehen viele Unternehmen ihre Aufgabe darin,
Teile IT-basierter Dienstleistungen für andere Anbieter zu übernehmen. Somit
entstehen auch im Dienstleistungssektor zunehmend umfangreichere Wertschöpfungsketten. Bezüglich der Neuentwicklung gaben 84 Prozent an, dass eindeutig
der Markt (Market Pull) für die Entwicklung neuer IT-basierter Dienstleistungen
verantwortlich ist. Somit zeigt sich, dass auf neue technologische Entwicklungen
nicht sofort mit einer neuen IT-basierten Dienstleistung reagiert, sondern abgewar-
tet wird, bis der Markt entsprechende Leistungen fordert.

Das angestrebte Co-Design von Software und Services zur Entwicklung IT-
basierter Dienstleistungen muss neben anderen Anforderungen auch dem Aspekt der
Verweildauer eines Leistungsangebotes am Markt gerecht werden. Hierzu wurden
von den Unternehmen folgende Angaben gemacht: ≈26 Prozent ein bis drei Jahre;
≈42 Prozent drei bis fünf Jahre; ≈18 Prozent fünf bis zehn Jahre; ≈13 Prozent länger
als zehn Jahre Verweildauer eines Leistungsangebotes am Markt.

Zusammenfassend ist also erkennbar, dass der Bereich IT-basierter Dienstleistungen von einer Vielzahl von Unternehmen unterschiedlicher Ausrichtung bedient
wird. Entwicklungsmethodiken müssen insbesondere dem B2B-Markt, kurzen
Verweilzeiten sowie Anforderungen bzgl. modularer Leistungsangebote gerecht
werden.

4.3.2   Entwicklung IT-basierter Dienstleistungen

Bereits seit den 1970er Jahren werden Anstrengungen unternommen, Software-produkte im Hinblick auf Ihre Entwicklung und Nutzung umfassend ingenieurmäßig zu begleiten. Die wissenschaftliche Disziplin, die sich dieser Aufgabe verschrieben hat und die dazu notwendigen Vorgehensweisen, Methoden und Werkzeuge bereitstellt, ist das Software Engineering. Erst seit ca. zehn Jahren gibt es im Bereich der Dienstleistungsentwicklung ähnliche Bestrebungen. Hintergrund ist – vergleichbar dem Software Engineering – auch hier die Erkenntnis, Dienstleistungen nicht länger ad hoc zu entwickeln und bereitzustellen, sondern mit Hilfe geeigneter Vorgehensweisen, Methoden und Werkzeuge systematisch zu erstellen. Die korrespondierende Fachdisziplin wird als Service Engineering bezeichnet.

Im Kontext der Dienstleistungsgesellschaft lässt sich zunehmend der Trend zu einer stärkeren Verzahnung zwischen Informations- und Kommunikationstechnologie (IuK) und Dienstleistungen beobachten. Mit dieser Entwicklung sollte die verzahnte Entwicklung der entsprechenden IT-basierten Dienstleistungen einhergehen. Dies konnte durch die Untersuchungen bestätigt werden, wobei es für die Vorgehensweise und das Management des Entwicklungsprozesses grundsätzlich entscheidend ist, welche Komponente die dominierende ist. Die Antworten zeigen auf, dass alle drei zu unterscheidenden Typen (*durch IT unterstützte Dienstleistungen, IT-begleitende Dienstleistungen* oder *Hybridprodukte*) praktische Relevanz besitzen. In über 40 Prozent der Fälle wird die Software als aufwändigere Komponente der Entwicklung angesehen, aber in 60 Prozent der Fälle wurde angegeben dass die Dienstleistungsentwicklung mindestens genauso aufwändig ist wie die Softwareentwicklung (Abb. 4-1). Dementsprechend wird einerseits die Bedeutung des noch jungen Gebietes des Service Engineering aber auch die notwendige Verbindung beider Teile deutlich.

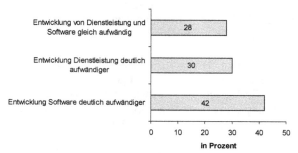

Abb. 4-1. Wie ist der Entwicklungsaufwand für die
IT-basierten Dienstleistungen verteilt?

Im Rahmen der Untersuchung hinsichtlich der Entwicklung von IT-basierten Dienstleistungen wurde erforscht, wie sehr beim Management von Entwicklungs-prozessen die Dienstleistungs- und Softwareentwicklung formalisiert sind. Als Ergebnis dazu zeigt sich, dass bei der Softwareentwicklung eine höhere Formalisierung umgesetzt ist als bei der Dienstleistungsentwicklung. Die Hälfte der Unternehmen hat ihren Software-Entwicklungsprozess formalisiert und schriftlich fixiert und weitere 21 Prozent der Befragten sprechen von einer Formalisierung, die jedoch nicht schriftlich dokumentiert ist. Etwas weniger als ein Drittel der Unternehmen hat jedoch keine oder nur eine geringe Formalisierung der Softwareentwicklung. Auch die gemeinsame Dokumentation von Dienstleistung und Software wird nur von wenigen Unternehmen durchgeführt. Interessant ist ebenfalls die Beobachtung, dass diese Formalisierung unabhängig von der Größe des Unternehmens erfolgt und nur eine leichte Tendenz zu einer stärkeren Formalisierung bei großen Unternehmen gegeben ist.

Anders fällt das Ergebnis in Bezug auf die Formalisierung bei der Dienstleistungsentwicklung aus. Nur in etwa einem Fünftel der Fälle erfolgte hier eine schriftliche Fixierung des formalisierten Dienstleistungsentwicklungsprozesses; bei einem weiteren Fünftel ist die Entwicklung formalisiert, aber nicht schriftlich festgehalten. Die Mehrheit der Unternehmen weist keine oder nur eine geringe Formalisierung des Dienstleistungsentwicklungsprozesses auf.

Von Interesse war hierbei die Frage, ob die Formalisierung von Entwicklungsprojekten Einfluss auf den Unternehmenserfolg hat. Hierzu wurde das Merkmal „Veränderung der Umsatzrendite vor Steuern in den Jahren 2001 bis 2003" betrachtet. Auch wenn der Formalisierungsgrad eher als ein Indiz zu verstehen ist und es eine Reihe weiterer Einflussfaktoren auf den Unternehmenserfolg gibt, zeigt sich sehr deutlich, dass die erfolgreichen Unternehmen ihre Dienstleistungsentwicklungsprojekte stärker formalisieren als weniger erfolgreiche Unternehmen. Sowohl die schriftliche als auch die nicht schriftliche Formalisierung wird deutlich mehr von den erfolgreichen Unternehmen eingesetzt.

Im Hinblick auf die Entwicklung wurde erfragt, welche Unternehmensbereiche in das Management des Entwicklungsprozesses einbezogen sind. Ebenso wie bei der Übernahme der Entwicklung durch eine Organisationseinheit haben auch hier die Bereiche IT (66 Prozent), Geschäftsführung (61 Prozent) und Produktmanagement (47 Prozent) eine sehr hohe Bedeutung. Die kundennahen Bereiche Vertrieb (52 Prozent), Marketing (39 Prozent) und Service (24 Prozent) sind erst nachrangig beteiligt. Um ein hohes Maß an Kundenorientierung zu gewährleisten, binden allerdings 42 Prozent der befragten Unternehmen ihre Kunden direkt in die Entwicklung ein. Weitere externe Beteiligte bei der Dienstleistungsentwicklung sind Kooperationspartner (28 Prozent) und externe Berater (12 Prozent). Die Organisationsabteilung (25 Prozent) und weitere interne, unter Sonstige aufgeführte Bereiche werden ebenfalls benannt. Im Durchschnitt werden vier Unternehmensbereiche bzw. externe Beteiligte als in die Entwicklung eingebunden benannt, wodurch ein relativ großer Koordinationsaufwand entsteht. Die Entwicklung IT-basierter Dienstleistungen stellt daher aus organisatorischer Sicht eine nicht zu vernachlässigende Herausforderung dar.

4.3.3 Software Engineering für IT-basierte Dienstleistungen

Im Rahmen dieses Abschnitts wurde erhoben, welche Formalisierung bei den Unternehmen bezüglich der Softwareentwicklung vorliegt. Dies ist für die Entwicklung IT-basierter Dienstleistung entscheidend, da die Qualität der Software unmittelbaren Einfluss auf die Qualität der Dienstleistung hat. Auf einer Skala von 1 (sehr gering) bis 5 (sehr hoch) stuften die befragten Unternehmen die direkte Auswirkung der Qualität der Software auf die Qualität der Dienstleistung mit einem Mittelwert von 4,2 überdurchschnittlich hoch ein.

Die Bedeutung des Software Engineering in der Thematik IT-basierter Dienstleistungen hängt eng mit der Komplexität der eingesetzten Software zusammen. Insbesondere Software mit hohem Komplexitätsgrad erfordert ein formalisiertes, systematisches Vorgehen seitens der Anbieter während des Erstellungsprozesses. Bei der Betrachtung der Komplexität bezüglich der Ausprägungen IT-basierter Dienstleistungen konnte festgestellt werden, dass die Komplexität der entwickelten Software bei allen drei Arten (*durch IT unterstützte Dienstleistungen, IT-begleitende Dienstleistungen* oder *Hybridprodukte*) insgesamt hoch bzw. sehr hoch ist (66 Prozent). Daneben besitzt jedoch die Software bei den hybriden Leistungsbündeln eine überdurchschnittlich hohe Komplexität (hohe und sehr hohe Komplexität 78 Prozent).

Die eigentliche Entwicklung von Software für die IT-basierte Dienstleistung kann einerseits im anbietenden Unternehmen selbst durchgeführt werden oder als Auftrag an externe Unternehmen vergeben werden. Darüber hinaus besteht für die Unternehmen auch die Option, Kooperationen mit anderen Unternehmen einzugehen. Im Rahmen der Untersuchung gab fast die Hälfte der befragten Unternehmen an, die Software selbst zu entwickeln, und lediglich ein Viertel ließ die Software von externen Anbietern erstellen.

Es ist also erkennbar, dass aufgrund der starken qualitativen Abhängigkeit der Dienstleistung von der Software sowie der hohen Komplexität der Software ein Einsatz formalisierter Methoden und Vorgehen notwendig ist, um effektiv und effizient qualitativ hochwertige Gesamtprodukte zu erreichen. Ferner ist eine Auseinandersetzung mit solchen Formalismen notwendig, da viele Unternehmen die Software selbst entwickeln und somit direkt für die Qualität verantwortlich sind.

Wird der Frage nachgegangen, ob der Formalisierungsgrad der Softwareentwicklung davon abhängig ist, ob die zu entwickelnde Software im eigenen Unternehmen, in Kooperation mit Partnern oder komplett extern durch Fremdunternehmen entwickelt wird, zeigt sich, dass ein formalisierter Entwicklungsprozess am häufigsten bei Eigenentwicklung oder kooperativer Entwicklung vorzufinden ist (49 bzw. 64 Prozent der Fälle). Eine Vergabe der Softwareentwicklung an externe Partner führt demnach nicht zwangsläufig zu einem formalisierteren Entwicklungsprozess, wie vermutet werden könnte (hier in 32 Prozent der Fälle).

Der Formalisierungsgrad bei der Softwareentwicklung hat unmittelbar auch einen Methodeneinsatz zur Folge. Von den Unternehmen, welche angaben Vorgehensmodelle zu nutzen (Mehrfachnennungen waren hier möglich), setzen knapp 60 Prozent die Methode des Prototyping ein, bei welcher das Produkt sukzessive mittels Prototypen entwickelt wird. Demgegenüber nutzen nur 10 Prozent das V-Modell, welches insbesondere bei Projekten mit öffentlicher Beteiligung notwendig ist, jedoch wegen seiner Komplexität oft kritisiert wird. Neben den „traditionellen" Vorgehensmethoden wie dem Wasserfallmodell (20 Prozent) setzen Unternehmen auch agile Methoden wie beispielsweise das Extreme Programming ein (20 Prozent; Abb. 4-2).

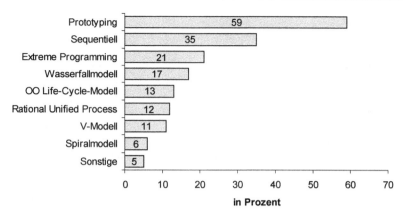

Abb. 4-2. Welche Vorgehensmodelle verwenden Sie bei der Softwareentwicklung? (Mehrfachnennungen möglich)

Neben den Methoden des Vorgehens kann die Entwicklung der Software auch durch den Einsatz von Werkzeugen unterstützt und effektiver gestaltet werden. Dabei existieren Werkzeuge, welche entweder bestimmte Phasen des Entwicklungszyklus unterstützen (z.B. Testwerkzeuge) oder auch Lösungen, welche den Entwicklungsprozess in seiner Gesamtheit unterstützen, beispielsweise Projektmanagementsoftware. Als Ergebnis konnte festgestellt werden, dass insbesondere Softwareentwicklungsumgebungen eingesetzt werden. Die Hälfte der Unternehmen nutzt Werkzeuge zur Unterstützung des Projektmanagements, und auch Test- und Modellierungswerkzeuge kommen in fast der Hälfte der Fälle zum Einsatz.

Zusammenfassend kann festgestellt werden, dass die Entwicklung der Software bei IT-basierten Dienstleistungen bei den befragten Unternehmen durch unterschiedliche Formalisierungsgrade gekennzeichnet ist und somit unterschiedliche Vorgehensweisen und Methoden eingesetzt und verschiedene Werkzeuge zur Unterstützung genutzt werden. Expertenbefragungen zu dieser Thematik zeigten auf, dass Unternehmen, welche bisher keine formalisierten Methoden einsetzten, sich der daraus resultierenden Probleme bewusst sind und vorhaben, sich zukünftig stärker an formalen Vorgehensansätzen zu orientieren.

4.3.4   Service Engineering IT-basierter Dienstleistungen

Vergleichbar zum vorangehenden Kapitel wurden in diesem Abschnitt Fragen bezüglich der Formalisierung der Dienstleistungsentwicklung betrachtet. Es konnte bei der Betrachtung des formalisierten Vorgehens für die Dienstleistungsentwicklung festgestellt werden, dass knapp 60 Prozent der Unternehmen entweder über keinen oder lediglich einen gering formalisierten Entwicklungsprozess verfügen. Wenn eine systematisierte Entwicklung erfolgt, finden sich in der Praxis hauptsächlich einfache, statische und phasenorientierte Vorgehensweisen für den Entwicklungsprozess von Dienstleistungen. In vielen Unternehmen hat sich gezeigt, dass die Dienstleistungsentwicklung deutlich weniger formalisiert ist als die

Softwareentwicklung. Beim Co-Design von Software und Dienstleistungen ergibt sich somit eine besondere Schwierigkeit bei der Koordination der Teil-Entwicklungsprozesse.

Zur Unterstützung der Dienstleistungsentwicklung steht ein breites Methodenspektrum zur Verfügung, um eine schnelle und effiziente Entwicklung qualitativ hochwertiger Produkte zu erreichen. Im Prozess der Dienstleistungsentwicklung können betriebswirtschaftliche, ingenieurwissenschaftliche und dienstleistungsspezifische Methoden Anwendung finden. Sie dienen der Analyse, der Modellierung und Gestaltung von Produkten und Prozessen, dem Innovationsmanagement oder der Kundeneinbindung. In der Praxis zeigt sich jedoch immer wieder, dass diese Instrumente nicht ausgeschöpft werden. An der Spitze der eingesetzten Methoden stehen die klassischen Instrumente der Betriebswirtschaft. Kosten-Nutzen-, Wirtschaftlichkeits-, Wettbewerbs- und weitere Analysen werden regelmäßig eingesetzt und sind in weiten Teilen bekannt. Vermutlich durch die besondere Rolle der Software bei IT-basierten Dienstleistungen werden auch die Prozessmodellierung und das Prototyping überdurchschnittlich genutzt. Im Gegensatz dazu wird die Produktmodellierung, die einen Bestandteil des Service Engineering darstellt, nur von neun Prozent der befragten Unternehmen häufiger genutzt. Generell wird deutlich, dass spezifische Methoden zur Dienstleistungsentwicklung wie Rollenkonzepte oder das Service Blueprinting und auch ingenieurwissenschaftliche Methoden wie FMEA (Fehlermöglichkeits- und Einflussanalyse) oder QFD (Quality Function Deployment), die ebenfalls gut zur Dienstleistungsentwicklung geeignet sind, kaum eingesetzt werden und nicht einmal der Hälfte der Befragten bekannt sind (Abb. 4-3).

Die Qualität einer Dienstleistung wird bereits im Entwicklungsprozess ganz wesentlich beeinflusst. Aufgrund ihrer zentralen Bedeutung ist es notwendig, nicht erst aktiv zu werden, wenn das Leistungsniveau vom Kunden nicht akzeptiert wird, sondern bereits proaktiv Sorge zu tragen, dass Qualität in die Dienstleistungen hineinentwickelt wird und bereits ab der Markteinführung mit geeigneten Instrumenten gesteuert werden kann. Zur Messung von Qualität stehen verschiedene Methoden zur Verfügung. Allgemeine Methoden der Kundenzufriedenheitsmessung, Benchmarking, die Messung interner Kennzahlen sowie Reklamationsanalysen werden von vielen Unternehmen frühzeitig eingeplant. Im Mittelfeld liegt die Analyse von Wiederholkäufen. Kaum bekannt und äußerst selten eingeplant sind spezifische Methoden wie Statistical Process Control, die Frequenz-Relevanz-Analyse von Problemen (FRAP) oder die Critical Incident Technique (Abb. 4-3). Daraus wird einerseits deutlich, dass Qualität bei der Erbringung von Dienstleistungen durchaus ernst genommen wird und Unternehmen sich frühzeitig Gedanken machen, um die Kundenzufriedenheit systematisch zu erfassen. Andererseits stellt eine stärkere Berücksichtigung von Methoden, die eine qualitative Ergänzung von Informationen zu den quantitativen Messinstrumenten bieten, in der Praxis derzeit noch ein Defizit dar. Dabei könnte die Einplanung geeigneter Methoden später Anhaltspunkte liefern, worüber die Kundenzufriedenheit am ehesten zu verbessern ist

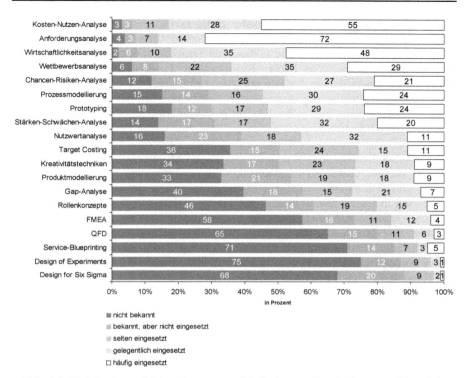

Abb. 4-3. Welche der nachfolgend genannten Methoden zur Entwicklung von Dienstleistungen sind Ihnen bekannt oder wurden bereits von Ihnen eingesetzt?

Um die Bedeutung und den Stand der generellen Qualitätsorientierung einzuordnen, wurden die Unternehmen befragt, wie sie ihren Reifegrad hinsichtlich der Qualitätsorientierung bei der Entwicklung IT-basierter Dienstleistungen einschätzen (auf einer Skala von 1 = sehr niedrig bis 5 = sehr hoch). Dieser Reifegrad wird von den befragten Unternehmen überwiegend als mittel bis hoch (74 Prozent) eingeschätzt. Damit wird sicherlich deutlich, dass Qualität als ein wichtiges Thema im Bewusstsein der Unternehmen verankert ist. Allerdings zeigt sich auch ein gewisser Widerspruch zu dem Einsatz spezifischer Methoden, der detailliert analysiert wurde. Gerade Methoden, die eine systematische Entwicklung unterstützen und somit zu einer qualitätsorientierten Entwicklung von Dienstleistungen führen sollen, werden wenig eingesetzt und sind vielen nicht bekannt. Vorhandene Stärken liegen in der Einbindung von Kunden schon zu einem frühen Zeitpunkt und auch bei der Einplanung der Qualitätsmessung für die spätere Erbringung der Dienstleistungen. Hier gilt es, die Lücke zwischen der kundenorientierten Ermittlung von Anforderungen und einer qualitätsorientierten Erbringung durch ein systematisches Design der Dienstleistungen zu schließen.

4.3.5 Erfolgsfaktoren und Handlungsbedarf

Eine spezifische Problemstellung IT-basierter Dienstleistungen liegt in den Interdependenzen zwischen den beiden Komponenten Dienstleistung und Software. Während die Spezifikation der Dienstleistung in der Regel Einflüsse auf die Spezifikation der Software hat, ist umgekehrt die Machbarkeit der IT-Lösung bei der Dienstleistungskonzeption zu berücksichtigen. Weiterhin kann die Qualität der zu erbringenden Dienstleistung oft nur so gut sein, wie es die Qualität der unterstützenden Software erlaubt. Auch dieser Beziehung ist bereits bei der Entwicklung entsprechende Beachtung zu schenken. Eine zu späte Einbindung der Entwickler der jeweils untergeordneten Komponente führt in der Praxis zur Ineffizienz des Gesamtprozesses und macht eine Berücksichtigung von Interdependenzen schwierig.

Obwohl in Unternehmen bereits seit Jahren IT-basierte Dienstleistungen entwickelt werden, wurde diese Aufgabe bisher jedoch nicht als integriertes Thema gesehen. Stattdessen arbeiten Software- und Dienstleistungsentwickler häufig getrennt und die Abstimmung gestaltet sich schwierig. Zur Konkretisierung erforderlicher Forschungsaktivitäten wurden in der Studie sowohl bisherige Erfolgsfaktoren als auch der Handlungsbedarf aus Sicht der Unternehmen ermittelt.

Die Relevanz der Thematik wird sehr deutlich bestätigt, indem 78 Prozent der Unternehmen erwarten, dass die systematische Entwicklung von Dienstleistungen zukünftig an Bedeutung gewinnt (Abb. 4-4).

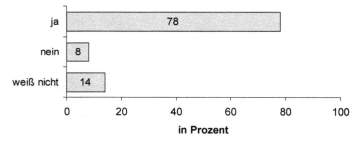

Abb. 4-4. Gewinnt die systematische Entwicklung von Dienstleistungen in Ihrem Unternehmen bzw. in Ihrem Geschäftsbereich zukünftig an Bedeutung?

Den größten Handlungsbedarf sehen die Unternehmen dabei in der Bereitstellung von geeigneten Vorgehensmodellen (65 Prozent) und Methoden (62 Prozent). Diese Techniken stellen auch die größten Hebel dar, um effizient, qualitätsorientiert und kundengerecht Dienstleistungen zu entwickeln. Spezielle Organisationskonzepte für Entwicklungsvorhaben sind von nachrangiger Bedeutung (47 Prozent). Ergänzend können Fallstudien (39 Prozent) und Aus- bzw. Weiterbildungsmöglichkeiten (31 Prozent) von Nutzen sein (Abb. 4-5). Interessant ist insbesondere der geäußerte Bedarf an geeigneten Methoden – hat doch die Studie gezeigt, dass ein Großteil der geeigneten Methoden kaum eingesetzt wird und in vielen Fällen nicht einmal bekannt ist. Offensichtlich gilt es hier, zunächst einmal bereits vorhandene Methoden in die Praxis zu tragen. Erst verbleibende Lücken müssen dann durch eine gezielte Neu- oder Weiterentwicklung von Methoden geschlossen werden.

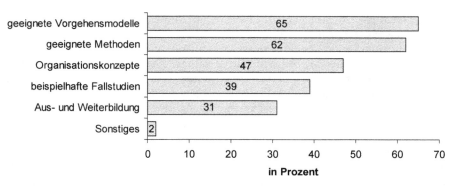

Abb. 4-5. Wo liegt aus Ihrer Sicht zukünftig der größte Bedarf bei der Entwicklung IT-basierter Dienstleistungen?

Die Frage nach der Einstufung des Handlungsbedarfs innerhalb der jeweiligen Entwicklungsphasen ergab ein wenig differenziertes Bild. Daraus lässt sich folgern, dass die Herausforderungen weniger in einzelnen Phasen liegen, sondern vielmehr übergreifende Ansätze gefragt sind, was auch die große Nachfrage nach geeigneten integrierten Vorgehensmodellen beweist.

Der Wunsch nach durchgängigen Leitlinien für die Entwicklung IT-basierter Dienstleistungen kommt ebenfalls bei der Frage nach den wichtigsten Erfolgsfaktoren zum Ausdruck. Die zahlreichen Nennungen in der Befragung wurden nachträglich analysiert und gruppiert. Als Erfolgsfaktoren für die Entwicklung IT-basierter Dienstleistungen wurden von den Unternehmen vor allem drei Themen identifiziert:

• Kundenorientierung,

• Projektmanagement und

• Qualität.

Die Kundenorientierung hat bei der Entwicklung IT-basierter Dienstleistungen den höchsten Stellenwert. Dazu ist die Nähe zu den Kunden, ein aktives Zuhören, die Kenntnis ihrer Anforderungen und ein gutes Verständnis der Kundenprozesse Voraussetzung. Vereinzelt wird empfohlen, die Kunden bei der Entwicklung mitwirken zu lassen. Eng mit der Kundenorientierung verbunden ist auch die Marktorientierung, die zusätzlich die potenzielle Kundschaft betrachtet.

Eine weitere, sehr bedeutende Gruppe von Erfolgsfaktoren lässt sich dem Begriff Projektmanagement zuordnen. Bezüglich der Projektarbeit werden die Kooperation in handlungsfähigen, kleinen Teams, eine gute Strukturierung des Projekts und die Information aller Beteiligten als wichtige Faktoren angesehen. Begleitend zum Projekt ist eine geeignete Dokumentation sowie ein Monitoring bzw. Projektcontrolling wichtig. Die Orientierung an diesen Erfolgsfaktoren ermöglicht die Erstellung eines Ergebnisses, wie es zu Beginn geplant war („on target"). Dabei ist die Wirtschaftlichkeit der neuen Dienstleistung, die Einhaltung des Projektbudgets und der geplanten Entwicklungszeit (Time to Market) sicher zu stellen.

Die Qualität der entwickelten IT-basierten Dienstleistung ist für den Erfolg ebenfalls wichtig. Qualitätsmerkmale sind u.a. ein fehlerfreier und effizienter Service, definierte Service Level Agreements (SLAs), Verfügbarkeit, Datenqualität, Unterstützung, Bedienungskomfort und Beratung. Die Lösung müsse am Ende angemessen sein bzw. das richtige Preis-Leistungsverhältnis haben. Eine andere Strategie zur Sicherstellung von Qualität – aber auch der Wirtschaftlichkeit – fällt unter den Begriff Mass Customization. Standardisierte Leistungskomponenten werden dabei kundenindividuell zusammengestellt.

Darüber hinaus konnten einzelne Erfolgsfaktoren der Gruppe Management zugeordnet werden. Hierbei handelt es sich hauptsächlich um das Sicherstellen einer langfristigen, klaren strategischen Ausrichtung. Dazu gehört auch das Prinzip „IT follows Strategy". Dienstleistungsentwicklungsprojekte dürfen nicht allein durch die IT beherrscht sein, so wichtig deren Beitrag auch sein mag.

Literatur

Husen C van, Opitz M, Böttcher M, Meyer K (2005) Co-Design von Software und Services; Studie zur Entwicklung IT-basierter Dienstleistungen in deutschen Unternehmen. Fraunhofer IRB, Stuttgart

Herausforderungen und Lösungsansätze in der Praxis

Im Rahmen der Forschungsarbeiten im Projekt ServCASE wurden ergänzend zu den quantitativen empirischen Untersuchungen (vgl. Beitrag 4 in diesem Buch) auch Unternehmensfallstudien aufgenommen und analysiert, die zu einzelnen Aspekten vertiefte qualitative Informationen liefern sollen. Eine Auswahl dieser Fallstudien, die die Anforderungsanalyse der Anwendungspartner ergänzen, soll in diesem Abschnitt dargestellt werden, um einen detaillierteren Einblick sowohl in spezifische Problemstellungen als auch interessante Ansätze aus der Praxis zu ermöglichen.

5 Qualitätssicherung durch Standardisierung im IT-Lösungsgeschäft

Rudolf G. Bom[1], Marc Opitz[2]

[1] Exima Information Management GmbH, Zürich (CH)
[2] Fraunhofer-Institut für Arbeitswirtschaft und Organisation IAO, Stuttgart

5.1 Entwicklung von Software und Dienstleistungen bei der Exima Information Management GmbH

Die Exima Information Management GmbH ist ein junges schweizerisches Unternehmen im IT-Lösungsgeschäft mit Sitz in Zürich. Sie berät Klein- und mittelständische Unternehmen rund um die Evaluation, Lieferung und Inbetriebnahme betriebswirtschaftlicher Software. Die Exima ist Vertriebspartner des Software-Hauses Winware AG mit Status eines Competence Centers. Das Unternehmen strebt die Expansion von 3 auf rund 10 Mitarbeiter in den nächsten drei Jahren an. Dabei soll die Sicherung der Qualität durch Standardisierung der Leistungsmodule erfolgen. Auf Basis eines Strategieprozesses und der systematischen Entwicklung von Dienstleistungen und Softwaremodulen soll diese Transformation zielgenau realisiert werden.

5.2 Ausgangssituation

Die Exima Information Management GmbH ist ein junges schweizerisches Unternehmen im IT-Lösungsgeschäft mit Sitz in Zürich (vgl. Tabelle 5-1). Sie berät kleine und mittelständische Unternehmen (KMU) rund um die Evaluation, Lieferung und Inbetriebnahme betriebswirtschaftlicher Software. Dabei hat sie sich auf die Kundengruppen Dienstleistungsunternehmen, Handel, Treuhand und Non-Profit Organizations (NPO) konzentriert.

Die Exima ist Vertriebspartner des Software-Hauses Winware AG mit Status eines Competence Centers. Die Winware-Software umfasst Module wie Auftragserfassung, Warenwirtschaft, Finanzbuchhaltung, Lohn, Leistungserfassung und e-Shop. Winware hat in der Schweiz eine hohe Marktdurchdringung, und es wird erwartet, dass ein markanter Anteil der KMU in naher Zukunft die Warenwirtschaftsprogramme erneuern wird. Es besteht demnach ein gutes Marktpotenzial für die Exima.

Tabelle 5-1. Unternehmenssteckbrief Exima

Firma	Exima Information Management GmbH
Branche	IT-Lösungsgeschäft
Gründungsjahr	2004
Mitarbeiterzahl 2004	3
Systemführerschaft	Dienstleistungen
Adresse	Dienerstrasse 15 8004 Zürich, Schweiz
Telefon	+41 44 240 1510
Fax	+41 44 240 1511
E-Mail	info@exima.ch
Internet	http://www.exima.ch/

Exima unterstützt ihre Kunden bei der Evaluation, Lieferung, Anpassung und Inbetriebnahme betriebswirtschaftlicher Software. Weiterhin bietet das Unternehmen Mitarbeiter-Schulungen an und leistet Support nach der Inbetriebnahme. Bisher existieren die Erfahrungen und Kompetenzen zur Erbringung dieser Leistungen „in den Köpfen" weniger Mitarbeiter. Für die erfolgreiche Expansion des Unternehmens wird es erforderlich sein, dass das hohe Qualitätsniveau bei der Erbringung der Dienstleistungen auch von den neuen Mitarbeitern realisiert werden kann. Ausschlaggebend wird dabei die Qualifizierung und methodische Unterstützung neuer Mitarbeiter sein. Exima schreibt dabei der Standardisierung ihres Leistungsangebots eine sehr große Bedeutung zu.

Die Überlegungen des Unternehmens aus aktueller Sicht sollen im Folgenden dargestellt werden. Dabei wird ein Schwerpunkt auf die Ausarbeitung des Produktmodells gelegt.

5.3 Auf dem Weg zu einem professionellen Dienstleistungsangebot

Das bestehende Dienstleistungsangebot der Exima zeichnet sich durch das implizite Wissen der Geschäftsführer – deren Erfahrungen und Kompetenzen – aus. Dieses Angebot soll in naher Zukunft systematisiert und dokumentiert werden. Zur Darstellung des Portfolios bietet sich ein modularer Aufbau an, der sich an den Phasen von typischen Beratungsprojekten zur Software-Einführung orientiert. Es wurden in einem ersten Schritt acht Hauptaktivitäten identifiziert, die weitestgehend nacheinander durchschritten werden. In jeder dieser Phasen können weitere

Einzelaktivitäten herausgearbeitet und dargestellt werden. Abb. 5-1 stellt beispielhaft diese Struktur dar. Es ist hierbei zu betonen, dass diese Module eine interne Sicht darstellen. Von dieser können jedoch im Folgenden die Dienstleistungen abgeleitet werden, die den Kunden angeboten werden sollen.

Hauptaktivitäten   **Einzelaktivitäten (intern)**

Vorgespräche führen	Gespräche vorbereiten	Gespräche durchführen	Offerte erstellen
Bedürfnisse abklären	Bedürfnisse aufnehmen	Empfehlung aussprechen	
Geschäftsprozesse analysieren	Prozesse aufnehmen	SOLL/IST vergleichen	
Systemlösungen evaluieren	Kriterien festlegen	Evaluation durchführen	Produkte bewerten
Software entwickeln	Vorgehen auswählen	Entwicklung durchführen	
System in Betrieb nehmen	Inbetriebnahme planen	Inbetriebnahme durchführen	Qualität sichern
Kunden ausbilden	Schulungen in Klassen	Schulungen parallel zur Entw.	
Service leisten	Kunden informieren	Service Packs nachführen	Wissensdatenbank bereit stellen / Notfallservice durchführen

Abb. 5-1. Aktivitäten der Exima im Beratungsprozess

Jedes Modul kann derart aufgebaut sein, dass es die folgenden Elemente enthält:

- Bezeichnung des Moduls
- Beschreibung der Aktivitäten
- Dauer der Durchführung
- Instrumente (Methoden/Tools/Checklisten)
- Benötigte Skills
- Ergebnis der Aktivität (Dokumente)
- Aufwandsschätzung (intern/extern)
- Einzelpreis
- Art der Nachkalkulation
- Art des Kundenfeedbacks

Durch diesen Aufbau liegen Informationen in geeigneter Form vor, um die Dienstleistungen zu definieren, die den Kunden angeboten werden. Von Bedeutung sind insbesondere die Attribute Ergebnis der Aktivität, Dauer und Preis. Aber auch Informationen der anderen Elemente sind nützlich. Zum Beispiel kann aus der Beschreibung der Aktivitäten abgeleitet werden, welche Rolle der Kunde im Rahmen dieser Aktivitäten spielt und wie eine geeignete Kundenintegration erfolgt, um die Qualität der Leistung sicherzustellen. Weiterhin können die Module

genutzt werden, um Leistungspakete zu schnüren. Eine Orientierung an der Dreiteilung, die Winware für ihre Software nutzt – Standard, Gold und Platin – scheint
sinnvoll. Darüber hinaus können die Informationen aus den Modulen genutzt werden, um neue Mitarbeiter zu qualifizieren und zu unterstützen. Ziel ist es, dass
durch diese Standardisierung und Beschreibung der Module sehr schnell eine hohe
Qualität, auch durch neue Mitarbeiter, sichergestellt werden kann.

Auf dem Weg zur Professionalisierung des Leistungsangebots sieht die Exima
neben der Standardisierung noch weitere Handlungsfelder. Für die nächsten drei
Jahre steht eine umfassende Weiterentwicklung von Softwaremodulen und Dienstleistungen auf der Agenda (vgl. Tabelle 5-2).

Tabelle 5-2. Weiterentwicklung von Softwaremodulen und Dienstleistungen

Dienstleistungsentwicklung	Softwareentwicklung
Standardisierung der Dienstleistungen Aufbau einer Wissensdatenbank Erstellung von Schulungsmaterialien Bereitstellung eines Newsletters	Erstellung von Zusatzmodulen zu Win- ware (neue Funktionalitäten und Schnitt- stellen zu anderen Systemen) Vorbereitung und Pflege von Demonstra- tionssoftware (Mustermandanten)

Dieses Entwicklungsvorhaben schätzt die Exima als relativ komplex ein (vgl.
Abb. 5-2). Auf Basis einer Auswahl von Kriterien ergibt sich für die Dienstleistungskomplexität ein Wert von 2,5, der deutlich über dem der Softwarekomplexität
(1,8) liegt. Interessant ist die Feststellung, dass ein relativ hohes Maß an Zusammenarbeit zwischen Dienstleistungsentwicklung und Softwareentwicklung erforderlich wird.

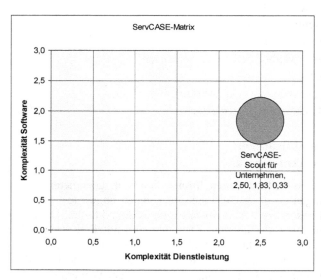

Abb. 5-2. Einschätzung der Komplexität von Software und Dienstleistungen

5.4   Zusammenfassung und Ausblick

Die Exima Information Management GmbH ist noch ein sehr junges Unternehmen im IT-Lösungsgeschäft. Sie hat erkannt, dass zur Erschließung vorhandener Marktpotenziale die Professionalisierung des Leistungsangebots entscheidend ist. Eingebettet in einen Strategieprozess führt die Exima die Neu- und Weiterentwicklung von Softwaremodulen und Dienstleistungen durch. Das hohe Maß an Standardisierungsaktivitäten ist erforderlich, um bei der Expansion des Unternehmens die Qualität der Leistungen sicher zu stellen. Mit Erreichen der angestrebten Wachstumsziele wird es interessant sein, die neuen Herausforderungen bei der Entwicklung und dem Management der Softwaremodule und Dienstleistungen näher zu untersuchen.

6 IT-Service Management-Konfigurator

Christian van Husen

Fraunhofer-Institut für Arbeitswirtschaft und Organisation IAO, Stuttgart

6.1 Fallstudie bei der Computer-Compass GmbH & Co. KG

Die Compass-Gruppe ist ein Verbund mittelständischer Systemhäuser. Wesentliche Klammern der Gruppe sind der gemeinsame Einkauf, die Bildung eines bundesweit verfügbaren Servicenetzwerks und die gemeinsame Entwicklung von neuen Geschäftsfeldern. In Arbeitskreisen werden gemeinsam Projekte und Business Development-Vorhaben umgesetzt. Exemplarisch für eine IT-basierte Dienstleistung wird der IT-Service Management (ITSM)-Konfigurator in dieser Fallstudie betrachtet. Informationen zur Klassifikation und Typologisierung in der ServCASE-Logik gibt Abb. 6-1 wieder.

Mit dem Konfigurator wird das modulare Angebot von IT-Dienstleistungen der Partnerunternehmen unterstützt. Es handelt sich somit im Sinne des Projekts um eine IT-unterstützte Dienstleistung. Ein besonderer Fokus der Fallstudie liegt zum einen auf der Modularität der Dienstleistungen, deren Abbildung und Konfiguration mit einem Tool unterstützt wird. Zum anderen zeichnet sich der Entwicklungsprozess durch eine besondere Komplexität aus, da mehrere Unternehmen aus der Unternehmensgruppe am Entwicklungsprozess beteiligt waren.

6.2 Ausgangssituation

6.2.1 Unternehmen/Organisation

Die Unternehmensgruppe ist als IT-Dienstleister tätig und besteht aus 22 Partnerunternehmen mit etwa 1.400 Mitarbeitern. Die Gruppe hat im Jahr 2002 einen Umsatz von 300 Mio. Euro erwirtschaftet. Ursprünglich wurde der Verbund 1987 als Einkaufsgesellschaft gegründet, hat sich aber im Lauf der Zeit immer stärker zu einer strategischen Vertriebspartnerschaft entwickelt, bei der mittlerweile sogar eine Standardisierung von Leistungen angestrebt wird. Die Kernkompetenz liegt somit deutlich im Bereich der Dienstleistungen.

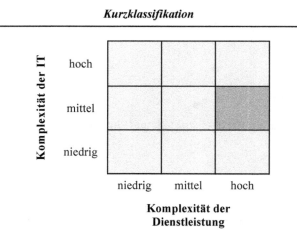

Produkttyp	►	individuell	Baukastenprodukt	Standardprodukt
Haupteinsatzfaktoren	►	Mensch	Maschinen, Geräte	Informationssysteme
Hauptobjekt DL	►	Kunde	materielle Objekte	immaterielle Objekte
Produktumfang	►	Einzelleistung		Leistungsbündel
Produktart	►	konsumentenbezogen		unternehmensbezogen
Erbringungsdauer	►	kurz	mittel	lang
Interaktionsort	►	angebotsorientiert	nachfrageorientiert	getrennter Ort
Kundenrolle	►	Akteur	Zuschauer	indirekt
Komplexität der DL	►	niedrig	mittel	hoch
Komplexität der SW	►	niedrig	mittel	hoch
Systemführerschaft	►	Software		Dienstleistung

Abb. 6-1. Klassifikation und Typologisierung Computer-Compass

6.2.2 Produkte

Als Systemhaus gehören zum Produktprogramm sowohl Dienstleistungen als auch Hardware und Software. Der Schwerpunkt liegt auf den Dienstleistungen, während die Hardware lediglich beschafft wird. Software wird zu einem großen Teil ebenfalls fremd zugekauft, aber auch angepasst und von einigen Partnern selbst programmiert. Die angebotenen Leistungen sind stark am Kundenbedarf orientiert, sodass Angebot und Entwicklung im Wesentlichen vom „Market Pull" beeinflusst werden.

Die im Fokus stehende Leistung des IT-Service Managements zeichnet sich durch standardisierte Module aus, die sich am Lifecycle-Prozess im Einsatz beim

Kunden ausrichten. Gegenüber herkömmlichen Lösungen kann somit das Angebot und die Umsetzung einer kundenindividuellen IT-Service Management-Lösung einfacher, schneller und transparenter erfolgen. Auch Teilprodukte aus dem Programm können als einzelne Module angeboten werden. Auf Basis der hinterlegten Module können Kundenangebote konfiguriert werden sowie individuell angepasst und in SLAs konkretisiert werden. Über die Konfiguration hinaus unterstützt das Tool auch die Verwaltung der Angebote und Leistungsbeschreibungen einzelner Projekte.

Da das Konfigurationstool über das Extranet verfügbar ist, ist sichergestellt, dass es zentral gepflegt und auf dem neuesten Stand gehalten werden kann. Für den Anwender entfallen somit Verantwortlichkeit und Aufwand für die Aktualisierung oder das Updaten lokaler Software.

6.2.3 Kunden

Das Angebot von Computer Compass stellt eine B2B-Dienstleistung dar und richtet sich an Unternehmen mit mehr als 200 Anwendern. Die Leistungen des IT-Service Managements werden für alle Branchen angeboten und werden z.B. bei Dienstleistern, produzierenden Unternehmen oder auch in öffentlichen Verwaltungen in Anspruch genommen. Insgesamt werden von der Gruppe mehrere tausend Kunden bedient. Dadurch dass der Vertrieb der Leistungen beratungsintensiv ist und ein intensiver Kundenkontakt besteht, wirken sich die Kundenanforderungen über den Vertrieb auf die Entwicklung aus.

Die Kunden möchten in erster Linie Verantwortung für (Teil-)Prozesse der IT auslagern und nicht einzelne Dienstleistungen kaufen. Dabei werden vom Kunden individuell zugeschnittene Lösungen erwartet, die die jeweils spezifische Umgebung und Situation berücksichtigen. Diese individuellen Lösungen führen zu einer größeren Komplexität. Gleichzeitig sind die Kunden jedoch sehr kostenorientiert. Das Ziel der meisten Projekte ist daher, eine individuelle Lösung mit definierter Qualität zu einem möglichst geringen Preis zu bekommen. Dieses Ziel wird durch die Modularisierung des Angebots erreicht.

Die Dienstleistung des IT-Service Managements wurde historisch bei den jeweiligen Partnerunternehmen entwickelt. Im Zuge erster Standardisierungsbestrebungen wurde für bestimmte Leistungen eine einheitliche Preisliste in Papierform erstellt. Nach einer strategischen Entscheidung der Gruppe, innerhalb des Produktprogramms insbesondere die Services zu stärken, wurde dieser Ansatz ausgebaut und führte zur Entwicklung des Konfigurators. Damit können Angebote für das IT-Service Management schneller und einfacher erstellt werden. Gleichzeitig wird durch die Standardisierung auch eine Kooperation mehrerer Partner bei der Erbringung der Leistungen wesentlich vereinfacht. Durch die Realisierung des Konfigurators als Online-Lösung ist eine permanente Aktualität gesichert und der Pflegeaufwand minimiert. Für die Kunden ergibt sich vor allem der Vorteil, dass die Leistungen über die definierten Bausteine transparent werden und die Entwicklung einer individuellen Lösung wesentlich kostengünstiger erfolgen kann.

6.3   Entwicklung des ITSM-Konfigurators

6.3.1   Allgemein

Kunden erwarten von IT-Dienstleistern zunehmend individuelle Lösungen, die in kurzer Zeit und zu möglichst geringen Kosten umgesetzt werden. Dieser Problematik begegnet Computer-Compass mit einem extrem modularen Ansatz. Aus den bestehenden IT-Dienstleistungen wurden standardisierte Module gebildet, die mit Hilfe des Konfigurators zu individuellen Lösungen kombiniert werden können.

Der Lebenszyklus einer IT-Investition wurde in 13 Elemente gegliedert. Mehr als 300 Servicemodule wurden geschaffen, exakt definiert und den Elementen des Lebenszyklus zugeordnet (vgl. Abb. 6-2). Die Definition umfasst die jeweils enthaltenen Leistungen, die Voraussetzungen, die Mitwirkungspflichten des Auftraggebers und den Preis. Daneben wird ein SLA definiert und hinterlegt, wie oft der Kunde Anspruch auf diese Leistung hat. Die Leistungen können pro PC, pro Monat oder pro Lebenszyklus definiert werden. Eine Beschreibung in den Leistungsscheinen in knappen Stichworten führt zu einer schnellen Übersicht über alle enthaltenen Komponenten einschließlich der notwendigen Voraussetzungen und Mitwirkungspflichten des Kunden – sofern relevant.

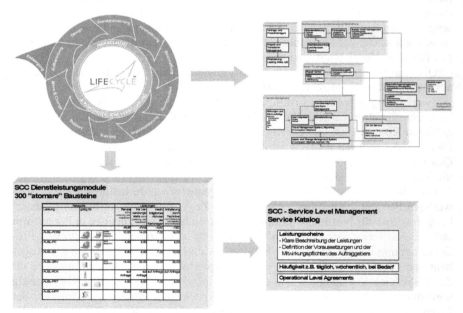

Abb. 6-2. Dienstleistungsmodule im Lebenszyklus

Angebote können mit dem Tool flexibel, einfach und schnell konfiguriert werden. Auch die Abhängigkeiten einzelner Module werden in der Struktur der Leistungen abgebildet. Die Preisbildung berücksichtigt bereits Mengeneffekte in transparenter Form. Über eine pauschale Voreinstellung der „Knoten", d.h. der Anwenderzahl, für das zu kalkulierende Projekt oder den Servicevertrag werden automatisch die jeweiligen Mengen hinterlegt und müssen lediglich in Ausnahmenfällen angepasst werden. Damit ist für den Anwender eine sehr komfortable Lösung realisiert worden. Aufwändige Anpassungs- und Nachkalkulationen entfallen und dem Kunden wird demonstriert, dass sich auch die Preisbildung an seinen individuellen Voraussetzungen orientiert.

Im Entwicklungsprozess des Konfigurators konnte auf bestehende Leistungen der einzelnen Partnerunternehmen aufgebaut werden. Nach dem Beschluss zur Vereinheitlichung der Leistungen und zur Erstellung eines Konfigurators wurde ein Projektmanagement zur Koordination eingesetzt. In einem Gremium der beteiligten Partner wurden die Leistungsinhalte abgestimmt und die Module standardisiert. Unter Führung des Projektmanagements wurde mit den Beteiligten zunächst das Design des Konfigurators erarbeitet, um die Abbildung der gewünschten Leistungsinhalte und die softwaretechnische Machbarkeit zu gewährleisten. Durch die frühzeitige Klärung und Verabschiedung des Designs war es möglich, dass anschließend in parallelen Prozessen die Leistungsinhalte als Content definiert und das Softwaretool für den Konfigurator programmiert werden konnten. Somit nahm der Entwicklungsprozess vom Kick-off bis zur Freigabe des Konfigurators nach Schulung der Anwender vier Monate in Anspruch. Während die Abstimmung der Leistungsbausteine durch ein Gremium aller beteiligten Partner erfolgte, wurden das Projektmanagement und die Programmierung jeweils durch ein einzelnes Partnerunternehmen wahrgenommen. Vom Projektmanagement wurde der Gesamtprozess gesteuert, überwacht und die Integration von Dienstleistungs- und Softwarekomponenten sichergestellt. Durch die Einbindung von Vertriebsbereichen wurden die Leistungen an den Kundenanforderungen ausgerichtet.

6.3.2 Methodik und Werkzeuge

Der Abstimmungsprozess war in den frühen Phasen, in denen das Design festgelegt wurde, sehr intensiv und in späteren Phasen weniger aufwändig. Beteiligte Rollen am Entwicklungsprozess waren das Projektmanagement, das die Gesamtverantwortung trug und auch für das Qualitätsmanagement und die Testphase zuständig war, das für den Content zuständige Gremium und sowie der für die Tool-Erstellung zuständige Partner. Die Abstimmung zwischen den beteiligten Rollen erfolgte durch Kommunikation von Seiten des Projektmanagements, Meetings, die Erstellung eines Pflichtenhefts in jeweils aktualisierten Versionen und eine formale Abnahme. Als Methoden kamen im Entwicklungsprozess eher allgemeine Methoden wie z.B. Brainstorming zum Einsatz. An Werkzeugen wurden Projektmanagement-Software und Projektmanagement-Tagebücher genutzt, außerdem wurde ein Internet-Prototyp (Beta-Version) erstellt.

6.3.3   Organisation

Eine Besonderheit des Entwicklungsprojekts liegt darin, dass es sich nicht auf ein Unternehmen beschränkt, sondern dass 22 Partnerunternehmen eingebunden werden mussten. Da die Zentrale der Compass-Gruppe mit wenigen Mitarbeitern eher administrative Aufgaben wahrnimmt, wurde die Entwicklung mit verteilten Rollen durch die Partnerunternehmen übernommen. Die Koordination erfolgte durch regelmäßige Information und eine Abstimmung in Projektmeetings. Auch der Impuls zur Entwicklung der neuen Leistung erfolgte durch eines der Partnerunternehmen und wurde anschließend übergreifend abgestimmt. Die Verantwortung für das Entwicklungsprojekt war auf mehrere Funktionen verteilt. Die Gesamtverantwortung wurde durch den Partner SCC GmbH übernommen, der das Projektmanagement innehatte. Dieser berichtete auch an die Leitung der Unternehmensgruppe. Die Verantwortung für die Softwareentwicklung lag bei dem ausführenden Partner messerknecht informationssysteme GmbH und die Verantwortung für die Dienstleistungsgestaltung bei dem Gremium der beteiligten Partner, wobei die Koordination durch das Projektmanagement erfolgte. Eine Abstimmung zwischen den an der Entwicklung Beteiligten wurde durch das Projektmanagement übernommen.

6.4   Verbesserungspotenziale beim Engineering IT-basierter Dienstleistungen

Insgesamt verlief der Entwicklungsprozess sehr zufrieden stellend und erfolgreich. Als Vorteil haben sich klare Zuständigkeiten, eine definierte Gesamtverantwortung, frühzeitige Abklärung des Designs und der Schnittstellen sowie eine regelmäßige Koordination durch das Projektmanagement erwiesen. Das einzige Problem, das im Rückblick benannt werden kann, liegt in Verständnisproblemen bei der Definition der Systemfunktionen. Trotz Abstimmung und Beschreibung der gewünschten Funktionen kam es zu unterschiedlichen Interpretationen im Laufe des Entwicklungsprozesses. Verbesserungspotenziale existieren daher in der Phase der Anforderungsanalyse, in der noch größerer Wert auf die eindeutige Dokumentation der Anforderungen gelegt werden sollte. Auch wenn unterschiedliche Interpretationen in der Praxis nie vollständig ausgeschlossen werden können, könnte dadurch eine weitere Verbesserung erreicht werden. Eine zusätzliche Optimierungsmöglichkeit liegt darin, Anwender noch frühzeitiger und intensiver in die Evaluierung, z.B. mittels Prototypen einzubinden. Im Hinblick auf die eingesetzten Methoden und Tools wird kein Handlungsbedarf oder Verbesserungspotenzial gesehen.

6.5   Zusammenfassende Angaben zum Unternehmen

Tabelle 6-1. Unternehmenssteckbrief Computer-Compass GmbH & Co. KG

Name	Computer-Compass Handels-GmbH & Co. KG
Branche	IT-Dienstleister
Gründungsjahr	1987
Mitarbeiterzahl	1.400
Umsatz	300 Mio. Euro
Adresse	Soenecken Platz 51491 Overath
Internet	http://www.computercompass.de

Tabelle 6-2. Unternehmenssteckbrief SCC GmbH

Name	SCC GmbH
Branche	IT-Dienstleister
Gründungsjahr	1981
Mitarbeiterzahl 2005	140
Umsatz 2005	55 Mio. Euro
Adresse	Industriestraße 3 70565 Stuttgart
Internet	http://www.scc.de

Tabelle 6-3. Unternehmenssteckbrief messerknecht informationssysteme GmbH

Name	messerknecht informationssysteme GmbH
Branche	IT-Dienstleister
Gründungsjahr	1908
Mitarbeiterzahl 2003	145
Umsatz 2003	21 Mio. Euro
Adresse	Linzer Straße 3+5 28359 Bremen
Internet	http://www.messerknecht.de

7 Realisierung eines Kundenservices bei kurzer Time to Market

Stefan Grieneisen[1], Marc Opitz[2]

[1] DB Dialog Telefonservice GmbH, Berlin
[2] Fraunhofer-Institut für Arbeitswirtschaft und Organisation IAO, Stuttgart

7.1 Lessons Learned bei der DB Dialog Telefonservice GmbH

Im Auftrag der Deutsche Bahn AG und in Kooperation mit der Loyalty Partner GmbH hat die DB Dialog Telefonservice GmbH in der zweiten Jahreshälfte 2005 den Kundenservice für die Dienstleistung bahn.bonus realisiert. Für das Design und die Implementierung der neuen Dienstleistung standen fünf Wochen zur Verfügung. Dies ist, gemessen an den erforderlichen Aufgaben, ein sehr kurzer Zeitraum. Die wesentlichen Erfolgsfaktoren zur Einhaltung der Time to Market lassen sich den Kategorien Projektmanagement, Zusammenarbeit und Kommunikation sowie Fach-Know-how zuordnen.

7.2 Ausgangssituation und Thema der Fallstudie

7.2.1 Das Unternehmen DB Dialog Telefonservice GmbH

Die DB Dialog Telefonservice GmbH ist ein Unternehmen der Deutsche Bahn Gruppe. Seit der Gründung des Unternehmens im Jahr 1996 bildet DB Dialog als Call Center große Teile des Kundenservices der Bahn ab. Auch für Kunden außerhalb des Konzerns ist DB Dialog tätig. An sechs Standorten in Deutschland und mit etwa 1.300 Mitarbeitern bietet DB Dialog umfassende Customer Care-Lösungen an (vgl. Tabelle 7-1). Zum Leistungsportfolio gehören die Inbound- und Outbound-Telefonie, Internet- und Fulfillment-Services sowie Trainings und integrierte Dialog-Lösungen. Dabei kommen alle Kommunikationswege und -technologien zum Einsatz wie Telefon, Fax, Mailing, Voice-Service, Internet oder E-Mail. Die

Customer Care Center sind rund um die Uhr an 365 Tagen im Jahr erreichbar. Pro Jahr finden zwischen Kunden und dem qualifizierten Personal der DB Dialog etwa 11 Mio. Kontakte statt.

Tabelle 7-1. Unternehmenssteckbrief DB Dialog Telefonservice GmbH

Firma	DB Dialog Telefonservice GmbH
Branche	Customer Care Center-Dienstleistungen
Gründungsjahr	1996
Mitarbeiterzahl 2005	1.300
Umsatz 2005	51 Mio. Euro
Systemführerschaft	Dienstleistungen
Adresse	Salzufer 6 10587 Berlin
Telefon Fax E-Mail Internet	+49 (0)30 26342-701 +49 (0)30 26342-709 info@dbdialog.de http://www.dbdialog.de/

7.2.2   Neue Dienstleistung „Kundenservice für bahn.bonus"

Im Auftrag der Deutsche Bahn AG und in Kooperation mit der Loyalty Partner GmbH[1] hat die DB Dialog Telefonservice GmbH in der zweiten Jahreshälfte 2005 den Kundenservice für die Dienstleistung bahn.bonus realisiert. Das Prämienprogramm bahn.bonus wendet sich an alle Bahncard-Besitzer. Parallel zu den bahn.comfort-Punkten können seit September 2005 bahn.bonus-Punkte gesammelt werden. Für jeden Euro Umsatz wird ein bahn.bonus-Punkt gutgeschrieben. Die Punkte bleiben drei Jahre gültig und können in Leistungen der Bahn umgewandelt werden. Seit Dezember 2005 sind die Prämien wie Genussgutscheine, Loungezugang, 1. Klasse-Upgrade, Freifahrt, Schönes-Wochenende-Ticket, Partnerfreifahrt oder Tageskarte bei der Bahn einlösbar.

Der Kundenservice zum bahn.bonus-Programm umfasst im Wesentlichen die folgenden Leistungen:

* Anmeldung und Abmeldung,
* Einlösung von Punkten,
* Beschwerdemanagement,
* Auskünfte zu bahn.bonus oder zum Punktestand.

---

[1] Loyalty Partner ist Marktführer für Bonusprogramme. Das mit Abstand bekannteste deutsche Bonusprogramm PAYBACK wird von Loyalty Partner betrieben. Informationen zum Unternehmen und seinem Leistungsangebot finden sich im Internet unter http://www.loyaltypartner.com/.

Neben dem persönlichen Kontakt am Telefon sind auch technische Kundenschnittstellen hergestellt worden wie die Internet-Plattform und ein Sprachdialogsystem. Für die Registrierung wird zur Gewährung eines hohen Datenschutzes das Double-Opt-In-Verfahren eingesetzt. Hierbei wird nach dem ersten Anmeldeschritt eine entkoppelte Bestätigung als zweiter Schritt eingefordert.

Bezogen auf den Kundenservice zu bahn.bonus durch DB Dialog steht die Dienstleistung im Vergleich zur Software im Vordergrund. Zwar wird ein relativ komplexes System zur Verwaltung der Punkte eingesetzt; es handelte sich aber vorwiegend um eine Anpassung einer stabilen Lösung. Dies ist ein Grund, weshalb die Komplexität der Software im Entwicklungsprozess mit einer mittleren Höhe eingestuft wird. Die Komplexität der Dienstleistung für den Kundenservice liegt höher. Die einzelnen kundenbezogenen Prozesse mussten detailliert ausgearbeitet werden – zum einen, um genaue Vorgaben für die technische Implementierung zu geben, zum anderen, um als Skripte für die Kundenkontaktmitarbeiter zu dienen. Der Human Resource-Komponente kommt große Bedeutung zu. Für den Kundenservice zu bahn.bonus mussten neue Mitarbeiter ausgewählt und geschult werden. Die dritte Komplexitätskennzahl, der Interaktionsgrad von Software und Dienstleistung ist ebenfalls relativ hoch. Mit dieser Zahl wird die Abhängigkeit beider Leistungskomponenten ausgedrückt. Der Grund für den hohen Wert liegt darin, dass ein Teil der Dienstleistung über eine Internet-Anwendung erbracht wird. Weiterhin erhalten die Call Center-Agenten an ihrem Arbeitsplatz eine hohe technische Unterstützung, vor allem, um die aktuellen Kundendaten abrufen zu können. Für die Entwicklung des Kundenservice zu bahn.bonus bedeutet dies, dass eine intensive Abstimmung zwischen der Entwicklung der Systeme und der Dienstleistung erfolgen musste. Abb. 7-1 veranschaulicht die Komplexitätseinstufung.

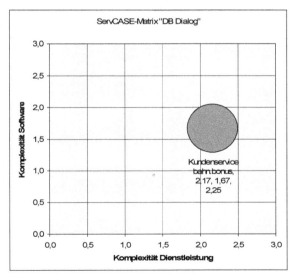

Abb. 7-1. Einschätzung der Komplexität von Software und Dienstleistungen beim Kundenservice zu bahn.bonus

7.2.3   Herausforderung: Kurze Time to Market

Die neue Dienstleistung bahn.bonus musste in kürzester Zeit realisiert werden. Insgesamt standen fünf Wochen für das Design und die Implementierung zur Verfügung. Gemessen an den erforderlichen Aufgaben ist dieser Zeitraum sehr kurz. Vergleichbare Projekte haben Laufzeiten, die die doppelte oder gar dreifache Anzahl an Wochen umfassen. Alle Beteiligte in diesem Entwicklungsvorhaben waren daher vor besondere Herausforderungen gestellt. Diese Fallstudie stellt das Projekt zur Einführung des Kundenservice zu bahn.bonus dar. Die wesentlichen Erfolgsfaktoren zur Einhaltung der kurzen Time to Market werden aufgeführt und Lessons Learned aus Sicht der Projektbeteiligten formuliert.

7.3   Realisierung des Kundenservice zu bahn.bonus

7.3.1   Auftragsverhältnis

Die Deutsche Bahn AG hat sich im Sommer 2005 entschieden, die neue IT-basierte Dienstleistung bahn.bonus einzuführen. Das hier dargestellte Projekt bezieht sich auf den Kundenservice, der durch DB Dialog verantwortet wurde. Der Kundenservice ist allerdings nur ein Teil der gesamten Entwicklungsarbeiten zu bahn.bonus, die hauptverantwortlich durch Loyalty Partner umgesetzt wurden. Weiterhin hat die für das Internet zuständige Organisationseinheit der Bahn, www.bahn.de, Aufgaben im Zusammenhang mit der Weiterentwicklung des Internetauftritts übernommen. Diese vier Akteure – Deutsche Bahn, DB Dialog, Loyalty Partner und www.bahn.de – bildeten die Key Players im Gesamtprojekt (vgl. Abb. 7-2). Sie wurden zum Teil durch Drittdienstleister unterstützt.

Abb. 7-2. Projektkonsortium zur Entwicklung von „bahn.bonus"

Die Deutsche Bahn als Auftraggeber hat die Anforderungen an die neue Dienstleistung definiert und vorgegeben. Während des Projekts ist sie immer wieder in Abstimmungsprozesse einbezogen gewesen, und zum Projektende führte sie die Endabnahme durch. Weiterhin übernahm die Deutsche Bahn marketingspezifische Aufgaben wie Entwicklung des Marketingkonzepts und Umsetzung von Marketingmaßnahmen. Internet-bezogene Aktivitäten wurden durch die Organisationseinheit der Bahn, www.bahn.de, ausgeführt. Hierzu zählen die Entwicklung der Online-Kundenschnittstelle zum CRM-System sowie die Weiterentwicklung der Internet-Seite www.bahn.de. DB Dialog als Auftragnehmer verantwortete die Hotline zu bahn.bonus. Das Unternehmen war für die Modellierung der Customer Care-Prozesse, die Bereitstellung der Customer Care Center-Ausstattung sowie das Training der Mitarbeiter zuständig. Loyalty Partner als weiterer Auftragnehmer lieferte das Bonusprogramm-System. Neben der Bereitstellung des operativen Systems lag die Verantwortung für die Prozessmodellierung des Gesamtsystems bei Loyalty Partner. Weiterhin hatte Loyalty Partner das Projektmanagement in diesem Vorhaben übernommen sowie ein Reporting konzipiert und implementiert. Auch Drittdienstleister wurden in das Entwicklungsprojekt eingebunden. Das Mitarbeiter-Recruiting, die Umsetzung des Sprachdialogsystems sowie die Abwicklung von Marketing-Aktionen wurden extern bezogen.

7.3.2 Projektplan und Projektmanagement

Das Projekt Kundenservice zu bahn.bonus lässt sich grob in die Phasen Design und Implementierung unterteilen. Dem Projektstart ging der Auftrag von Seiten der Deutsche Bahn AG voraus. Nach der Implementierung erfolgte die Endabnahme durch den Auftraggeber. Die wesentlichen Entwicklungsbausteine im Projekt – mit Schwerpunkt auf dem Kundenservice – sind in Abb. 7-3 dargestellt. Dabei wird zwischen Projektbausteinen der Dienstleistungsentwicklung und jenen der Softwareentwicklung bzw. Bereitstellung der Hardware unterschieden. Die Bausteine zu Prozessen und zum Reporting haben auf beide Komponenten IT-basierter Dienstleistungen – Software und Dienstleistung – großen Einfluss. Durch das Prozessdesign werden die Grundlagen sowohl für die systemtechnischen Funktionen als auch für die Mitarbeiter-Qualifizierung gelegt. Das Reporting wird mit Daten versorgt, die automatisch vom System erzeugt, aber auch von Mitarbeitern aus dem Service manuell dokumentiert werden. Die Aufbereitung der Daten lässt sich nach Kennzahlen unterscheiden, die sich sowohl auf das System (z.B. Verfügbarkeit) als auch auf den Service (z.B. Prozentsatz der erfolgreich beendeten Calls) beziehen. Die Kennzahlen sind für die Verantwortlichen adressatenorientiert zusammen gestellt, so dass die Qualität und Wirtschaftlichkeit der Leistungen transparent werden. Für dieses Reporting wird die Bezeichnung „Quality Scorecard" verwendet.

Das Projektmanagement lag bei Loyalty Partner. Dieser Kooperationspartner hat den Fortschritt im Projekt sehr genau überwacht und früh reagiert, wenn sich Abweichungen vom Plan andeuteten. Für die Abstimmung im Projekt fanden regelmäßige, wöchentliche Jour Fixes statt. Trotz des notwendigen Reiseaufwands

– die Projektpartner sitzen an unterschiedlichen Standorten – wurde der direkte persönliche Kontakt gegenüber anderen Alternativen wie Telefonkonferenzen bevorzugt. Der Vorteil der gemeinsamen Treffen lag darin, dass die Projektbeteiligten mit höherer Aufmerksamkeit an dem Informationsaustausch sowie der Diskussion teilgenommen haben und dass damit das Commitment für die gemeinsam getroffenen Entscheidungen groß war. Diese regelmäßigen Projektmeetings sowie das straffe Projektmonitoring unterstützten bei der Einhaltung der Time to Market.

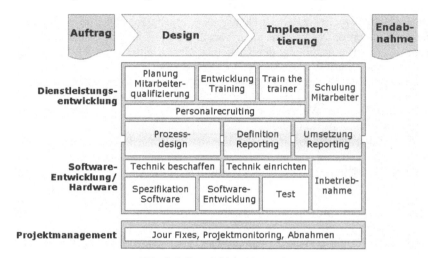

Abb. 7-3. Entwicklungsbausteine

7.3.3   Gestaltungsobjekte

Bisher wurde nur die Struktur des Projekts betrachtet. Im Folgenden soll vertieft dargestellt werden, was im Entwicklungsvorhaben gestaltet wurde. Der Fokus liegt dabei auf Prozessen, der Informationstechnik sowie den Mitarbeitern für den Kundenservice.

7.3.3.1 Prozesse

Für den Kundenservice zu bahn.bonus ist etwa ein Dutzend Prozesse relevant. Diese Prozesse umfassen u.a. An- und Abmeldevorgänge, nachträgliche Gutschriften, Einlösung von Punkten, Beschwerdeannahme sowie Auskünfte. Die Kundenservice-Prozesse wurden in einem Workshop ausgearbeitet, nachträglich von DB Dialog dokumentiert und anschließend von allen Projektpartnern freigegeben. Die Prozessdokumentation erfolgte dabei unter Anwendung von Modellierungskonventionen. Beispielsweise sind die Symbole, die Prozessflussrichtung sowie bestimmte Prozessmerkmale vereinheitlich. Die Modellierung wird gewöhnlich mit einem gängigen, leicht zu nutzenden Werkzeug vorgenommen. In Abb. 7-4 findet sich ein Beispiel für die Dokumentation eines Prozesses.

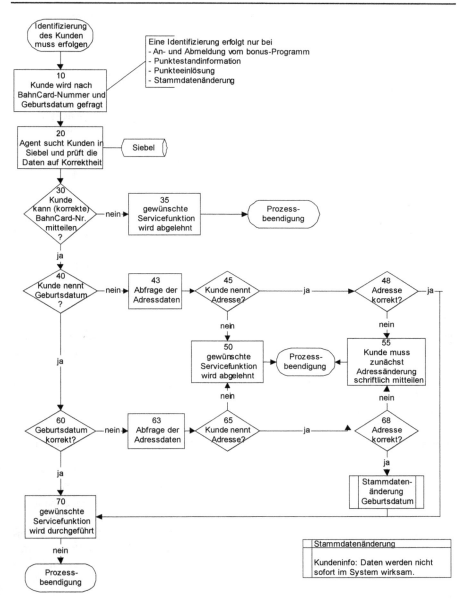

Abb. 7-4. Beispielprozess „Kundenidentifizierung über bahn.bonus-Hotline"

Die Kundenservice-Prozesse sind nur ein Teil der gesamten Prozesslandschaft, die zu bahn.bonus festgelegt wurde. Loyalty Partner als Gesamtprojektverantwortlicher brachte bei der Ausarbeitung der Prozesse sein umfassendes Know-how zu Bonusprogrammen ein. Viel Zeit blieb für kreative Momente und ausschweifende Diskussionen nicht. Zielführender war es, dass die Auftragnehmer ein sehr konkretes Bild von der zu erstellenden Leistung hatten und daraus die Prozesse vordefinieren konnten. Im Projekt war daher nur noch eine Freigabe notwendig, gegebenenfalls nach Durchführung von kleinen Anpassungen.

Die Prozesse bilden die Brücke zwischen der Kunden- und der Technikperspektive. In Unternehmen denken und handeln gewöhnlich Mitarbeiter entweder in kundenbezogenen Prozessen oder in technischen, softwaregestützten Prozessen. Beide Seiten sprechen unterschiedliche Sprachen. Im bahn.bonus-Projekt wurde von Loyalty Partner ein Experte eingesetzt, der in beiden Welten „lebt" – der Technical Account Manager. Diese Person übersetzt kundenrelevante Prozesse in systemtechnische Prozesse, die von der Entwicklungsabteilung implementiert werden. Die Anforderungen an die IT werden derart genau definiert, dass ein klares internes Auftragsverhältnis zustande kommt. Die IT-Abteilung von Loyalty Partner tritt dabei als interner Dienstleister auf.

Der Technical Account Manager hatte zur Abstimmung der wesentlichen Prozesse zwei halbtägige Meetings einberufen. Von Seiten des Auftraggebers und der Auftragnehmer waren alle Verantwortlichen anwesend. Die Meetings wurden umfassend vorbereitet, so dass auf Basis von sehr konkreten Vorstellungen die Abstimmung begonnen werden konnte.

7.3.3.2 Informationstechnik

Die Informationstechnik (IT) für den Kundenservice von bahn.bonus besteht aus mehreren Komponenten. Kern der bahn.bonus-Leistungen ist ein Loyalty Management System. Dieses Back-End-System wird von Loyalty Partner betrieben. Es beinhaltet u.a. die Kontenverwaltung sowie bestimmte Berechnungslogiken. Am Front-End befindet sich zum einen die Internet-Applikation für Endanwender und zum anderen das CRM-Tool für DB Dialog, das die Mitarbeiter im Kundenservice verwenden. Neben der Entwicklung bzw. Anpassung dieser Einzelkomponenten müssen auch die zugehörigen Schnittstellen hergestellt werden. Als zusätzliche IT-Komponente wurde ein Sprachdialogsystem entwickelt.

Ein Großteil der systembezogenen Projektarbeiten lag bei Loyalty Partner. Die Aufgaben lassen sich in die Phasen Spezifikation, Entwicklung und Test unterscheiden. Die Spezifikation erfolgte im Wesentlichen in den angesprochenen Workshops mit dem Auftraggeber. Grobe Vorgaben von der Deutsche Bahn AG sowie ein interner Erstentwurf gingen in die abschließende Spezifikation ein. Danach ging der Entwicklungsauftrag in die IT-Abteilung von Loyalty Partner. Umfangreiche Tests dienten der Qualitätssicherung der Software. Da die Lösung dem Auftraggeber vor der Implementierung bereitgestellt wurde, konnten auch Kundentests durchgeführt werden.

Für den Telefon-Service musste Hardware beschafft werden. Parallel erfolgte durch einen externen Dienstleister die Entwicklung eines Sprachdialogsystems. Die Vorgaben stammten von DB Dialog und basierten im Wesentlichen auf den erarbeiteten Kundenprozessen.

7.3.3.3 Mitarbeiter

DB Dialog hatte die schwierige Aufgabe, in der sehr kurzen Projektzeit Mitarbeiter zu gewinnen und zu qualifizieren. Das Recruiting wurde von einem Drittdienstleister übernommen. Die Entwicklung des Trainingskonzepts sowie die Mitarbeiter-Qualifizierung lagen aber in den Händen der DB Dialog selbst. Nach der Ausarbeitung des Trainingskonzepts erfolgte zunächst eine Train the Trainer-Schulung. Die Fach-, System- und Praxistrainer wurden in die neue Dienstleistung „Kundenservice zu bahn.bonus" eingewiesen. Als Grundlage für diese Schulung dienten vor allem die Prozessmodelle. Anschließend qualifizierten die Trainer die neuen Mitarbeiter. Dazu fanden in den Seminarräumen von DB Dialog Near-the-Job-Trainings statt.

7.4 Lessons Learned – die Erfolgsfaktoren im Projekt

Von allen Projektpartnern wird bestätigt, dass dieses Entwicklungsvorhaben unter extremen Bedingungen durchgeführt wurde. Die verfügbare Zeit war im Verhältnis zu vergleichbaren Projekten äußerst knapp bemessen. Dennoch konnten die Anforderungen des Auftraggebers zu dessen Zufriedenheit erfüllt werden. Die wesentlichen Erfolgsfaktoren bei der Einhaltung der kurzen Time to Market sind nachfolgend zusammengefasst.

Eine erste Gruppe von Erfolgsfaktoren lässt sich unter der Bezeichnung *Projektmanagement* subsumieren. Für die Beteiligten gehört das Arbeiten in Projekten und unter Zeitdruck zum Tagesgeschäft. Alle einbezogenen Personen konnten mittlere bis hohe Projekterfahrungen aufweisen. Das Know-how zur Projektarbeit war daher sehr umfassend. Weiterhin konnte die Strukturierung der Arbeitspakete von vergangenen Projekten abgeleitet werden. Projektmodule, die sich früher bewährt hatten, konnten sozusagen „aus der Schublade" genommen und eingesetzt werden. Eine Besonderheit im Projektplan für die Entwicklung von bahn.bonus war jedoch – im Vergleich zu anderen Projekten – der sehr hohe Grad der Parallelisierung von Aufgaben. Die Parallelisierung, die weit über das normale Maß hinausging, war für die Einhaltung der Entwicklungszeit notwendig. Letztlich sorgte ein straffes Monitoring dafür, dass der Projektfortschritt wie geplant realisiert wurde.

Eine zweite Gruppe von Erfolgsfaktoren fällt unter die Bezeichnung *Zusammenarbeit und Kommunikation*. In einem vorausgegangenen Projekt arbeiteten die gleichen Partner wie im Fall bahn.bonus zusammen. Auf diese Weise waren einzelne Prozesse eingespielt, was die Kooperation im bahn.bonus-Projekt vereinfachte. Von großem Vorteil war auch, dass die Auftragnehmer mittlerweile die Bedürfnisse und Anforderungen des Auftraggebers sehr gut kannten. Dadurch konnte die Design-Phase deutlich verkürzt werden. Elementar für die kurze Time to Market war insbesondere das große Vertrauen, das mittlerweile der Auftraggeber gegenüber seinen Dienstleistern hatte. Mit dem Know-how über die Kundenanforderungen und der Gewissheit des Vertrauens konnten die Auftragnehmer vereinzelt zeitkritische Teilaufgaben im Alleingang vorantreiben. In der Regel fanden aber permanent Abstimmungen mit dem Auftraggeber statt. Auch die Auftragnehmer pflegten untereinander einen sehr engen persönlichen Kontakt. Wöchentlich fanden Jour Fixes statt, in denen die Projektbeteiligten von DB Dialog und Loyalty Partner die Zwischenergebnisse besprochen und den Fortgang des Projekts abgestimmt hatten.

Drittens lassen sich Erfolgsfaktoren der Gruppe *Fach-Know-how* zuordnen. Bei DB Dialog auf der einen Seite besteht langjähriges und umfangreiches Know-how zur Planung, Einrichtung und zum Betrieb von Customer Care Centern. Loyalty Partner auf der anderen Seite hat insbesondere durch Payback eine ausgezeichnete Kompetenz rund um Bonusprogramme. Eine Stärke ist im Projektgeschäft die Abbildung des Kundenbedarfs auf informationstechnische Lösungen. Mittels eines Technical Account Managers, der sich sowohl in die Perspektive der Kunden als auch in die der Softwareentwickler versetzen kann, wird die Übersetzung von Kundenanforderungen in technische Lösungen verbessert. Durch die Einbeziehung der wichtigsten Beteiligten wird neben der fachgerechten Ausarbeitung der Lösung auch das Commitment aller Partner eingeholt.

Bei der Frage nach den herausragenden Erfolgsfaktoren im Projekt bahn.bonus können das Lösungs-Know-how, ein Vorausdenken und Vorarbeiten, kurze Kommunikationswege sowie ein straffes Projektmonitoring genannt werden. Die wesentliche Grundlage hierfür war die gewachsene Kundenbeziehung sowie die damit einhergehende gute Vertrauensbasis zwischen den Projektpartnern.

8 Co-Design von Hardware, Software und Dienstleistung mit der „HiPath Solutions Methodology"

Steffen Grunert[1], Daniel Zähringer[2]

[1] Siemens Communications, München
[2] Fraunhofer-Institut für Arbeitswirtschaft und Organisation IAO, Stuttgart

8.1 Entwicklung von Informations- und Kommunikationslösungen für Command Control Center bei der Siemens AG

Die Siemens AG zählt zu den weltweit größten und traditionsreichsten Firmen der Branche „Elektrotechnik und Elektronik". Das Unternehmen ist in über 190 Ländern präsent. Der umsatzstärkste Geschäftsbereich im Jahr 2005 war Siemens Communications (Com). Der Geschäftsbereich Siemens Com bündelt ein umfangreiches Portfolio innovativer Lösungen für die Sprach- und Datenkommunikation. Das Angebot reicht vom Endgerät für Festnetz und Mobilfunk über Netzinfrastrukturen bis hin zu Dienstleistungen für Unternehmen, Mobilfunk- und Festnetzbetreiber. Mit dem angebotenen Produkt- und Dienstleistungsportfolio will Siemens Com die Kommunikation der Kunden einfach und effizient machen. Die Vorgehensweise zum Co-Design von Hardware-, Software- und Dienstleistungskomponenten zur Unterstützung von Dienstleistungen in den hochsensiblen Bereichen Sicherheits- und Notfallmanagement ist Gegenstand der Fallstudie.

Zunächst erfolgen eine Unternehmensvorstellung und eine Übersicht zum angebotenen Leistungsportfolio des Geschäftsbereichs Com. Beispielhaft sei die Vorgehensweise zum Co-Design von Hardware, Software und Dienstleistung bei der Siemens AG anhand der Entwicklung von Lösungen für das Sicherheits- und Notfallmanagement – so genannten Command Control Centern – vorgestellt. Zweifelsohne sind Dienstleistungen in den Bereichen Sicherheit und Notfall besonderen Anforderungen ausgesetzt. Absolute Zuverlässigkeit und Fehlerfreiheit des Dienstleistungssystems und der unterstützenden Hard- und Software sind

Grundanforderungen aller Kundenszenarien. Somit bestehen auch besondere Anforderungen an die Vorgehensweise zum Co-Design von Dienstleistungsmodulen und den zur Erbringung erforderlichen Hardware- und Softwaremodulen.

Die Einordnung des Lösungsansatzes in die ServCASE-Matrix bildet den Einstieg, um anschließend detailliert auf den Referenzprozess einzugehen, der Dienstleistungs-, Hardware- und Softwaremodule idealtypisch zu Command Control Center Lösungen verbindet. Der folgende Abschnitt beschreibt die Einsatzmöglichkeiten bevor detailliert auf die Vorgehensweise „HiPath Solutions Methodology" eingegangen wird. Die „HiPath Solutions Methodology" ist der Ansatz im Hause Siemens, um simultan aus Hardware-, Software- und Dienstleistungsmodulen individuelle Kundenlösungskonzepte zu entwickeln. Abschließend steht die internationale Einsatzfähigkeit der Vorgehensweise zum Co-Design im Fokus. Die Fallstudie schließt mit einem kurzen Fazit.

8.2 Ausgangssituation

Die Siemens AG mit Sitz in Berlin und München ist eine der weltweit größten Firmen der Branche „Elektrotechnik und Elektronik". Im Geschäftsjahr 2005 erzielte das Unternehmen mit weltweit rund 461.000 Mitarbeitern einen Umsatz vom 75,4 Milliarden Euro. Das Geschäftsportfolio der Siemens AG ist in die sechs operativen Arbeitsgebiete „Information and Communications", „Automation and Control", „Power", „Transportation", „Medical" und „Lighting" gegliedert.

Die Siemens AG versteht sich als lebenden Organismus. So kommt es innerhalb der sechs Arbeitsgebiete regelmäßig zu Veränderungen, um die ehrgeizigen Unternehmensziele zu erreichen. Beispielsweise wurden im Jahr 2004 hierzu im Geschäftsfeld „Information and Communications" die Sparten Festnetz (Information and Communication Network, kurz: ICN) und Mobilfunk (Information and Communication Mobile, kurz: ICM) zum Bereich „Communications" (kurz: Com) zusammengeführt. Als Full-Service-Provider für professionelle Kommunikationslösungen bietet Siemens Com ein modulares Lösungsangebot bestehend aus Produkten und Dienstleistungen an.

Das modulartig aufgebaute Leistungsportfolio des Geschäftsbereichs Communciations der Siemens AG setzt sich aus Produkten, Softwareapplikationen sowie produktbezogenen Dienstleistungen (Product Related Services, kurz PRS) und produktunabhängigen Dienstleistungen (Professional Service and Solution Management, kurz PSM) zusammen. Das Produktsortiment umfasst beispielsweise Telefonanlagen oder Telefone. Leistungen zum Aufbau, zur Inbetriebnahme und zur Instandhaltung von Kommunikationsprodukten und -software der Siemens AG stellen produktabhängige Dienstleistungen dar. Produktunabhängige Dienstleistungen beziehen sich auf Strukturen und Abläufe zur Nutzung und zum Betrieb von Kommunikationsinfrastrukturen. Neben der Gliederung der Leistungsmodule nach der Art der Leistung in Produkte, produktabhängige und produktunabhängige Dienstleistungen erfolgt eine brachenbezogene Strukturierung der angebotenen Lösungen.

Tabelle 8-1. Steckbrief der Sparte Siemens Communications

Firma	Siemens Communications
Branche	IKT-Dienstleister
Gründungsjahr	1969, neue Struktur seit 2004
Mitarbeiterzahl 2005	54.500 (weltweit)
Umsatz 2005	13.445 Mio. Euro
Systemführerschaft	Dienstleistung
Adresse	Hofmannstraße 51 81539 München
Telefon	+49 (0) 89 - 722-31474
E-Mail	steffen.grunert@siemens.com
Internet	www.siemens.de/communications

Siemens Com hat im April 2006 organisatorisch bei professionellen Leistungen eine konsequente Trennung zwischen Unternehmenseinheiten für das Produkt- und Softwaregeschäft und Unternehmenseinheiten für das Dienstleistungsgeschäft vollzogen. Im Unternehmensbereich Enterprise Systems (kurz ESY) sind die Entwicklung und Produktion der Kommunikationsprodukte und -anwendungen gebündelt. Der Unternehmensbereich Enterprise Solutions and Services umfasst die produktbezogenen Dienstleistungen (PRS) und produktunabhängige Dienstleistungen (PSM) sowie die Betreiberservices (Operational Services, kurz ORS) und das Lösungsgeschäft (Solution). Eine Branchenlösung im Geschäftsbereich „Communications" liegt in der Entwicklung und Bereitstellung von Kommunikationslösungen für Command Control Center.

8.3 Einordnung in die ServCASE-Matrix

Die Einordnung der Unternehmensleistungen im Geschäftsfeld „HiPath Command Control Center" in die ServCASE-Matrix, deren Achsen die Komplexität der Software und die Komplexität der Dienstleistungen darstellen, zeigt eine Betonung der Dienstleistung (Abb. 8-). Auf Basis eines standarisierten Fragenkatalogs konnten die Achsenwerte ermittelt werden. Während sich für die Komplexität der Dienstleistung mit 2,17 ein hoher Wert ergab, ist die Einschätzung zur Komplexität der Software mit 1,5 geringer.

Im Dienstleistungsgeschäft, besonders in der Beratung, erfolgt neben einer Anpassung der Hard- und Software auch die Gestaltung des Einsatzumfeldes anhand eines Dienstleistungsreferenzprozesses. Vielfach sind die Anforderungen des Einsatzumfelds explizit durch Normen, Standards und Vorschriften definiert. Neben den expliziten Anforderungen spielen implizite Kundenanforderungen beim Co-Design von Dienstleistung, Hard- und Software eine wesentliche Rolle. Die „HiPath Solutions Methodology" erhebt methodisch sowohl explizite als auch implizite Kundenanforderungen. Nur so kann der Dienstleistungsreferenzprozess derart gestaltet werden, dass alle Kundenanforderungen bestmöglich berücksichtigt sind. Das Erheben von Kennzahlen objektiviert die Entscheidungen bei der Gestaltung von Dienstleistung, Hard- und Software. Der Nutzen, der mit der Umsetzung des Siemens Lösungskonzepts zu erwarten ist, wird hervorgehoben. Erst nachdem das Dienstleistungskonzept basierend auf dem Referenzprozess entwickelt ist, erfolgen die Auswahl und Anpassung von Hard- und Softwaremodulen. Die zu beherrschende Komplexität der Software ist zu einem großen Teil im hohen Neuigkeitsgrad und der Individualität der Lösungen zu sehen.

Die Einschätzung der Interaktionskomplexität zwischen Dienstleistung und Software deutet mit einem Wert von 2,0 auf eine mittlere Abhängigkeit von Dienstleistungen und Software hin. Als Lösungsanbieter bezieht Siemens Com im Sinne eines Global Sourcing neben eigenen Produkten zunehmend auch herstellerunabhängige Produkte in die Lösungskonzepte mit ein. Es besteht keine starre Verbindung zwischen Dienstleistung und den eingesetzten Produkt- und Softwarekomponenten.

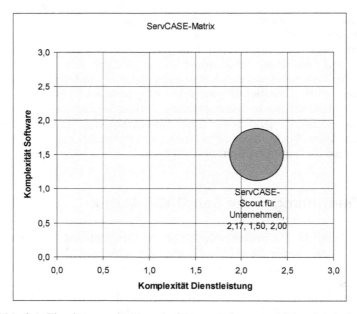

Abb. 8-1. Einschätzung der Komplexität von Software und Dienstleistungen bei IKT-Dienstleistungen der Siemens Com

Der folgende Abschnitt enthält die Beschreibung des Referenzprozesses, der Command Control Center Lösungen aus dem Hause Siemens zugrunde liegt. Die Beschreibung des Referenzmodells ist die Grundlage für die Vorstellung der „HiPath Solutions Methodology".

8.4   Referenzprozess für Command Control Center

Ein Referenzprozess verknüpft Dienstleistungsmodule aus den Bereichen Sicherheit und Notfall mit entsprechenden Hardware- und Softwaremodulen. Systematisch und methodisch gestützt passen Siemens Berater den Dienstleistungsreferenzprozess an die Kundenanforderungen an. „HiPath Solutions Methodology" ist die Bezeichnung für die systematische Anpassung eines branchenbezogenen Dienstleistungsreferenzprozesses an individuelle Kundenanforderungen. Mit „HiPath Command Control Center" bezeichnet die Siemens AG Lösungen des Sicherheits- und Notfallmanagements, die mit der „HiPath Solutions Methodology" entwickelt wurden.

Die Command Control Center Lösungen basieren auf einem Dienstleistungsreferenzmodell, das vier Phasen umfasst. Für jede der Phasen bietet die Siemens AG entsprechende Hardware- und Softwaremodule an.

Ziel der frühen Phase im Dienstleistungsreferenzmodell ist es, Situationen zu überwachen und zu erfassen. Diese Phase der „Lageinformation" beinhaltet sowohl die Überwachung sicherheitsbedürftiger Orte und Wegstrecken als auch die Annahme von Notrufen. Das Erheben aller für das Sicherheits- und Notfallmanagement relevanten Informationen ist Gegenstand der Phase „Lagebeurteilung". Die Einordnung und Bewertung von sicherheitsrelevanten Vorfällen und Notfallmeldungen erfolgt in der Phase „Ressourcenmanagement". Alle zur fundierten Entscheidungsfindung erforderlichen Informationsquellen, die beispielsweise auch meteorologische oder geographische Daten bereitstellen, können eingebunden werden. Meteorologische Informationen wie Windgeschwindigkeit sind unter anderem zur Situationsbewertung bei feuerbedingter Rauchentwicklung oder Giftwolken erforderlich. Darüber hinaus unterstützen „HiPath Command Control Center" das Ressourcenmanagement beispielsweise durch das Bereithalten aktueller Informationen zum Standort von Einsatzfahrzeugen. Basierend auf Sicherheits- und Einsatzvorschriften und unter Berücksichtigung aller Informationen schlägt das „HiPath Command Control Center" Maßnahmen zur Einsatzgestaltung in der Phase „Führen & Dispatch" vor. Ein Dispatcher trifft die Entscheidungen zur Einsatzgestaltung. Die in Command Control Center eingebundenen Techniken ermöglichen ferner die zur Einsatzsteuerung erforderliche Kommunikation zwischen Dispatcher und den Sicherheits- und Rettungsakteuren vor Ort. In der vierten Phase „Dokumentation" können „HiPath Command Control Center" die Aufgaben der Dokumentation, Archivierung und Auswertung weitgehend automatisiert übernehmen. Abb. 8-2 veranschaulicht den Referenzprozess eines „HiPath Command Control Center".

Die unter dem Begriff „HiPath Command Control Center" angebotenen Lösungen richten sich somit an die Kundengruppe der Blaulichtakteure, wie Feuerwehr, Rettung und Polizei. Ferner kommen die Lösungen unter anderem bei Großereignissen, in Industrieanlagen, Flughäfen und Sportarenen, bei der Küstenwache, sowie im Katastrophenschutz weltweit zum Einsatz.

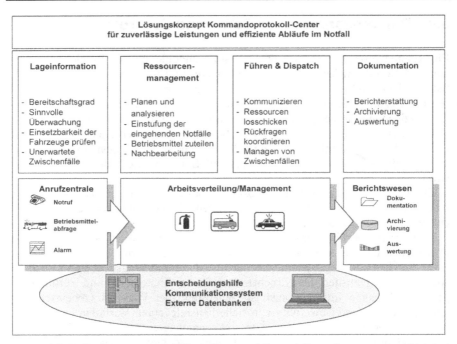

Abb. 8-2. Im Referenzprozess „HiPath Command Control Center" unterstützte Abläufe

Die Methodik zur Konfiguration und Realisierung von kundenindividuellen Lösungskonzepten wird im Weiteren am Beispiel der Vorgehensweise dargestellt, die bei der Siemens AG unter anderem für das Geschäftsfeld Command Control Center eingesetzt wird.

8.5   Vielfalt der Einsatzmöglichkeiten

Zunächst gibt der Abschnitt zentrale Kundenszenarien wieder, um die Rahmenbedingungen für das Co-Design von Hardware, Software und Dienstleistung zu beschreiben. Danach steht die detaillierte Darstellung der Vorgehensweise „HiPath Solutions Methodology" zum Co-Design von Software und Dienstleistung im Fokus.

Im Wesentlichen lassen sich drei verschiedene Kundenszenarien identifizieren. Diese werden zum einen durch den Standardisierungsgrad der Lösung charakterisiert, zum anderen durch den Umfang der vom Kunden nachgefragten Referenzprozessmodule und dem Projektumfang. Entsprechend den Anforderungen der Kundenszenarien beinhalten die Lösungskonzepte in unterschiedlichem Umfang Produkt-, Software- und Dienstleistungsmodule.

Im Kundenszenario Katastropheneinsatz besteht das Ziel darin, möglichst rasch die entsprechende Infrastruktur vor Ort einsatzfähig zu haben. Sowohl Kommunikationsprodukte als auch Dienstleistungen, wie Finanzierung des Einsatzes oder

Betrieb der Notrufleitstelle, sind auf Standards für Katastropheneinsätze abgestimmt. Ein Grundpaket für die Einsatzplanung und -steuerung steht in Form eines Einsatz-Containers bereit, der autark einsetzbar ist. Die Lösungsmodule sind weitgehend vollständig vorkonfiguriert und standardisiert. Damit ist im Katastrophenfall eine Kommunikationslösung innerhalb von Stunden an jedem Ort der Welt einsatzbereit.

Beratungsprojekte, bei denen auf Kundenwunsch eine neue Kommunikationslösung für Notrufleitstellen entwickelt oder eine bestehende Kommunikationslösung an neue Anforderungen angepasst und optimiert werden, können unter dem Kundenszenario Notrufleitstelle subsumiert werden. Im Unterschied zum Katastropheneinsatz durchlaufen in einem Beratungsprojekt Siemens Kunden einen mehrstufigen Prozess, durch den die Konfiguration der Leistungsmodule an die Kundenanforderungen angepasst wird. Die Siemens AG nennt diesen Entwicklungsprozess „HiPath Solutions Methodology". Zum Durchlaufen des Prozesses kalkuliert Siemens eine Zeitspanne von 10 bis 15 Tagen für kleine und mittelgroße Organisationen, wie Städte. Der Projektumfang kleiner bis mittelgroßer Projekte umfasst die Einrichtung einer Notrufleitstelle für einen Rettungsakteur wie Polizei, Feuerwehr oder Ambulanz für eine Stadt oder Region. In Großprojekten realisiert Siemens Com „HiPath Command Control Center" für mehrere Rettungsakteure – so genannte bunte Leitstellen. Die erste deutsche bunte Leitstelle konnte in Hamburg installiert werden. Auch hat Siemens Com in Großprojekten landesweit einheitliche Notrufsysteme für Nationen (z.B. Litauen und Finnland) implementiert und in Betrieb genommen.

Während bei der Einrichtung von Notrufleitstellen Lösungen des Sicherheitsmanagements oft weniger Bedeutung haben, so steigt die Relevanz bei der Einrichtung von „HiPath Command Control Centren" für Industrieanlagen oder für Großereignisse. Leistungsmodule von der Situationsüberwachung und -bewertung bis zur Einsatzgestaltung und Koordination der Akteure vor Ort sind erforderlich, um die Kundenbedürfnisse zur Überwachung von sicherheitsbedürftigen Objekten und zur Einsatzkoordination und -steuerung zu erfüllen. Beispielsweise hat Siemens Com im Jahr 2004 die olympischen Spiele in Athen mit einem Netzwerk von 68 Command Control Centern unterstützt, an die etwa 1.660 Kameras, 4.200 mobile Einheiten und 30.000 Teilnehmer am Sicherheitsfunk angebunden waren. Mit der „HiPath Command Control Center" Lösung konnten sowohl proaktiv sicherheitsrelevante Objekte überwacht als auch Einsätze geplant und koordiniert sowie dokumentiert werden.

8.6   Co-Design mit der „HiPath Solutions Methodology"

Die „HiPath Solutions Methodology" ist frei skalierbar für Projekte mit unterschiedlichem Umfang und somit für alle beschriebenen Kundenszenarien einsetzbar. Mit der „HiPath Solutions Methodology" entwickeln Siemens Berater gemeinsam mit ihren Kunden sowohl die Dienstleistung als auch die zur Unterstützung erforderliche technische Infrastruktur. Am Beispiel Command Control Center besteht die Dienstleistung im Umfang der zu erbringenden Sicherheits- und Not-fallleistungen vom Katastropheneinsatz über Notrufleitstellen eines Rettungsakteurs oder bunte Leitstellen bis hin zu komplexen Sicherheits- und Notfallmanagement-Systemen für Großereignisse wie Olympische Spiele. Je nach Anforderungen passen Siemens Berater den Referenzprozess an und gestalten die technischen Lösungen aus einer Kombination von Siemens eigenen Hardware- und Softwaremodulen sowie Modulen weiterer Hersteller.

Um eine einheitlich hohe Beratungsqualität sicherzustellen, sind die Phasen der „HiPath Solutions Methodology" in Form eines Leitfadens für Siemens Berater dokumentiert. Alle Mitarbeiter bei Siemens, die mit der „HiPath Solutions Metho-dology" arbeiten, sind als „Master of Consulting Excellence" in der Methode ge-schult. Es sind Ergebnisse und Meilensteine definiert, die zum Ende der Phase er-arbeitet sein müssen. Zum Erreichen der Ergebnisse werden standardisierte und bewährte Methoden bereitgestellt. Die folgende Abb. 8-3 zeigt die Phasen der „HiPath Solutions Methodology.

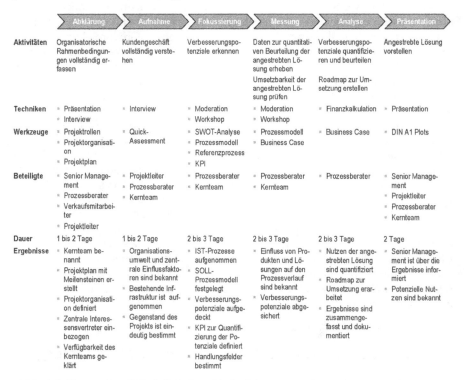

	Abklärung	Aufnahme	Fokussierung	Messung	Analyse	Präsentation
Aktivitäten	Organisatorische Rahmenbedingungen vollständig erfassen	Kundengeschäft vollständig verstehen	Verbesserungspotenziale erkennen	Daten zur quantitativen Beurteilung der angestrebten Lösung erheben Umsetzbarkeit der angestrebten Lösung prüfen	Verbesserungspotenziale quantifizieren und beurteilen Roadmap zur Umsetzung erstellen	Angestrebte Lösung vorstellen
Techniken	▪ Präsentation ▪ Interview	▪ Interview	▪ Moderation ▪ Workshop	▪ Moderation ▪ Workshop	▪ Finanzkalkulation	▪ Präsentation
Werkzeuge	▪ Projektrollen ▪ Projektorganisation ▪ Projektplan	▪ Quick-Assessment	▪ SWOT-Analyse ▪ Prozessmodell ▪ Referenzprozess ▪ KPI	▪ Prozessmodell ▪ Business Case	▪ Business Case	▪ DIN A1 Plots
Beteiligte	▪ Senior Management ▪ Prozessberater ▪ Verkaufsmitarbeiter ▪ Projektleiter	▪ Projektleiter ▪ Prozessberater ▪ Kernteam	▪ Prozessberater ▪ Kernteam	▪ Prozessberater ▪ Kernteam	▪ Prozessberater	▪ Senior Management ▪ Projektleiter ▪ Prozessberater ▪ Kernteam
Dauer	1 bis 2 Tage	1 bis 2 Tage	2 bis 3 Tage	2 bis 3 Tage	2 bis 3 Tage	2 Tage
Ergebnisse	▪ Kernteam benannt ▪ Projektplan mit Meilensteinen erstellt ▪ Projektorganisation definiert ▪ Zentrale Interessensvertreter einbezogen ▪ Verfügbarkeit des Kernteams geklärt	▪ Organisationsumwelt und zentrale Einflussfaktoren sind bekannt ▪ Bestehende Infrastruktur ist aufgenommen ▪ Gegenstand des Projekts ist eindeutig bestimmt	▪ IST-Prozesse aufgenommen ▪ SOLL-Prozessmodell festgelegt ▪ Verbesserungspotenziale aufgedeckt ▪ KPI zur Quantifizierung der Potenziale definiert ▪ Handlungsfelder bestimmt	▪ Einfluss von Produkten und Lösungen auf den Prozessverlauf sind bekannt ▪ Verbesserungspotenziale abgesichert	▪ Nutzen der angestrebten Lösung sind quantifiziert ▪ Roadmap zur Umsetzung erarbeitet ▪ Ergebnisse sind zusammengefasst und dokumentiert	▪ Senior Management ist über die Ergebnisse informiert ▪ Potenzielle Nutzen sind bekannt

Abb. 8-3. Phasen der „HiPath Solutions Methodology" zum Co-Design von Software und Dienstleistung im Hause Siemens

In der „HiPath Solutions Methodology" liegt ein Schwerpunkt darin, zu Pro-jektbeginn die organisatorischen Rahmenbedingungen für das Projekt vollständig zu erfassen. Hierzu werden in der ersten Projektphase „Abklärung" zunächst die am Projekt beteiligten Personen beim Kunden und deren Rollen im Projekt unter Verwendung einer Vorlage zur Identifikation von Projekt-Stakeholdern aufgenommen. Zentrale Interessensvertreter werden identifiziert, um sie entsprechend in das Vorhaben einbinden zu können. Ebenfalls unterstützt durch Vorlagen erarbeiten Siemens Berater mit ihren Kunden die Projektorganisation sowie einen ersten generischen Gesamtprojektplan. Mit der Klärung der Verfügbarkeit von Mitarbeiterteams, die auf Kundenseite das Vorhaben im Wesentlichen begleiten, wird die Phase abgeschlossen.

Erst nachdem die organisatorischen Rahmenbedingungen für ein Projekt festgelegt sind, erfolgt in der Phase „Aufnahme" die Betrachtung technischer Spezifikationen und Funktionen. Alle Projekte beginnen mit einer Anforderungsanalyse. Ziel der Projektphase ist es, das Kundengeschäft vollständig zu verstehen. Die gegenwärtigen und zukünftigen Kundenanforderungen werden erhoben, die zur Entwicklung der Kundenlösung relevant sind. Hierzu stehen standardisierte Assessment Werkzeuge zur Verfügung, mit denen die Kommunikationsstrategie, die sowohl die bestehende Infrastruktur sowie deren Auslastung beim Kunden erfassen. Als Ergebnis der Projektphase liegen detaillierte Informationen zur bestehenden Kommunikationsinfrastruktur beim Kunden vor. Das organisatorische Umfeld, in dem die Lösung implementiert werden soll, ist bekannt. Der Umfang der zu erbringenden Sicherheits- und Notfalldienstleistungen ist fixiert. Die für den Projekterfolg wesentlichen Einflussfaktoren sind identifiziert. Sowohl auf Kundenseite wie auf Anbieterseite besteht das gleiche Verständnis darüber, was Gegenstand und Ziel des Projekts ist.

Ziel der folgenden Projektphase „Fokussierung" ist das Erkennen der Potenziale einer neuen Lösung. Eine SWOT-Analyse (Strengths-Weaknesses-Opportunities-Threats) gibt einen Eindruck der Stärken und Schwächen sowie Chancen und Risiken der bestehenden Kommunikationslösung beim Kunden. Um die Potenziale anhand von Kennzahlen, so genannten Key-Performance-Indikatoren (kurz KPIs), zu ermitteln, werden die KPIs gemeinsam mit dem Kunden definiert. Die zentralen Prozessschritte im Kundenprozess werden als Ist-Prozess modelliert. Bei der Skizzierung der Lösung mittels Soll-Prozess unterstützen Referenzprozessmodelle für Notrufleitstellen. Eine Einschätzung für das Optimierungspotenzial des Soll-Prozesses ist anhand der zuvor definierten KPIs möglich. Die Projektphase endet mit der Definition von Handlungsfeldern, die zur Realisierung der Kommunikationslösung bestehen.

Die konkrete Quantifizierung des Kundennutzens, den der entwickelte Soll-Prozess bietet, ist Ziel der Phase „Messung". Hierzu werden Messwerte für die definierten KPIs erhoben. Die Umsetzbarkeit des definierten Soll-Prozesses beim Kunden wird geprüft und sichergestellt. Mit der Priorisierung der zuvor definierten Handlungsfelder ist die Projektphase beendet.

In der Phase „Nutzenkalkulation" fließen die zuvor erhobenen Messwerte in eine Nutzenkalkulation zusammenfassend ein. Die Ergebnisse der vorhergehenden Phasen werden dokumentiert. Ein Vorschlag zur Umsetzung der Kundenlösung wird in Form einer Roadmap entwickelt. Als Vorbereitung für die abschließende Präsentation der kundenindividuellen Lösungskonfiguration werden die erzielten Ergebnisse zusammengefasst.

Mit der Phase „Präsentation" schließt die „HiPath Solutions Methodology". Basierend auf den in Form des Abschlussdokuments zusammengefassten Ergebnissen wird die erarbeitete Lösungskonfiguration aus Produkten und Dienstleistungen vorgestellt und dem Kunden ausgehändigt.

Durch die weitgehende Standardisierung in der Vorgehensweise zur Konfiguration eines kundenindividuellen Lösungskonzepts, stellt Siemens ein weltweit einheitliches Qualitätsniveau der Beratung sicher. Die „HiPath Solutions Methodology" berücksichtigt das gesamte Umfeld, in dem die Hardware- und Softwarekomponenten zum Einsatz kommen. Der Mehrwert, den das Siemens Lösungskonzept bietet, erarbeiten Siemens Berater gemeinsam mit ihren Kunden. Das Lösungskonzept bietet eine vollständige Anpassung der Hardware- und Softwaremodule an das Dienstleistungsumfeld, um einen reibungslosen und fehlerfreien Einsatz zu garantieren. Die Methode kommt weltweit zum Einsatz. Beispielhaft erfolgt die internationale Anpassung der Vorgehensweise und der Leistungsmodule im folgenden Abschnitt.

8.7 Internationale Einsatzfähigkeit

Siemens Com ist international ausgerichtet und global in Projekten präsent. Das Geschäftssegment Command Control Center betreut dabei neben Projekten zur Einrichtung und Optimierung von Hardware und Software auch Katastropheneinsätze in Krisengebieten. Im Kern stehen Prozessabläufe, die sich bewährt haben und an die internationalen Anforderungen angepasst werden. Neben Deutschland und Griechenland sind „HiPath Command Control Center" Lösungen beispielsweise bei der Werkspolizei und -feuerwehr auf einem Industriepark der Petrochemie in Nanning (China), bei der Polizei in Dubai (Vereinigte Arabische Emirate) und bei der Polizei und Feuerwehr in der Baku-Region von Aserbaidschan im Einsatz. Weitere „HiPath Command Control" Lösungen konnten in Litauen und Finnland realisiert werden, mit denen Notfälle über landesweit einheitliche Rufnummern 112 gemeldet werden können.

Grundsätzlich sind die Leistungsmodule bei Siemens Com in den Sprachen Deutsch und Englisch verfügbar. Es werden jedoch teilweise weitere sprachliche Anpassungen vorgenommen, beispielsweise für den chinesischen Markt. Das Corporate Design wird nicht verändert, da die Identifikation der angesprochenen Kunden über die jeweiligen Berufe erfolgt. So identifizieren sich beispielsweise Mitarbeiter von Feuerwehren weltweit sehr stark mit ihrem Beruf. Der Vertrieb in den einzelnen Ländergesellschaften der Siemens Com kann im Einzelfall geringfügige Anpassungen bei der Leistungsdarstellung vornehmen.

Die angebotene Technik und Prozesse sind universell auf der ganzen Welt einsetzbar. Prozessvariationen entstehen durch die Anpassungen des Referenzprozesses an gesetzliche Bestimmungen und Kundenpräferenzen sowie der Anpassung der „HiPath Solutions Methodology" an den Umfang und die Anzahl der einzubindenden Einheiten. Beispielsweise hat im Vereinigten Arabischen Königreich Dubai Zeiteffizienz die höchste Priorität. Rettungshelfern steht nur ein sehr enges

Zeitfenster zur Verfügung, um zum Einsatzort zu gelangen und mit den Hilfsmaß-
nahmen zu beginnen. In anderen Regionen werden eher Kapazitäts- und Kosten-
aspekte betont. Gemeinsam mit den Kunden definieren Siemens Berater anhand
von KPIs die Gewichtung der Elemente in der Mehrzielentscheidung. Mit diesen
Anpassungen werden die einzelnen Module individuell auf den Kunden und die
Länderspezifikation (Customer Interface) zugeschnitten.

8.8 Ausblick

Mit der „HiPath Solutions Methodology" konfigurieren Siemens Mitarbeiter kundenindividuelle Lösungen bestehend aus Hardware-, Software- und Dienstleistungskomponenten. In der „HiPath Solutions Methodology" sind das Wissen und
die Erfahrung gebündelt, das zur erfolgreichen Projektierung und Umsetzung
komplexer Systeme erforderlich ist. Im Zentrum des Co-Designs von
Dienstleistungs-, Hardware- und Softwaremodulen steht ein Referenzprozess der
Dienstleistung, für die Siemens Berater gemeinsam mit ihren Kunden Lösungskonzepte erarbeiten. Durch die standardisierte Vorgehensweise bei der Anpassung
des Dienstleistungsreferenzprozesses kann weltweit ein einheitliches Qualitätsniveau sichergestellt werden. Die Fokussierung auf den Kunden flankiert durch innovative Produkte und eine globale Wettbewerbspräsenz sollen die Siemens AG
in die Lage versetzen, eine Spitzenposition im globalen Wettbewerb sichern zu
können.

9 Organisation der Entwicklung IT-basierter Dienstleistungen

Sylvia Weiß[1], Marc Opitz[2]

[1] SCHUFA Holding AG, Wiesbaden
[2] Fraunhofer-Institut für Arbeitswirtschaft und Organisation IAO, Stuttgart

9.1 Rollenbasierte Betrachtung des Produktentwicklungsprozesses bei der SCHUFA Holding AG

Die SCHUFA Holding AG ist eine bekannte deutsche Auskunftei für Kreditinformationen. Sie betreut derzeit rund 4.500 Vertragspartner aus unterschiedlichen Branchen. Das Kerngeschäft beinhaltet Leistungen wie Auskünfte, Nachmeldungen und Scores. Die SCHUFA Holding AG versteht sich als modernes, marktwirtschaftliches Unternehmen, dessen innovative und kompetente Dienstleistungen sich konsequent an den Bedürfnissen der Kunden orientieren. Bei allen neuen Dienstleistungen nimmt die IT eine wichtige Rolle ein. Die in dieser Fallstudie dargestellte organisationale Betrachtung der Entwicklung IT-basierter Dienstleistungen basiert auf einer ablauf- und einer aufbauorganisatorischen Sicht. Durch Verbindung von Ablauf- und Aufbauorganisation können die jeweiligen Aufgaben der beteiligten Bereiche veranschaulicht werden.

9.2 Ausgangssituation und Thema der Fallstudie

9.2.1 Das Unternehmen SCHUFA Holding AG

Die SCHUFA Holding AG ist eine bekannte deutsche Auskunftei für Kreditinformationen mit Sitz in Wiesbaden. Bereits im Jahre 1927 wurde die SCHUFA (damals „Schutzgemeinschaft für Absatzfinanzierung und Kreditsicherung", später

„Schutzgemeinschaft für allgemeine Kreditsicherung") gegründet. Zunächst beschränkte sich die Tätigkeit auf Berlin. In den Folgejahren entstanden sehr bald in anderen Ballungsgebieten weitere SCHUFA-Gesellschaften. 1952 wurde von den 13 regionalen SCHUFA-Gesellschaften die BUNDES-SCHUFA e.V. gegründet. Die BUNDES-SCHUFA übte eine koordinierende Funktion aus, u.a. bei der Einführung eines einheitlichen EDV-Systems oder der Umsetzung des Bundesdatenschutzgesetzes. Die vom Markt geforderten Zentralisierungsbestrebungen mündeten im Jahre 2000 in die Gründung der SCHUFA Holding AG (vgl. Wikipedia de. 2006 sowie SCHUFA 2002). Tabelle 9-1 stellt in Kürze wesentliche Daten des Unternehmens zusammen.

Tabelle 9-1. Unternehmenssteckbrief SCHUFA

Firma	SCHUFA Holding AG
Branche	Auskunftei
Gründungsjahr	2000 (1927)
Mitarbeiterzahl 2005	709
Umsatz 2005	73,8 Mio. Euro
Systemführerschaft	Dienstleistungen
Adresse	Kormoranweg 5 65201 Wiesbaden
Telefon	+49 (0) 6 11/92 78-0
Fax	+49 (0) 6 11/92 78-109
E-Mail	info@schufa.de
Internet	http://www.schufa.de/ http://www.meineSCHUFA.de/

Die SCHUFA Holding AG betreut derzeit rund 4.500 Vertragspartner aus unterschiedlichen Branchen. Im Bereich der Banken, Sparkassen, Genossenschaftsbanken, Spezialkreditinstitute, Bausparkassen und sonstige Finanzdienstleister erreicht die SCHUFA eine sehr hohe Marktabdeckung, z.T. von annähernd 100 Prozent. Der Nicht-Banken-Bereich, der die Branchen Einzelhandel, Versandhandel, Inkasso, Telekommunikation, Versicherungen, Wohnungswirtschaft, Energieversorger und E-Commerce beinhaltet, befindet sich in stetigem Wachstum.

Die SCHUFA ist Marktführer für Kreditauskünfte. Sie kann dabei auf den bundesweit größten Datenpool zur Beurteilung des aktuellen Zahlungsverhaltens natürlicher Personen zurückgreifen. 63 Mio. Privatpersonen, zu denen insgesamt 384 Mio. Einzelinformationen vorliegen, sind in der SCHUFA-Datenbasis gespeichert (vgl. hierzu SCHUFA 2006b). Die Daten stammen primär von den Vertragspartnern, weiterhin aber auch aus zusätzlichen öffentlichen Quellen wie Schuldnerverzeichnissen der Amtsgerichte oder Insolvenzverzeichnissen. Für die Zusammenarbeit der SCHUFA mit ihren Vertragspartnern gilt das Gegenseitigkeitsprinzip, d.h. dass Vertragspartner sowohl Informationen bereitstellen als auch von der SCHUFA erhalten.

Die Leistungen der SCHUFA haben sowohl für die Vertragspartner (Kredit-
geber) als auch für die Verbraucher (Kreditnehmer) einen Nutzen. Für die Kredit-
geber dienen die Informationen der SCHUFA zum Schutz vor Vertragsausfällen.
Risiken durch mangelnde Zahlungsfähigkeit können frühzeitig identifiziert werden. Für die Kreditnehmer besteht der Nutzen darin, dass sie vor einer Überschul-
dung geschützt werden und dass der verlangte Bonitätsnachweis leichter erbracht
werden kann. In den Anfängen der SCHUFA galt es sogar als Privileg, wenn eine
Person in der SCHUFA-Liste geführt wurde, da man schneller von den kredit-
gebenden Unternehmen bedient wurde. Auch heute gilt noch, dass Unternehmen
leichter einen Kredit vergeben, wenn Sie den Kreditnehmer kennen und ihm vertrauen. Die Kreditinformationen der SCHUFA unterstützen dabei, das Vertrauen
aufzubauen. In diesem Sinne ist das Motto der SCHUFA zu verstehen: „Wir
schaffen Vertrauen".

Das Kerngeschäft der SCHUFA lässt sich dem Informationsmanagement zuordnen. Hierzu zählen Leistungen wie Auskünfte, Nachmeldungen, Anschriften-
ermittlungen, Aktualisierung von Kundenadressen und Identitäts-Check (vgl.
SCHUFA 2006a). Im Jahr 2005 hat die SCHUFA 77 Mio. Auskünfte und Nachmeldungen an ihre Vertragspartner übermittelt (vgl. SCHUFA 2006b). Zunehmend von Bedeutung sind die Scoring-Dienstleistungen der SCHUFA. Mit einem
Score wird quantitativ eine Aussage über die Bonität einer Person getroffen. Ein
mathematisch-statistisches Verfahren ermöglicht diese Bewertung nach Risiko-
klassen. Neben den hier angeführten und weiteren Informationsdienstleistungen
wie Girobeobachtung bietet die SCHUFA auch Software-Lösungen an. Hierzu
zählen das Decision Support System (DSS), Invest solutions sowie SmartCredit.
Der hier dargestellte Kerngeschäftsbereich, der Bonitätsinformationen zu Privatpersonen umfasst, wird seit 2005 um den Bereich „SCHUFA BusinessLine" ergänzt (vgl. SCHUFA 2006c). Bei der SCHUFA BusinessLine beziehen sich die
Kreditauskünfte auf Freiberufler, Kleingewerbetreibende und Selbständige.

9.2.2   Innovation von IT-basierten Dienstleistungen bei der SCHUFA

Die SCHUFA Holding AG versteht sich heute als modernes, marktwirtschaftliches Unternehmen, dessen innovative und kompetente Dienstleistungen sich konsequent an den Bedürfnissen der Kunden orientieren. In den betreuten Branchen
entstehen permanent neue Anforderungen an die Dienstleistungen der SCHUFA.
Die branchen-spezifischen Kreditinformationen, die sich aufgrund neuer Finanz-
produkte im ständigen Wandel befinden, müssen im Auskunftswesen der SCHUFA
abgebildet sein. Die Vertragspartner der SCHUFA verlangen jedoch nicht nur
Variationen der Informationsleistungen, sondern z.T. auch ganz neue Lösungen.
Der Identitäts-Check im E-Commerce-Bereich, individuelle Scorekarten sowie die
SCHUFA BusinessLine sind solche grundlegend neuen Leistungen der SCHUFA.

Bei allen neuen Dienstleistungen nimmt die IT eine wichtige Rolle ein. Seitdem
die SCHUFA-Daten von den ursprünglichen Karteikarten auf EDV-Systeme überführt wurden, konnte permanent die Leistungsfähigkeit der SCHUFA-Services verbessert werden. Heute ist die Datenhaltung voll elektronisch. Die Datenübermittlung

zwischen den Vertragspartnern und der SCHUFA sowie die Datenpflege erfolgen in hohem Maß automatisiert. Die IT nimmt auf diesem Weg Einfluss auf die Aktualität, Verfügbarkeit und Richtigkeit der Informationen. Neben der Steigerung der Leistungsfähigkeit der SCHUFA-Dienstleistungen werden durch die IT auch ganz neue Leistungen ermöglicht. Der Einsatz von Scores wäre z.B. ohne IT nicht wirtschaftlich darstellbar.

Trotz der hohen Bedeutung der IT sind die SCHUFA-Leistungen nicht rein IT-determiniert. Eine hohe Bedeutung hat die Betreuung und Beratung der Vertragspartner. Hierbei handelt es sich um Services, deren Qualität von der Kompetenz und dem Engagement der Mitarbeiter abhängen. Individuelle Lösungen für die Vertragspartner zu entwickeln, schafft Zufriedenheit und Kundenbindung. Aus dieser Perspektive bildet die IT nur den Rahmen, um die SCHUFA-Leistungen in die Geschäftsprozesse der Vertragspartner bestmöglich zu integrieren. Abb. 9-1 positioniert das Leistungsbündel „Informationsmanagement" in der ServCASE-Matrix, deren Achsen die Komplexität der Dienstleistungen sowie die Komplexität der Software darstellen. Auf Basis eines standardisierten Fragenkatalogs konnten die Achsenwerte ermittelt werden. Sowohl für die Komplexität der Dienstleistungen als auch für die Komplexität der Software ergab sich ein Wert von 1,83, der auf relativ hohe Komplexitäten hinweist. Weiterhin wurde die Abhängigkeit zwischen Dienstleistungen und Software bestimmt. Der Wert von 2,25 deutet auf eine hohe Abhängigkeit hin.

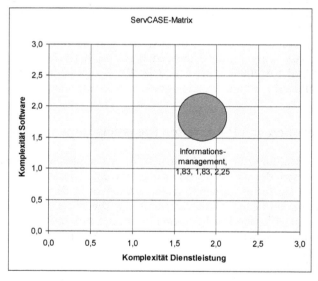

Abb. 9-1. Einschätzung der Komplexität von Software und Dienstleistungen beim Informationsmanagement der SCHUFA

Der Innovation kommt bei der SCHUFA eine große Bedeutung zu. Um auf die Marktbedürfnisse zeitnah mit neuen IT-basierten Leistungen zu reagieren, ist die Aufrechterhaltung kontinuierlicher Innovationsprozesse unabdingbar. Daher ist die Innovationsfähigkeit ein fundamentaler Baustein im Leitbild der SCHUFA: „Innovationskraft ist auf Dauer unsere unternehmerische Stärke" (vgl. SCHUFA 2006b). Aufgeschlossenheit für Neues, Experimentierfreude, Neugierde auf neue Märkte sowie ein kontinuierlicher Gedankenaustausch fördern die organisationale Kreativität. Eine Kultur des Vertrauens, der Kommunikation und Kooperation schafft ein geeignetes Umfeld im Unternehmen, um neuen Ideen genügend Raum zum „gedeihen" zu geben. Abb. 9-2 stellt die Vertrauenskultur, die eine gelebte Leitlinie der SCHUFA ist, bildlich dar.

Abb. 9-2. SCHUFA-Leitlinien fördern die Zusammenarbeit
und schaffen eine Kultur des Vertrauens

Kreativität und Vertrauen allein genügen nicht, um Ideen erfolgreich in neue Leistungen zu überführen. Vielmehr sind klare organisatorische Regelungen und methodische Vorgehensweisen notwendig, um neue Dienstleistungen systematisch und zielgerichtet zu entwickeln. Auf diese Weise werden aus Inventionen auch Innovationen – nämlich erfolgreich am Markt eingeführte Produkte. Diese Fallstudie legt den Fokus auf die organisatorischen Aspekte der Entwicklung IT-basierter Dienstleistungen.

9.3   Organisation der Entwicklung IT-basierter Dienstleistungen

Die organisationale Betrachtung der Entwicklung IT-basierter Dienstleistungen bei der SCHUFA Holding basiert auf einer ablauf- und einer aufbauorganisatorischen Sicht. Bezüglich der Ablaufstruktur wird das eingesetzte Phasenmodell zur Produktentwicklung herangezogen; die Aufbaustruktur orientiert sich am Organigramm der SCHUFA. Durch Verbindung von Ablauf- und Aufbauorganisation können die jeweiligen Rollen der beteiligten Bereiche dargestellt werden.

9.3.1 Der Produktentwicklungsprozess bei der SCHUFA

Zunächst wird das Vorgehen zur Entwicklung IT-basierter Dienstleistungen bei der SCHUFA näher beschrieben. Beim sogenannten Produktentwicklungsprozess (PeP) handelt es sich um ein klassisches Phasenmodell. Es ist in die fünf Schritte Definition, Initialisierung, Abstimmung, Umsetzung und Betrieb eingeteilt. Die wesentlichen Methoden und Dokumente der jeweiligen Phasen sind in Abb. 9-3 dargestellt.

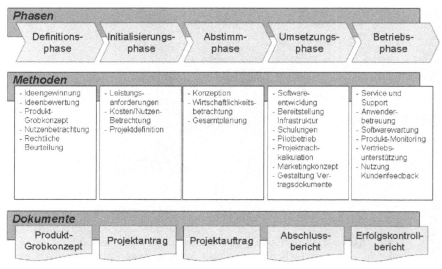

Abb. 9-3. Vereinfachte Darstellung des Produktentwicklungsprozesses

In dieser Art der Darstellung wird nicht deutlich, welche Bereiche mit welcher Aufgabe in den Entwicklungsprozess eingebunden sind. Die nachfolgenden Ausführungen sollen verdeutlichen, wie komplex die Entwicklung IT-basierter Dienstleistungen bei der SCHUFA ist. Es soll Klarheit darüber geschaffen werden, mit welchen Rollen die einzelnen organisatorischen Bereiche an der Produktentwicklung beteiligt sind.

9.3.2 Die Rollen der organisatorischen Einheiten im Produktentwicklungsprozess

In Abb. 9-4 ist die Aufbauorganisation der SCHUFA in vereinfachter Form dargestellt. Den beiden Vorstandsmitgliedern sind jeweils sechs Bereiche zugeordnet. Weiterhin sind die aktuellen strategischen Projekte von den Vorständen verantwortet. Die strategischen Projekte an sich haben schon einen hohen Innovationsanteil, sollen aber im Rahmen dieser Fallstudie ebenso wenig behandelt werden wie der neue Geschäftsbereich SCHUFA BusinessLine.

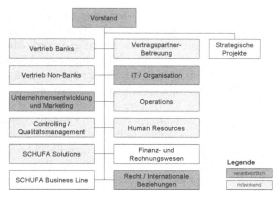

Abb. 9-4. Bereiche der SCHUFA und deren Einfluss im
Produktentwicklungsprozess

Im Fokus der Aufmerksamkeit steht der Produktentwicklungsprozess. Abb. 9-4 verdeutlicht durch die farblichen Markierungen, welche Bereiche im Produktentwicklungsprozess für einzelne Schritte verantwortlich und welche mitwirkend beteiligt sind. Auffällig ist, dass fast alle Unternehmensbereiche eine Rolle im Entwicklungsprozess spielen. Die SCHUFA BusinessLine als eigenes Geschäftsfeld ist ausgeklammert, da hier nur das Informationsmanagement zu Privatpersonen betrachtet werden soll. Es ist aber genauso gut denkbar, dass ein Produktentwicklungsprozess zur Verbesserung der SCHUFA BusinessLine-Dienstleistungen initiiert wird.

Das *Marketing* übernimmt die Rolle des Produktmanagers. Marketing ist sehr stark in der ersten Phase des Gesamtprozesses, der Produkt-Definitionsphase, involviert. Hier übernimmt es die Verantwortung für die Identifikation neuer Leistungsbestandteile. Zusammen mit dem Vertrieb werden Ideen gesammelt und bewertet. Auch von anderen kundennahen Bereichen wie Vertragspartner-Betreuung oder Operations können Ideen eingebracht werden. Im Folgenden koordiniert Marketing die Erstellung einer Grobkonzeption für die neue Leistung. In einem Gremium bestehend aus Vertretern der Bereiche Marketing, IT, Operations, Vertragspartner-Betreuung und Solutions wird die Grobdefinition vorgenommen. Außer in der Definitionsphase hat Marketing in der Umsetzungsphase eine maßgebliche Rolle im Produktentwicklungsprozess. Zusammen mit dem Vertrieb werden Marketingmaßnahmen geplant und durchgeführt. Auch werden nun das Preis- und das Produkthandbuch aktualisiert. In der Betriebsphase führt das Marketing ein Produkt-Monitoring durch. Auch wird über den Vertrieb kontinuierlich das Feedback der Kunden aufgenommen und bewertet.

Parallel zum Bereich Marketing ist *Recht* in den Produktentwicklungsprozess eingebunden. Die Schwerpunkte liegen in der Definitionsphase und in der Umsetzungsphase. In der Definitionsphase beurteilt der Bereich Recht die juristischen Aspekte der neuen Dienstleistungen. Im Rahmen der Umsetzungsphase gilt es, Verträge und Allgemeine Geschäftsbedingungen anzupassen und freizugeben.

Nach der Produktdefinition durch das Marketing und der juristischen Beurteilung durch Recht übernimmt der Bereich *IT* eine führende Rolle im Produktentwicklungsprozess. In der Initialisierungsphase wird in Koordination durch das IT-Projektbüro ein Projektantrag erstellt. Die Aufnahme von Leistungsanforderungen, die Durchführung von Analysen und Kosten/Nutzen-Betrachtungen gehen der Fertigstellung des Projektantrags voraus. In der Abstimmphase übernimmt der Projektleiter die Verantwortung für die weitere Konzeptionsarbeit und Planung. Bei der Ausformulierung des Fachkonzepts sind die kundennahen bzw. operativen Einheiten einbezogen. Der Projektleiter stellt alle Dokumente zusammen, die für die Freigabe des Projekts benötigt werden, neben dem Fachkonzept sind dies u.a. die Wirtschaftlichkeitsrechnung und die Darstellung der Projektorganisation. Erst in der Umsetzungsphase erfolgt die Erstellung der Software, die ihrerseits in weitere Phasen unterteilt werden kann. Hier kommen die gebräuchlichen Methoden und Tools der Softwareentwicklung zum Einsatz. Die Umsetzungsphase kann auch einen Pilotbetrieb vorsehen, der zum Test und zur weiteren Optimierung des Produkts dient. In der anschließenden Betriebsphase übernimmt IT die Funktionen Service, Support, Anwenderbetreuung, Infrastrukturpflege und Softwarewartung. Das IT-Vorhaben verliert nun seinen Projektcharakter; das neue Produkt ist im SCHUFA-System integriert.

Im Produktentwicklungsprozess ist der *Vorstand* weniger bei der Ausarbeitung der neuen Dienstleistungen beteiligt, als bei der Freigabe von Projektstufen. Am Ende der ersten drei Phasen ist der Vorstand in den Entscheidungsgremien vertreten, die eine „Stop or Go"-Wahl treffen. Dies hat den Vorteil, dass die Entscheidungen gut durchdacht und vorbereitet werden müssen. Bei nur vagen Produktideen wird kein Budget für die weitere Projektarbeit bereitgestellt. Auch sichert dieser Freigabemechanismus, dass Projektressourcen gezielt eingesetzt werden.

Neben den hier angeführten Bereichen der SCHUFA, die für einzelne Aufgaben im Rahmen des Produktentwicklungsprozesses Verantwortung übernehmen, wirken noch weitere Einheiten mit. In die fachliche Ausarbeitung der neuen Leistungen sind der Vertrieb, die Vertragspartner-Betreuung, Operations, Solutions und Qualitätsmanagement eingebunden. Human Resources unterstützt bei umfassenderen Schulungsmaßnahmen.

In der Regel sind nicht nur SCHUFA-interne Bereiche, sondern auch *externe Partner* in den Produktentwicklungsprozess eingebunden. Pilotkunden, die ein großes Interesse an der Verwirklichung der neuen Leistungen haben, agieren als Test-Partner. Weiterhin sind die IT-Dienstleister der SCHUFA eng in die technische Realisierung des neuen Produkts einbezogen.

Diese Ausführungen zeigen, wie komplex die Entwicklung IT-basierter Dienstleistungen bei der SCHUFA Holding AG ist. Fast aus allen organisatorischen Einheiten der SCHUFA sind Vertreter in den Entwicklungsprozess integriert. Die drei Bereiche Marketing, IT und Recht sowie der Vorstand wirken maßgeblich im Gesamtprozess mit.

Literatur

SCHUFA Holding AG (2002) 75 Jahre SCHUFA – 75 Jahre Verbraucherkredit. SCHUFA
    Holding AG, Wiesbaden
SCHUFA Holding AG (2006a) Informationsmanagement.
    Internet: www.schufa.de/informationsmanagement.html aufgerufen am 31.01.2006
SCHUFA Holding AG (2006b) Jahresbericht 2005. SCHUFA Holding AG, Wiesbaden
SCHUFA Holding AG (2006c) SCHUFA BusinessLine.
    Internet: www.schufa-businessline.de aufgerufen am 31.01.2006
Wikipedia (de 2006) Stichwort SCHUFA.
    Internet: de.wikipedia.org/wiki/Schufa aufgerufen am 31.01.2006

Konzepte

10 Vorgehensmodelle im Kontext IT-basierter Dienstleistungen

Kyrill Meyer[1], Martin Böttcher[1], Marco Apitz[1], Marc Opitz[2]

[1] Universität Leipzig, Abteilung Betriebliche Informationssysteme
[2] Fraunhofer-Institut für Arbeitswirtschaft und Organisation IAO, Stuttgart

10.1 Einleitung

In zahlreichen Organisationen werden regelmäßig *Entwicklungsvorhaben* durchgeführt. Gegenstand der Entwicklung können Sachgüter, Anlagen, Software oder Dienstleistungen sein. Auch Kombinationen der genannten Entwicklungsobjekte sind möglich. Im Rahmen dieses Beitrags interessieren nur solche Entwicklungsvorhaben, die durch die folgenden Merkmale charakterisiert sind:

- Der Gegenstand der Entwicklung ist eine Kombination aus Dienstleistung und Software.
- Das Entwicklungsvorhaben erfolgt über Projekte.
- Das Entwicklungsvorhaben hat eine mittlere bis hohe Komplexität. Kennzeichen hierfür sind neben dem Personalbedarf auch Dauer, Kosten, Neuigkeitsgrad oder Intensität der Kundenintegration.
- Das Entwicklungsprojekt ist eine interdisziplinäre Aufgabe. In die Entwicklung sind Personen mit unterschiedlichem Fachwissen bzw. aus verschiedenen Abteilungen eingebunden.

Damit Entwicklungsvorhaben erfolgreich durchgeführt werden können, hat sich der Einsatz von *Vorgehensmodellen* als zweckmäßig erwiesen. Ein Vorgehensmodell – auch Phasenschema, Phasen- oder Prozessmodell – hat „die Strukturierung des Entwicklungsprozesses und die Komplexitätsreduktion in Projekten durch eine idealtypische Gliederung in Phasen" zum Ziel (Stickel 1997). „Ein Vorgehensmodell bestimmt die Abfolge von Phasen und Meilensteinen eines Projekts. Entsprechend der Abfolge kann man sequenzielle und iterative Vorgehensmodelle unterscheiden." (Zuser et al. 2004) Im engen Zusammenhang mit Vorgehensmodellen steht die Idee des *Lebenszyklus*. Vergleichbar den natürlichen

Systemen durchläuft ein Software-Programm oder eine Dienstleistung Phasen des Entstehens, des Wachsen, der Reife und des Verfalls.

Vorgehensmodelle lassen sich von Entwicklungsschemata unterscheiden. Wird eine derartige Differenzierung vorgenommen, so ist ein „Vorgehensmodell … ein Muster zur Beschreibung eines Entwicklungsprozesses auf der Basis eines Entwicklungsschemas." (Fischer et al. 1998) Ein *Entwicklungsschema*, z.B. Phasen-, Wasserfall- oder Spiralmodell, ist bei diesem Verständnis eine abstraktere Darstellung als ein Vorgehensmodell, z.b. V-Modell oder ISOTEC. „Vorgehensmodelle [bilden] (spezifische) Ausprägungen von Entwicklungsschemata, indem sie als ,Referenzmodelle' für den Entwicklungsprozess dienen. Projektmodelle sind auf den speziellen Anwendungsfall zugeschnittene (anhand von ,Tailoring' angepasste) Vorgehensmodelle." (Bremer 1998) Im weiteren Verlauf dieses Beitrags wird nicht weiter zwischen Entwicklungsschema und Vorgehensmodell unterschieden. Eine Trennung zwischen Vorgehensmodell und einem im konkreten Fall einzusetzenden *Projektmodell* bzw. Projektplan soll jedoch erfolgen. Ein „… Projektmodell ist eine Systematik für die geordnete Abwicklung in … Projekten mit den dafür erforderlichen und zweckmäßigen Methoden, Verfahren und Werkzeugen und der Festlegung prozessspezifischer Rollen." (GI 2006)

In diesem Beitrag wird ein Vorgehensmodell dargestellt, das für die integrierte Entwicklung von Software und Dienstleistungen verwendet werden kann. Es soll eine hohe Allgemeingültigkeit aufweisen und zugleich flexibel einsetzbar sein. Im Folgenden werden zusammenfassend die Entwicklungsmethoden des Software und des Service Engineering vorgestellt. Darauf aufbauend werden Gemeinsamkeiten herausgearbeitet. Diese fokussieren sich zunächst auf die phasenorientierten Vorgehensmodelle, da im Service Engineering Ansätze agiler Entwicklungsmethoden erst in der Einführung stehen. Weiterführend wird das entwickelte Vorgehensmodell zum Co-Design von Software und Services vorgestellt.

10.2 Vorgehensmodelle als Bestandteil ingenieurmäßiger Methodik

Um die *Geschichte verschiedener Ingenieursdisziplinen* zu betrachten, müssen um Größenordnungen differierende Zeitskalen angesetzt werden. Im Bauwesen kann in Jahrtausenden gerechnet werden, im Maschinenbau in Jahrhunderten und im Software Engineering in Jahrzehnten (Zuser et al. 2004). Das Service Engineering mit seinem ingenieurmäßigen Ansatz lässt sich in Jahren zurückverfolgen.

Vom *Software Engineering* wird seit Ende der sechziger Jahre gesprochen. Auf den internationalen Konferenzen von Garmisch (Naur u. Randell 1969) und Rom (Buxton u. Randell 1970) galt Software Engineering als Leitthema. Dieser neue Begriff sollte provozierend wirken und die bestehenden Mängel in der Softwareentwicklung adressieren. In den frühen Anfängen der Programmierung galt die Entwicklung von Software eher als Kunst denn als ingenieurmäßige Disziplin. Relativ kleine, einfache Programmieraufgaben wurden sehr individuell erfüllt – ohne Methodeneinsatz oder Dokumentation. Mit dem Anwachsen der Problemstellungen genügte diese Herangehensweise nicht mehr. Die Situation kulminierte derart, dass von einer Softwarekrise gesprochen wurde (Pagel u. Six 1994; Zuser et al. 2004; Suhr u. Suhr 1993; Pomberger u. Blaschek 1996). Mit der neuen Disziplin Software Engineering sollte eine theoretische Fundierung und Methodenwissen aufgebaut werden. Seitdem hat sich Software Engineering als Ingenieursdisziplin etabliert und ein breites Wissen zu Vorgehensmodellen, Methoden und Werkzeugeinsatz aufgebaut.

Service Engineering etablierte sich als Disziplin erst in der Mitte der neunziger Jahre. In einzelnen angloamerikanischen Publikationen wurde der Begriff zwar bereits in den achtziger Jahren verwendet (Shostack 1982), dies hatte aber nur rudimentären Charakter. Die Forderung nach einer eigenständigen Disziplin entstand erst im Rahmen der vom Bundesministerium für Bildung und Forschung gestarteten Initiative „Dienstleistungen für das 21. Jahrhundert" (Fähnrich u. Opitz 2006). Nach einem ersten Initialprojekt zu Service Engineering erfolgte seit 1999 eine breite Förderung von Projekten zum Thema „Service Engineering und Service Design". In den letzten Jahren wurde der Idee des Service Engineering von Seiten der Praxis vermehrt Beachtung geschenkt. Dienstleistungsentwicklungsprozesse wurden bis daher häufig mit den Merkmalen „hemdsärmelig", „künstlerisch" oder „ad hoc" versehen. Viele Unternehmen erkannten, dass ihnen ein systematisches und methodisches Vorgehen bei der Dienstleistungsentwicklung Vorteile verschafft. Geeignete Vorgehensmodelle, Methoden und Werkzeuge haben positive Auswirkungen auf die Faktoren Qualität, Kosten, Time to Market und Innovation.

Wie hier aufgezeigt ist, besteht sowohl beim Software als auch beim Service Engineering eine Tendenz von intuitiven und informalen Entwicklungsaktivitäten zu einem systematischen und methodengeleiteten Vorgehen. Bei der Planung und Durchführung der Entwicklung geben Vorgehensmodelle wertvolle Orientierung. Software und Service Engineering können bei der Definition von geeigneten Vorgehensmodellen bei anderen Ingenieursdisziplinen abschauen. Beispielhaft sei hier aus dem Bereich der *Produktentwicklung* die *VDI-Richtlinie 2221* „Methodik zum Entwickeln und Konstruieren technischer Systeme und Produkte" (VDI 1993) vorgestellt. Ein generelles, branchenunabhängiges Vorgehen beim methodischen Entwickeln und Konstruieren ist in Abb. 10-1 wiedergegeben. Das Vorgehen gliedert sich in sieben Arbeitsabschnitte von der Klärung und Präzisierung der Aufgabenstellung bis hin zur Ausarbeitung der Ausführungs- und Nutzungsangaben. Jedem Arbeitsschritt sind Ergebnisse zugeordnet. Dieses Vorgehen erhebt den Anspruch, trotz der Vielfalt möglicher Aufgabenstellungen, eine allgemeingültige Vorgehensweise zu bestimmen. Unabhängig von der Herkunft der Aufgabenstellung, der Fertigungsart oder des Neuigkeitsgrads kann dieses Vorgehen als Richtlinie herangezogen werden. Die notwendige Flexibilität wird erreicht, indem Iterationen erlaubt sind; insbesondere wird der Anforderungskatalog in den Phasen nach seiner Ersterstellung weiter verfeinert. Auch können Arbeitsschritte weiter unterteilt sowie Lösungsvarianten untersucht werden.

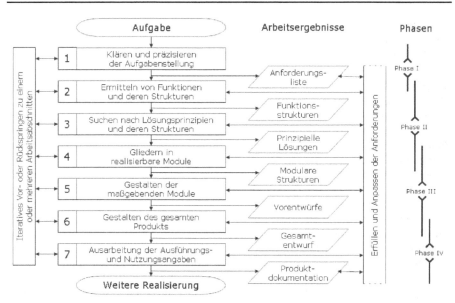

Abb. 10-1. Generelles Vorgehen beim Entwickeln und Konstruieren, VDI-Richtlinie 2221
(Quelle: VDI 1993)

Dieser Vergleich ingenieurwissenschaftlicher Disziplinen soll verdeutlichen, dass ihnen gleiche Grundprinzipien zugrunde liegen – das systematische und methodengestützte Vorgehen. Nicht Intuition und Kunstfertigkeit, sondern Systematik und planvolles Arbeiten leiten den Entwicklungsprozess. Vorgehensmodelle unterstützen bei der geeigneten Organisation einer interdisziplinären Zusammenarbeit, indem komplexe Entwicklungsprozesse in Teile zerlegt und Anleitungen für den Einbezug von Methoden in die Entwicklungsarbeit gegeben werden. Die Einhaltung der erfolgskritischen Größen Kosten, Termine und Qualität wird wesentlich begünstigt.

10.3 Vorgehensmodelle des Software Engineering

Das Phasenmodell kann als erstes Vorgehensmodell gesehen werden. Es entstand aus der Situation heraus, dass die rudimentärste Entwicklungsstrategie, das *Build-and-Fix*, Probleme aufwarf. Das Programmieren und anschließende Beheben von Fehlern kann bei einfachen Softwareaufgaben zielführend sein (Programmieren im Kleinen), bei komplexen Vorhaben wird jedoch eine systematischere Herangehensweise gefordert (Programmieren im Großen). Mit *Phasenmodellen* wird die Systematik erhöht, indem der gesamte Entwicklungsprozess in einzelne, aufeinander folgende Aufgaben zerlegt wird. Typische Phasen sind Problementstehung und -formulierung, Analyse, Design, Programmierung, Test, Systemeinführung und anschließende Wartung (Stickel 1997).

Ein Beispiel für ein Phasenmodell ist das *Wasserfallmodell* (Royce 1970, vgl. Abb. 10-2). Beim Wasserfallmodell besteht die Besonderheit, dass Rücksprünge von einer Phase zur vorherigen erlaubt sind. Dies trägt der Praxis Rechnung, dass ein rein sequenzielles Vorgehen kaum realisierbar ist. Eine Entwicklungsaufgabe müsste komplett abgeschlossen sein, bevor der nächste Schritt erfolgt. Im betrieblichen Umfeld wird zwar das Phasenmodell als Leitbild für die Softwareentwicklung herangezogen, Rückschleifen werden aber bewusst zugelassen und praktiziert (Bittner u. Schnath 1995).

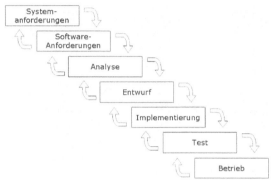

Abb. 10-2. Wasserfallmodell nach Royce
(in Anlehnung an Royce 1970)

Große Projekte, die erst nach zwei oder drei Jahren abgeschlossen werden können, bergen beim Phasenmodell die Gefahr, dass zu Beginn und Ende unterschiedliche Voraussetzungen bestehen. Die anfängliche Problemsituation sowie die aufgenommenen Anforderungen können zum Projektende nicht mehr situationsgemäß sein, so dass die Software an den Kundenbedürfnissen vorbei entwickelt wird. Die Strategie in solchen Projekten ist, in regelmäßigen Abständen Zwischenergebnisse zu liefern. Dabei lassen sich ein evolutionäres und ein inkrementelles Vorgehensmodell unterscheiden (Balzert 2000). Beim *evolutionären Modell* werden zunächst die Kernanforderungen des Auftraggebers umgesetzt. Der Auftraggeber nutzt die Software und kann weitere Anforderungen definieren. Auf diese Weise kann ein erweitertes Softwareprodukt geliefert werden. Dies setzt sich fort, bis die komplette Softwarelösung erstellt ist. Beim *inkrementellen Modell* werden zu Beginn, im Gegensatz zum evolutionären Modell, die Anforderungen des Kunden vollständig erhoben. Die Software wird dann in Stufen realisiert. Mit jeder neuen Version erhält der Kunde die Möglichkeit, Erfahrungen mit der Lösung zu sammeln und seine Rückmeldungen in die Entwicklung der Folgeversionen einfließen zu lassen. Beide Modelltypen sind iterative Modelle, bei denen Entwicklungsschritte mehrfach durchlaufen werden.

Ein viel zitiertes Vorgehensmodell mit evolutionärem Charakter ist das *Spiralmodell* von BOEHM (1988). Das Spiralmodell unterstützt eine risiko-orientierte Softwareentwicklung und hebt sich dadurch von den vorrangig dokument- bzw. programmdominierten Prozessen ab (Boehm 1988). In einem evolutionären Prozess werden Zyklen durchschritten, die gewöhnlich die folgenden Aktivitäten umfassen (Boehm 1988; Sommerville 2001; Demurjian 1996):

- *Zielsetzung:* Zielbestimmung für den Zyklus, Identifikation von Restriktionen und Risiken.
- *Risiko-Analyse:* Bewertung von Risiken und Risiko-Reduzierung bzw. Auflösung, z.B. indem ungenauen Anforderungen mittels Prototyping begegnet wird.
- *Entwicklung:* Konzeption, Programmierung und Validierung.
- *Planung:* Review, Planung des nächsten Zyklus.

Abb. 10-3 veranschaulicht schematisch die Struktur des Spiralmodells. Die Winkeldimension gibt den Projektfortschritt und die radiale Ausdehnung die kumulierten Kosten an.

Abb. 10-3. Schematische Darstellung des Spiralmodells

Eng verbunden mit einer evolutionären Softwareentwicklung ist das *Prototyping*. Das Prototyping wird nicht als ein eigenständiges Vorgehensmodell gesehen. Vielmehr handelt es sich um ein Entwicklungsprinzip, bei dem zu einem frühen Zeitpunkt ein Beispielsystem produziert wird. Ein Prototyp hat den Vorteil, dass der Auftraggeber früh eine Vorstellung von der Software-Lösung erhält. Zwei Arten des Prototyping werden unterschieden. Beim „throw-away prototyping" dient das Beispielsystem nur dazu, die Kundenanforderungen umfassend aufzunehmen. Danach wird der Prototyp nicht weiter verwendet. Beim „evolutionary prototyping" erfolgt ebenfalls eine Kundenintegration. Der Prototyp dient nicht nur zur Aufnahme der Kundenanforderungen, sondern auch späteren Evaluierungsschritten. Der Prototyp wird sukzessive weiter entwickelt, bis am Ende das fertige Softwareprodukt steht (Demurjian 1996).

In den letzten Jahren hat die objektorientierte Softwareentwicklung große Bedeutung erlangt. In gleichem Maße „steigt die Forderung nach geeigneten objektorientierten Vorgehensmodellen" (Noak u. Schienmann 1999). Als bekannter Vertreter objektorientierter Vorgehensweisen wird hier der *„Unified Software*

Development Process", auch als „Rational Unified Process" (RUP) bezeichnet,[1] näher betrachtet. Der RUP ist komponenten-basiert, nutzt die Unified Modeling Language (UML) und ist durch Anwendungsfälle (Use Cases) gesteuert, architektur-zentriert sowie iterativ/inkrementell (Jacobson et al. 1999). Insbesondere der letzte Punkt ist für diesen Beitrag von Interesse. Software-Entwicklungsprojekte, die heutzutage eine hohe Komplexität aufweisen, werden in beherrschbare „Mini-Projekte" unterteilt. Ein Mini-Projekt ist eine Iteration im Gesamtvorhaben mit einem Meilenstein am Ende; das Produkt einer Iteration ist das Inkrement. Eine Iteration lässt sich einer der vier Phasen eines Entwicklungszyklus – „Inception", „Elaboration", „Construction" und „Transition" – zuordnen. In jeder Iteration werden Tätigkeiten in den Workflows „Requirements", „Analysis", „Design", „Implementierung" und „Test" durchgeführt. Wie sich der Entwicklungsaufwand über den Gesamtprojektverlauf verteilen kann, veranschaulicht Abb. 10-4.

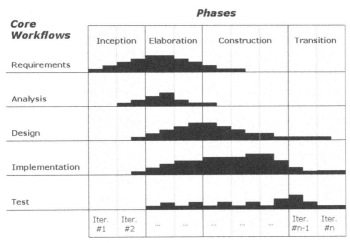

Abb. 10-4. Veranschaulichung des Schwerpunkts der Entwicklungsarbeit in Abhängigkeit von der Iteration (in Anlehnung an Jacobson et al. 1999)

Als weiteres Vorgehensmodell im Software Engineering soll das *V-Modell* näher beschrieben werden. Die aktuelle, 2004 in Kraft getretene Version ist das V-Modell XT (BMI 2006), das eine Weiterentwicklung der Version von 1997 darstellt. Das V-Modell ist ein Leitfaden für das Planen und Durchführen von Entwicklungsprojekten. Mit der Anwendung werden die folgenden Ziele verfolgt (BMI 2006):

• Minimierung der Projektrisiken,
• Verbesserung und Gewährleistung der Qualität,

---

[1] Neben „Unified Software Development Process" wird auch häufig die Bezeichnung „Rational Unified Process" (RUP) verwendet. Der RUP ist eine Umsetzung des Unified Process. Er stammt von der Rational Software Corporation, die ihn produktisiert hat (vgl. Zuser et al. 2004).

- Eindämmung der Gesamtkosten über den gesamten Projekt- und Systemlebenszyklus sowie
- Verbesserung der Kommunikation zwischen allen Beteiligten.

In Abhängigkeit vom Projekttyp werden Vorgehensbausteine und die Projektdurchführungsstrategie bestimmt. Vorgehensbausteine umfassen eine Aufgabenstellung, zu erstellende Produkte, durchzuführende Aktivitäten sowie mitwirkende Rollen. Eine Projektdurchführungsstrategie entspricht einer Folge von Entscheidungspunkten, an der in Abhängigkeit von der Bewertung des abgeschlossenen Projektverlaufs das weitere Vorgehen bestimmt wird (BMI 2006). Das V-Modell ist nicht allein auf die Systementwicklung fokussiert. Begleitende Aufgaben wie Projekt-, Konfigurations- und Qualitätsmanagement finden ebenfalls angemessene Beachtung. Von den hier dargestellten Vorgehensmodellen kann das V-Modell als das am umfassendsten ausgearbeitete angesehen werden.

Aufgrund der partiellen Unzulänglichkeiten von phasenorientierten und iterativen Vorgehensmodellen widmen sich neue Forschungs- und Praxisansätze der Idee der *Agilität* womit eine umfassende Flexibilisierung der gesamten Softwareentwicklung vorangetrieben werden soll (Beck et al. 2006; Agile Alliance 2006). Hierbei bezieht sich die Agilität auf vier Aspekte:

- *Werte:* Agile Werte beziehen sich auf soziale Faktoren wie Teamgeist, Kommunikation und Anpassungsfähigkeit sowie auf eine starke Kundenorientierung.
- *Prinzipien:* Prinzipien betrachten die genannten Werte detaillierter.
- *Methoden:* Die Methoden stellen konkrete Techniken dar, die sich an den aufgestellten Prinzipien orientieren.
- *Prozesse:* Das Zusammenwirken einzelner Methoden wird durch die Prozesse dargestellt.

Zu den existierenden agilen Methoden der Softwareentwicklung gehören: SCRUM Development Process (Schwaber 2006), Dynamic Systems Development Method (Stapleton 1997), CRYSTAL Family of Methodologies (Cockburn 2002), Extreme Programming (Beck 2006), Internet Speed Development (Baskerville et al. 2003), Adaptive Software Development (Highsmith III 2000) und Feature Driven Development (Palmer u. Felsing 2002).

10.4 Vorgehensmodelle des Service Engineering

Lange Zeit ließ die Praxis ein systematisches Vorgehen zur Entwicklung von Dienstleistungen vermissen. Autoren, die den Stand der Praxis erhoben haben, charakterisieren das Vorgehen als intuitiv oder nach dem Versuch-und-Irrtum-Verfahren. Bereits in den achtziger Jahren wurde vehement die Anwendung einer strukturierten Dienstleistungsentwicklung gefordert. Beispielsweise fasst BOWERS seine Untersuchungsergebnisse wie folgt zusammen: „Haphazard and ill managed approaches to new service development are not adequate. This research suggests the need for strategic, systematic and dedicated procedures for successful new service development." (Bowers 1985)

Einer der ersten Vorschläge zur Strukturierung des Dienstleistungsentwicklungsprozesses stammt von SHOSTACK (1984). Eine leicht modifizierte Fassung findet sich bei SHOSTACK und KINGMAN-BRUNDAGE (1991). Die Autorinnen unterteilen das gesamte Vorgehen in die fünf Phasen Design, Implementierung, Dokumentation, Markteinführung und Audit (vgl. Abb. 10-5). Service Design wird als eine Folge von iterativen Schritten zur Entwicklung eines Dienstleistungskonzepts gesehen. Dabei können mehrfach die Aktivitäten Design, Analyse und Synthese durchlaufen werden. Am Ende dieses sukzessiven Designverlaufs steht das Master-Design. Es folgt die Implementierungsphase, in der die Dienstleistung umgesetzt wird. Hierzu gehört u.a. dass Leistungsstandards festgelegt, Abläufe detailliert beschrieben, Mitarbeiter geschult und Kommunikationsmaßnahmen entwickelt werden. In dieser Phase bietet sich darüber hinaus ein Test der Dienstleistung an. Die dritte Phase umfasst die Dokumentation. Beispielsweise können Standards, Anweisungen oder Ergebnisse der Dienstleistung explizit ausgewiesen werden. In der Markteinführungsphase erbringt das Unternehmen zum ersten Mal die Dienstleistungen gegenüber seinen Kunden. Alle Ereignisse und Tätigkeiten sollten aufmerksam verfolgt und dokumentiert werden. Auf diese Weise werden Audits nach der Markteinführung unterstützt. Die fünfte Entwicklungsphase der Audits soll die Anpassung und Verbesserung der Dienstleistung anstoßen. Auf diese Weise erfolgt eine kontrollierte Evolution der neuen Dienstleistung.

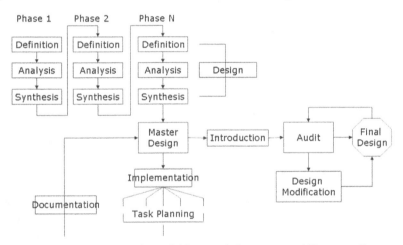

Abb. 10-5. Service Design und Entwicklung nach SHOSTACK und KINGMAN-BRUNDAGE

Ein weiteres Vorgehensmodell, das für die Dienstleistungsentwicklung empfohlen wird, stammt von SCHEUING und JOHNSON (1989). Die Autoren ziehen zur Ableitung ihres Modells Erkenntnisse aus der Produktentwicklung heran. Parallel werden die wenigen bis dato vorliegenden dienstleistungsspezifischen Vorgehensmodelle berücksichtigt. Das empfohlene Modell enthält fünfzehn Schritte, die sich den Phasen Direction, Design, Testing und Introduction zuordnen lassen. Weiterhin sind die wesentlichen Einflussfaktoren auf die Entwicklungsaktivitäten dargestellt, die sowohl aus dem Unternehmen selbst als auch aus seiner Umwelt stammen können. Das Gesamtmodell ist in Abb. 10-6 dargestellt. Während SHOS-TACK sich vornehmlich auf den Gestaltungsprozess konzentriert, berücksichtigen SCHEUING und JOHNSON auch strategische und wirtschaftliche Gesichtspunkte. So wird im ersten Schritt die Ausarbeitung von Zielen und der Strategie für die Dienstleistungsentwicklung empfohlen. Der Schritt sechs sieht die Betrachtung des Geschäftsmodells vor. In der Gesamtstruktur handelt es sich um ein Phasenmodell.

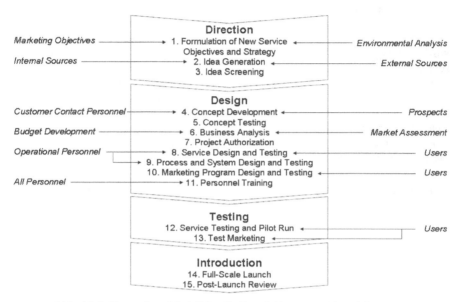

Abb. 10-6. Normatives Modell für die Entwicklung von Dienstleistungen nach SCHEUING und JOHNSON

Bei Vorgehensmodellen stellt sich immer die Frage, wie detailliert sie sein sollen und wie viel vorzugeben ist. Ein zu enges Korsett würde die notwendige Flexibilität in einzelnen Entwicklungsprojekten einschränken. Beispielsweise können manche Entwicklungsaktivitäten bereits im Vorfeld im Zusammenhang mit einer anderen Aufgabe erfolgt sein; oder bestimmte Schritte lassen sich aus unternehmenspolitischen Gründen nicht durchführen. In Literatur und Praxis finden sich Vorgehensmodelle, die das gesamte Spektrum an Detaillierung abdecken. Am unteren Ende finden sich Modelle mit zwei bis drei Phasen, die zwar eine hohe Allgemeingültigkeit aufweisen, aber z.T. auch unspezifisch bleiben. Andere Modelle mit ein bis zwei Dutzend Schritten liefern zwar eine hohe Spezifizierung der Aufgaben, müssen aber im konkreten Fall fast immer angepasst werden. Ein Vorgehensmodell mit einer mittleren Anzahl Phasen, ist im *DIN Fachbericht „Service Engineering"* (DIN 1998) dargestellt (vgl. Abb. 10-7). Hier ist der gesamte Lebenszyklus einer Dienstleistung von der Idee bis zur Ablösung abgebildet. Die Phasen des Dienstleistungslebenszyklus können den drei Hauptphasen Service Creation, Engineering und Management zugeordnet werden.

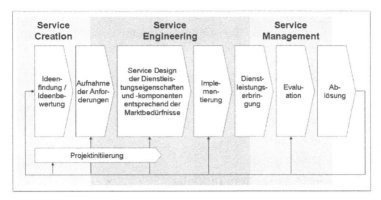

Abb. 10-7. Vorgehensmodell nach DIN

Diese Darstellung ausgewählter Vorgehensmodelle dient dazu, ein erstes Verständnis für die Struktur von Dienstleistungsentwicklungsprozessen zu erhalten. Mittlerweile lassen sich mehrere Dutzend Vorgehensmodelle für die Dienstleistungsentwicklung nachweisen.[2] Die große Mehrheit der Vorgehensweisen ist vom Typ der Phasenmodelle. Vorgehensmodelle mit iterativen Elementen sind die Ausnahme, und Prototyping-Modelle lassen sich kaum finden.

Ein Blick in die Praxis zeigt, dass in der Dienstleistungsentwicklung – wenn überhaupt – überwiegend sequenzielle Vorgehensmodelle mit wenigen Phasen Verwendung finden. Die optimale Anzahl und Art der Benennung von Phasen wird wohl nie ermittelt werden. Viel wichtiger sind hier ein pragmatischer Ansatz und vor allem der Einsatz entsprechender Methoden. Die Phasen eines Vorgehensmodells teilen den Entwicklungsprozess nur in sinnvolle Teilabschnitte auf; die Qualität der Entwicklung entsteht aber durch den richtigen Methodeneinsatz. Ein Vorgehensmodell soll nach dieser Auffassung den verantwortlichen Personen ein Verständnis über die wesentlichen Teilaufgaben der Dienstleistungsentwicklung in ihrer zeitlichen Reihenfolge und darüber hinaus einen Rahmen für die Einordnung von Methoden liefern.

10.5 Analyse der Schnittmengen der Vorgehensmodelle beider Teilgebiete

Für die Entwicklung eines einheitlichen Vorgehensmodells zum Co-Design von Software und Services wurden in einem vorangehenden Schritt die Gemeinsamkeiten und Unterschiede der Vorgehensmodelle beider Teilbereiche analysiert. Ein solcher Schritt ist notwendig, da in die Entwicklung solcher IT-basierten Dienstleistungen verschiedene Fachspezialisten und unterschiedliche Entwicklungsmethoden involviert sind und sich hieraus unterschiedliche Probleme ergeben

---

[2] DAUN und KLEIN (2004) führen 27 Vorgehensmodelle an, wobei diese Aufstellung einer Vollständigkeit entbehrt.

(Fähnrich u. Husen 2004; Husen et al 2004). Zu diesen Problembereichen gehören insbesondere unterschiedliche Terminologien, methodische Unterschiede sowie mangelnde integrierte Ansätze für einheitliche Entwicklungsansätze zum Co-Design von Software und Services.

Durch die durchgeführte Analyse konnten Vorgehensmodule identifiziert und Metaphasen definiert werden. Auf diesen Ergebnissen aufbauend konnte in einem weiteren Schritt ein integrierter Ansatz zum Co-Design von Software und Services zur Erstellung IT-basierter Dienstleistungen entwickelt werden (siehe Abschnitt 10.6).

10.5.1 Analysierte Vorgehensmodelle

Für die Analyse und Auswertung existierender Vorgehensmodelle der Teildisziplinen Software und Service Engineering wurden etablierte und an spezielle Anforderungen adaptierbare (Tailoring) Vorgehensmodelle analysiert. Für die Entwicklung eines integrierten Vorgehensmodells für das Co-Design von Software und Services sollte in einem ersten Ansatz ein phasenorientiertes Vorgehen mit iterativen Möglichkeiten entwickelt werden, da einerseits die Vorgehensmodelle des Service Engineering insbesondere diese Art des Vorgehens betrachten und andererseits in einem ersten Entwicklungszyklus ein grundlegendes, leicht verständliches Vorgehensmodell zum Co-Design erstellt werden sollte. Für die einheitliche Analyse phasenorientierter und iterativer Modelle wurde ein Iterationszyklus als ein vollständiger Durchlauf vergleichbar mit dem eines phasenorientierten Vorgehens definiert.

Die folgende Aufzählung repräsentiert alle analysierten Modelle des Software und Service Engineering.

Service Engineering:

- Scheuing und Johnson (Schneider et al. 2003)
- Shostack (Schneider et al. 2003)
- Edvardsson und Olsson (Schneider et al. 2003)
- Ramaswamy (Schneider et al. 2003; Ramaswamy 1996)
- Jaschinski (Schneider et al. 2003; Jaschinski 1998)
- DIN (DIN 1998)
- FhG IAO (Meiren u. Barth 2003)

Software Engineering:

- Phasen- und Wasserfallmodell (Bremer 1998; Sommerville 2001)
- Prototypenmodelle (Bunse u. Knethen 2002)
- Evolutionäres und inkrementelles Modell (Bunse u. Knethen 2002)
- Spiralmodell von Boehm (Oestereich 2004)
- V-Modell des Bundes (Balzert 2000)
- Object Modeling Technique (Rumbaugh 1991)

- Booch-Vorgehensmodell (Booch 1991)
- Objectory (Bunse u. Knethen 2002)
- Extreme Programming (Beck 2006)
- Catalysis (Souza 2006)
- Unified Process (Jacobson et al. 1999)

10.5.2 Identifizierte Metaphasen und Module

Die analysierten Vorgehensmodelle wurden entlang einer Zeitlinie gegenübergestellt, so dass einerseits abstrakte, von den Terminologien der einzelnen Vorgehensmodelle unabhängige Metaphasen abgeleitet und andererseits ein Vergleich
entsprechend dieser Phasen vorgenommen werden konnte. Die hierbei identifizierten zehn Metaphasen sind in Abb. 10-8 dargestellt:

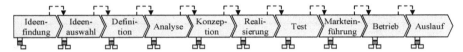

Abb. 10-8. Extrahierte Metaphasen aus den Vorgehensmodellen
des Service und Software Engineering

Um dem Anspruch gerecht zu werden das zu entwickelnde Vorgehensmodell
zum Co-Design projektabhängig anpassen zu können, werden in einem nächsten
Schritt Module identifiziert, welche situationsabhängig zusammengesetzt werden
können. Dieser Ansatz entspricht im Wesentlichen der Weiterentwicklung des
V-Modells des Bundes zum V-Modell XT (BMI 2006). Die Vorgehensmodelle
der beiden Teildisziplinen wurden entsprechend der identifizierten Metaphasen
untergliedert, um in diesen Phasen anschließend entsprechende Module definieren
zu können. Hierbei konnten erste Unterschiede zwischen den Vorgehensmodellen
des Service und Software Engineering festgestellt werden. So können einzelne,
den Metaphasen zugeordnete Module unterschiedlich exakt abgrenzbar aus den
Vorgehensmodellen extrahiert werden, da einerseits der modulare Ansatz bei einigen Modellen kaum berücksichtigt ist und andererseits einzelne Phasen in bestimmten Vorgehensmodellen zusammengefasst auftreten. Es ist beispielsweise
erkennbar, dass die Phasen Definition und Analyse sowie Konzeption und Realisierung in Vorgehensmodellen des Service Engineering im Gegensatz zum Software Engineering immer zusammengefasst existieren und somit nur schwer voneinander trennbar sind. Für einen einheitlichen modularen Ansatz mit der
Möglichkeit der Kombination der Module zu einem ganzheitlichen Entwicklungsvorgehen müssen für alle zu nutzenden Vorgehensmodelle diese phasenorientierten Module mit gleicher Granularität identifiziert und beschrieben werden.

Abb. 10-9 gibt für exemplarische Vorgehensmodelle die Zuordnung zu den
Metaphasen wieder.

Modell \ Phase	Ideenfindung	Auswahl	Definition	Anforderung	Konzeption
Service Engineering					
Scheuing/ Johnson	Formulation of new Service Objectives & Strategies				
	Idea Generation	Idea Screening	Concept Developing		
			Concept Testing	Business Analysis	
				Project Authorisation	Service Design & Testing
DIN	Ideenfindung und Bewertung			Anforderungen	Design
Software Engineering					
Wasserfallmodell			Definition	Analyse	Entwurf
Extreme Programming			User Stories		

Realisierung	Test	Einführung	Betrieb	Auslauf	Phase \ Modell
Service Engineering					
Process & System Design & Testing					
Marketing Program Design & Testing					
Personal Training	Service Testing & Pilot Run				
	Test Marketing	Full-Scale Launch			
		Post-Launch Review			Scheuing/ Johnson
		Einführung	Erbringung	Ablösung	DIN
Software Engineering					
Implementierung	Test	Installation	Einsatz		Wasserfallmodell
Iteration	Acceptance Tests	Small Releases			Extreme Programming

Abb. 10-9. Exemplarische Module von Vorgehensmodellen entsprechend der Metaphasen

10.5.3 Differenzen zwischen den spezifischen Vorgehensmodellen

Die Analyse ergab, dass die Vorgehensmodelle des Service und Software Engineering unterschiedliche Gewichtung in den einzelnen Bereichen eines Entwicklungszyklus legen. So bieten die Vorgehensmodelle des Software Engineering umfangreiche Unterstützung in den Abschnitten Analyse bis Test, wohingegen bei den Vorgehensmodellen des Service Engineering ein sehr starker Fokus auf die Phasen der Ideenfindung und -auswahl existiert. Diesbezüglich ist erkennbar, dass für ein angestrebtes Software-Service-Co-Design existierende singuläre Vorgehensmodelle nicht ausreichen, um den gesamten Bereich IT-basierter Dienstleistungen abzudecken. Daher stellt die Modularisierung und Kombination einen sinnvollen Ansatz zur Nutzung der kompletten Entwicklungsbreite dar.

Eine weitere entscheidende Problematik für die Umsetzung des Software-Service-Co-Designs wurde bereits mit dem Hinweis auf die Kommunikationsdifferenzen zwischen den Spezialisten beider Bereiche hervorgehoben und konnte durch die durchgeführte Analyse bestätigt werden, da insbesondere zwischen den Bereichen des Software und Service Engineering elementare terminologische Unstimmigkeiten festgestellt wurden. Eines von vielen Beispielen ist der Begriff „Konzepte", welcher im Software Engineering erst in der Konzeptionsphase, bei der Dienstleistungsentwicklung schon zuvor in der Definitionsphase genutzt wird.

Die Analyse der Vorgehensmodelle ergab, dass selbst innerhalb eines der beiden Teilgebiete IT-basierter Dienstleistungen die Vorgehen mit unterschiedlichem Umfang und Granularität beschrieben werden. So geben beispielsweise das DIN- wie auch das allgemeine Wasserfallmodell nur einen groben abstrakten Entwicklungsablauf vor, wohingegen das V-Modell sehr genau die durchzuführenden Aktivitäten definiert. Auch in den Definitionen der Rollen, welche für die einzelnen Vorgehensschritte verantwortlich sind, können starke Unterschiede festgestellt werden. Während die Vorgehensmodelle des Service Engineering zwischen Entwicklern, Kunden und Management unterscheiden, differenzieren einzelne Modelle des Software Engineering wesentlich stärker (z. B. das V-Modell mit 25 Rollen).

Aus der Analyse der Vorgehensmodelle des Service und Software Engineering unter dem Aspekt der Modularisierung und Wiederverwendung im Rahmen eines Software-Service-Co-Designs geht hervor, dass eine Modularisierung und Weiterverwendung existierender Vorgehensmodelle grundsätzlich möglich ist. Außerdem ist festzustellen, dass keines der betrachteten Vorgehensmodelle die vollständige Bandbreite beider Entwicklungsbereiche abdeckt, so dass für ein Co-Design eine Verbindung der singulären Ansätze notwendig ist. Im folgenden Abschnitt wird ein Ansatz zur Nutzung der extrahierten Vorgehensmodule für ein ganzheitliches Software-Service-Co-Design dargelegt.

10.6 Vorgehensmodell für das Co-Design von Software und Services

Aus der Analyse existierender Vorgehensmodelle des Software und Service Engineering, Gesprächen mit Experten sowie einer Analyse der Best Practices in Unternehmen wurde das nachfolgend beschriebene integrierte Vorgehensmodell zum Co-Design von Software und Services entwickelt.

Im Rahmen der Entwicklung des Vorgehensmodells zum Co-Design von Software und Services wurden folgende Anforderungen gestellt:

- Hohe Allgemeingültigkeit und damit vielseitig einsetzbar,
- Flexibilität durch Konfigurierbarkeit für ein konkretes Projekt,
- umfassende und detaillierte Hilfestellung durch Einbindung von erprobten Methoden und Arbeitsanweisungen,
- informationstechnische Unterstützung bzgl. Vorgehen, Methodeneinsatz und Dokumentation sowie
- Möglichkeit zur Ableitung eines konkreten Projektplans (Instanzierung).

Als Lösung zur Erfüllung der Anforderungen wurde ein *modular aufgebautes Vorgehensmodell* entwickelt.[3] Hierfür wird ein Modulbaukasten bereitgestellt, dessen Module einzelne klar abgrenzbare Aufgaben definieren. Diese Module sind, der besseren Verständlichkeit wegen, den Entwicklungsphasen zugeordnet. Aus dieser maximal möglichen Anzahl von Modulen können in weiteren Schritten projekttypische Vorgehensabläufe erstellt werden, welche einen spezifischen Ausschnitt aus der Gesamtheit der Module darstellen. Somit wurde eine Vereinigungsmenge aller analysierten Vorgehensmodelle sowie darüber hinausgehenden neu entwickelten Modulen erschaffen.

Die zehn identifizierten Metaphasen wurden konsolidiert, indem die Phasen Ideenfindung und Ideenauswahl zur Projektinitiierung sowie die Phasen Betrieb und Auslauf zum Projektabschluss zusammengefasst wurden. Eine Phase kann aus beliebig vielen Modulen bestehen. Ein solches Modul (auch Prozessschritt genannt) ist ein abgeschlossener Komplex von Aktivitäten, der dazu dient, eine konkrete Aufgabe innerhalb der Entwicklung durchzuführen. Die mögliche Reihenfolge der Prozessmodule ist lediglich durch den sequenziellen Ablauf der Phasen sowie die Zuordnung der Module zu den einzelnen Phasen beschränkt.

10.6.1 Modulschicht, Prozessschicht, Ergebnisschicht

Um mit den identifizierten Prozessmodulen ein projekttypisches Vorgehen definieren und dieses dann auch durch IT unterstützt begleiten zu können ist eine Drei-Schichten-Architektur notwendig: Modulschicht, Prozessschicht und Ergebnisschicht (Abb. 10-10).

---

[3] Vgl. Daun u. Klein (2004). Einen Ansatz zur Definition von konfigurierbaren modularen Vorgehensmodellen stellen STRAUSS, THE und WEISBECKER (2004) vor.

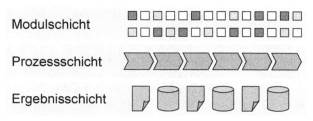

Abb. 10-10. Schichten für das Vorgehensmodell

In der Modulschicht existiert eine Vielzahl von Prozessmodulen, die unterschiedliche Prozessschritte abstrahieren. Dabei symbolisiert jedes Modul die Fähigkeit (Wissen und Ressourcen), einen bestimmten Prozessschritt durchführen zu können. Neben der Modulbibliothek existiert in der Modulschicht auch eine so genannte Metamodulbibliothek, in der zeitunabhängige oder sich in mehreren Phasen wiederholende Prozessschritte eingepflegt sein können.

Ein Prozessschritt ist eine zeitlich logische Abfolge von Aktivitäten, die einer oder mehrerer Ressourcen bedürfen, um ein Ergebnis zu erzeugen. Jedes Prozessmodul besitzt Schnittstellen in Form von Eingabe- und Ausgabeinformationen sowie Rollenzuordnungen. Des Weiteren werden für jedes Modul spezifische Eigenschaften erklärt, welche eine Entscheidungsgrundlage für Tailoring und Modulauswahl darstellen.

Die Prozessschicht beinhaltet einen abstrakten Ablaufplan, der lediglich den Entwicklungsablauf in den identifizierten und konsolidierten Metaphasen vorgibt. Dabei dient der abstrakte Ablaufplan als Container für benötigte Prozessschritte, die durch Tailoring-Maßnahmen aus der Modulbibliothek ausgewählt und in die einzelnen Phasen eingegliedert werden (Abb. 10-11).

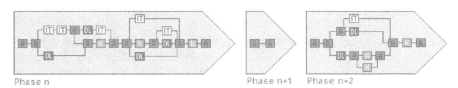

Abb. 10-11. Ablaufplan in der Prozessschicht

Die Ergebnisschicht umfasst die gewonnen Ergebnisse aller bereits durchgeführten Prozessschritte. Sie kann als Bibliothek der bisher gewonnenen Erkenntnisse verstanden werden und ist im einfachsten Falle eine Sammlung von Artefakten in einer Datenbank. Jedem Prozessschritt werden die gesamten Daten bei der Initiierung zur Verfügung gestellt.

10.6.2 Anwendung des Modells

Die Anwendung im Unternehmen beginnt mit dem „Maßschneidern" des Vorgehens, dem so genannten Tailoring. Der erste Tailoring-Schritt „Spezialisierung" dient dabei der Anpassung der vorhandenen Prozessmodule an die Unternehmens-bedingungen. Dazu können vormals eingesetzte Vorgehensmodelle integriert, un-nötige Module entfernt und die verbleibenden Prozessschritte angepasst werden. Der zweite Tailoring-Schritt „Konkretisierung" instanziert einen Ablaufplan für ein spezielles Entwicklungsprojekt. Dafür werden, gemäß den Gegebenheiten und Anforderungen des konkreten Projektes, benötigte Prozessmodule ausgewählt und in den Ablaufplan eingeordnet. Der fertige Ablaufplan ergibt eine Anleitung für die Durchführung der Produktentwicklung. Dieser kann in Form eines passiven oder interaktiven Tutorials während der Produktentwicklung zur Verfügung stehen oder als Basis für ein aufsetzendes Workflow-System fungieren. Dabei ist der Ab-laufplan keineswegs als starres Gebilde zu verstehen, vielmehr können während des Projekts Änderungen und Anpassungen vorgenommen werden. Durch den modularen Aufbau sind diese nachträglichen Reaktionen auf Probleme und An-forderungsänderungen vereinfacht möglich.

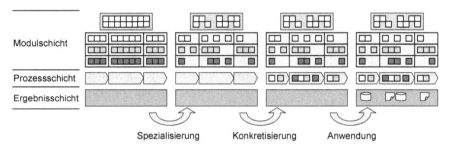

Abb. 10-12. Schritte der Anwendung

10.6.3 Drei Schichten des ServCASE-Vorgehensmodells

Nachdem der modulare Aufbau des Vorgehensmodells zum Co-Design dargelegt wurde, wird im folgenden beschrieben, wie eine thematisch-inhaltliche Dreiteilung der jeweiligen Module vorgenommen wird, um den Bereichen Software, Dienst-leistung sowie den Aspekten der integrierten Entwicklung gerecht zu werden.

Die *Integration* der Teilgebiete zu einem ganzheitlichen Vorgehensmodell kann dadurch erfolgen, dass *einzelne Methoden* eingesetzt werden, die sowohl für die Dienstleistungs- als auch für die Softwareentwicklung verwertbare Ergebnisse er-zeugen. In der frühen Phase der Entwicklung haben Methoden der Ideenfindung und -bewertung derart allgemeinen Charakter, dass sie übergreifend angewendet werden können. Auch die Anforderungsanalyse kann mit Bezug zur Gesamtlösung durchgeführt werden. Beim Fortschreiten im Entwicklungsprozess bis zur Konzep-tionsphase zeigt sich, dass jetzt gewöhnlich die Schere zwischen den Disziplinen aufgeht. Im Software Engineering werden sehr spezifische Methoden eingesetzt, z.B. in der Datenbankmodellierung oder der objektorientierten Systembeschreibung. In der Dienstleistungsentwicklung stehen Aspekte wie die Mitarbeiterqualifizierung oder die Gestaltung wahrnehmbarer Elemente im Vordergrund. Eine Brücke zwi-schen der Dienstleistungs- und Softwareentwicklung kann in der Konzeptionsphase die Prozessmodellierung schlagen. Prozessmodelle dienen in diesem Fall als Blueprint sowohl für die Implementierung einer Softwarekomponente als auch für die Gestaltung der Dienstleistung. Nichts desto trotz zeigt sich aber insbesondere in der Konzeptions- und Implementierungsphase der Entwicklung IT-basierter Dienstleistungen die größte Trennung zwischen Service und Software Engineering. In der Testphase wird es wieder leichter, eine integrierte Betrachtung vorzunehmen. Hier besteht die Möglichkeit, durch Kunden eine Evaluation der Gesamtleistung vornehmen zu lassen.

Insgesamt zeigt sich, dass eine Integration von Dienstleistungs- und Softwareentwicklung über einzelne Methoden nur teilweise möglich ist. Im ServCASE-Vorgehensmodell wird daher eine Methodentrennung aufrechterhalten. Dies wird durch die thematische Dreiteilung innerhalb der Modulschicht erreicht. Hierfür werden *drei Entwicklungslayer* definiert, denen Entwicklungsmodule zugeordnet sind. Im Entwicklungslayer Software Engineering sind alle Module positioniert, die für die Entwicklung der IT-Komponenten eingesetzt werden können. Auf der Ebene Service Engineering sind Module enthalten, die die Entwicklung der Dienstleistungskomponenten anbelangen. Der Layer Integrated Engineering enthält Entwicklungsmodule, die Einfluss auf beide Komponenten – Software und Dienstleistungen – haben. Beispiele sind die oben angeführten Methoden zur Ideenfindung und -bewertung, Anforderungsanalyse, Prozessmodellierung sowie zum Test. Weiterhin sind im Integrated Layer Module mit betriebswirtschaftlichen Methoden enthalten. Betrachtungen zur Wirtschaftlichkeit, zur Wettbewerbssituation, zu Stärken-Schwächen-Chancen-Gefahren sowie Business Cases und Nutzwertanalysen betreffen die Gesamtlösung und sind daher dem Integrated Layer zugeordnet. Als letzte Modulkategorie im Integrated Layer sind Projektmanagement-Bausteine zu nennen. Es können Module definiert werden, die beschreiben, wie Stop-or-Go-Entscheidungen zu treffen sind. Hier erfolgt ein Review der abgeschlossenen Projektarbeit, die Überprüfung des Projektstatus sowie das Commitment und die Ressourcenzuteilung für Folgephasen. Auch können Aufgaben des Risikomanagements an dieser Stelle verankert sein. Das Thema Qualitätssicherung kann in allen drei Layern Bedeutung haben. Entweder wird die Qualitätssicherung direkt bei den Entwicklungsobjekten Software und Dienstleistung durchgeführt oder es erfolgt eine gesamthafte Betrachtung der Lösung, was die Definition von Qualitätssicherungsmodulen im Integrated Layer notwendig macht.

Abb. 10-13 veranschaulicht die Struktur des ServCASE-Vorgehensmodells. Jedem der drei Entwicklungslayer sind Module aus der Modulschicht zugeordnet. Darüber hinaus besteht weiterhin die Zuordnung der einzelnen Module zu den dargelegten Entwicklungsphasen. Zur Ableitung eines Projektplans werden allein die Anfangs- und Endzeiten der eingesetzten Entwicklungsmodule verwendet, um eine Iteration nicht explizit auszuschließen. Diese Zeiten können flexibel, dem situationsspezifischen Bedarf entsprechend, gesetzt werden.

Die Abb. 10-13 enthält entsprechend der konsolidierten Entwicklungsphasen die Bereiche der Projektinitiierung und des Projektabschlusses. Bei der Projektinitiierung werden die Grundlagen für die Engineering-Phasen gelegt. Die genaue Definition des Projektziels, des Projektteams sowie des Zeit- und Arbeitsplans erfolgt in dieser frühen Phase. Am hinteren Ende, nach dem Entwicklungsvorhaben, wird ein Projektabschluss durchgeführt. Eine Nachkalkulation gehört hier ebenso zu den abschließenden Modulen wie die vervollständigte Dokumentation des Projekts sowie Lessons Learned. Auch kann es erforderlich sein, Vollzeit im Projekt beschäftigte Mitarbeiter wieder in die Organisation zu integrieren. Mit der Projektinitiierung, dem Projektabschluss sowie den weiteren Modulen im Integrated Layer wird dem Projektmanagement in diesem Vorgehensmodell umfassend Beachtung geschenkt.

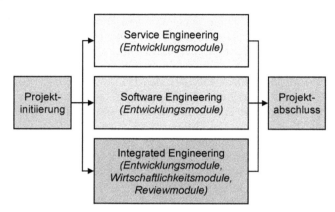

Abb. 10-13. Die Grundstruktur des Vorgehensmodells zum Co-Design

Die hier vorgestellte Grundstruktur eines Vorgehensmodells ist durch die Bereitstellung einer Maximalanzahl von Modulen allgemein genug gehalten, um für die bedeutende Mehrheit von Projekten zur Entwicklung IT-basierter Dienstleistungen eingesetzt werden zu können.

Entsprechend den unterschiedlichen Typen von IT-basierten Dienstleistungen können die Zeitvorgaben der einzelnen Entwicklungslayer vorgenommen werden. Falls z.B. nur ein kleines Softwaremodul entwickelt wird, so können alle Entwicklungsphasen so lange dauern, wie die Konzeptionsphase bei der Dienstleistungsentwicklung allein. Um die verschiedenen Rhythmen zu koordinieren, wird empfohlen, eine Entwicklungsebene als „Master" zu verwenden, dem die anderen beiden Ebenen zugeordnet werden. Welche Ebene zeitbestimmend ist, hängt von der Art der IT-basierten Dienstleistung ab. Handelt es sich wie im obigen Beispiel um eine IT-unterstützte Dienstleistung, so wird die Dienstleistungsentwicklung den Zeitplan diktieren. Bei IT-begleitenden Dienstleistungen wird die Entwicklung des Softwareprodukts maßgeblich sein und bei Dienstleistungs-/IT-Lösungen die Ebene des Integrated Engineering. Die Anpassung des Vorgehensmodells an die konkrete Situation ist demnach von der Art der zu entwickelnden Leistung abhängig. Wie einzelne Entwicklungsmodule für ein konkretes Engineering-Vorhaben ausgewählt werden können, veranschaulicht Abb. 10-14.

Das Herz des hier aufgebauten Vorgehensmodells ist ein Set an Entwicklungsmodulen, auf die für ein Projekt zurückgegriffen werden kann. Die Idee des modulbasierten Vorgehensmodells wurde bereits im Projekt Computer Aided Service Engineering Tool (CASET) umgesetzt (Scheer u. Spath 2004; The 2004).

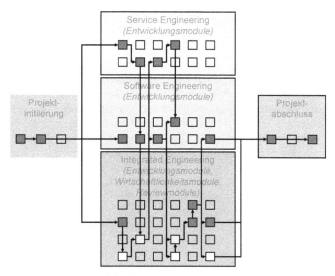

Abb. 10-14. Individuelle Auswahl von Entwicklungsmodulen
für ein konkretes Vorhaben

Ein Modul wurde dabei entlang der drei Bereiche Inhalt, Projektmanagement und Verwaltung spezifiziert (Strauß et al. 2004). Inhaltliche Beschreibungselemente sind Input, Output, Vor- und Nachbedingungen, Arbeitsanweisung und Qualitätskriterien, Methoden, Werkzeuge, Rollen, Modulreihenfolge, Submodule sowie Optionalität der Module. Bezüglich des Projektmanagements kommen die Kriterien beteiligte Mitarbeiter, Modulverantwortlicher, Bearbeitungsstatus, Bearbeitungszeitraum sowie Modulhistorie und Ereignisse zum Einsatz. Im Bereich Verwaltung der Module wurden die Elemente eindeutige Kennung (ID), Version, Name, Kurztext, Langtext, Zugehörigkeit zu einer Disziplin und Hilfetexte festgelegt. Mit diesen Informationen ist ein Modul umfassend und strukturiert beschrieben.

Die im Projekt CASET verwendeten Modulmerkmale können als Ausgangspunkt für die Beschreibung der (Entwicklungs-)module im ServCASE-Vorgehensmodell herangezogen werden. Für die technische Verwaltung notwendige Kriterien wie Kennung oder Version werden hier nicht weiter betrachtet. Im Zentrum stehen die für den Entwickler interessanten Informationen. Ein *ServCASE-Modul* ist durch die folgenden *Merkmale* charakterisiert:

• Bezeichnung der Aktivität,
• Zuordnung zu einer Entwicklungsphase,
• Anfangszeitpunkt,
• Endzeitpunkt,
• Abstract,
• Beschreibung von Rollen,
• Beschreibung der Aktivitäten sowie Zuordnung zu Rollen,
• Eingangsgrößen, z.B. aus vorhergehenden Aktivitäten,

- Ausgangsgrößen (Ergebnisse),
- Links zu anderen Dokumenten oder zu Tools sowie
- Beispiele.

Das dargelegte Vorgehensmodell zum integrierten Co-Design von IT-basierten Dienstleistungen bedient sich existierender Entwicklungsansätze (repräsentiert durch Module der beiden Layer Software und Dienstleistung) und erweitert diese um für IT-basierte Dienstleistungen typische Entwicklungsschritte (repräsentiert durch Module im Layer Integrierte Entwicklung). Durch die Bereitstellung einer Maximalanzahl von Modulen, die lose Reihenfolgevorgabe durch die Zuordnung zu den Entwicklungsphasen sowie die Möglichkeit der freien Zusammensetzung ist eine Adaption des Modells an projekttypische Charakteristika möglich, so dass eine größtmögliche Varianz von Projekten im Bereich IT-basierter Dienstleistungen unterstützt werden kann.

Literatur

Agile Alliance (2006) Helping Agile Projects Start, Helping Agile Teams Perform. Internet: www.agilealliance.org aufgerufen am 13.10.2006
Balzert H (2000) Lehrbuch der Softwaretechnik; Band 1: Software Entwicklung. Spektrum Akademischer Verlag, Heidelberg Berlin
Baskerville R et al (2003) Is Internet-Speed Software Development Different? IEEE Software 20 (6):70–77
Beck K (2006) Extreme Programming. Internet: www.extremeprogramming.org aufgerufen am 13.10.2006
Beck K, Beedle MBA, Cockburn A, Cunnigham W, Fowler M, Greening J, Highsmith J, Hunt A, Jeffries R, Kern J, Marick B, Martin R, Mellor S, Schwaber K, Sutherland J, Thomas D (2001) The Agile Manifesto. Internet: www.agilemanifesto.org aufgerufen am 13.10.2006
Bittner U, Schnath J (1995) Projektmanagement-Aspekte. In: Bittner U, Hesse W, Schnath J (Hrsg) Praxis der Software Entwicklung. Oldenburg, München
BMI (2006) V-Modell XT. Internet: www.v-modell-xt.de aufgerufen am 13.10.2006
Boehm BW (1988) A Spiral Model of Software Development and Enhancement. IEEE Computer 21 (5):61–72
Booch G (1991) Object Oriented Design with Applications. Benjamin/Cummings, Redwood City CA
Bowers MR (1985) An Exploration into New Service Development: Process, Structure and Organization. Texas A&M University, College Station
Bremer G (1998) Genealogie von Entwicklungsschemata. In: Kneuper R, Müller-Luschnat G, Oberweis A (Hrsg) Vorgehensmodelle für die betriebliche Anwendungsentwicklung. Teubner, Stuttgart Leipzig S 32–59
Bunse C, Knethen A von (2002) Vorgehensmodelle kompakt. Spektrum Akademischer Verlag, Berlin Heidelberg
Buxton JN, Randell B (eds, 1970) Software Engineering Techniques: Report on a Conference. Proceedings of the NATO Software Engineering Conference, Rome Italy, Oct 27–31 1969. NATO Scientific Affairs Division, Brussels
Cockburn A (2002) Agile Software Development. Addison-Wesley, Reading MA

Daun C, Klein R (2004) Vorgehensweisen zur systematischen Entwicklung von Dienstleistungen im Überblick. In: Scheer AW, Spath D (Hrsg) Computer Aided Service Engineering; Informationssysteme in der Dienstleistungsentwicklung. Springer, Berlin Heidelberg New York

Demurjian SA (1996) Software Engineering. In: Tucker ABJ (ed) The Computer Science and Engineering Handbook. CRC, Salem

DIN Deutsches Institut für Normung eV (Hrsg 1998) DIN Fachbericht 75: Service Engineering. Beuth, Berlin

Fähnrich KP, Husen C van (Hrsg, 2004) Entwicklung IT-basierter Dienstleistungen in der Praxis; Kurzstudie zum Co-Design von Software und Services in deutschen Unternehmen. Fraunhofer IRB, Stuttgart

Fähnrich KP, Opitz M (2006). Service Engineering – Entwicklungspfad und Bild einer jungen Disziplin. In: Bullinger HJ, Scheer AW (Hrsg) Service Engineering – Entwicklung und Gestaltung innovativer Dienstleistungen; 2. Aufl. Springer, Berlin Heidelberg New York, S 85–112

Fischer T, Biskup H, Müller-Luschnat G (1998) Begriffliche Grundlagen für Vorgehensmodelle. In: Kneuper R, Müller-Luschnat G, Oberweis A (Hrsg) Vorgehensmodelle für die betriebliche Anwendungsentwicklung. Teubner, Stuttgart Leipzig, S 15–31

GI Gesellschaft für Informatik eV (2006) Entwicklungsprozess. Internet: www.vorgehensmodelle.de/giak/arbeitskreise/vorgehensmodelle/themenbereiche/ entwicklungsprozess.html aufgerufen am 16.01.2006

Highsmith III JA (2000) Adaptive Software Development: A Collaborative Approach to Managing Complex Systems. Dorset House, New York

Husen C van, Opitz M, Böttcher M, Meyer K (2005) Co-Design von Software und Services; Studie zur Entwicklung IT-basierter Dienstleistungen in deutschen Unternehmen. Fraunhofer IRB, Stuttgart

Jacobson I, Booch G, Rumbaugh J (1999) The Unified Software Development Process. Addison-Wesley, Boston

Jaschinski C (1998) Qualitätsorientiertes Redesign von Dienstleistungen. Shaker, Aachen

Meiren T, Barth T (2002) Service Engineering in Unternehmen umsetzen; Leitfaden für die Entwicklung von Dienstleistungen. Fraunhofer IRB, Stuttgart

Naur R, Randell B (1969) Software Engineering: Report on a Conference. Proceedings of the NATO Software Engineering Conference, Garmisch Germany, Oct 7–11 1968. NATO Scientific Affairs Division, Brussels

Noak J, Schienmann B (1999) Objektorientierte Vorgehensmodelle im Vergleich. Informatik Spektrum 22 (3):166–180

Oestereich B (2004) Objektorientierte Softwareentwicklung; Analyse und Design mit der UML 2.0. Oldenbourg, München Wien

Pagel B, Six H, Kösters G (1994) Die Phasen der Softwareentwicklung. Addison-Wesley, Bonn et al

Palmer SR, Felsing JM (2002) A Practical Guide to Feature-driven Development. Prentice Hall, Upper Saddle River NJ

Pomberger G, Blaschek G (1996) Software-Engineering; Prototyping und objektorientierte Software-Entwicklung. Hanser, München Wien

Ramaswamy R (1996) Design and Management of Service Processes; Keeping Customers for Life. Addison-Wesley, Reading MA

Royce WW (1970) Managing the Development of Large Software Systems: Concepts and Techniques. Proceedings of IEEE WESCON. Reprinted in: Proceedings of the 9th International Conference on Software Engineering 1987, Monterey CA. IEEE Computer Society, Los Alamitos CA

Rumbaugh J (1991) Object-oriented Modeling and Design. Prentice Hall, Englewood Cliffs NJ

Scheer AW, Spath D (Hrsg 2004): Computer Aided Service Engineering Informationssysteme in der Dienstleistungsentwicklung. Springer, Berlin Heidelberg New York

Scheuing E, Johnson E (1989) A Proposed Model for New Service Development. Journal of Services Marketing 3 (2):25–34

Schneider K, Wagner D, Behrens H (2003) Vorgehensmodelle zum Service Engineering. In: Bullinger HJ, Scheer AW (Hrsg) Service Engineering – Entwicklung und Gestaltung innovativer Dienstleistungen. Springer, Berlin Heidelberg New York

Schwaber Ken (1995) SCRUM Development Process. Proceedings of the ACM Conference on Object-Oriented Programming – Systems, Languages and Applications (OOPSLA '95): Workshop on Business Object Design and Implementation. Internet: jeffsutherland.org/oopsla/schwapub.pdf aufgerufen am 13.10.2006

Shostack GL (1982) How to Design a Service. European Journal of Marketing 16 (1):49–63

Shostack GL (1984) Service Design in the Operating Environment. In: George WR, Marshall C (eds) Developing New Services. AMA, Chicago

Shostak GL, Kingman-Brundage J (1991) How to Design a Service. In: Congram CA, Friedman ML (eds) The AMA Handbook of Marketing for the Service Industries. AMACOM, New York pp 243–261

Sommerville I (2001) Software-Engineering. Pearson Studium, München

Souza D (2006) Components with Catalysis. Internet: catalysis.org aufgerufen am 13.10.2006

Stapleton J (1997) DSDM – Dynamic Systems Development Method: the method in practice. Addison-Wesley, Reading MA

Stickel E (1997) Gabler Wirtschaftsinformatik-Lexikon. Gabler, Wiesbaden

Strauß O, The TS, Weisbecker A (2004) Konfigurierbare modulare Vorgehensmodelle zur Entwicklung von Dienstleistungen. In: Scheer AW, Spath D (Hrsg) Computer Aided Service Engineering; Informationssysteme in der Dienstleistungsentwicklung. Springer, Berlin Heidelberg New York

Suhr R, Suhr R (1993) Software Engineering: Technik und Methodik. Oldenbourg, München

The TS (2004) Plattform zur durchgängigen Unterstützung des Engineerings von Dienstleistungen. Jost-Jetter, Heimsheim

VDI-Gesellschaft Entwicklung Konstruktion Vertrieb (1993) VDI-Richtlinie 2221: Methodik zum Entwickeln und Konstruieren technischer Systeme und Produkte. Beuth, Berlin

Zuser W, Grechenig T, Köhle M (2004) Software Engineering mit UML und dem Unified Process. Pearson Studium, München

11 ServCASE Service Metamodell

Roland Laqua

GSM Gesellschaft für Software Management mbH, Düsseldorf

11.1 Einleitung

Die systematische Entwicklung und Umsetzung IT-basierter Dienstleistungen erfordert durch das Co-Design von IT und Dienstleistungen eine formale Beschreibung, welche Vollständigkeit, Konsistenz, Korrektheit und damit Konvergenz gegen die gewünschten Dienstleistungsziele ermöglicht. Dies wird insbesondere durch den Umstand verstärkt, dass in der Informationstechnologie bereits auf breiter Front formale Entwicklungsverfahren eingesetzt werden. Um eine enge Verzahnung von IT und Dienstleistungen zu ermöglichen, ist es daher unumgänglich, die in der IT genutzten Verfahren auf die Dienstleistungsebene auszudehnen bzw. mit den in der Dienstleistungsbranche eingesetzten Verfahren in Einklang zu bringen.

Ziel des ServCASE Service Metamodells ist die konzeptionelle Beschreibung IT-basierter Dienstleistungen mit Hilfe formaler Mittel, deren Transformation in eine operative Beschreibung mit Hilfe von Prozess- und Systemsprachen, wie z.B. BPEL (IBM et al. 2003) oder SOAP, und deren Ausführung auf geeigneten Workflow-Systemen (siehe Abb. 11-1).

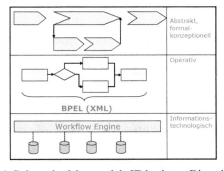

Abb. 11-1. Pakete des Metamodels IT-basierter Dienstleistungen

Essenziell ist hier die durch das Co-Design entstandene enge Verzahnung von IT und Dienstleistung (siehe Abb. 11-2). Entscheidend für den Erfolg des operativen Systems ist, dass nicht erst im ausführenden System das Zusammenwirken von Mensch, Prozess und Maschine stattfindet, sondern dass bereits auf der abstrakten Ebene eine formale Beschreibung der IT-basierten Dienstleistung vorliegt. Auf diese Weise kann schon vor der Implementierung des operativen Systems dessen Konsistenz, Vollständigkeit und Korrektheit mit Hilfe mathematischer Methoden verifiziert werden.

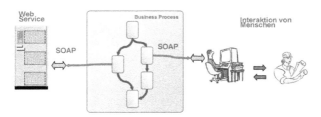

Abb. 11-2. Mensch-Maschine-Maschine Interaktion

11.2 Konzepte

Das Ziel des ServCASE Service Metamodells ist die Bereitstellung eines Modells zur Beschreibung IT-basierter Dienstleistungen, welches die Prinzipien der Einfachheit, Systematik, Skalierbarkeit und Praktikabilität berücksichtigt.

- *Einfachheit* ist hier von besonderer Bedeutung, da insbesondere IT-basierte Dienstleistungen einen hohen Komplexitätsgrad erreichen, wie etwa im Bereich der öffentlichen Verwaltungen. Daher kommt es sehr darauf an, dass eine formale Methode die ohnehin schon komplexen Dienstleistung nicht weiter verkompliziert, sondern dem Dienstleistungsdesigner Mittel in die Hand gibt, die Komplexität der Dienstleistung zu beherrschen.
  Um die Einfachheit zu erreichen, nutzt das ServCASE Service Metamodell nur wenige und unbedingt notwendige Konzepte, die orthogonal zueinander sind, was dem Prinzip des „separation of concerns" folgt.

- *Systematik:* Auf Seiten der Softwareentwicklung existiert eine Vielzahl von Methoden mit einer reichhaltigen Zahl von Konzepten, während der Dienstleistungsbereich nur wenige Methode für die systematische Entwicklung von Dienstleistungen anbietet. Dieser Umstand wirkt umso stärker beim Co-Design von IT und Dienstleistungen und verlangt präzise und eindeutige Konzepte and Richtlinien, die im Idealfall auf einer formalen Sprache basieren.

- *Skalierbarkeit:* Das ServCASE Service Metamodell muss sowohl hinsichtlich der Granularität, der Komplexität und als auch der Gewichtung IT-basierter Dienstleistungen skalierbar sein.
  Skalierbarkeit in Bezug auf die Granularität bedeutet, dass das ServCASE Metamodell für kleine wie für große IT-basierte Dienstleistungen anwendbar ist,

wohingegen Skalierbarkeit in Bezug auf die Komplexität die inkrementelle Anwendbarkeit des Metamodells verlangt. Die Skalierbarkeit des Metamodells hinsichtlich der Gewichtung fordert, dass das Metamodell sowohl für Projekte mit Schwerpunkt IT als auch mit Schwerpunkt Dienstleistung anwendbar ist.

• *Praktikabilität:* Neben den drei oben genannten mehr theoretischen Anforderungen an das Metamodell ist für den erfolgreichen Einsatz des Metamodells dessen praktische Anwendbarkeit entscheidend. Daher muss das Metamodell mit den gängigsten Technologien kompatibel sein.

Die oben genannten Prinzipien werden im ServCASE Service Metamodell durch die Integration des Komponentenansatzes, des Produktlinienansatzes und des Co-Designs von IT und Dienstleistungen erreicht.

11.2.1 Komponentenansatz

Der Komponentenansatz unterstützt insbesondere die Ziele Einfachheit und Skalierbarkeit dadurch, dass die Uniformität, Redundanzfreiheit und Widerspruchsfreiheit eines Dienstleistungsmodells gewährleistet sowie das Lokalitätsprinzip und das Schnittstellenkonzept (Encapsulation) eingehalten werden.
    Diese Prinzipien bedeuten im Einzelnen:

• *Uniformität*
  - Alle Elemente mit Verhalten sollten als Komponente angesehen werden.
  - Komponenten sind Klasse und Container zugleich.
• *Redundanzfreiheit*
  - Die Menge der Komponenten muss minimal sein.
    Es darf keine unterschiedlichen Komponenten mit gleichem Verhalten und Eigenschaften geben (redundanzfrei).
• *Widerspruchsfreiheit*
  - Die Komponentenstrukturen müssen konsistent sein.
    Die wichtigsten Komponentenstrukturen sind die Enthaltensein-Beziehung, die Nutzung, die Erzeugung und die Ableitung. Im Falle der Enthaltensein-Beziehung und der Erzeugung müssen diese eine Baumstruktur besitzen und für die Erzeugung und Ableitung müssen die Strukturen gerichtete, zyklusfreie Graphen darstellen.
• *Lokalitätsprinzip*
  - Alle Modelle können lokal einer Komponente zugeordnet werden.
  - Die zugeordneten Modelle beinhalten nur lokale Eigenschaften der Komponente und keine system- bzw. komponentenübergreifenden Eigenschaften.
• *Encapsulation (Schnittstellenkonzept)*
  - Die Spezifikation von Komponenten muss von deren Realisierung und Implementierung getrennt beschrieben werden.
    Das bedeutet, dass das, was eine Komponente tut, von dem, wie sie es tut, getrennt ist.

11.2.2 Produktlinienansatz

Abb. 11-3. Produktlinienansatz

Der Produktlinienansatz ist ein klassisches Wiederverwendungsverfahren, das insbesondere die Skalierbarkeit und die inkrementelle Entwicklung IT-basierter Dienstleistungen unterstützt. Der Produktlinienansatz zielt auf den Umstand, dass viele Softwareentwicklungsfirmen ein Bündel ähnlicher Produkte in ihrem Portfolio führen, die eine effiziente Art der Entwicklung und Erhaltung erfordern. Die grundlegenden Prinzipien des Produktlinien-Engineering sind:

- *Ähnlichkeit*
  Eine Produktlinie beschreibt eine Familie ähnlicher Systeme (z.B. Komponenten), die aus einem gemeinsamen Rahmenwerk – etwa von Komponenten – durch die Integration von Variabilitäten in das Rahmenwerk abgeleitet werden können.
- *Generizität*
  Systeme einer Produktlinie werden aus einem generischen Rahmenwerk mit Hilfe von Entscheidungsmodellen abgeleitet. Eine Produktlinie umfasst daher ein Rahmenwerk, ein Entscheidungsmodell und die zur Ableitung der konkreten Systeme benötigten Auflösungen des Entscheidungsmodells.
  - Die generischen Komponenten des Rahmenwerks enthalten variable Bestandteile, die mit Hilfe von Entscheidungsmodellen für ein konkretes System festgelegt werden müssen.
  - Das Rahmenwerk ist ein Baum generischer Komponenten mit eindeutigem Bezug zum Entscheidungsmodell.
  - Das Entscheidungsmodell beinhaltet Entscheidungen, die hierarchisch von einander abhängen.
- *Auflösung*
  Um ein konkretes System der Produktlinie aus dem Rahmenwerk zu erzeugen, müssen sämtliche Entscheidungen im Entscheidungsmodell getroffen werden.
  - Die variablen Bestandteile der generischen Komponenten und des Rahmenwerkes werden mit Hilfe der getroffenen Entscheidungen aufgelöst.
  - Die Auflösung eines Entscheidungsmodells impliziert die Auflösung aller untergeordneten Entscheidungsmodelle.

11.2.3 Co-Design von IT und Dienstleistungen

Das Co-Design von IT und Dienstleistungen erfordert die Verzahnung und Vereinheitlichung der Entwicklungsverfahren in beiden Bereichen, ebenso müssen die IT und Dienstleistungsmodelle harmonisiert bzw. vereinheitlicht werden.

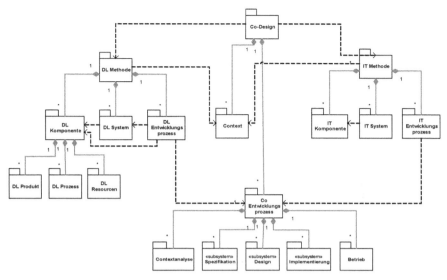

Abb. 11-4. Co-Design von IT und Dienstleistungen

Auf der Ebene der Entwicklung werden die Entwicklungsprozesse von IT und Dienstleistung in einem gemeinsamen Co-Design Entwicklungsprozess zusammen geführt. In den Phasen Kontextanalyse, Spezifikation, Design, Implementierung und Betrieb werden die entsprechenden Prozesse der IT und Dienstleistungsentwicklung zugeordnet und untereinander abgeglichen. Auf der Ebene der Phasen ist zunächst die größte Übereinstimmung von IT und Dienstleitungsentwicklung zu finden. Die Schwerpunkte in den Phasen sind jedoch unterschiedlich, so stehen in der Dienstleitungsentwicklung im Design die Dienstleistungskonzeption, der Prozessentwurf und die Service-Modellierung im Vordergrund, wohingegen in der IT-Entwicklung ebenso das Systemdesign oder die Datenbankmodellierung wichtig sind (siehe Fähnrich u. Meiren 1999; Haller 2001; Schreiner u. Nägele 2002).

Die IT- und Dienstleistungsmodelle sind die grundlegenden Artefakte des Co-Designs. Die Co-Design Prozesse können um so besser aufeinander abgestimmt werden, je einheitlicher die Modelle gestaltet sind. Hierzu wurden die in der IT etablierten Komponenten- und Systemmodelle auf die Dienstleistungen übertragen. Die IT- sowie Dienstleistungskomponente sind von einem gleichen Komponentenmodell abgeleitet, um eine gemeinsame Komponentenhierarchie bilden zu können. Für die IT- und Dienstleistungsfunktionen wurde der Begriff der Leistung eingeführt, so dass beide Funktionstypen in einem einheitlichen und gemeinsamen Prozessmodell abgebildet werden können.

11.3 Metamodell

11.3.1 Pakete

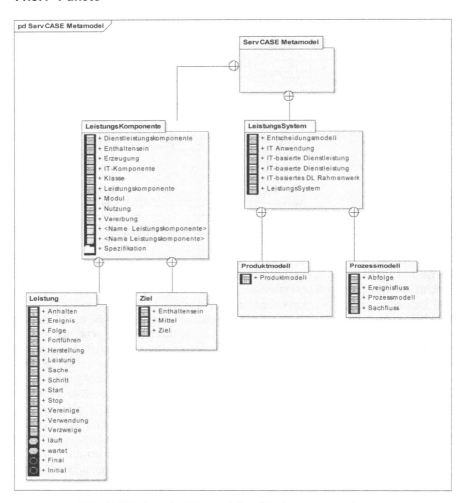

Abb. 11-5. Pakete des Metamodells IT-basierter Dienstleistungen

Das Co-Design von IT-basierten Dienstleistungen gemäß den oben genannten Prinzipien des Komponenten- und Produktlinienansatzes erfordert die Abbildung von IT-basierten Dienstleistungen auf formale Dienstleistungsobjekte mit Hilfe eines Rahmenwerkes. Auf diese Weise können insbesondere die Redundanz- und Widerspruchsfreiheit automatisch geprüft und gewährleistet werden. Das Rahmenwerk umfasst ein Produktmodell zur Beschreibung der Leistungen sowie ein Prozessmodell zur Veranschaulichung der Dienstleistungsabläufe. Eine ganzheitliche

Betrachtung von IT-basierten Dienstleistungen setzt außerdem die Uniformität von immateriellen wie materiellen Dienstleistungsgütern voraus, mit anderen Worten die Gleichbehandlung von IT- und klassischen Dienstleistungsobjekten. Das Rahmenwerk verzichtet jedoch zunächst auf ein Ressourcenmodell und legt seinen Schwerpunkt auf das Produkt- und Prozessmodell und die Integration des Komponenten- und Produktlinienansatzes.

Das ServCASE Metamodell unterscheidet sich von anderen Entwicklungsmethoden (siehe Herrmann u. Klein 2004; Mörschel 2005) vor allem hinsichtlich der Bündelung von Leistungen in Leistungskomponenten und der Integration eines Produktlinienansatzes in das Produktmodell, der klaren Separation von Informations- und Materialfluss innerhalb des Prozessmodells sowie der Reduktion von Prozesselementen. Das ServCASE Metamodell verzichtet bewusst auf ein Objekt-Relationsmodell, um Einschränkungen hinsichtlich der Umsetzbarkeit auf unterschiedlichen Plattformen zu vermeiden.

Das ServCASE Metamodell besteht aus den Paketen Leistungskomponente, Leistung, Ziel, Leistungssystem, Produktmodell und Prozessmodell, welche hierarchisch organisiert sind. Jedes Paket enthält ein Hauptobjekt mit gleichem Namen, das das Hauptmerkmal des Paketes beschreibt. Die Pakete fassen folgende Kernsachverhalte zusammen bzw. separieren diese:

- Das Paket *Leistung* enthält alle Objekte, die zur Erfüllung von Anforderungen eines Kunden durch einen Lieferanten notwendig sind. Eine Leistung ist letztlich das Ergebnis zur Erfüllung der Kundenanforderung. Hierbei spielt es keine Rolle, ob die Leistung materieller oder immaterieller Natur ist, durch manuelle Tätigkeiten oder IT etwa mit Hilfe eines Programms erbracht wurde.

- Das *Ziel* beschreibt die Absichten bzw. groben Anforderungen, die mit einer Leistung erfüllt werden. Es bildet den Ausgangspunkt zur Ermittlung der Kundenanforderungen.

- Die *Leistungskomponente* fasst sämtliche Leistungen und die mit ihr verbundenen Ziele in sachlich zusammengehörigen Komponenten zusammen und führt das „separation of concerns" Prinzip in die Dienstleistungsmodellierung ein. Auf diese Weise können auch große Dienstleistungsprodukte übersichtlich und beherrschbar gestalten werden.

- *Produktmodell:* Ein Produkt beinhaltet sämtliche Leistungen, die zur Lösung immaterieller wie materieller Kundenwünsche notwendig sind. Das Produktmodell beschreibt die formalen Modelle wie z.B. Anforderungen, Klassen- und Zustandsmodelle. Das Produktmodell gibt somit eine statische Sicht auf eine Dienstleistung frei, sagt jedoch nichts über die Abläufe oder das Zustandekommen einer IT-basierten Dienstleistung aus.

- Das *Prozessmodell* konkretisiert den Prozess der Leistungserbringung mit Hilfe formaler Mittel zur Beschreibung des Informations- und Materialflusses. Das Prozessmodell beschreibt somit die Dynamik einer IT-basierten Dienstleistung.

- Ein *Leistungssystem* umfasst sämtliche Produkt- und Prozessmodelle, die zur Bedürfnisbefriedigung eines Kunden benötigt werden.

11.3.2 Kernobjekte

Abb. 11-6 zeigt die Kernobjekte des ServCASE Metamodells, die jeweils in einem Produkt- und Prozessmodell gebündelt werden. Das Produktmodell referenziert sämtliche Enthaltensein-Beziehungen der Leistungskomponenten und definiert somit die hierarchische Struktur der Leistungskomponenten. Die Leistungskomponenten selbst sind Teil des Leistungssystems (siehe Abschnitt 11.5), jedoch keine existenziellen Elemente des Produktmodells, d.h. Produktmodelle können ohne Auswirkung auf die Leistungskomponenten neu gebildet, verändert oder eliminiert werden.

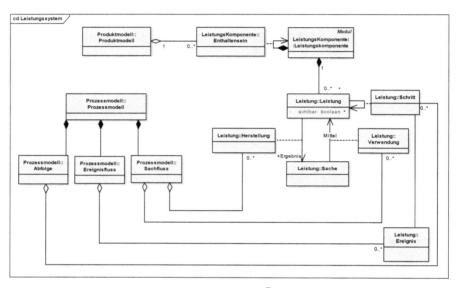

Abb. 11-6. Metamodell Überblick

Die Leistungskomponenten ihrerseits fassen alle zur Erfüllung eines bestimmten Leistungsbereiches notwendigen Leistungen zusammen. Eine Leistung darf nur einer Leistungskomponente angehören, was die Kohärenz der Leistungen innerhalb einer Leistungskomponente und eine schwache Koppelung zwischen den Leistungskomponenten erfordert. Dies führt zu einer Steigerung der Nutzbarkeit und Übersichtlichkeit der Leistungskomponenten durch das Prinzip des Teilen und Herrschen.

Die Leistungen ihrerseits benötigen zu ihrer Erbringung Sachobjekte materieller oder immaterieller Art. So wird etwa für die Herstellung eines Bohrers mit Hilfe einer speziellen Drehbank ein Rohling eingesetzt, während für die Erzeugung einer Verkaufsstatistik auf Sachinformationen in Datenbanken des Verkaufs zugegriffen wird. Aus der abstrakten Sicht des ServCASE Metamodells besteht jedoch kein Unterschied zwischen beiden Leistungen. Die Erbringung der Leistung führt umgekehrt wieder zur Herstellung bzw. Veränderung von Sachobjekten.

Die Verwendung und Herstellung von Sachobjekten durch Leistungen beschreiben den Sachfluss, wohingegen die Abfolge der Leistungen bzw. Ereignisse in Informationsflüssen zusammengefasst werden.

Das *Prozessmodell* fasst sämtliche Informationsflüsse und Sachflüsse, die zur Steuerung der Durchführung von Leistungen einer komplexen Dienstleistung notwendig sind, zusammen.

11.4 Leistungskomponente

Die *Leistungskomponente* (siehe Abb. 11-7) bildet die Basis für die abgeleitete Leistungskomponente des Co-Designs von IT und Dienstleistung. Die Leistungskomponente ist von Modul abgeleitet und erbt somit sämtliche Eigenschaften eines Moduls (siehe UML). Elemente des Moduls Leistungskomponente sind die Objekte Leistungskomponente und Leistung sowie die Relationen Enthaltensein, Erzeugung, Nutzung und Vererbung.

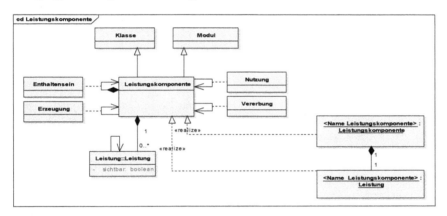

Abb. 11-7. Leistungskomponente

Das Objekt *Leistungskomponente* ist ein Zwitterwesen, das die Eigenschaft eines Moduls und einer Klasse zugleich besitzt. Als Modul stellt die Leistungskomponente einen Container bereit, in den beliebige Leistungen aufgenommen werden können. Durch die Klasseneigenschaft kann die Leistungskomponente mit beliebigen Attributen versehen werden und eine Dienstleistungskomponente muss eine Leistung mit gleichem Namen enthalten (siehe Realisierung einer Leistungskomponente).

Leistungskomponenten werden mit Hilfe der Relationen Enthaltensein, Nutzung, Erzeugung und Vererbung miteinander in Beziehung gesetzt. Die *Enthaltenseinrelation* erlaubt die Zerlegung eines Leistungssystems in Unterkomponenten. Die *Nutzungsrelation* definiert die Nutzung anderer Komponenten nach dem Client-Server Prinzip. Die *Erzeugungsrelation* beschreibt die Instanzierung einer Komponente durch andere Komponenten.

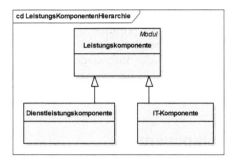

Abb. 11-8. Hierarchie der Leistungskomponente

Dienstleistungs- und IT-Komponente: Von der Leistungskomponente sind die Dienstleistungskomponente und die IT-Komponente abgeleitet. Dies bietet den Vorteil, dass sowohl IT-Komponenten als auch Dienstleistungskomponenten gemeinsam in einem vereinheitlichten Komponentenmodell dargestellt und zueinander in Beziehung gesetzt werden können. Durch die Ableitung können zudem spezielle Eigenschaften von IT und Dienstleistungen in den jeweiligen Komponenten berücksichtigt werden.

11.4.1 Ziel

Ein Ziel definiert die groben Anforderungen an Leistungskomponenten, welche zur Erfüllung von Erfordernissen eines Kunden an ein IT-basiertes Dienstleistungssystem benötigt werden. Ziele dienen daher zur Festlegung der Zweckbestimmung der Leistungskomponente und können somit für die Suche und Auswahl von Leistungskomponenten bei der Systemerstellung genutzt werden.

Die Komponente Ziel enthält das Objekt Ziel sowie dessen Relationen Mittel und Enthaltensein. Die Enthaltenseinrelation ermöglicht die Zerlegung der Ziele in Unterziele bzw. das Zusammenführen in übergeordnete Ziele, wodurch Ziele in ihrer Gesamtheit übersichtlicher und nutzbringender gestaltet werden können. Die Mittelbeziehung legt fest, welche Ziele durch eine Leistungskomponente erreicht werden.

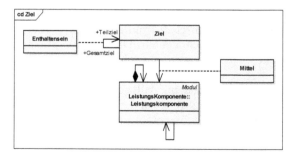

Abb. 11-9. Ziel einer Leistungskomponente

11.4.2 Leistung

Eine *Leistung* definiert eine Aktivität zur Erfüllung von Kundenanforderungen im Rahmen IT-basierter Dienstleistungen innerhalb einer Leistungskomponente. Die Sichtbarkeit der Leistung für den Kunden oder eine andere spezifische Rolle wird mit Hilfe des Attributs „sichtbar" festgelegt und bestimmt auf einfache Weise, wie der Kunde in die Leistungserbringung integriert ist.

Elemente der Komponente Leistung (siehe Abb. 11-10) sind die Leistung selbst, die Sachmittel sowie die Relationen Herstellung, Verwendung und Schritt. Das Element *Sachmittel* beschreibt die Artefakte, die zur Erbringung der Leistung benötigt werden, also von der Leistung konsumiert werden, und die von der Leistung erzeugt, also von der Leistung produziert werden. In einer IT-Komponente entspricht der Sachmittelfluss einem Datenflussmodell, in einem Dienstleistungsmodell dem Waren- bzw. Materialfluss.

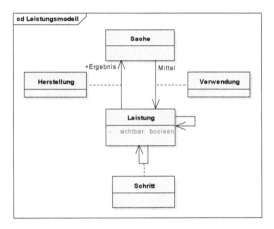

Abb. 11-10. Leistung

Die *Abfolgerelation* beschreibt die Abfolge in der Leistungen erbracht werden. Sie kontrolliert, ob und wann Leistungen erbracht werden. So wird mit der Abfolgerelation festgelegt, ob Leistungen sequentiell abgearbeitet werden müssen oder parallel durchgeführt werden können, ob Leistungen mehrfach erbracht werden müssen oder ob auf die Beendigung bestimmter Leistungen gewartet werden muss. Kurzum, die Abfolgerelation definiert Elemente mit deren Hilfe der Ablauf von Leistungen kontrolliert werden kann.

11.5 Leistungssystem

Wenn es stimmt, dass Zeit- und Kostendruck in der Systemerstellung stetig zunehmen, bedarf es effizienter Methoden für die Konstruktion von Systemen. Das Produktlinien-Engineering ermöglicht durch die systematische Wiederverwendung von Komponenten bessere Systeme schneller erstellen zu können. Zentrale Elemente des Produktlinienansatzes sind das Leistungssystem, ablauffähige IT-basierte Dienstleistungen sowie ein generisches Rahmenwerk zur Beschreibung von Domänen-Prozessen.

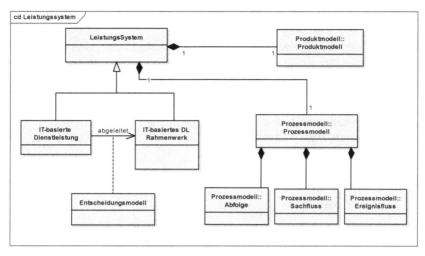

Abb. 11-11. Leistungssystem

Ein Leistungssystem stellt die Basis eines generischen Rahmenwerkes IT-basierter Dienstleistungen bereit, aus dem spezifische Dienstleistungen abgeleitet werden können. Sowohl das Rahmenwerk, als auch die davon abgeleiteten IT-basierten Dienstleistungen stellen Leistungssysteme dar. Gemäß dem Prinzip des Produktlinienansatzes werden hierzu mit Hilfe von Entscheidungsmodellen Variabilitäten des Rahmenwerks aufgelöst und so ausführbare Dienstleistungsinstanzen gebildet.

Im Leistungssystem werden sämtliche Prozess- und Produktmodelle einer Domäne erfasst. Das Produktmodell beschreibt die Leistungen und Leistungskomponenten sowie deren Beziehungen.

11.5.1 Prozessmodell

Das ServCASE *Prozessmodell* umfasst sämtliche Informations- und Materialflüsse, die zur Steuerung und Durchführung von Leistungen einer komplexen IT-basierten Dienstleistung notwendig sind. Dies sind der Ereignisfluss, der Sachmittelfluss und die Abfolge der Leistungen. Das Prozessmodell ermöglicht die lückenlose Beschreibung von IT-basierten Dienstleistungsprozessen, die aus Leistungen aus den verschiedenen Leistungskomponenten und den entsprechenden Ereignissen, Informations- und Materialflüssen zusammengesetzt werden können. Mit Hilfe der formalen Beschreibung können die IT-basierten Dienstleistungen analysiert und optimiert werden.

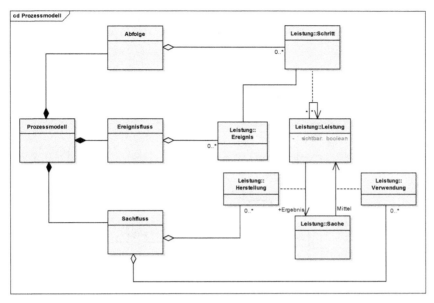

Abb. 11-12. ServCASE Prozessmodell

Der Ablauf der Dienstleistung sowie Herstellung und Verbrauch von Sachmitteln werden über den Sachmittelfluss, Ereignisfluss und das Verhalten gesteuert bzw. initiiert.

- Der *Ereignisfluss* umfasst alle im Laufe des Prozesses durch Leistungen hervorgerufenen oder von extern angeregten Ereignisse.
- Der *Sachmittelfluss* beschreibt alle durch Leistungen des Prozesses erzeugten und verwendeten Sachmittel.
- Das *Verhalten* (siehe Abb. 11-13) steuert die parallele oder sequentielle Abarbeitung von Leistungen eines IT-basierten Dienstleistungsprozesses.

Das Prozessmodell beschreibt den Prozess der Erbringung einer Dienstleistung in einer übersichtlichen und vergleichbaren Form. Kernelement des Prozessmodells ist die Prozesskette, die den dynamischen Teil der Leistungserbringung widerspiegelt. Die Dynamik der Leistungserbringung wird durch das Verhalten bei der Abfolge der Leistungen sowie die Verwendung und Herstellung von Sachmitteln bestimmt. Dabei legt letztere den Sachmittelfluss, also den Fluss der physischen Mittel, fest während die Schrittfolge mit Hilfe von Ereignissen und Verhalten den Informationsfluss definiert.

Ein Schritt definiert den Übergang zwischen einer Start- und einer End-Leistung. Zum Zwecke der Initiierung einer Leistung und damit des gesamten Prozessablaufes ist der Schritt mit einem Ereignis verbunden, das durch die Start-Leistung erzeugt und die End-Leistung angeregt wird. Genau wie bei der Leistung gibt es Ereignisse, die rein informationstechnischer Natur sind und durch die IT erzeugt und konsumiert werden, andererseits können Ereignisse auch durch eine an der IT-basierten Dienstleistung mitwirkende Person oder Maschine ausgelöst werden. Die Ereignisse stellen sozusagen die Erreger des Prozesses dar, die diesen am Leben erhalten.

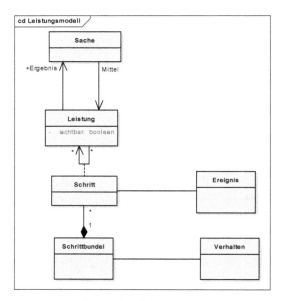

Abb. 11-13. Leistungsdynamik

Neben der Erregung muss jedoch auch das Verhalten des Prozesses gesteuert werden. Dies geschieht mit Hilfe des Verhaltens, das über so genannte Schrittbündel an einen Schritt gekoppelt ist. Schritte werden zu Bündeln zusammengefasst um eine parallele bzw. sequentielle Erbringung von Leistungen abbilden zu können. Hierzu kann das Verhalten als logischer Operator ausgeprägt werden (siehe Abb. 11-14). Mögliche Ausprägung des Verhaltens sind die Konjunktion („und"), die Adjunktion („oder") oder die Disjunktion („xor").

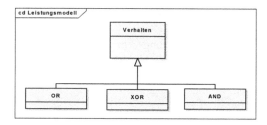

Abb. 11-14. Verhalten

Unabdingbar für den Einsatz des Verhaltens als logischer Operator ist jedoch dessen Eindeutigkeit, d.h. der Operator selbst darf über keinerlei eigene Entscheidungskompetenz verfügen, denn ansonsten wäre der Ablauf nicht kausal und eine

automatisierte Ablaufsteuerung IT-basierter Dienstleistungsprozesse nicht möglich. Im Einzelnen bedeutet dies, dass Schrittbündel niemals über eine Adjunktion
oder Disjunktion gespreizt werden dürfen (siehe Abb. 11-15).

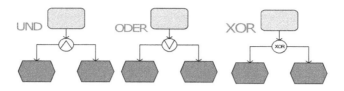

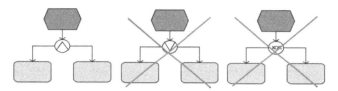

Abb. 11-15. Entscheidungskompetenz

11.5.2 Produktmodell

Neben den dynamischen Teilen einer IT-basierten Dienstleistung muss ebenso die
Statik eines Leistungssystems mit Hilfe von Leistungskomponenten systematisch
der Wiederverwendung zugeführt werden. Die Leistungskomponenten werden
hierzu in einem Produktmodell zusammengefasst. Das Produktmodell des generischen Rahmenwerkes enthält Variabilitäten, die durch die Auflösung eines Entscheidungsmodells für spezifische Dienstleistungen konkretisiert werden.

Das Produktmodell verweist auf die Leistungskomponenten und Enthaltensein-
Beziehungen, um die Hierarchie der Leistungskomponenten zu hinterlegen. Das
Produktmodell des Rahmenwerkes enthält variable Modellelemente in Form opti-
onaler oder alternativer Leistungen und Leistungskomponenten, die mit einem
Entscheidungsmodell verknüpft sind. Das Entscheidungsmodell setzt Entscheidungen eindeutig mit den optionalen oder alternativen Modellelementen in Bezug.
Bei der Instanzierung einer spezifischen IT-basierten Dienstleistung werden Entscheidungen getroffen, die über das Entscheidungsmodell konkrete Modellelemente auswählen. Die Entscheidungen werden für jede Dienstleistungsinstanz in
einem Auflösungsobjekt festgehalten.

Mit Hilfe des Entscheidungsmodells und der Auflösung gelingt die Integration
des Produktlinienansatzes in das Metamodell IT-basierter Dienstleistungen. Die
Nutzung der Entscheidungsmodelle führt zu einer systematischen Wiederverwendung von Leistungskomponenten und Leistungen und in der Folge zu einer maßgeblichen Steigerung der Entwicklungsgeschwindigkeit IT-basierter Dienstleistungen.

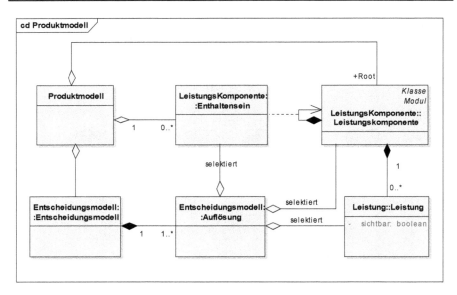

Abb. 11-16. Produkt- und Entscheidungsmodell

Literatur

Fähnrich KP, Meiren T (1999) Service Engineering; Ergebnisse einer empirischen Studie zum Stand der Dienstleistungsentwicklung in Deutschland. Fraunhofer IRB, Stuttgart

Haller S (2001) Dienstleistungsmanagement; Grundlagen – Konzepte – Instrumente. Gabler, Wiesbaden

Herrmann K, Klein R (2004) Methodenbasierte Visualisierung von Dienstleistungen. In: Scheer AW, Spath D (Hrsg) Computer Aided Service Engineering; Informationssysteme in der Dienstleistungsentwicklung. Springer, Berlin Heidelberg New York S 93–119

IBM, BEA Systems, Microsoft, SAP, Siebel Systems (2003) Business Process Execution Language for Web Services; Version 1.1. Internet: download.boulder.ibm.com/ibmdl/pub/software/dw/specs/ws-bpel/ws-bpel.pdf aufgerufen am 14.05.2007

Mörschel IC (2005) Produktmodelle für Dienstleistungen – Möglichkeiten zur Strukturierung und Beschreibung von Dienstleistungen. In: DIN Deutsches Institut für Normung eV (Hrsg) Wege zu erfolgreichen Dienstleistungen; Normen und Standards für die Entwicklung und das Management von Dienstleistungen. Beuth, Berlin S 46–125

Schreiner P, Nägele R (2002), Methodische Gestaltung kundenorientierter Dienstleistungsprozesse. IM – Fachzeitschrift für Information Management & Consulting 17:72–76

12 Qualitätsorientierte Entwicklung

Christian van Husen

Fraunhofer-Institut für Arbeitswirtschaft und Organisation IAO, Stuttgart

12.1 Qualität als Element in der systematischen Entwicklung

In diversen Studien und Interviews mit Unternehmen bestätigt sich immer wieder die hohe Bedeutung von Qualität und Kundenorientierung bei IT-basierten Dienstleistungen. Sicherlich handelt es sich dabei um einen Trend, der angesichts des globalen Wettbewerbs bei Dienstleistungen insgesamt zu verzeichnen ist. Aufgrund dramatischer Marktveränderungen in der ersten Hälfte des aktuellen Jahrzehnts ist dies allerdings ein besonderer Faktor, der für IT-basierte Dienstleistungen mittlerweile erfolgskritisch ist (Husen et al. 2005; Fähnrich u. Husen 2004; Knothe et al. 2004).

Generell besteht in der Dienstleistungsforschung die Auffassung, dass Qualität nicht nur im operativen Betrieb beachtet werden, sondern schon frühzeitig in die Dienstleistung „hineinentwickelt" werden muss (Edvardsson u. Olsson 1996). Innerhalb der Entwicklungsphase können zwei verschiedene Ansatzpunkte für die Qualitätsorientierung unterschieden werden. Einerseits kommt es darauf an, den Entwicklungsprozess selbst so zu gestalten, dass als Ergebnis eine Dienstleistung erzielt wird, die möglichst deckungsgleich mit den Erwartungen der Kunden ist – denn nur so wird Kundenzufriedenheit oder gar -begeisterung erreicht. Andererseits existieren zahlreiche Instrumente zur Messung und Steuerung der Qualität im operativen Betrieb. Hier kommt es ebenfalls schon während der Entwicklung darauf an, die richtigen Instrumente an den richtigen Stellen im Dienstleistungsprozess einzuplanen. Im Gegensatz zu dem häufig in der Praxis vorzufindenden Vorgehen ist es notwendig, nicht erst aktiv zu werden, wenn Anzeichen vorliegen, dass die Qualität von Kunden nicht akzeptiert wird, sondern bereits proaktiv Sorge zu tragen, dass Qualität in die Dienstleistungen hineinentwickelt wird und bereits ab der Markteinführung mit geeigneten Instrumenten gesteuert werden kann.

Ein etabliertes Modell zur Darstellung der Qualitätszusammenhänge bei Dienstleistungen ist das Gap-Modell von PARASURAMAN, ZEITHAML und BERRY (1985).

Systematisch werden dort die fünf potenziellen Lücken aufgezeigt, die zu negativen Abweichungen beim Qualitätsempfinden der Kunden führen können. Ein Wesensmerkmal der IT-basierten Dienstleistungen ist die Zusammensetzung aus Dienstleistungs- und Softwarekomponente. Interviews in Unternehmen wie auch die empirische Untersuchung haben ergeben, dass die Entwicklung dieser beiden Komponenten häufig relativ losgelöst voneinander von unterschiedlichen Fachbereichen durchgeführt wird (vgl. die Beiträge 3 und 4 in diesem Buch). Speziell für IT-basierte Dienstleistungen muss deshalb das Gap-Modell um zusätzliche Lücken erweitert werden, die sich aus genau diesen Rahmenbedingungen ergeben. Abb. 12-1 zeigt das erweiterte Gap-Modell für IT-basierte Dienstleistungen.

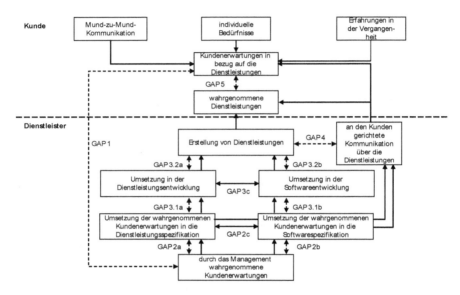

Abb. 12-1. Erweitertes Gap-Modell für IT-basierte Dienstleistungen
(in Anlehnung an Parasuraman et al. 1985)

Das Modell zeigt, dass die Grundlage für die Qualitätsbeurteilung durch den Kunden gebildet wird durch den Abgleich zwischen den Kundenerwartungen und der vom Kunden wahrgenommenen Dienstleistung (*Gap 5*). Eine potenzielle Schwachstelle bildet daher die Wahrnehmung der Kundenerwartungen durch das Unternehmen. Werden die Kundenerwartungen nicht richtig oder vollständig erkannt, führt dies zu Mängeln in der Qualitätsbeurteilung (*Gap 1*) – unabhängig davon, wie groß alle weiteren Anstrengungen für eine hohe Dienstleistungsqualität sind. Die zweite Lücke liegt in der Umsetzung der Kundenerwartungen in die Leistungsspezifikation, d.h. die Qualitätsziele. Für IT-basierte Dienstleistungen bedeutet dies, dass sich die Erwartungen sowohl hinreichend in der Dienstleistungs- als auch in der Softwarespezifikation wiederfinden müssen und dass beide Spezifikationen miteinander konsistent sein müssen (*Gaps 2a bis 2c*). Das ursprüngliche Gap-Modell bezeichnet mit *Gap 3* die Lücke zwischen Spezifikation und der Erstellung der Dienstleistung. Dieses Gap wird im Hinblick auf den Entwicklungsprozess aufgespalten in Gap 3.1 und Gap 3.2. Dabei beschreibt *Gap 3.1* die mögliche Lücke zwischen den eigentlich spezifizierten Qualitätszielen und den Ergebnissen der Entwicklung, die entweder aus unbeabsichtigten Fehlern im Entwicklungsprozess resultieren können oder das Ergebnis bewusster Entscheidungen sind, weil beispielsweise die Umsetzung der gewünschten Qualitätsstandards zu teuer wäre. *Gap 3.2* beinhaltet schließlich mögliche Fehler bei der Erbringung der Dienstleistung. Dabei handelt es sich um Abweichungen vom definierten Leistungsprozess oder -ergebnis. Sowohl Gap 3.1 als auch 3.2 müssen für die Entwicklung der Dienstleistungs- und der Softwarekomponenten betrachtet werden. Außerdem entsteht eine weitere potenzielle Lücke in der Konsistenz zwischen den entwickelten Dienstleistungs- und Softwareelementen (*Gap 3c*). Das letzte *Gap (4)* ist wiederum identisch mit dem ursprünglichen Gap-Modell. Es bezeichnet die mangelnde Übereinstimmung von Kommunikation und Erstellung der Dienstleistung. Werden dem Kunden persönlich oder durch Werbebotschaften des Unternehmens Versprechungen gemacht, die sich nicht mit der erbrachten Leistung decken, wirkt dies als mangelnde Qualität. Mit dem Gap-Modell werden somit alle Bereiche, die sich als Ursachen auf die Qualität IT-basierter Dienstleistungen auswirken können, erfasst und strukturiert.

Als Basis für die spätere Definition eines Reifegradmodells der qualitätsorientierten Entwicklung sind die wesentlichen Faktoren zu erfassen. Dazu gehört zunächst das Projektmanagement im Entwicklungsprozess. Nur durch ein gutes Projektmanagement kann sichergestellt werden, dass ein geplanter Ablauf erfolgt und dass Ziele und Ergebnisse von Software- und Dienstleistungskomponenten miteinander abgeglichen werden und konsistent sind. Im Hinblick auf Gap 1 sind eine gezielte Anforderungsanalyse und der Einsatz von Marktforschung von Bedeutung. Dies sind Instrumente, die weitgehend bekannt sind und in einer zielgerichteten Entwicklung vorausgesetzt werden können. Auf einer höheren Ebene unterstützen die qualitätsorientierte Entwicklung hauptsächlich formalisierte Entwicklungsprozesse wie sie im Software und Service Engineering definiert werden. Dazu sind als Bestandteile die Modellierung der Dienstleistung in der Produkt-, Prozess und Ressourcendimension, die Anwendung qualitätsorientierter Entwicklungsmethoden wie z.B. QFD oder Service Blueprinting, die Integration von Kunden in den Entwicklungsprozess sowie das Prototyping und Testen von Dienstleistungen zu nennen.

Zur Unterstützung der Dienstleistungsentwicklung steht ein breites Methodenspektrum zur Verfügung. In der Praxis zeigt sich jedoch immer wieder, dass diese Instrumente nicht ausgeschöpft werden. Generell wird deutlich, dass spezifische Methoden zur Dienstleistungsentwicklung wie Rollenkonzepte oder das Service Blueprinting und auch ingenieurwissenschaftliche Methoden wie QFD (Quality Function Deployment), die ebenfalls gut zur Dienstleistungsentwicklung geeignet sind, kaum eingesetzt werden und nicht einmal der Hälfte der Befragten bekannt sind (vgl. Beitrag 4 in diesem Buch). Dies steht im entscheidenden Widerspruch zu der Tatsache, dass beinahe zwei Drittel der befragten Unternehmen bei der Bereitstellung geeigneter Methoden Handlungsbedarf sieht. Die Einführung existierender Methoden in Unternehmen ist hier als wichtigste Empfehlung zu geben.

In der persönlichen Interaktion wie auch in der Verantwortung für die Gestaltung automatisierter Schnittstellen, die vom Kunden wahrgenommen werden, ist der Mensch der entscheidende Faktor. Deshalb sind die Berücksichtigung nicht nur technischer, sondern auch menschlicher Anforderungen und die Orientierung an den Kundenbedürfnissen von großer Bedeutung. Es sollten daher die Möglichkeiten genutzt werden, Kunden über den gesamten Entwicklungsprozess in verschiedenen Rollen und durch eine Vielzahl von Methoden unterstützt zu integrieren und so deren Wissen und Wünsche in die Gestaltung der Dienstleistung einfließen zu lassen.

Auf einer weiteren Stufe können quantitative Entwicklungsmethoden wie z.B. die Fehlermöglichkeiten- und Einflussanalyse (FMEA) und Benchmarking identifiziert werden, aber auch die frühzeitige Einplanung von Methoden zur Messung und Steuerung von Kundenzufriedenheit und Servicequalität.

Zur Messung von Qualität und auch zu ihrer Beurteilung aus Kundensicht stehen verschiedene Methoden zur Verfügung, die bereits bei der Entwicklung IT-basierter Dienstleistungen zu einem sehr unterschiedlichen Ausmaß eingeplant werden (vgl. Beitrag 4 in diesem Buch). Daraus wird einerseits deutlich, dass Qualität bei der Erbringung von Dienstleistungen durchaus ernst genommen wird und Unternehmen sich frühzeitig Gedanken machen, um die Kundenzufriedenheit systematisch zu erfassen. Andererseits stellt eine stärkere Berücksichtigung von Methoden, die eine qualitative Ergänzung der Informationen zu den quantitativen Messinstrumenten bieten, in der Praxis derzeit noch ein Defizit dar. Geeignete Methoden könnten hier Anhaltspunkte liefern, worüber die Kundenzufriedenheit am ehesten zu verbessern ist.

Auf der höchsten Stufe, die eine permanente Verbesserung der Entwicklungsprozesse unterstützt, sind schließlich Instrumente zur Ursachenanalyse wie das Fishbone-Diagramm einzuordnen. Einen Überblick über die erläuterten Faktoren der qualitätsorientierten Entwicklung gibt Abb. 12-2.

– Ursachenanalyse (Fishbone-Diagramm etc.)

- Quantitative Entwicklungsmethoden (FMEA)
- Benchmarking
- Einplanung der späteren Qualitätsmessung in der Entwicklung (welche Methoden, Größen, Zeitpunkte)
- Messung von Kennzahlen
- Kundenzufriedenheitsmessung (objektiv/subjektiv, merkmals-/ereignisorientiert)
- Analyse des Kundenverhaltens
- Reklamationsanalyse
- Statistical Process Control (SPC)

- Formalisierter Entwicklungsprozess
- Kundenintegration in den Entwicklungsprozess (Methoden, Intensität)
- Modellierung der Dienstleistung (Produkt, Prozess, Ressourcen)
- Qualitätsorientierte Entwicklungsmethoden (QFD, Service Blueprinting)
- Prototyping und Testen der Dienstleistung

- Projektmanagement
- Marktforschung
- Anforderungsanalyse

Abb. 12-2. Faktoren der qualitätsorientierten Entwicklung

Der Reifegrad der qualitätsorientierten Entwicklung von Dienstleistungen wird von den befragten Unternehmen unabhängig von einem konkreten Modell in der aktuellen Situation als mittel bis hoch eingeschätzt (Abb. 12-3). Damit wird sicherlich deutlich, dass Qualität als ein wichtiges Thema im Bewusstsein der Unternehmen verankert ist. Allerdings zeigt sich auch ein gewisser Widerspruch zu dem Einsatz spezifischer Methoden, der detailliert analysiert wurde. Gerade Methoden, die eine systematische Entwicklung unterstützen und somit zu einer qualitätsorientierten Entwicklung von Dienstleistungen führen sollen, werden wenig eingesetzt und sind vielen nicht bekannt. Vorhandene Stärken bei den befragten Unternehmen liegen in der Einbindung von Kunden schon zu einem frühen Zeitpunkt und auch bei der Einplanung der Qualitätsmessung für die spätere Erbringung der Dienstleistungen. Hier gilt es, die Lücke zwischen der kundenorientierten Ermittlung von Anforderungen und einer qualitätsorientierten Erbringung durch ein systematisches Design der Dienstleistungen zu schließen. Schließlich stellt auch eine Software von guter Qualität zwar eine Komponente der IT-basierten Dienstleistung dar, kann aber eine aus Kundensicht qualitativ hochwertige Dienstleistung nicht garantieren.

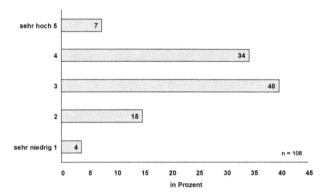

Abb. 12-3. „Wie schätzen Sie Ihren Reifegrad hinsichtlich der qualitätsorientierten Entwicklung von IT-basierten Dienstleistungen ein?" (Husen et al. 2005)

12.2 Einsatz von Reifegradmodellen

Reifegradmodelle existieren im Bereich des TQM (Total Quality Management) sowie des Softwaremanagements. Sie werden eingesetzt, um Organisationen oder Prozesse auf ihre „Güte" gegenüber einer Grundgesamtheit zu bewerten (Assessment) oder mit einer begrenzten Anzahl anderer Unternehmen direkt zu vergleichen (Benchmarking). Daraus werden in einem zweiten Schritt Maßnahmen für ein Change Management (z.B. Einsatz von Methoden und Werkzeugen) abgeleitet. Zur genaueren Bestimmung kann folgende Definition zugrunde gelegt werden: „Ein Reifegradmodell (Maturity Model) ist ein spezielles Kompetenzmodell, das unterschiedliche Reifegrade definiert, um beurteilen zu können, inwieweit ein

Kompetenzobjekt die für eine Klasse von Kompetenzobjekten allgemeingültig definierten qualitativen Anforderungen erfüllt" (Ahlemann et al. 2005).

Reifegradmodelle ermitteln den Reifegrad einer Organisation in Bezug auf ein bestimmtes Kriterium. Dieser Reifegrad wird in Stufen ausgedrückt, wobei die meisten Modelle fünf Stufen verwenden. Am bekanntesten ist das erstmals 1987 vom Software Engineering Institute (SEI) vorgestellte Modell *Capability Maturity Model for Software* (CMM), das seitdem vielfach weiterentwickelt wurde (Eversheim 1997). Aktuell sind die Modelle CMM Integration (CMMI), Bootstrap und SPICE (ISO 15504) am weitesten verbreitet.

Im Reifegrad wird der Ist-Zustand einer Organisation durch eine sehr anschauliche Größe ausgedrückt. Die Modelle stellen außerdem eine gute Basis und Motivation für Prozesse der kontinuierlichen Verbesserung dar, weil messbare Ziele für Verbesserungsmaßnahmen einfach festgelegt werden können (Haischer u. Roy 1994).

Ausgehend von der Softwareentwicklung wurden Reifegradmodelle auf die verschiedensten Anwendungsbereiche übertragen. Zu nennen sind hier beispielsweise das Wissensmanagement (vgl. Oberweis u. Paulzen 2003), Dienstleistungsorganisationen (vgl. Demuß 2002), Dienstleistungsassessments (vgl. Haischer u. Roy 1994; Eversheim 1997) oder die kundenorientierte Dienstleistungsentwicklung (vgl. Vossen 2002).

Wie bei den meisten Anwendungen des Reifegradmodells wird auch für die vorliegende Aufgabenstellung die Einteilung in die fünf grundsätzlichen Stufen des CMMI als sinnvoll angesehen. Demnach werden folgende Reifegrade unterschieden (SEI 2002):

1. Initial
2. Managed
3. Defined
4. Quantitatively Managed
5. Optimizing

12.3 Reifegradmodell der qualitätsorientierten Entwicklung IT-basierter Dienstleistungen

Da bei Dienstleistungen und insbesondere IT-basierten Dienstleistungen wesentliche Voraussetzungen für eine spätere Qualität bereits in der Entwicklungsphase definiert werden, erscheint ein Reifegradmodell für diesen Bereich als ein wichtiges Instrument für einen strategischen Ansatz der Qualitätsorientierung. Aus Erkenntnissen zu bereits etablierten Reifegradmodellen sowie zur qualitätsorientierten Dienstleistungsentwicklung soll ein Reifegradmodell mit genau diesem Fokus konzipiert werden.

Grundsätzlich strukturiert sich das entwickelte Reifegradmodell für die qualitätsorientierte Entwicklung IT-basierter Dienstleistungen in die fünf Stufen des CMMI, die im vorhergehenden Abschnitt dargestellt wurden. Einen Überblick über das spezifische Reifegradmodell gibt Abb. 12-4.

Stufen

Abb. 12-4. Reifegradmodell der qualitätsorientierten Entwicklung
IT-basierter Dienstleistungen

Stufe 1 ist durch eine Ad-hoc-Entwicklung charakterisiert. Die Entwicklung erfolgt unsystematisch und ist abhängig von der Erfahrung oder dem „Talent" der beteiligten Personen. Allerdings schließt diese Stufe auch noch die Phase der Bewusstwerdung mit ein, in der die Entwicklung zwar ad hoc erfolgt, aber die Unternehmen feststellen, dass dieses Vorgehen riskant und mängelbehaftet ist und somit Handlungsbedarf für eine Weiterentwicklung besteht.

Die *zweite Stufe* unterscheidet sich dadurch, dass die Entwicklung zielgerichtet erfolgt. Zwar sind keine systematischen Entwicklungsprozesse auf Organisationsebene vorhanden, aber jedes Entwicklungsprojekt für sich wird zu Beginn geplant und ist somit durch ein Projektmanagement steuerbar. Weiterhin ist zu einer zielgerichteten Entwicklung zu zählen, dass sich die zu entwickelnden Leistungen an den Kundenanforderungen orientieren. Zur Realisierung dieses Anspruchs werden Instrumente wie Marktforschung oder die Anforderungsanalyse eingesetzt.

Eine wirklich systematische Entwicklung findet auf *Stufe 3* statt. Unternehmen, die dort einzuordnen sind, verfügen über einen standardisierten Entwicklungsprozess. Zur Unterstützung des Prozesses setzen sie geeignete Entwicklungsmethoden ein. Angebracht sind vor allem Modellierungsmethoden, mit denen sowohl die Produkte als auch Prozesse definiert und beschrieben werden können. Entsprechend der Logik des Service Engineering werden diese beiden Dimensionen noch ergänzt durch ein Ressourcenkonzept (vgl. Fähnrich u. Meiren 1999). Aber auch qualitätsorientierte Methoden für einzelne Entwicklungsschritte wie z.B. Quality Function Deployment (QFD, vgl. Saatweber 1997) sollten auf dieser Stufe Anwendung finden. Ebenfalls gehört das Testen von Dienstleistungen, beispielsweise intern und mit ausgewählten Schlüsselkunden, zur Stufe eines systematischen Vorgehens. Damit kann im Vorfeld der Markteinführung sichergestellt werden, dass Mitarbeiter über die notwendigen Informationen und Qualifikationen verfügen, die internen Abläufe funktionieren und die Leistung dem entspricht, was der Kunde wünscht.

Auf der *vierten Stufe* geht es darum, bereits während der Entwicklung eine messbare und somit steuerbare Qualität der Dienstleistung zu gewährleisten. Einerseits zählen dazu quantitative Methoden für den Entwicklungsprozess. Hier ist als mit Abstand wichtigste Methode die Fehlermöglichkeits- und Einflussanalyse (FMEA) zu nennen (zur Methode vgl. Kersten 1994). Andererseits ist es für eine gleichbleibend hohe Qualität in der Erbringungsphase wichtig, regelmäßige Messungen durchzuführen. Deshalb sollten nicht zu einem relativ späten Zeitpunkt in der Erbringungsphase wahllose Messungen erfolgen, sondern schon in der Entwicklung zielgerichtet die notwendigen Aktivitäten geplant und definiert werden. Beispielsweise können anhand von Service Blueprinting die besonders kritischen Schritte im Prozess und im Kundenkontakt ermittelt werden. Für genau diese kritischen Ereignisse sollte eine Messung mit den geeigneten Instrumenten und einer definierten Häufigkeit eingeplant werden. Die Messung kann sowohl die Kundenzufriedenheit als auch interne Kennzahlen umfassen, die Größen für kritische Ursachen der Kundenzufriedenheit darstellen.

Die *fünfte und höchste Stufe* definiert schließlich eine sich ständig optimierende Entwicklung. Wie alle anderen Stufen auch beinhaltet sie jeweils die Bestandteile der untergeordneten Stufen. Darüber hinaus sieht sie vor, dass die Entwicklungsprojekte gereviewt werden und nach Durchführung von Schwachstellenanalysen eine kontinuierliche Verbesserung erfolgt. Schwachstellen bei der Durchführung und im Ergebnis der Entwicklungsprojekte werden identifiziert und die definierten Entwicklungsprozesse und vorgesehenen Methoden werden angepasst.

Auf Basis des so definierten Reifegradmodells lohnt sich nochmals ein Blick auf die befragten Unternehmen. Zwar wurde der Reifegrad dieser Unternehmen nicht exakt ermittelt, er kann aber anhand einiger Schlüsselfragen relativ gut eingeschätzt werden. Da die meisten Unternehmen nicht über einen systematischen Entwicklungsprozess für die Dienstleistungskomponenten verfügen und in der Praxis auch nur wenige der spezifischen Methoden eingesetzt werden (vgl. Beitrag 4 in diesem Buch), wird der überwiegende Teil der Unternehmen nach dem hier definierten Modell auf der Reifestufe zwei angesiedelt sein. Im Vergleich dazu liegt die Selbsteinschätzung der Unternehmen (vgl. Abschnitt 12.1, Abb. 12-3) etwa um eine Stufe zu hoch.

12.4 Einsatz des Reifegradmodells

Im vorhergehenden Abschnitt wurde das Reifegradmodell der qualitätsorientierten Entwicklung IT-basierter Dienstleistungen dargestellt und erläutert. Ein solches Modell ist die notwendige Basis für die Einordnung einer Organisation und das wesentliche Ziel, nämlich eine gezielte Verbesserung der aktuellen Situation. Für die praktische Anwendung sind darüber hinaus allerdings folgende Fragen zu beantworten:

1. In welchen Schritten erfolgt der Einsatz des Reifegradmodells?
2. Wie kann der Reifegrad im Unternehmen beurteilt werden?
3. Welcher Reifegrad ist der optimale für die individuelle Organisation?

Den Ablauf für einen sinnvollen Einsatz des Reifegradmodells zeigt Abb. 12-5. Der Prozess beginnt damit, dass ein Unternehmen seinen Ist-Reifegrad ermittelt. Dazu werden einzelne Kriterien mit Hilfe eines Self Assessments ermittelt und

bewertet. Im zweiten Schritt wird mit Hilfe mehrerer Faktoren der optimale Reifegrad bestimmt und ein Soll-Reifegrad definiert. Auf Basis des Gaps zwischen Ist-
und Soll-Reifegrad werden anschließend geeignete Maßnahmen festgelegt. Im
vierten Schritt werden die einzelnen Maßnahmen umgesetzt und so der Reifegrad
gesteigert. Dabei kann sukzessive vorgegangen werden. Insbesondere wenn das
ermittelte Gap größer als eine Reifegradstufe ist, sollten nicht alle Verbesserungen
auf einmal erfolgen, um die Organisation und die Beteiligten nicht zu überfordern.
Im letzten Schritt wird die Umsetzung der Maßnahmen kontrolliert. Danach geht
der zirkuläre Prozess wieder zum Start über und es wird der Ist-Reifegrad bestimmt. Wenn dieser mit dem definierten Soll-Reifegrad übereinstimmt, kann der
Prozess beendet werden. Ergeben sich allerdings veränderte Rahmenbedingungen,
die zu einem anderen Soll-Reifegrad führen, ist dies der Anlass für ein erneutes
Anstoßen des Prozesses.

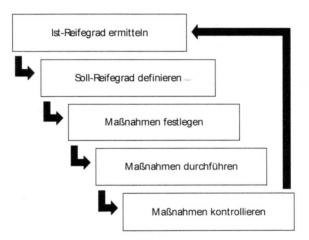

Abb. 12-5. Einsatz des Reifegradmodells

Nachdem in dem Reifegradmodell eine Definition der Stufen erfolgt ist und die
qualitätsrelevanten Faktoren diesen Stufen zugeordnet wurden, wird nun ein Instrument benötigt, mit dem möglichst treffend und effizient der aktuelle Reifegrad
einer Organisation bestimmt werden kann. Dazu bietet sich ein Self Assessment-
Verfahren an, bei dem Beschreibung, Analyse und Bewertung aus einer Innenper-
spektive erfolgen (vgl. Stein u. Meiren 1998). Wie in Abschnitt 12.2 beschrieben,
sind die jeweils charakteristischen Elemente und Kriterien einer Reifestufe zugeordnet. Durch das Self Assessment wird auf einer vierstufigen Skala ermittelt, inwieweit diese in der Organisation umgesetzt sind. Elemente, die für die individuelle Organisation nicht relevant sind, können aus der Bewertung ausgeschlossen
werden. Um einen Reifegrad zu erreichen, müssen mindestens 75 Prozent der dort
zugeordneten Instrumente weitgehend eingesetzt sein. Eine vollständige Umsetzung zu fordern ist nicht notwendig, da einige der Instrumente dem gleichen
Zweck dienen und somit untereinander austauschbar sind. Das Schema dieses Self
Assessments verdeutlicht Abb. 12-6.

Inwieweit werden in Ihrem Unternehmen bei der Entwicklung IT-basierter Dienstleistungen die folgenden Instrumente eingesetzt?

	nicht	teilweise	weitgehend	vollständig	nicht zutreffend
– Projektmanagement	☐	☐	☐	☐	☐
– Marktforschung	☐	☐	☐	☐	☐
– Anforderungsanalyse	☐	☐	☐	☐	☐
– Kundenintegration	☐	☐	☐	☐	☐
... (Methodenliste)					
– Formalisierter Entwicklungsprozess	☐	☐	☐	☐	☐
– Modellierung der Dienstleistung	☐	☐	☐	☐	☐
– Qualitätsorientierte Entwicklungsmethoden	☐	☐	☐	☐	☐
... (Methodenliste)					
– Methoden zur Qualitätsbeurteilung	☐	☐	☐	☐	☐
... (Methodenliste)					
– Ursachenanalyse	☐	☐	☐	☐	☐

Abb. 12-6. Beurteilung des Reifegrads durch Self Assessment

Da das Reifegradmodell in erster Linie der gezielten Weiterentwicklung einer Organisation dienen soll, ist es von entscheidender Bedeutung, den richtigen Soll-Reifegrad zu definieren. In den wenigsten Fällen wird der höchstmögliche Reifegrad das Optimum darstellen, sondern in einem angebrachten Verhältnis von Aufwand und Nutzen ist ein Reifegrad zu definieren, der den Entwicklungsaufgaben des jeweiligen Unternehmens angemessen ist. Dabei sind als Faktoren vor allem die Dienstleistungs-Komplexität, die Entwicklungshäufigkeit, das zu erbringende Volumen der Dienstleistung und ihre Kontaktintensität von Bedeutung. Abb. 12-7 zeigt die anzustrebenden Stufen in Abhängigkeit dieser Faktoren. Um eine vereinfachte Darstellung zu erreichen, wurden jeweils zwei Faktoren auf einer Achse kombiniert, die tendenziell in die gleiche Richtung wirken, auch wenn sie inhaltlich unabhängig sind.

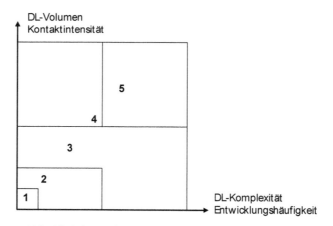

Abb. 12-7. Strategien der qualitätsorientierten Entwicklung

Reifegrad 1 stellt dabei die Ausgangsbasis dar, ist aber für keine Art von Entwicklung als hinreichend anzusehen. *Reifegrad 2* ist geeignet für geringvolumige Dienstleistungen mit begrenzter Komplexität und Kontaktintensität, wenn zudem selten neue Dienstleistungen entwickelt werden. *Reifegrad 3* ist zu empfehlen, wenn regelmäßig neue Dienstleistungen entwickelt werden, die zwar auch eine größere Komplexität aufweisen können, aber nach wie vor geringvolumig sind. Das systematische Vorgehen auf dieser Stufe unterstützt sehr gut eine effiziente Entwicklung und führt auch bei komplexen Leistungen zu qualitativ hochwertigen Ergebnissen. Bei einer Entwicklung hochvolumiger oder kontaktintensiver Dienstleistungen, allerdings mit begrenzter Häufigkeit, ist *Reifegrad 4* das optimale Ziel. Die dort vorgesehene systematische Qualitätsmessung ist gerade dann erforderlich und sinnvoll, wenn das Leistungsvolumen bzw. die Kontaktintensität hoch sind. Schließlich ist der höchste *Reifegrad 5* anzustreben, wenn regelmäßig hochvolumige oder kontaktintensive Dienstleistungen mit hoher Komplexität entwickelt werden. Insbesondere in solchen Fällen ist die ständige Optimierung des Entwicklungsprozesses eine wichtige Aufgabe.

Mit dem Reifegradmodell selbst sowie dem Prozess zur Anwendung und den Instrumenten zur Ermittlung des Ist-Reifegrades und Ableitung eines optimalen Soll-Reifegrades wurde ein vollständiger Ansatz präsentiert, der die qualitätsorientierte Entwicklung IT-basierter Dienstleistungen gezielt unterstützt. Dieser Ansatz wurde in die ServCASE-Methode integriert und kann praktisch umgesetzt werden, indem der in ServCASE konfigurierbare Entwicklungsprozess individuell an den geforderten Reifegrad angepasst wird.

Literatur

Ahlemann F, Schroeder C, Teuteberg F (2005) Kompetenz- und Reifegradmodelle für das Projektmanagement – Grundlagen, Vergleich und Einsatz. ISPRI – Forschungszentrum für Informationssysteme in Projekt- und Innovationsnetzwerken, Osnabrück

Demuß L (2002) Ein Reifemodell für die Bewertung und Entwicklung von Dienstleistungsorganisationen: das Service Management Maturity Model. Institut für Werkzeugmaschinen und Betriebstechnik, Karlsruhe

Edvardsson B, Olsson J (1996) Key Concepts for New Service Development. The Service Industries Journal 16 (2):140–164

Eversheim W (1997) ServAs: Qualitätsmanagement mit System. In: Eversheim W (Hrsg) Qualitätsmanagement für Dienstleister. Springer, Berlin Heidelberg New York S 18–40

Fähnrich KP, Husen C van (Hrsg, 2004) Entwicklung IT-basierter Dienstleistungen in der Praxis; Kurzstudie zum Co-Design von Software und Services in deutschen Unternehmen. Fraunhofer IRB, Stuttgart

Fähnrich KP, Meiren T (1999) Service Engineering; Ergebnisse einer empirischen Studie zum Stand der Dienstleistungsentwicklung in Deutschland. Fraunhofer IRB, Stuttgart

Haischer M, Roy KP (1994) ServAs – Qualitäts-Assessment für Dienstleister. Qualität und Zuverlässigkeit 39 (6):619

Husen C van, Opitz M, Böttcher M, Meyer K (2005) Co-Design von Software und Services; Studie zur Entwicklung IT-basierter Dienstleistungen in deutschen Unternehmen. Fraunhofer IRB, Stuttgart

Kersten G (1994) Fehlermöglichkeits- und Einflussanalyse (FMEA). In: Masing W (Hrsg) Handbuch Qualitätsmanagement; 3. Aufl. Hanser, München Wien S 469–490

Knothe T, Herbst K, Husen C van (2004) IT-Services – Neue Wege zur professionellen Dienstleistungsentwicklung. Fraunhofer IRB, Stuttgart

Oberweis A, Paulzen O (2003) Kontinuierliche Qualitätsverbesserung im Wissensmanagement – ein prozessbasiertes Reifegradmodell. Proceedings der KnowTech 2003, 5. Konferenz zum Einsatz von Knowledgemanagement in Wirtschaft und Verwaltung, München

Parasuraman A, Zeithaml VA, Berry LL (1985) A Conceptual Model of Service Quality and its Implications for Future Research. Journal of Marketing 49 (Fall):41–50

Saatweber J (1997) Kundenorientierung durch Quality Function Deployment; Systematisches Entwickeln von Produkten und Dienstleistungen. Hanser, München Wien

SEI Software Engineering Institute (Hrsg 2002) Capability Maturity Model Integration (CMMI), Version 1.1. Internet: www.sei.cmu.edu/pub/documents/02.reports/pdf/02tr029.pdf aufgerufen am 01.12.2006

Stein S, Meiren T (1998) Assessment-Verfahren zur Entwicklung von Dienstleistungen. IM – Fachzeitschrift für Information Management & Consulting 13:40–45

Vossen I (2002) Ein Reifemodell zur Bewertung und Umsetzung kundenorientierter Dienstleistungsentwicklung. In: Bullinger HJ, Scheer AW, Zahn E (Hrsg) Vom Kunden zur Dienstleistung; Fallstudien zur kundenorientierten Dienstleistungsentwicklung in deutschen Unternehmen. Fraunhofer IRB, Stuttgart S 70–75

Umsetzung und Werkzeuge für das Co-Design

13 ARIS-Einsatz im Rahmen des Co-Designs von Software und Dienstleistungen

Julia Wagner, Yves Lauer

IDS Scheer AG, Saarbrücken

13.1 Einleitung

Betrachtet man den Verbreitungsgrad von Softwarelösungen in der unternehmerischen Praxis, so stellt man fest, dass insbesondere in der Dienstleistungsbranche die Bedeutung der Software merklich zugenommen hat. Dies gilt nicht nur für den Softwareeinsatz im Back-Office, wo aufgabenbedingt eine effiziente IT-Unterstützung ein hohes Optimierungspotenzial verspricht, sondern auch im zunehmenden Maße für den Front-Office-Bereich, der eigentlichen „Produktions- und Auslieferungsplattform" eines Dienstleistungsunternehmens. Die Entwicklung solcher IT-basierter Dienstleistungen erfolgte in der Praxis bisher jedoch wenig systematisch. Insbesondere existieren kaum geeignete softwaregestützte Vorgehensweisen und Methoden zum Management eines solch komplexen Entwicklungsprozesses. Für die effektive Planung und Umsetzung des Co-Designs von Software und Dienstleistung gilt es folglich beide Teilaspekte so aufeinander abzustimmen, dass möglichst keine Reibungsverluste entstehen, bzw. idealerweise zusätzliche Synergieeffekte erzielt werden können. Die Existenz konträrer Zielsetzungen stellt somit gerade in diesem kooperativen Szenario eine besondere Herausforderung dar. Anforderungen, denen im Rahmen eines systematischen und methodenunterstützten Ansatzes für das Co-Design von Software und Services Genüge getan werden muss, sind beispielsweise:

- Entscheidend für den Markterfolg ist u.a. die Kundenzufriedenheit, auf der anderen Seite muss aber auch die Wirtschaftlichkeit gewährleistet sein. Diese Ziele sind gegensätzlich und müssen gegeneinander abgewägt werden.
- Es müssen Wirtschaftlichkeitsbetrachtungen unterstützt werden, die beispielsweise auch Benchmarking bzw. Outsourcing-Überlegungen beinhalten.

- Für die Sicherstellung der notwendigen Ressourcen ist eine genaue Personalbedarfsplanung erforderlich.
- Die Mitarbeiter müssen zur Erstellung der neu geschaffenen Dienstleistung geschult werden.

Mit der ARIS-Methodik bietet die IDS Scheer AG ein holistisches Rahmenwerk, das das Co-Design über alle Entwicklungsphasen hinweg methodisch und softwaregestützt abdeckt. Die ARIS Plattform erlaubt dabei durch den Einsatz verschiedener integrierter Softwarekomponenten, die gemeinsam auf ein datenbankgestütztes Repository zurückgreifen, dass Teilergebnisse aus einer Entwicklungsphase durch andere Phasen wieder verwendet werden. Basierend auf der hohen Generik und Flexibilität der ARIS-Methodik soll im Folgenden ein Lifecycle-Konzept vorgestellt werden, dass das Co-Design von Software und Dienstleistungen ganzheitlich unterstützt.

13.2 Vorgehensweise

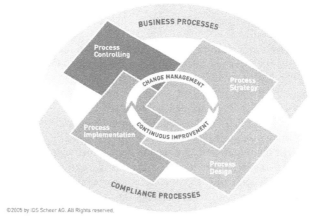

Abb. 13-1. Business Process Management Lifecycle

Die dem Artikel zugrunde liegende Vorgehensweise ist an den Business Process Management Lifecycle der IDS Scheer AG (vgl. Abb. 13-1) angelehnt (Jost u. Kruppke 2004). Somit ist sichergestellt, dass das methodengestützte Vorgehen alle notwendigen Ebenen abdeckt. Konkret bedeutet dies, dass sich der ARIS-Einsatz im Rahmen des Co-Designs von Software und Dienstleistungen nicht nur auf der maßgeblichen Strategieebene niederschlägt, sondern auch den Erfordernissen des Designs von Geschäftsprozessen und Dienstleistungen, der Optimierung und Planung mittels Kennzahlen, der informationstechnischen beziehungsweise organisatorischen Implementierung sowie des Controllings der Ergebnisse Rechnung getragen wird. Folgerichtig unterscheidet der BPM Lifecylce vier unterschiedliche Phasen (Jost et al. 2006):

In der Strategie-Phase werden kontinuierlich externe Faktoren (Märkte, Kunden, Konkurrenz, IuK-Technologie) und interne Faktoren (Prozesse, Ressourcen, Mitarbeiter) beobachtet und analysiert, um die Lage des Unternehmens einzuschätzen und eine erfolgreiche Positionierung des Unternehmens mit der Entwicklung neuer IT-basierter Dienstleistungen zu gewährleisten.

Innerhalb der Design- und Optimierungsphase werden die Vorgaben der strategischen Ebene operationalisiert, indem Geschäftsprozesse, Kennzahlen- und Dienstleistungsmodelle entworfen bzw. angepasst werden. Des Weiteren werden Kennzahlen festgelegt, die zur Überwachung der Unternehmensziele eingesetzt werden können. Durch die effektive Kennzahlenplanung, die Beurteilung des historischen Verlaufs von Kennzahlen und daraus resultierenden Prognosen von Trends, können einerseits strategische Entscheidungen fundiert werden, andererseits kann das Eintreten möglicher Risiken vorausberechnet werden.

Die Implementierungsphase sieht sich der Herausforderung gegenüber, einen reibungslosen Übergang zwischen den semiformalen Modellen der Fachabteilungen und den technischen Modellen der Entwicklungsabteilungen zu gewährleisten, so dass fachliche Vorgaben auch entsprechend in der softwaretechnischen Umsetzung ihren Widerklang finden.

Die Controllingphase besitzt die Aufgabe, die Kontrolle der Unternehmensabläufe aktiv zu unterstützen, in dem eine kontinuierliche Überwachung der Wirksamkeit der durchgesetzten Maßnahmen betrieben wird. Das Controlling bildet somit die Basis für eine durchgängige und kontinuierliche Prozessverbesserung, die gerade in der Dienstleistungsbranche angesichts eines angestrebten langfristigen Geschäftserfolgs einen wichtigen Einflussfaktor darstellt.

13.3 Strategiephase

Um einen schnellen Überblick über die Produkt- und Dienstleistungspalette eines Unternehmens und die daraus zu erwartenden Umsatzanteile zu gewinnen, bedient man sich häufig einer Geschäftsfeldmatrix. In der Geschäftsfeldmatrix werden die verschiedenen Märkte, in denen ein Unternehmen tätig ist bzw. aktiv werden will, im Überblick dargestellt und ihre Bedeutung für den Unternehmenserfolg visualisiert. Dies ist insbesondere bei der Platzierung neuer Produkte am Markt sinnvoll. Jeder Markt wird dabei beschrieben durch das angebotene Produkt bzw. die angebotene Dienstleistung und die Kundengruppe, an die sich das Angebot richtet (vgl. Abb. 13-2).

Die Geschäftsfelder können weiterhin mit Zieldiagrammen hinterlegt werden. Das Zieldiagramm enthält die für das Geschäftsfeld gesetzten Ziele sowie die Prozesse und Erfolgsfaktoren, die die Zielerreichung unterstützen. Grundlage jeder erfolgreicher Produktpositionierung ist darüber hinaus das Wissen über die eigenen Prozesse und deren Zusammenspiel. Prozesslandkarten und ihre Hinterlegungen geben hier einen guten Überblick (vgl. Abb. 13-3).

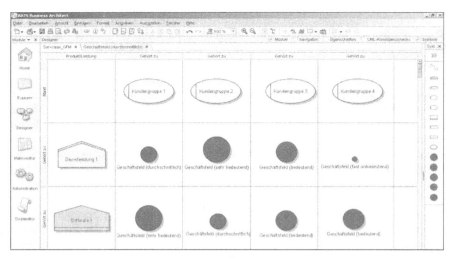

Abb. 13-2. Geschäftsfeldmatrix

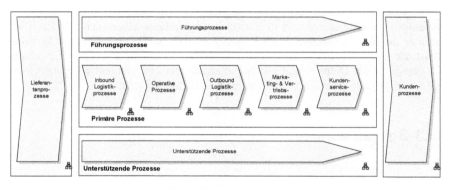

Abb. 13-3. Prozesslandkarte

Basierend auf der unternehmensspezifischen Geschäftsfeldmatrix und der generierten Prozesslandkarte kann anschließend eine Analyse der Haupterfolgsfaktoren (HEF) durchgeführt werden. Hierzu werden pro Geschäftsfeld die Haupterfolgsfaktoren herausgearbeitet. Kritische Haupterfolgsfaktoren sind für den Unternehmenserfolg wichtige zu verfolgende Ziele. Diese können z.B. hohe Qualität, hohe Zuverlässigkeit, niedrige Preise, Forschungsvorsprung oder hohe Flexibilität sein. Bei der Haupterfolgsfaktorenanalyse wird die derzeitige bzw. die geplante Positionierung einer Organisation mit der des Wettbewerbs oder ähnlichen Unternehmungen, ggf. auch anhand von Benchmarks, verglichen (vgl. Abb. 13-4).

Mit der Erarbeitung der Haupterfolgsfaktoren ist die Grundlage für die Definition von Kennzahlen geschaffen, die in der Design- und Optimierungsphase erfolgt. Ziel ist es, die Erfolgsfaktoren durch die Zuordnung von Kennzahlen messbar, optimierbar und somit auch kontrollierbar zu machen (Scheer u. Jost 2005).

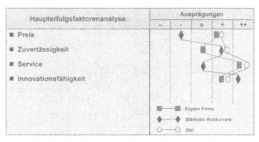

Abb. 13-4. Haupterfolgsfaktorenanalyse

13.4 Design- und Optimierungsphase

Bei strategischer Neuausrichtung der Prozesse bzw. der Gestaltung neuer Produkte und Dienstleistungen ist sowohl der Entwurf von geeigneten Geschäftsprozessmodellen als auch die Anpassung und Optimierung mittels Kennzahlen integraler Bestandteil, da sie die Erwartungen des Managements an die Prozesse widerspiegeln. Abgeleitete Maßnahmen werden somit schon in der Planung sowohl von der Kosten- als auch von der Nutzenseite quantifizierbar. In einem ersten Schritt müssen infolgedessen innerhalb der Designphase Strukturen definiert und modelliert werden, die eine spätere ganzheitliche Optimierung der Prozesse mittels Indikatoren ermöglichen.

13.4.1 Designphase

Im Business Process Design ist die Beschreibung der Kennzahlen, Geschäftsprozesse und der Dienstleistungen anzusiedeln. Im folgenden Abschnitt werden verschiedene Modellierungsvarianten der ARIS Methodik aufgezeigt, die im Rahmen des Co-Designs von Software und Dienstleistung eine wichtige Rolle spielen.

Kennzahlenspezifische Modelle Um die vorgegebenen Ziele aus der Strategiephase optimal zu unterstützen, muss die Beschreibung der Kennzahlen in die Geschäftsprozessmodellierung eingebunden sein. In der Design-Phase werden folgerichtig die Strukturen und die Verbindungen der Kennzahlen zu den jeweiligen Prozessen dokumentiert (Kronz 2005). Hierbei kommen verschiedene kennzahlenspezifische Modellvarianten der ARIS-Methodik zum Einsatz. Drei wesentliche Modelltypen sollen im Folgenden kurz beschrieben werden (vgl. Abb. 13-5).

In einem Kennzahlenbaum werden verschiedenen Kennzahlen mit Hilfe des Kantentyps „beeinflusst" hierarchisch strukturiert. Für diese Kanten kann das Attribut „Gewichtung" gepflegt werden, so dass innerhalb eines Kennzahlenbaums die Berechnung einer Gesamtkennzahl anhand von Gewichtungen möglich wird. Der Kennzahlenbaum wird der Kennzahlinstanz hinterlegt, die die Gesamtkennzahl repräsentiert. Der Kennzahlenbaum dient somit der Strukturierung von Kennzahlen, indem er diese einzelnen fachlich orientierten Kennzahlengruppen (z.B. Qualität, Kosten, Zeit, aber auch prozessorientierten Gruppierungen) zuordnet.

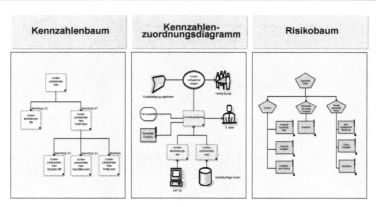

Abb. 13-5. Kennzahlenspezifische Modelle

Treten Kennzahleninstanzen innerhalb verschiedener Abstraktionsebenen auf, so kann ein Kennzahlenzuordnungsdiagramm erstellt werden. In diesem Diagramm-typ können strategische Ziele, kritische Erfolgsfaktoren als auch durchzuführende Maßnahmen zugeordnet werden. Darüber hinaus können organisatorische Ver-antwortlichkeiten für Ziele, Erfolgsfaktoren, Maßnahmen oder Risiken abgebildet werden.

Ein Risiko stellt eine mögliche Gefahr für einen Prozess dar, das angestrebte Prozessziel nicht zu erreichen. Das Risikodiagramm wird zur Kategorisierung von Risiken in Hierarchieform genutzt. Risiken können Risikokategorien zugeordnet werden, aber es können auch Kategorien einander untergeordnet werden. Die Ri-siken können weiterhin mit Kennzahlenzuordnungsdiagrammen hinterlegt werden, in denen definiert wird, welche Kennzahlen potenziell von einem Risiko betroffen sind und wer für die Risikoüberwachung zuständig ist.

Ereignisgesteuerte Prozesskette Wesentliche Zielsetzungen der Design- und Op-timierungsphase sind sowohl die Definition neuer möglichst effektiver Geschäfts-prozesse, als auch die Analyse bestehender Geschäftsprozesse, um Ansatzpunkte (Störfaktoren und deren Ursachen) für die Optimierung zu finden bzw. zu detail-lieren. Die Optimierungspotenziale können sowohl in den Prozessstrukturen lie-gen (z.B. Organisations-, Systembrüche, redundante bzw. nicht wertschöpfende Tätigkeiten) als auch aus Prozesskennzahlen (Bearbeitungszeit, Kundenzufrieden-heit, Fehlerraten) abgeleitet werden. Des Weiteren sind die Geschäftsprozesse, ins-besondere die wertschöpfenden Kernprozesse eines Unternehmens, auf die in der Strategiephase definierten Geschäftsziele auszurichten. Die Kernprozesse einer Organisation beeinflussen die Wettbewerbsposition entscheidend, da sie funk-tionsübergreifend ausgerichtet sind und Schnittstellen zu den Kunden und Liefe-ranten besitzen (Scheer 2001). Eine methodengestützte Analyse der Geschäfts-prozesse mittels Modellierungswerkzeugen hilft oftmals auch einen bisher nicht erkannten Bedarf an neuen, innovativen Geschäftsprozessen aufzudecken.

In der Praxis hat sich ARIS weltweit als Quasi-Standard zur Geschäftsprozess-modellierung etabliert. Einer der Kerndiagrammtypen der ARIS-Methode ist die Ereignisgesteuerte Prozesskette (EPK). Die Methode der EPK wurde im Jahr 1991 am Institut für Wirtschaftsinformatik (IWi) der Universität Saarbrücken zur Geschäftsprozessmodellierung entwickelt (Scheer 2001). Die EPK ist eine semiformale, grafische Modellierungssprache und dient zur Beschreibung von Prozessen. Geschäftsprozesse werden dabei als eine Folge von Ereignissen und Funktionen modelliert. Sie enthalten alle für die Betrachtung von Abläufen notwendigen Informationen. Für einzelne Prozesselemente können prozessbeschreibende Attribute hinterlegt werden. Die Hierarchisierung von komplexen Strukturen aus Gründen der Übersichtlichkeit ist ebenfalls möglich. Somit lassen sich Prozesse in Teilprozesse aufspalten, die wiederum miteinander verbunden werden können. Ereignisse lösen Funktionen nicht nur aus, sondern werden wiederum von Funktionen als Ergebnisse erzeugt. Durch die Einführung von logischen Verknüpfungen lässt sich eine EPK zu beliebig komplexen Ablaufstrukturen erweitern. Des weiteren kann es sinnvoll sein, die EPK mit zusätzlichen Objekten (Risiko, Kennzahl, Dokument, Personentyp, Anwendungssystem) anzureichern, um die grafische Prozessbeschreibung an die Bedürfnisse des kennzahlenbasierten Risikomanagement und der Modellierung von Dienstleistungserstellungsprozessen anzupassen (vgl. Abb. 13-6).

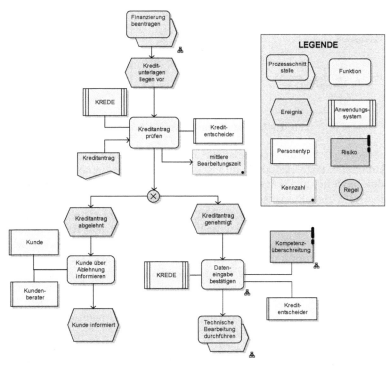

Abb. 13-6. Ereignisgesteuerte Prozesskette

Dienstleistungsmodellierung Ein effizientes Co-Design von Software und Dienstleistung erfordert eine ganzheitliche Beschreibungssprache, um eine vollständige Abbildung des Betrachtungsgegenstands sicherzustellen (Grieble et al. 2002). Neben kennzahlenspezifischen Diagrammen und fachlichen Geschäftsprozessmodellen bedarf es daher einer Reihe von Modellen, die den Dienstleistungsentwicklungsprozess adäquat visualisieren können. Im Rahmen des Forschungsprojekts CASET (Scheer u. Spath 2004) wurden die vorhandenen ARIS-Modelle zur Dienstleistungsmodellierung um neue Modellierungsobjekte und -modelle ergänzt, so dass die ARIS-Methodik infolgedessen über ein integriertes Set an Modellierungsmethoden (vgl. Abb. 13-7) verfügt, dass eine angemessene Abbildung der zu entwickelnden Dienstleistung gewährleistet (Herrmann u. Klein 2004; Klein u. Schnüttgen 2004).

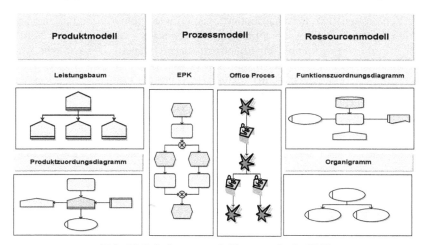

Abb. 13-7. Leistungsmodellierung mittels ARIS

Die Modellpalette zur Dienstleistungsmodellierung mit ARIS lässt sich dabei in Produktmodelle, Prozessmodelle und Ressourcenmodelle unterscheiden.

Produktmodelle, als Träger der Produkt bzw. Dienstleistungsinformation, bilden dabei alle charakteristischen Merkmale eines Produkts bzw. einer Leistung über den gesamten Lebenszyklus ab. Mit dem Modelltyp Leistungsbaum wird generell das Ziel verfolgt, die unterschiedlichen hierarchischen Beziehungsformen, die zwischen Leistungen auftreten können, entsprechend darzustellen. Mit dem Modelltyp Produktzuordnungsdiagramm hingegen wird aufgezeigt, welche organisatorischen Einheiten Dienstleistungen bereitstellen oder nutzen und welche Funktionen zur Erstellung der Dienstleistungen benötigt werden bzw. für welche Funktionen die Dienstleistungen einen Input liefern. Ergänzend können hier die Auftragsgrundlagen der jeweiligen Dienstleistungen, als auch die Ziele, die mit den Produkten erreicht werden sollen, dargestellt werden.

Für die adäquate Darstellung der Prozessdimension im Rahmen der Dienstleistungsmodellierung können die Modelltypen Office Process und die Ereignisgesteuerte Prozesskette verwendet werden. Beide Modelltypen dienen der detaillierten Beschreibung des Erbringungsvorganges, wobei der Modelltyp Office Process durch seine bildhafte Darstellungsweise gekennzeichnet ist.

Ressourcenmodelle dienen der Beschreibung der von den Dienstleistungsanbietern bereitzustellenden Produktionsfaktoren, die bei der Erstellung unter Einbezug

von externen Faktoren kombiniert werden. Der Modelltyp Funktionszuordnungs-
diagramm bildet hierzu das zentrale Bindeglied zwischen Prozess- und Ressourcenmodell, da es die einzelnen Funktionsschritte des Dienstleistungserstellungspro-
zesses mit den dazu benötigten Inputfaktoren in Beziehung setzt. Zur Reduzierung
der Komplexität lassen sich auch einzelne Ressourcenobjekte, wie beispielsweise
Organisationseinheiten, in separaten, spezialisierten Modelltypen (z.B. Organigramm) darstellen.

13.4.2 Optimierungsphase

Für die Gestaltung neuer Produkte und Dienstleistungen ist die Optimierung der
neuausgerichteten bzw. neu entworfenen Kernprozesse der Unternehmung mittels
Kennzahlen integraler Bestandteil. Die durchgängige Verfügbarkeit von Informationen in Form von Kennzahlen ist eine wichtige Voraussetzung für die Analyse
der Ursache-Wirkungs-Beziehungen zwischen strategischen Zielgrößen und operativen Ausführungsprozessen. Abgeleitete Maßnahmen werden somit schon in
der Planung sowohl von der Kosten- als auch von der Nutzenseite quantifizierbar
(Alff u. Bungert 2004).

ARIS Business Optimizer Dass die Nutzung von Kennzahlen ein wichtiges
Werkzeug zur Disposition, Steuerung und Optimierung ist, ist zwischenzeitlich
allgemein akzeptiert (Mörschel u. Kopperger 2004). Um die vorhandenen Kennzahlen aber auch nutzbringend für das Co-Design von Software und Dienstleistungen einzusetzen, müssen sie zu einem steuerungsorientierten Kennzahlensystem zusammengeführt werden. Im Rahmen des Forschungsprojekts ServCASE
wurde der ARIS Business Optimizer um ein entsprechendes Kennzahlenmanage-
mentsystem erweitert, das den Entscheidungsträgern die relevanten Parameter bei
der operativen Arbeit zur Verfügung stellt. Die effiziente Verwaltung von Kennzahlen, die Beurteilung ihrer Entwicklung und die Prognose von Trends sind somit
immanente Voraussetzungen für ein erfolgreiches Co-Design von Software und
Dienstleistungen. Ein erfolgreiches Projektmanagement diesbezüglich erfordert
bspw. nicht nur eine qualitative Überwachung der Risiken selbst sondern eine
genaue Betrachtung verschiedenster Kennzahlen, die als Frühwarnsystem das Eintreten möglicher Risiken vorausberechnen können und die Verantwortlichen vor-
warnen. Insbesondere die durch das Co-Design bedingte wechselseitige Einfluss-
nahme von software- und dienstleistungsspezifischen Zielfaktoren und Indikatoren
bedürfen einer gründlichen und effizienten Überwachung, so dass möglichst schon
im Vorfeld Fehlentwicklungen wie bspw. Ressourcen- oder Budgetengpässen
durch geeignete Maßnahmen gegengesteuert werden kann.

Den für die Steuerung der Kennzahlen bzw. Optimierung der Geschäftsprozesse
zuständigen Verantwortlichen stehen im ARIS Business Optimizer (vgl. Abb. 13-8)
verschiedene Analyseinstrumente zur Verfügung, um die Ergebnisse zu interpretieren und daraus Handlungsempfehlungen abzuleiten. So kann der aktuelle Status
der Kennzahlen jederzeit mittels digitaler Ampeln symbolisiert werden, wobei je
nach Indikatorenwert die Ampeln entsprechend geschaltet werden.

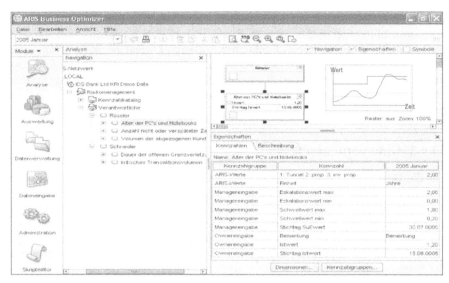

Abb. 13-8. ARIS Business Optimizer

Im Rahmen von Software- und Dienstleistungsprojekten stellt sich auch immer die Frage, wie sich ergriffene Maßnahmen auf die Kennzahlen auswirken. Um dies bereits im Vorfeld einer geplanten Realisierung zu überprüfen, steht die sogenannte What-If-Analyse zur Verfügung. Hierbei können Basisdaten simulativ verändert werden, wobei die Auswirkungen auf die Kennzahlen jeweils sofort sichtbar werden. Mittels der integrierten Grafikkomponente lassen sich Veränderungen auch in grafischer Form simulieren und analysieren. Gerade bei sich abzeichnenden Problemen oder nicht mehr zu erreichenden Zielsetzungen kann so mittels What-If-Analysen überprüft werden, ob durch Ergreifung verschiedener Gegenmaßnahmen die Zielsetzung am Ende der Betrachtungsperiode noch zu erreichen ist oder aber eine Anpassung der strategischen Ausrichtung an der Ist-Situation erfolgen muss. Hierbei werden Trends errechnet und Auswirkungen von Ergebnissen und Änderungen ermittelt, die dann zur fundierten Entscheidungsfindung beitragen.

Neben der Interpretation der ermittelten Ergebnisse mittels Analysen stehen im ARIS Business Optimizer auch Reporting-Funktionalitäten zur Verfügung. Um die ermittelten Kennzahlen im Unternehmen zu kommunizieren, können mittels Standardreports erstellte Kennzahlenberichte zu festgelegten Zeitpunkten über ein Mailingsystem den jeweiligen Adressaten zur Verfügung gestellt werden. Je nach Verantwortlichkeit erhalten die jeweiligen Adressaten in definierten Intervallen per Mail auf sie zugeschnittene Berichte, die als Grundlage für weitere Entscheidungsmaßnahmen dienen können.

Neben diesen standardisierten Berichtsroutinen, lassen sich aber auch individuell für die einzelnen Kennzahlen Schwell- und Eskalationswerte definieren, bei deren Überschreitung automatisch eine Risikowarnung generiert wird, die dann per Mailingsystem an den Prozessverantwortlichen weitergeleitet wird. Dies hat konkret den Vorteil, dass die Kennzahlenverantwortlichen nicht stetig kontrollieren müssen, ob ihre Indikatoren noch innerhalb der definierten Bereiche liegen und infolgedessen nur noch im Ausnahmefall im Sinne eines „management by exception" regulierend eingreifen müssen.

13.5 Implementierungsphase und Roll-out

Die Implementierungsphase hat die Aufgabe, die neuen definierten bzw. optimierten Prozesse in der Organisation zu etablieren. Ziel dieser Phase ist es, die Geschäftsprozesse auf die Ziele und Haupterfolgsfaktoren der einzelnen Geschäftsfelder auszurichten und eine effektive und effiziente informationstechnische Unterstützung der Geschäftsprozesse zu gewährleisten. Neben der softwaretechnischen Implementierung müssen die Dienstleistungsprozesse innerhalb eines unternehmensweiten Roll-out auch an die an der Wertschöpfung beteiligten Mitarbeiter kommuniziert werden.

13.5.1 Softwareimplementierung

Der Übergang von der Konzeptions- zur Realisierungsphase stellt erfahrungsgemäß auch beim Co-Design von Software und Dienstleistungen einen kritischen Erfolgsfaktor dar. Um die in der Designphase entwickelten Modelle auch softwaretechnisch zu realisieren, muss ein Übergang zwischen den semiformalen Modellen der Fachabteilungen und den technischen IT-Modellen geschaffen werden. In der Vergangenheit war dieser Schritt immer wieder von Problemen geprägt, die aus einer unzureichenden und v.a unscharfen Kommunikation zwischen Fachabteilung und Entwicklungsabteilung resultierten (Andres 2006). Basierend auf der Grundidee der Model Driven Architecture (MDA) wurde seitens der IDS Scheer AG im Rahmen des Forschungsprojekts REFMOD06[1] ein holistisches Rahmenkonzept (vgl. Abb. 13-9) entwickelt, dass den gesamten Prozess der Softwareentwicklung von der Geschäftsprozessmodellierung bis hin zur Codegenerierung unterstützt, ohne dass dabei Medien- oder Informationsbrüche auftreten.

Die innerhalb der Designphase mittels Geschäftsprozessmodellen erfassten Dienstleistungsprozesse dienen dabei als Grundlage für die sich anschließende Phase der Anforderungsanalyse. Hierzu wird ein Übergang von den Geschäftsprozessmodellen zur UML-Notation geschaffen. Konkret wird dazu mittels Modellierungswerkzeugen und Transformationsroutinen eine Verbindung zwischen ereignisgesteuerten Prozessketten, Fachmodellen und UML-Diagrammen hergestellt, wodurch der informationsverlustfreie Übergang von der fachlichem Modellierung zu den Implementierungsmodellen der UML ermöglicht wird. Dabei entstehen Modelle, die sowohl von der gewählten Systemarchitektur als auch von der

---

[1] Referenzmodellierung 2006 – Wiederverwendung fachkonzeptioneller Softwaremodelle für kleine und mittlere Softwareunternehmen durch adaptive, komponentenorientierte Referenzmodellierung: Konzept, Modellierungstechnik und Werkzeug.

Implementierungsplattform unabhängig sind. Das Systemdesign erfolgt dann auf Grundlage des Analysemodells. In einem abschließenden Schritt wird letztlich das Designmodell mittels eines Code-Generators in Quelltext umgesetzt.

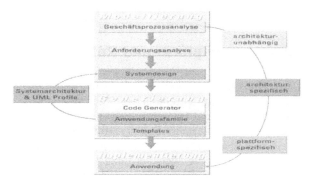

Abb. 13-9. Modellgetriebene Entwicklung von Software

13.5.2 Unternehmensweiter Roll-out

Um die Mitarbeiter für die Erstellung der neuen Produkte und Dienstleistungen zu schulen, müssen die Prozesse schnell und flächendeckend kommuniziert werden. Der ARIS Web Publisher ermöglicht dies durch einen webbasierten Export der Dienstleistungsprozessmodelle, so dass alle an der Wertschöpfung beteiligten Mitarbeiter unabhängig vom Standort Zugriff auf die Prozesse und entsprechende Dokumentationen haben. Die in der Dienstleistungsbranche häufig notwendigen Änderungen in den unternehmenseigenen Abläufen finden auf diese Weise kurzerhand die entsprechende Verbreitung. Durch den Export von Prozessmodellen mittels ARIS Web Publisher wird weiterhin der papierlose Roll-out von Geschäftsprozessdokumentationen, wie z.B. Organisationshandbüchern, unterstützt.

Neben der Publikation der Dienstleistungsprozesse ist weiterhin die Dokumentation des Prozesswissens in Form eines Leitfadens wünschenswert. Aus den in ARIS erfassten Prozessen und Informationen kann mit Hilfe der ARIS Scouts ein webbasierter Projektleitfaden erstellt werden, der über das Firmenintranet unternehmensweit für alle beteiligten Personen zugänglich gemacht werden kann (vgl. Abb. 13-10).

Prozesse effizient durchführen zu können, ist das Ziel jedes Unternehmens. Eine prozessorientierte Betrachtung hilft dabei, Prozesse möglichst schnell und ohne Zeitverzögerung durchzuführen. Die Wiederverwendbarkeit des dokumentierten Prozesswissens für ähnliche Projekte ist folglich ein wichtiger Faktor für die Kostenreduzierung zukünftiger Dienstleistungsprozesse. Ein weiterer wesentlicher Erfolgsfaktor in Dienstleistungsbranchen ist nachhaltige Qualitätssicherung. Damit die Qualität der Dienstleistungsprozesse konstant auf einem hohen Niveau bleibt, muss es einen verbindlichen Leitfaden für alle Mitarbeiter geben, der detailliert absteckt, wer was zu tun hat, welche Voraussetzungen dazu erfüllt werden müssen und wie das Ergebnis aussehen sollte.

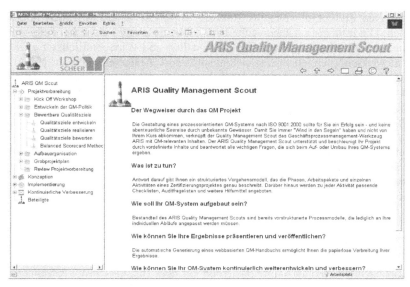

Abb. 13-10. ARIS Quality Management Scout

Mittels der ARIS Scouts können Unternehmen die einzelnen Phasen, Arbeitspakete und Aktivitäten eines Dienstleistungsprojekts definieren. Der Detaillie-
rungsgrad der Vorgehensbeschreibung kann flexibel an die unternehmensspezifischen Anforderungen angepasst werden. Als Basis für die Vorgehensbeschreibung
können dabei die in ARIS vorhandenen Prozessinformationen wieder verwendet
werden. In einem weiteren Schritt lassen sich die einzelne Aktivitäten weiter spezifizieren. Beispielsweise ist an dieser Stelle die Verlinkung individueller Hilfsmittel und Werkzeuge zur Durchführung der einzelnen Aktivitäten möglich. Dies
können zum Beispiel Checklisten, Formulare oder elektronisch gespeicherte Informationen sein, die die Abwicklung der Prozessschritte erleichtern. Des weiteren bieten die ARIS Scouts die Möglichkeit Rollenkonzepte festzulegen, in denen
die Aufgabenbereiche der Prozessbeteiligten klar definiert werden, so dass jeder
Mitarbeiter darüber informiert ist, an welchen Aktivitäten er beteiligt ist.

13.6 Controllingphase

Der durch das Co-Design von Dienstleistung und Software angestrebte langfristige Geschäftserfolg bedarf einer stetigen Erfolgskontrolle, die sich der Implementierungsphase anschließt. Zielsetzung in der Controlling-Phase ist deshalb die kontinuierliche Kontrolle der Wirksamkeit der durchgesetzten Maßnahmen über ein
permanentes Prozessmonitoring (Kronz 2005). Die IDS Scheer AG bietet mit dem
ARIS Process Performance Manager (ARIS PPM) eine Softwarelösung an, die für
das Controlling von Geschäftsprozessen maßgeschneidert ist. Mit dem ARIS PPM
kann mittels Soll-Ist-Vergleichen überwacht werden, ob die in der Strategiephase

festgelegten Zielvorgaben in der Realisierungsphase auch tatsächlich umgesetzt wurden. Die informationstechnische Unterstützung ermöglicht dabei einerseits die kontinuierliche Messung von Effizienz, Qualität und Wirtschaftlichkeit aller relevanten wertschöpfenden Dienstleistungsprozesse. Anderseits können bei Abweichungen die Ursachen auf einen Blick bis auf Geschäftsprozessebene zurückverfolgt werden. So wird sichergestellt, dass beide Ebenen, Strategieebene und Ausführungsebene, aufeinander abgestimmt gesteuert werden.

Die Ergebnisse des Prozesscontrollings können darüber hinaus als Ausgangspunkt für die Prozessoptimierung genutzt werden. Dabei kann das Prozesscontrolling mittels des ARIS PPM sowohl Einblick in die Ursachen von Schwachstellen bringen als auch das Verbesserungspotenzial abschätzen. Nach der Durchführung von Verbesserungsmaßnahmen hat das Prozesscontrolling auch die Möglichkeit, aufgetretene Effekte transparent zu machen und diese in ihrer Wirksamkeit zu bewerten.

13.7 Fazit und Ausblick

Im vorliegenden Beitrag wurde basierend auf dem Business Process Management Lifecycle der IDS Scheer AG ein Leitfaden vorgestellt, der das Co-Design von Software und Dienstleistungen über alle Entwicklungsphasen ganzheitlich unterstützt. Die ARIS Plattform erlaubt dabei durch den Einsatz verschiedener integrierter Softwarekomponenten, dass Ergebnisse aus einer Entwicklungsphase in anderen Phasen weiterverwendet werden können.

In der Strategie-Phase wurde aufgezeigt, wie durch den Einsatz verschiedener ARIS-Modelle Märkte und Kunden als auch Kernprozesse beobachtet und analysiert werden können, um die Lage des Unternehmens einzuschätzen und eine erfolgreiche strategische Positionierung des Unternehmens mit der Entwicklung neuer IT-basierter Dienstleistungen zu gewährleisten. Ein effizientes Co-Design von Software und Dienstleistungen erfordert des Weiteren eine ganzheitliche Beschreibungsmethodik um die vollständige Abbildung des Betrachtungsgegenstandes zu gewährleisten. Im Rahmen des Forschungsprojekts ServCASE konnten die ARIS-Modellierungswerkzeuge gezielt erweitert werden, um eine durchgängige Softwareumgebung bereitzustellen, die den Prozess des modellgestützten Dienstleistungsdesigns ganzheitlich unterstützt. Um ein möglichst hohes Niveau der Dienstleistungsqualität bereits in der Entwicklungsphase zu gewährleisten, wurde weiterhin gezeigt wie mittels des ARIS Business Optimizer der Entwicklungsprozess der Dienstleistung durch entsprechende Kennzahlenverfahren unterstützt und optimiert werden kann. Die in der Implementierungsphase angestrebte Stärkung der Dienstleistungsqualität durch eine effiziente IT-Unterstützung kann durch eine modellgetriebene Vorgehensweise erheblich erleichtert werden. Neben der informationstechnischen Umsetzung wird auch eine schnelle Schulung der Mitarbeiter immer wichtiger. Die dazu notwendigen Features, die den Mitarbeiter in die Lage versetzen neu definierte Dienstleistungsprozesse oder marktbedingte Aufgabenstellungen zu bewältigen, werden durch den ARIS Web Publisher bereitgestellt. Die Funktionalitäten des ARIS Process Performance Manager bilden den Grundstein für eine permanente Unternehmenssteuerung auf Basis von Prozessen, so dass sich

Dienstleistungsunternehmen gezielt, schnell und flexibel an veränderte Anforderungen und Rahmenbedingungen der Servicebranche anpassen können.

Eine software- und methodengestützte Vorgehensweise ist bereits heute ein erheblicher Gewinn in allen Phasen des Co-Designs von Software und Dienstleistungen. Gleichzeitig steht diese Entwicklung erst am Beginn einer spannenden Zeit. Projiziert man die möglichen Weiterentwicklungen auf diesem Gebiet unter Berücksichtung der bereits heute realisierbaren Vorteile in die Zukunft, ergibt sich ein beeindruckendes Potenzial. Insbesondere die Verwendung von Serviceorientierten Architekturen (SOA) im Rahmen des Co-Designs verspricht zum einen die konsequente Kapselung der Funktionalitäten von Softwaresystemen und zum anderen deren Wiederverwendbarkeit in Dienstform, was für eine schnelle Anpassbarkeit von IT-Systemen an sich ändernde Dienstleistungsprozesse eine entscheidende Rolle spielt.

Literatur

Alff S, Bungert W (2004) Business Intelligence. In: Scheer AW et al (Hrsg) Innovation durch Geschäftsprozessmanagement; Jahrbuch Business Process Excellence 2004/ 2005. Springer, Berlin Heidelberg New York S 155–167

Andres T (2006) Vom Geschäftsprozess zur Anwendung: Modellgetriebene Entwicklung betriebswirtschaftlicher Software. In: Scheer AW et al (Hrsg) Agilität durch ARIS Geschäftsprozessmanagement; Jahrbuch Business Process Excellence 2006/2007. Springer, Berlin Heidelberg New York S 231–242

Grieble O, Klein R, Scheer AW (2002) Modellbasiertes Dienstleistungsmanagement. In: Scheer AW (Hrsg) Veröffentlichungen des IWi Nr. 171, Saarbrücken

Herrmann K, Klein R (2004) Methodenbasierte Visualisierung von Dienstleistungen. In: Scheer u Spath 2004 S 93–119

Jost W, Kruppke H (2004) Business Process Management: Der ARIS Value Engineering-Ansatz. In: Scheer AW et al (Hrsg) Innovation durch Geschäftsprozessmanagement; Jahrbuch Business Process Excellence 2004/2005. Springer, Berlin Heidelberg New York S 15–23

Jost W, Kindermann H, Kruppke H (2006) ARIS – Software, Methode und Instrument. In: Scheer AW et al (Hrsg) Agilität durch ARIS Geschäftsprozessmanagement; Jahrbuch Business Process Excellence 2006/2007. Springer, Berlin Heidelberg New York S 3–10

Klein K, Schnüttgen M (2004) Die Rolle des softwaregestützten Prozessmanagements in Dienstleistungsentwicklungsprojekten. In: Scheer u. Spath 2004 S 249–265

Kronz A (2005) Management von Prozesskennzahlen im Rahmen der ARIS-Methodik. In: Scheer AW et al (Hrsg) Corporate Performance Management; ARIS in der Praxis. Springer, Berlin Heidelberg New York S 31–44

Mörschel IC, Kopperger D (2004) Integriertes Kennzahlensystem für die Bewertung von Dienstleistungen. In: Scheer u. Spath 2004 S 121–143

Scheer AW (2001) ARIS – Modellierungsmethoden, Metamodelle, Anwendungen; 4. Aufl. Springer, Berlin Heidelberg New York

Scheer AW, Spath D (Hrsg 2004): Computer Aided Service Engineering Informationssysteme in der Dienstleistungsentwicklung. Springer, Berlin Heidelberg New York

Scheer AW, Jost W (2005) Von der Prozessdokumentation zum Corporate Performance Management. In: Scheer AW et al (Hrsg) Corporate Performance Management; ARIS in der Praxis. Springer, Berlin Heidelberg New York S 1–6

14 Tailoring und Werkzeugunterstützung zur Unterstützung der ServCASE-Methodik

Kyrill Meyer, Martin Böttcher

Universität Leipzig, Abteilung Betriebliche Informationssysteme

14.1 Einführung

Die Entwicklung von IT-basierten Dienstleistungen bedarf der Anwendung verschiedener Methoden, Werkzeuge und die Einbeziehung von Experten unterschiedlicher Disziplinen. Koordinationsmechanismen für das Management der Zusammenarbeit werden bei einem Software-Service-Co-Design wie auch bei anderen ingenieurmäßigen Herstellungs- oder Entwicklungsprozessen (z.B. Software Engineering) durch die von Vorgehensmodellen bereitgestellten Konzepte ermöglicht. Idealerweise werden solche Modelle durch entsprechende Werkzeuge umfassend unterstützt. Erst mit einem solchen Werkzeug, welches in der Regel in seiner Implementierung selbst eine Software darstellt, werden umfangreiche Vorgehensmodelle anwendbar. Das Werkzeug ermöglicht bspw. die Dokumentation der Arbeitsergebnisse in einer entsprechenden Datenbasis und bietet Mechanismen für das Rechte- und Rollenmanagement der einzelnen am Entwicklungsprozess beteiligten Akteure. Darüber hinaus koordiniert das Werkzeug den Ablauf der Arbeitsschritte und stellt den einzelnen Beteiligten die jeweils für ihre Rolle relevanten Informationen bereit.

Nachfolgend wird eine entsprechende Werkzeugarchitektur vorgestellt und die Anwendung prototypisch demonstriert. Dabei wird die Existenz eines Vorgehensmodells, welches die Aspekte eines Software-Service-Co-Designs erfasst und modelliert, vorausgesetzt.

14.2 Der ServCASE-Toolansatz

Um eine existierende, abstrakt modellierte Beschreibung des Software-Service-Co-Designs durch ein Werkzeug zu unterstützen, sind generell zwei Ansätze möglich.

Diese Ansätze können als *passive Unterstützung* und *aktive Unterstützung* benannt werden. *Passive Unterstützung* fokussiert auf beschreibenden Aspekten, d.h. die Dokumentation des Vorgehens erfolgt unabhängig vom aktuellen Bearbeitungsstatus eines konkreten Projektes im Sinne eines Leitfadens. Beinhaltet sind generelle Beschreibungen, Vorgehens- und Implementierungshilfen, Glossar sowie möglicherweise Hinweise auf einsetzbare Werkzeuge. Eine passive Unterstützung kann daher als elektronische Form eines Handlungsleitfadens für die Durchführung von Projekten verstanden werden. Bei einer *aktiven Unterstützung* wird darüber hinaus der Entwicklungsprozess selbst berücksichtigt, d.h. es werden abhängig vom jeweilig auszuführenden Entwicklungsschritt Informationen bereitgestellt, z.B. Templates für entsprechende Rollen. Darüber beinhaltet eine aktive Unterstützung Funktionen für die Prozessüberwachung, das Qualitätsmanagement, die Ressourcenplanung, Dokumentenverwaltung sowie Funktionen für Kommunikation und Kooperation für die an einem konkreten Entwicklungsprojekt beteiligten Akteure.

Eine aktive Werkzeugunterstützung stellt aufgrund der benannten Elemente die für ein konkretes Entwicklungsprojekt umfassendere Unterstützung zur Verfügung. Aus diesem Grund wurde für das nachfolgend detaillierter vorgestellte ServCASE-Werkzeug ein aktiver Ansatz gewählt. Passive Unterstützung ist aufgrund der von der im nachfolgenden vorgestellten Laufzeitumgebung unabhängigen Modellierung mit den Werkzeugen der IDS Scheer AG wie in Beitrag 13 dieses Buches beschrieben ebenfalls möglich.

14.3 Tailoring

Die Herausforderung in Hinblick auf die Unterstützung des Entwicklungsprozesses für IT-basierte Dienstleistungen stellen die projektspezifischen Besonderheiten dar. So wird, wie in Beitrag 10 dieses Buches vorgestellt, von einem allgemeinen und daher umfassend beschriebenen Vorgehensmodell ausgegangen. Dieses generische Modell ist in dieser Form allerdings nur eingeschränkt geeignet für die Durchführung realer Entwicklungsprojekte. Es ist abstrahierend in einer Art und Weise, die eine Unabhängigkeit von organisationalen und projektspezifischen Gegebenheiten sicherstellt, und daher in unterschiedlichen Konstellationen eines Software-Service-Co-Designs gleichermaßen anwendbar.

Um in einem realen Problemumfeld zum Einsatz zu gelangen, muss das allgemeine Vorgehensmodell in ein dem Entwicklungsproblem adäquates Modell transformiert werden, welches dann durch das Unterstützungswerkzeug zur Ausführung gebracht werden kann. Diese Transformation wird Tailoring genannt (vgl. Abb. 14-1). In einem ersten Tailoring-Schritt werden die relevanten Module des Vorgehensmodells auf Grundlage des Projekttyps ausgewählt.

Es entsteht ein domänenspezifisches Modell. Domänenspezifische Modelle können auch entsprechend für häufig auftretende Projekttypen z.B. in bestimmten Branchen vorgehalten werden. Dieses domänenspezifische Modell wird in einem zweiten Tailoring-Schritt an die Spezifika des konkreten Entwicklungsprojektes angepasst. Der letzte Schritt transformiert dieses projektspezifische Vorgehensmodell in ein ausführbares Prozessmodell. Dieses Modell wird in eine Laufzeitumgebung eingeladen, wo es als Instanz das konkrete Entwicklungsprojekt zu bearbeiten hilft.

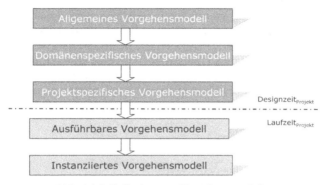

Abb. 14-1. Tailoring von Vorgehensmodellen

Das ServCASE-Werkzeug soll Möglichkeiten für das projektspezifische Anpassen (Tailoring) des zugrunde liegenden Vorgehensmodells für das Software-Service-Co-Design bieten. Der Fokus liegt dabei insbesondere auf den notwendigen Anpassungsschritten der zweiten Tailoring-Stufe und der Überführung in ein ausführbares bzw. instanziertes Vorgehensmodell. In sofern stellt das Werkzeug eine um projektspezifische Tailoring-Komponenten erweiterte Laufzeitumgebung bereit. Die domänenspezifischen Anpassungen werden mit Hilfe von Domänenexperten zu einem früheren Zeitpunkt vorgenommen. Eventuell mögliche Feedbackelemente, die von einem konkreten Projekt Informationen in das übergeordnete Modell bis hin zum allgemeinen Vorgehensmodell ermöglichen, würden eine Erweiterung darstellen.

14.4 Die Laufzeitumgebung des ServCASE-Werkzeuges

Ausgehend vom vorgestellten Ansatz für ein aktives Unterstützungswerkzeug und dem Tailoring-Ansatz wird nachfolgend die grundlegende Architektur des Serv-CASE-Werkzeuges als ein Unterstützungstool für das Computer Aided Software-Service-Co-Design vorgestellt.

14.4.1 Architekturkonzept

Die Laufzeitumgebung ist als Web-Applikation konzipiert, die eine Nutzer- und Werkzeugintegration in verteilten kooperativen Entwicklungsprozessen für das Software-Service-Co-Design ermöglicht. Die Architektur ist nach dem „Nabe und Speichen" Architekturprinzip („Hub-and-Spoke") realisiert und ermöglicht damit eine einfache Integration externer Komponenten. Nach diesem Prinzip arbeitende Software agiert um einen Kern (die Nabe) herum.

Die Integration von Komponenten erfolgt über die Definition einer Schnittstelle zu diesem Kern. Damit werden Service-Anfragen im gesamten System möglich. Eine so integrierte Komponente wird als Speiche des Systems bezeichnet. Der Kern des ServCASE-Werkzeuges integriert externe Komponenten wie eine Workflow-Engine, ein Datenrepository und weitere nach diesem Prinzip (Abb. 14-2). Der Kern selbst basiert auf APACHE STRUTS (Apache 2005), einem Framework für Java-Web-Applikationen. Mit Hilfe dieses Frameworks wird eine strikte Einhaltung des Model-View-Controller Entwurfsmusters (MVC; Kassem et al. 2000), d.h. die Trennung zwischen Datenmodell, Präsentation und Programmsteuerung, erzwungen.

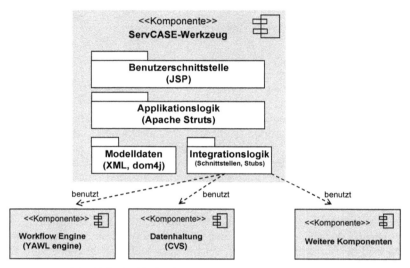

Abb. 14-2. Architekturkonzept des ServCASE-Werkzeuges

Der Controller selbst ist unterteilt in zwei Ebenen: die Ebene für die Applikationslogik und die Ebene der Integrationslogik.

Die *Integrationsebene* besteht aus generischen Schnittstellen für die Anbindung unterschiedler externer Komponenten wie z.B. einer Workflow-Engine. Darüber hinaus sind spezifische Stubs implementiert, die als Anknüpfungspunkte agieren.

Die *Applikationsebene* kombiniert verbundene externe Komponenten und implementiert die Geschäftslogik, d.h. die eigentlichen Prozesse, die die Funktionen des Werkzeuges in seiner Gesamtheit sicherstellen. Das durch diesen Aufbau realisierte Werkzeug kann als integrierte Lösung verstanden werden, die das so genannte Cockpit-Konzept umsetzt. Die Laufzeitumgebung ermöglicht eine umfassende Nutzerführung durch den gesamten Software-Service-Co-Design Prozess und realisiert wie anvisiert eine aktive Unterstützung des Entwicklungsvorganges.

Die aktive Unterstützung wird darüber hinaus durch den Einsatz einer Workflow-Engine erweitert, welche für die Prozessausführung verantwortlich zeichnet. Durch diese Engine wird, basierend auf dem zugrunde liegenden Vorgehensmodell berechnet, welche Rolle welche Aufgabe zu welchem Zeitpunkt wahrnehmen soll, wahrnimmt oder wahrgenommen hat. Eine weitere Komponente ermöglicht eine integrierte Datenhaltung für die während des Entwicklungsprojektes erzeugten Artefakte. Es ermöglicht auch den Zugriff auf Artefakte, welche aus ähnlichen anderen Entwicklungsprojekten stammen. Um den Informationsaustausch über die projektspezifischen Informationen hinaus auf problemspezifische Informationen entsprechend der jeweiligen Rolle zu ermöglichen, können weitere Komponenten angebunden werden.

14.4.2 Die Workflow-Komponente

Eine wichtige Komponente innerhalb der Architektur stellt die angebundene Workflow-Engine dar. Aufgrund der Vielzahl der auf dem Markt kommerziell oder frei verfügbaren Workflow-Systeme (Aalst et al. 2004) wurde auf eine existierende Implementierung zurückgegriffen. Dabei wurde auf existierende Klassifikationen für Workflow-Systeme (Reijers et al. 2003) zurückgegriffen. Workflow-Systeme können demnach entsprechend der von ihnen unterstützten Prozesse in drei Klassen eingeteilt werden. Explizit strukturierte Prozesse werden von klassischen produktionsnahen Workflow-Systemen unterstützt. Fallbasierte Systeme erweitern die Anwendungsdomäne zu implizit strukturierenden Prozessen. Ad-hoc-Prozesse werden von Ad-hoc-Workflow-Systemen unterstützt. Das ServCASE-Werkzeug geht von existierenden strukturierten Entwicklungsprozessen aus, aus diesem Grunde können produktionsnahe oder fallbasierte Systeme eingesetzt werden.

Zum Einsatz kommt das YAWL System (Aalst u. Hofstede 2003). Das System ist als Open Source verfügbar und läuft unter einem Java Servlet bzw. Java Server Pages (JSP) kompatiblen Servlet Container wie z.B. APACHE JAKARTA TOMCAT (Apache 2006) oder dem JBOSS APPLICATION SERVER (JBoss 2006). Das YAWL-System wurde entwickelt, um die Workflow-Sprache YAWL (Yet Another Workflow Language) zu unterstützen (Aalst u. Hofstede 2003). Entsprechend der Workflow Patterns ist der Sprachumfang von YAWL sehr weitreichend (Aalst et al. 2000) und die Unterstützung der zugrunde liegenden Modellierung des Vorgehensmodells für das Software-Service-Co-Design ist gewährleistet.

Die workflow-basierte Ausführung eines Prozessmodells benötigt die Umwandlung des projektspezifisch angepassten Vorgehens in ein Prozessmodell für die Ausführung in der Laufzeitumgebung. Aus diesem Grunde erfolgt ein Mapping der zugrunde liegende ARIS-Modelle auf die Sprache YAWL, so dass das entsprechende Projekt mit Hilfe der YAWL-Workflow-Engine zur Ausführung gebracht werden kann.

14.4.3 Die Nutzerschnittstelle

Mit Hilfe der durch die Workflow-Engine bereitgestellten Informationen über den Prozess wird es möglich, eine aktive Unterstützung für den Anwender zur Verfügung zu stellen. Um die entsprechenden Meldungen darzustellen und die notwendige Kommunikation mit den Nutzern zu ermöglichen, wurde eine Web-basierte Schnittstelle für das ServCASE-Tool implementiert. Diese besteht aus Java Server Pages (JSP), Datencontainern und statischen HTML-Inhalten.

Mit Hilfe der Nutzerschnittstelle wird der Nutzer durch den Entwicklungspro-zess für IT basierte Dienstleistungen geleitet.

Direkt nach Aufruf des Tools wird der Nutzer zu einem Login-Bildschirm ge-leitet (Abb. 14-3). Dieser ist als Element der Nutzerschnittstelle mit der Nutzer-verwaltung des Gesamtsystems gekoppelt. Zugriffsberechtigungen regeln den Zugriff auf die einzelnen Bestandteile des Gesamtsystems.

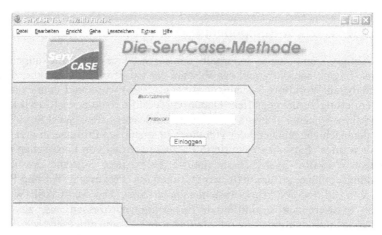

Abb. 14-3. Login Bildschirm des ServCASE-Tools

Nach der Anmeldung kann der Nutzer, die entsprechende Berechtigung vor-ausgesetzt, auf die Projektverwaltung (Abb. 14-4) zugreifen. Dies geschieht, in-dem der entsprechende Menüpunkt ausgewählt wird. Der Nutzer erhält eine Über-sicht über die bereits existierenden Projekte und Spezifikationen und kann neue entsprechend der ARIS Methodik modellierte Spezifikationen in das System ein-spielen, um neue Projekte anzulegen. Eine Spezifikation ist dabei die Repräsenta-tion eines Vorgehensmodells, welches für die konkrete Anwendung bereits domä-nenspezifisch sein sollte.

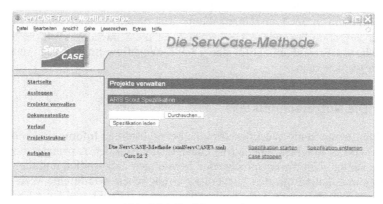

Abb. 14-4. Projektverwaltung

An das Laden der Spezifikation schließt sich ein Tailoring-Schritt an, der die geladene Spezifikation in ein projektspezifisches Modell überführt. Erst danach wird eine neue Instanz für die Ausführung angelegt und an die angebundene YAWL-Workflow-Engine übergeben.

In diesem Schritt ist es möglich, sich über die einzelnen vorgeschlagnen Arbeitsschritte des Vorgehensmodells im Einzelnen zu informieren. Der Projektleiter kann danach entscheiden, ob der Arbeitsschritt für das konkrete Projekt notwendig ist und ob er die Ausführung innerhalb der Phase verschieben möchte. Dies geschieht durch einfache Mausklicks auf die den Arbeitsschritten zugeordneten Symbole (Abb. 14-5).

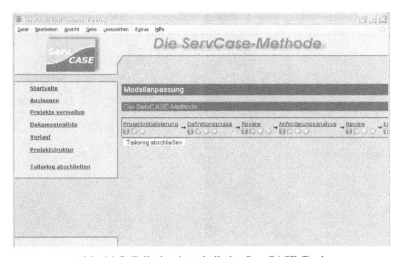

Abb. 14-5. Tailoring innerhalb des ServCASE-Tools

Nach Abschluss des Tailoring wird die eigentliche Instanz des Vorgehens gestartet und die Bearbeitung des Projektes kann beginnen. Für die Unterstützung der einzelnen Arbeitsschritte und Phasen des Entwicklungsprojektes stehen den Bearbeitern verschiedene aktive Hilfsmittel zur Verfügung.

So ist es möglich, einen Überblick über die Abfolge der einzelnen Arbeitsschritte einzusehen (Abb. 14-6) und auch detaillierte Informationen für einzelne Phasen oder Arbeitsschritte einzusehen. Die Vorgehensweise und Methodik ist in jedem Arbeitsschritt explizit erläutert, darüber hinaus existieren Metainformationen (wie z.B. zur Bearbeitungsdauer) für die Kontrolle des Projektstatus. Mit Hilfe dieser Informationen soll es dem Bearbeiter ermöglicht werden, die entsprechenden Arbeiten auszuführen. Werkzeuge sowie Templates zur Bearbeitung der entsprechenden Aufgabe können an dieser Stelle über die beschriebenen Schnittstellen ebenfalls angebunden werden.

Um die eigentliche Ausführung eines Arbeitsschrittes einzuleiten, wird der entsprechende Bearbeitungsstatus geändert. Dies ist nur möglich, wenn die Vorbedingungen erfüllt sind, d.h. die im Vorfeld durchzuführenden Arbeitsschritte als erfolgreich abgeschlossen markiert wurden (Abb. 14-7).

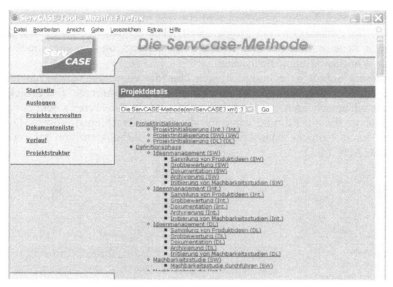

Abb. 14-6. Strukturierte Darstellung der einzelnen Arbeitsschritte

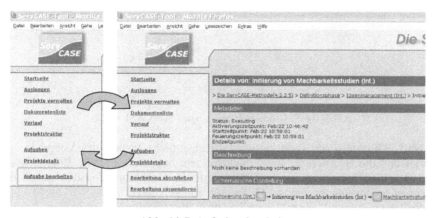

Abb. 14-7. Aufgaben bearbeiten

Die innerhalb der einzelnen Arbeitsschritte erzeugten Informationen für das Software-Service-Co-Design wie bspw. Entwurfsmuster, Interaktionsdiagramme oder Prozessmodelle können dem jeweiligen Projekt und Arbeitsschritt zugeordnet in einem Datenrepository abgelegt werden. Dies hat den Vorteil, dass die jeweiligen Informationen zu einem Projekt in konsolidierter Form verfügbar sind. Eine Versionsverwaltung für verschiedene Arbeitsstände ist in diesem Repository enthalten. Zur Ansicht der einzelnen Artefakte bzw. dem Blick auf den Datenbestand wird eine entsprechende Übersichtsseite bereitgestellt. Ebenfalls hier können nicht mehr benötigte oder fälschlicherweise eingepflegte Artefakte aus dem Repository entfernt werden.

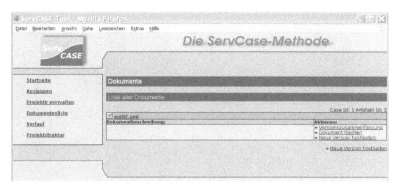

Abb. 14-8. Datenrepository des ServCASE-Tools

14.5 Fazit

Für die Verwendung und Handhabung umfangreicher Vorgehensmodelle wie für ein Software-Service-Co-Design ist eine Werkzeugunterstützung zwingend erforderlich. Nur so wird ein ordnungsgemäßer und effizienter, dem jeweiligen Projekt entsprechender Co-Design Prozess ermöglicht. Für die Umsetzung bieten sich aktive Unterstützungswerkzeuge an. Es konnte anhand einer prototypischen Implementierung gezeigt werden, wie diese Unterstützung realisiert werden kann.

Literatur

Aalst WMP van der, Hofstede AHM ter (2003) YAWL: Yet Another Workflow Language (Revised Version). QUT Technical report FIT-TR-2003-04; Queensland University of Technology, Brisbane. Internet: is.tm.tue.nl/staff/wvdaalst/Publications/p198.pdf

Aalst WMP van der, Barros AP, Hofstede AHM ter, Kiepuszewski, B (2000) Advanced Workflow Patterns. Proceedings of the 7th International Conference on Cooperative Information Systems; Lecture Notes in Computer Science; Vol 1901, Springer, Berlin Heidelberg New York pp 18–29

Aalst WMP van der, Aldred L, Dumas MHA ter (2004) Design and implementation of the YAWL system. In: Persson A, Stirna J (eds) Advanced Information Systems Engineering. Proceedings of CAiSE, June 7–11 2004, Riga Latvia. Springer, Berlin, Heidelberg New York pp 142–159

Apache Software Foundation (2005) Struts. Internet: struts.apache.org/

Apache Software Foundation (2006) Apache Jakarta Tomcat. Internet: jakarta.apache.org/tomcat/

JBoss (2006) JBoss Application Server. Internet: www.jboss.org/products/jbossas

Kassem N, Enterprise Team of the Java Software Group at Sun Microsystems (eds 2000) Designing Enterprise Applications with the Java 2 Platform, Enterprise Edition. Addison-Wesley, Boston

Reijers H, Rigter J, Aalst WMP van der (2003) The Case Handling Case. International Journal of Cooperative Information Systems. Internet: is.tm.tue.nl/staff/wvdaalst/Publications/p212.pdf

15 Einsatz semantischer Werkzeuge in frühen Phasen des Software-Service-Co-Designs

Haiko Cyriaks, Sabine Köhler

ISA Informationssysteme GmbH, Rostock/Stuttgart

15.1 Einleitung

Dieser Beitrag beschreibt die Übertragung von Konzepten aus dem Wissensmanagement und der Wissensverarbeitung auf die Entwicklung IT-basierter Dienstleistungen, als Lösungsansatz für Probleme, die überwiegend in den frühen Phasen des Co-Designs von Software und Services auftreten. Die Anwendung der Konzepte wird durch Software-Werkzeuge ermöglicht, die auf Verfahren und Technologien der Automatischen Sprachverarbeitung basieren. Die Werkzeuge wurden im Rahmen von ServCASE aus vorhandenen Prototypen entwickelt, die im Projekt um spezifische Funktionen und Schnittstellen erweitert wurden. Den methodischen Rahmen bilden *semantische Netze*, die mit den Werkzeugen aus unstrukturierten Informationsquellen wie Textdokumenten und Konversation automatisch erzeugt und durch Skripte in modellnahe Repräsentationsformen transformiert werden können. Die Software-Werkzeuge eröffnen kreativen Teams eine Möglichkeit, die Arbeit an den semantischen Netzen mit ihrer gewohnten Arbeitsweise und verbreiteten Arbeitstechniken zu verbinden. Methode und Werkzeuge leisten damit einen Beitrag zur Überbrückung von *semantischen Lücken* im Entwicklungsprozess.

15.2 Semantische Lücken und andere Probleme in den frühen Entwicklungsphasen

Aus der Natur ihrer Sache heraus berührt die Entwicklung einer IT-basierten Dienstleistung, sobald die Service- und IT-Bestandteile eine bestimmte Komplexität aufweisen, mindestens zwei Fachdisziplinen: Das Service und das Software Engineering. In noch stärkerem Maße als bei einer reinen Dienstleistungs- oder

Softwareentwicklung ist daher beim Software-Service-Co-Design davon auszuge-hen, dass organisatorische Bereiche mit sehr unterschiedlicher Ausrichtung, Ex-perten mit sehr unterschiedlicher Prägung oder allgemeiner, Stakeholder mit sehr heterogenen Perspektiven am Entwicklungsprozess mitwirken. Auf der Grundlage ihres Know-hows, ihrer Erfahrungen und ihrer Sichtweisen bringen sie unter-schiedliches Wissen in Form von Anforderungen, Vorschlägen, Hinweisen, Kri-tik... in den Entwicklungsprozess ein. Genauso wird es vorkommen, dass sie glei-ches oder ähnliches Wissen in derart unterschiedlicher Form einbringen, dass es schwierig ist, die Gleichheit oder Ähnlichkeit überhaupt zu erkennen.

IT-basierte Dienstleistungen werden häufig in Dienstleistungsnetzwerken er-bracht, denn sie berühren ja nicht nur während ihrer Entwicklung unterschiedliche Fachdisziplinen, sondern erfordern auch für ihre Erbringung oft verschiedene (Kern-)Kompetenzen. Unabhängig vom Objekt, das in einem Entwicklungspro-zess entstehen soll, kann es mittlerweile als gesicherte Erkenntnis angesehen wer-den, dass die Chance auf ein erfolgreiches Entwicklungsergebnis dadurch erhöht werden kann, dass möglichst frühzeitig alle, die mit dem Entwicklungsobjekt zu tun haben werden, Kunden, Lieferanten und Partner, in den Entwicklungsprozess einbezogen werden, in all ihrer Heterogenität.

Bleibt festzuhalten: Die Entwicklung einer hinreichend komplexen IT-basierten Dienstleistung ist ein wissensintensiver Prozess mit vielen, im Hinblick auf ihr Wissen höchst unterschiedlichen, Beteiligten. Aus der Heterogenität der Teilneh-mer folgt eine erste *semantische Lücke*, die dadurch entsteht, dass die Teilnehmer von ihrer Erfahrung, ihrem Fachwissen, ihrer Sichtweise oder auch nur von ihrer Ausdrucksweise her verschieden sind. Diese erste semantische Lücke soll als *ver-tikale semantische Lücke* bezeichnet werden, die Begründung folgt unten.

Kann eine semantische Lücke als qualitatives Problem charakterisiert werden, so gibt es im Software-Service-Co-Design, wie in vielen anderen wissensintensi-ven Prozessen, zusätzlich ein Mengenproblem: Die Zahl der Teilnehmer oder Be-troffenen verbunden mit der Komplexität der Sache und der Menge an Wissen, die zur Beherrschung dieser Komplexität benötigt wird, machen die Erfassung und Verarbeitung des gesamten, für den Entwicklungsprozess relevanten Wissens äu-ßerst schwierig. Im Wissensmanagement wird dies als *knowledge acquisition bott-leneck* bzw. *knowledge engineering bottleneck* bezeichnet. Damit das relevante Wissen für Experten bestimmter Fachgebiete aufbereitet und von ihnen mit spezi-fischen Methoden oder gar maschinell verarbeitet werden kann, muss es schon ei-ne gewisse Struktur besitzen, so dass Wissenselemente identifiziert, abgegrenzt und zueinander in Beziehung gesetzt werden können.

An diesem Punkt im Prozess stehen den Experten in der Regel auch ausgereifte und funktional optimierte Software-Werkzeuge zur Verfügung, bspw. in Form von integrierten Entwicklungsumgebungen in der Softwareentwicklung. Für die Schritte davor ist das aktuell noch nicht der Fall. Dies liegt an den Eigenschaften des zu verarbeitenden Wissens zu diesem Zeitpunkt, an der Art, wie mit diesem Wissen gearbeitet wird und daran, welche Ziele mit der Bearbeitung verfolgt wer-den. Während spätere Arbeitsschritte durch die Anwendung von Regeln (anders ausgedrückt: Konventionen) und Eigenschaften wie Nachvollziehbarkeit und De-tailliertheit gekennzeichnet sind, geht es in den frühen, kreativen Phasen gerade um die Herstellung unkonventioneller, nicht ohne weiteres nachvollziehbarer (anders ausgedrückt: imitierbarer) Zusammenhänge, in der Regel verbunden mit einer Gesamtsicht auf ein Problem und seine möglichen Lösungen. Jede formale Einschränkung, die Methoden und Software-Tools mit sich bringen, wirkt hier als Beschränkung und kann den kreativen Prozess ins Stocken bringen.

Oben wurden die Unterschiede in Know-how, Erfahrung und Sichtweise zwischen heterogenen Stakeholdern des Entwicklungsprozesses als vertikale semantische Lücke bezeichnet. Anders ausgedrückt, sprechen die Stakeholder verschiedene Sprachen und selbst wenn sie die gleiche Sprache sprechen, ist nicht sicher, ob sie auch dasselbe meinen, ob sie mit den verwendeten Ausdrücken alle die gleiche Bedeutung verbinden. Stellt man sich den zeitlichen Verlauf des Entwicklungsprozesses – wie überwiegend üblich – auf einer horizontalen Achse aufgetragen vor, so richtete sich die Betrachtung bisher auf einen zeitlichen Punkt in diesem Prozess, an dem handelnde Akteure und ihre Aktivitäten zu diesem Zeitpunkt dann vertikal über der Zeitachse im gedachten Schaubild aufgetragen sind. Eine *horizontale semantische Lücke* liegt nun vor, wenn es nicht möglich ist, Wissen, das an einem bestimmten Zeitpunkt vorhanden ist, vollständig und korrekt über eine Abfolge von Tätigkeiten zu übertragen.

Wie gesagt sind spätere Phasen im Entwicklungsprozess stärker durch die Anwendung von Regeln geprägt als die frühen Tätigkeiten. Dies gilt insbesondere für die Softwareentwicklung im Co-Design-Prozess, da Computer als Zielsysteme bekanntlich sehr exakte Anweisungen benötigen, um eine definierte Leistung zu erbringen. Regeln bedeuten aber auch immer Einschränkungen, im Hinblick auf Wissen Einschränkungen in Bezug auf das, was in bestimmten Repräsentationsformen erfasst und erzeugt werden kann. Das Problem der semantischen Lücke zwischen den kreativen Phasen zu Beginn und den formalen Phasen im Anschluss ist ebenso bekannt, wie das der semantischen Lücke zwischen der fachlich dominierten Sicht am Ausgangspunkt und der technisch dominierten Sicht am Ziel.

15.3 Lösungsansatz mit semantischen Netzen und automatischer Sprachverarbeitung

Im voran gegangenen Abschnitt wurde der Co-Design Prozess der Entwicklung einer IT-basierten Dienstleistung als wissensintensiver Prozess charakterisiert mit der Problemstellung, das für die Entwicklung benötigte Wissen über mehrere semantische Lücken zu transportieren. Ausgehend von dieser Überlegung liegt es nahe, einen Lösungsansatz zu entwickeln, der auf Methoden und Technologien des Wissensmanagements basiert.

15.3.1 Semantische Netze

Die konzeptionelle Grundlage des in ServCASE entwickelten Verfahrens sind *semantische Netze*, die eine Art *semantisches Rückgrat* für den Entwicklungsprozess bilden. Semantische Netze sind zunächst einmal ein relativ freies Konzept, bei dem Objekte in Form von Begriffen eines Sachgebiets bzw. einer Domäne als Knoten in einem netzförmigen Graphen abgebildet werden, dessen Kanten irgendwelche inhaltlichen oder strukturellen Zusammenhänge zwischen den Begriffen respektive Objekten repräsentieren.

Ein verbreitetes Beispiel für semantische Netze sind *Mind Maps* (Gedankenkarten), bei denen es nur relativ wenige Regeln im Hinblick darauf gibt, was in den Knoten und durch die verbindenden Kanten abgebildet wird. Eine Regel besagt, dass im Zentrum einer Mind Map ein Knoten mit einem Begriff oder Symbol für das Thema der Map steht. Was für eine Beziehung eine Kante zwischen zwei Knoten ausdrückt, wird durch ein Stichwort oder ein Symbol an der Kante notiert. Die wenig formalisierten Mind Maps sind als Hilfsmittel auf die Verarbeitung von Wissen durch Menschen ausgerichtet, daher auch die Empfehlung, Farben, Symbole, Bilder, Groß- und Kleinschreibung… als zusätzliche Visualisierungsmittel einzusetzen (Wikipedia en. 2007). Stärker formalisierte semantische Netze, die auch eine maschinelle Interpretation und automatische Schlussfolgerungen aus dem im Netz gespeicherten Wissen ermöglichen sollen, sind *Topic Maps* (Pepper 2002) und *Ontologien* (Mädche et al. 2001; Hesse 2002). Für sie existieren mit XTM (XML Topic Maps), RDF(S) (Ressource Description Framework (Schema)) und OWL (Web Ontology Language) standardisierte Beschreibungsformen.

Ontologien wird mittlerweile eine wichtige Rolle bei der Speicherung, Übertragung und Repräsentation von Wissen in Geschäftsprozessen zugeschrieben. HESSE und KRZENSK sehen in ihnen geeignete Mittel zum Wissenstransfer zwischen Software-Entwicklungsprojekten (Hesse u. Krzensk 2004). Der Einsatzbereich von Ontologien im Software-Entwicklungsprozess liegt in den frühren Phasen bei der Modellierung der Anwendungsdomäne. Der wesentliche Nutzen ihres Einsatzes liegt in einer Verbesserung der Interoperabilität der zu entwickelnden Systeme und der Wiederverwendung, die von der Ebene der Implementierung auf die Ebene der Modelle ausgedehnt wird (Hesse u. Krzensk 2004; Hesse 2005).

ZELEWSKI nennt Ontologien als Instrumente, um *Wissensdivergenzen* – die er ähnlich versteht, wie die oben eingeführten *vertikalen semantischen Lücken* – zwischen Akteuren zu beseitigen oder zu kompensieren, die der Kommunikation und Koordination bei einer arbeitsteiligen Aufgabenerfüllung entgegenstehen. Potenzielle betriebswirtschaftliche Einsatzgebiete von Ontologien sind daher u.a. die inner- und überbetriebliche Integration, CSCW-Systeme (Computer Supported Cooperative Work) und elektronische Marktplätze (Zelewski 2001).

15.3.2 Verfahren zur Erstellung semantischer Netze

Forschung und Praxis unterscheiden zwei grundsätzliche Ansätze zur Erzeugung semantischer Netze. Beim ersten Ansatz wird das Wissen einer Domäne von – gelegentlich als Wissensingenieur/in bezeichneten – Menschen modelliert und die semantischen Netze mit Hilfe entsprechender Editoren *manuell konstruiert*. Eine adäquate Qualifikation der Modellierer vorausgesetzt, weisen solche manuell erstellten Wissensbasen und Netze zwar eine hohe Qualität auf, dem steht aber als gravierender Nachteil ein sehr hoher Aufwand selbst bei der Modellierung kleiner

Wissensgebiete gegenüber. So hoch, dass die manuelle Erstellung und Pflege semantischer Netze in der unternehmerischen Praxis unter wirtschaftlichen Gesichtspunkten faktisch unmöglich ist. Dies ist eine Ausprägung des angesprochenen *knowledge acquisition/engineering bottleneck.*

Diesem Nachteil begegnet der zweite Ansatz, bei dem semantische Netze automatisch durch *Analyse von Texten* zu einem Wissensgebiet *generiert* werden. Für die Textanalyse werden dabei statistische und linguistische Methoden sowie Verfahren aus dem Bereich der künstlichen Intelligenz eingesetzt. Allerdings sind die für die automatische Generierung eingesetzten Methoden und Verfahren heute noch weit davon entfernt, semantische Netze erzeugen zu können, die qualitativ mit manuell erstellten Netzen mithalten können. Daher bietet es sich an, beide Ansätze miteinander zu kombinieren und die semantischen Netze in mehreren Phasen iterativ zu korrigieren, ergänzen und verfeinern.

So kann ein durch Textanalyse erzeugtes semantisches Netz anschließend manuell bearbeitet werden, um Ergänzungen und Korrekturen daran vorzunehmen oder für ein Wissensgebiet irrelevante Ausschnitte zu löschen. In der Regel werden die Fund- und Belegstellen für die Begriffe und Assoziationen eines semantischen Netzes als Links bei den Knoten hinterlegt (Pepper 2002) und damit das Auffinden der relevanten Textstellen erleichtert. Gleichzeitig bietet sich damit ein Ansatzpunkt zur Optimierung der Dokumentauswahl für den Textkorpus, da die Quellen irrelevanter Begriffe leicht identifiziert werden können.

Umgekehrt kann ein manuell erstelltes semantisches Netz durch automatische Textanalyse in einer Art *Bootstrapping* Verfahren angereichert werden, bei dem zusätzliche Begriffe und Relationen zu den bereits vorhandenen Knoten und Kanten hinzu assoziiert, die bereits vorhandenen Begriffe und Assoziationen mit weiteren Fund- und Belegstellen hinterlegt oder Attribute zur Klassifikation von Knoten und Kanten ergänzt werden. BIEMANN und OSSWALD (2005) beschreiben die Klassifikation von Substantiven in einem semantischen Lexikon durch die Ermittlung signifikanter Kookkurrenzen zwischen Substantiven und Adjektiven. Als Referenzkorpus für das Bootstrapping dient dabei der DEUTSCHE WORTSCHATZ (2007). In MAHN u. BIEMANN (2005) stellen die Autoren dar, wie durch Analyse der Kookkurrenzen eines Textkorpus Kandidaten für die Erweiterung von Ontologien gefunden werden können, die dann manuell in die Ontologie eingepflegt werden. Einen Ansatz zur semi-automatischen Erstellung von Ontologien aus Web-Dokumenten durch Bootstrapping ausgehend von relativ kleinen, unspezifischen lexikalischen Ressourcen zu einer Domäne (Wörterbücher, Thesauren u.ä.) beschreiben MAEDCHE, NEUMANN und STAAB (2003).

15.3.3 Der ServCASE Ansatz

15.3.3.1 Die Netze

Bei den in ServCASE verwendeten semantischen Netzen handelt es sich um *Begriffsnetze*, bei denen Begriffe aus einem Textstrom als Knoten der Netze dargestellt werden. Die Kanten bilden semantische Beziehungen zwischen den Begriffen ab, die entweder aus dem Textstrom bestimmt werden oder durch Anreicherung mit Informationen aus einem Wortschatz (Referenzkorpus) entstehen. Zwischen zwei Begriffen wird eine Kante gebildet, wenn die Begriffe im verarbeiteten Textstrom signifikant häufig als direkte Nachbarn oder gemeinsam in einem Satz auftreten (sog. *Nachbarschafts- bzw. Satzkookkurrenzen*). Durch Anreicherung mit Informationen aus einem Referenzkorpus können zusätzliche Kanten gebildet und vorhandene Kanten des Begriffnetzes typisiert werden. Mögliche Kantentypen sind z.B.

- Synonyme (Begriffe haben die gleiche Bedeutung) und Antonyme (Begriffe haben gegensätzliche Bedeutung);
- Hyponyme (Unterbegriffe) und Hyperonyme (Oberbegriffe);
- Meronyme (ist Teil von) und Holonyme (besteht aus).

Die Knoten des Begriffsnetzes können ebenfalls mit semantischen Attributen versehen (*annotiert*) werden, wobei die Annotierung mit Informationen aus dem Referenzkorpus erfolgt. Zu allen im Referenzwortschatz enthaltenen und annotierten Begriffen wird am Knoten die Wortart (Substantiv, Verb, Adjektiv...) als Attribut angegeben. Weitere Attribute können die Bedeutung eines Wortes anzeigen (Name, Person, Ort...). Eine ausführliche Beschreibung des verwendeten Netztyps und der in den Netzen abgebildeten semantischen Relationen ist in HEYER, QUASTHOFF und WITTIG (2006) zu finden.

In der von BERNERS-LEE (2000) vorgeschlagenen *Semantic Web Architecture* lässt sich der eingesetzte Netztyp in der dritten und vierten Schicht einordnen, d.h. als Wissensrepräsentationsform, die in RDF(S) bzw. OWL darstellbar ist, aber noch keine logischen Schlussfolgerungen aus dem Wissen zulässt.

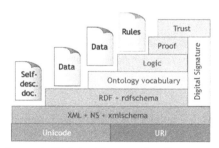

Abb. 15-1. Semantic Web Architecture (Quelle: Berners-Lee 2000)

In der Definition von SOWA handelt es sich bei den Netzen um *terminological ontologies*. Sie unterscheiden sich von *formal ontologies* dadurch, dass Axiome fehlen, die Definitionen der enthaltenen Konzepte unvollständig sein können und sie nicht automatisch in logische Ausdrücke überführt werden können sowie von *prototype-based ontologies* dadurch, dass keine Cluster-Bildung auf der Basis semantischer Distanzmaße erfolgt (Sowa 2001). Eine ähnliche Abgrenzung wie Sowa zwischen terminological und formal ontologies treffen CORCHO, FERNÁNDEZ-LÓPEZ und GÓMEZ-PÉREZ (2003) zwischen *lightweight* und *heavyweight ontologies*, so dass die in ServCASE erzeugten Netze in ihrem Sinne als *lightweight ontologies* charakterisiert werden können.

15.3.3.2 Die Werkzeuge

Die im Projekt ServCASE eingesetzten semantischen Werkzeuge CONCEPT-COMPOSER und SEMANTICTALK sind *Text Mining Werkzeuge*, die auf statistischen und linguistischen Verfahren basieren. Bei diesen Verfahren werden den Wörtern[1] eines Textstroms auf Grund sprachstatistischer Gesetzmäßigkeiten verschiedene Merkmale in Form von Annotierungen zugeordnet. Der zu verarbeitende Textstrom kann durch Einlesen von Dokumenten aus einem Textkorpus oder Aufnahme von Konversation mit anschließender automatischer Spracherkennung erzeugt werden. Bei den eingesetzten Verfahren werden die Häufigkeit von Wörtern berechnet und statistisch signifikante Nachbarschafts- und Satz-Kookkurrenzen identifiziert. Die gefundenen Kookkurrenzen werden graphisch in Form semantischer Netze visualisiert. In den semantischen Netzen werden die Begriffe (Knoten) und Assoziationen (Kanten) auf Basis von Annotierungen in einem Referenzkorpus (Wortschatz) klassifiziert (Heyer et al. 2006).

Die Begriffsnetze ermöglichen eine automatische oder manuelle Weiterbearbeitung der Text Mining Ergebnisse. Der verfolgte Ansatz lässt sich damit als *interaktives Text Mining* charakterisieren, der die automatische Textanalyse mit Elementen des Wissensmanagements und des Information Retrieval verbindet, mit denen eine benutzergerechte Repräsentation von Wissen erreicht und der Zugang zu großen Informationsbeständen unterstützt wird. Damit lassen sich zwei Hauptphasen beim Text Mining identifizieren, die durch entsprechende Verarbeitungsschritte gekennzeichnet sind:

- Analyse eines Textkorpus mit statistischen und linguistischen Verfahren mit dem CONCEPTCOMPOSER und
- Visualisierung der Ergebnisse und manuelle Bearbeitung mit SEMANTICTALK.

Um bei einer bestimmten Fragestellung innerhalb einer relativ klar abgrenzbaren Anwendungsdomäne, wie sie das Software-Service-Co-Design darstellt, zu besseren, d.h. in diesem Falle fachlich spezifischen Ergebnissen zu kommen ist es oft nötig, neben dem allgemeinen Referenzwortschatz, der in den Werkzeugen zum Erstellen semantischer Netze verwendet wird, *fachspezifische Korpora* zu berechnen. Nur so kann z.B. die Terminologie eines Fachgebietes adäquat repräsentiert werden.

Für die Analyse von Textmaterial zum Aufbau eines fachspezifischen Korpus wird das Werkzeug CONCEPTCOMPOSER eingesetzt, in dem Text Mining Projekte definiert und konfiguriert werden können, die aus mehreren Analyseprozessen bestehen. Der wichtigste Prozess ist dabei die Berechnung der signifikanten Kookkurrenzen. Das Ergebnis der Analyse wird in einer relationalen Datenbank abgelegt

---

[1] Exakter müsste es hier „Wortformen" heißen. Beispielsweise existieren zu der Grundform Haus die Wortformen Häuser, Häusern, hausen… Im ConceptComposer kann eingestellt werden, ob Wortformen auf ihre Grundform reduziert und die Häufigkeiten und Kookkurrenzen für die Grundform oder für jede einzelne Wortform berechnet werden sollen. Die Unterscheidung zwischen Wörtern und Wortformen ist für das Verständnis an dieser Stelle allerdings nicht von Belang, so dass der geläufigere Begriff Wörter verwendet wird.

und dient als Referenzkorpus für die weiteren Analyse- und Bearbeitungsschritte im zweiten Werkzeug SemanticTalk.

In SEMANTICTALK können sowohl Dokumente direkt eingelesen werden, aus denen dann ein semantisches Netz aufgebaut wird. Es können aber auch RDF-Dateien von Graphen, die z.B. mit dem ConceptComposer erzeugt wurden, visualisiert werden. Auch gesprochene Sprache kann als Eingabe verarbeitet werden. Damit kann SemanticTalk z.B. Brainstorming Sitzungen o.ä. Kreativitätsprozesse direkt unterstützen, ohne die Benutzer zu sehr durch technische Werkzeug-Details vom eigentlichen Kreativitätsprozess abzulenken (Raether et al. 2004). Die Qualität dieses Anwendungsfalles hängt allerdings stark von der Leistung der verwendeten Spracherkennungskomponente ab, die nicht Gegenstand der Werkzeugentwicklung in ServCASE war.

Das direkte Einlesen von Dokumenten eignet sich dafür, die Begriffswelt und die Struktur einzelner Dokumente zu untersuchen. Für die Analyse von Textkorpora aus mehreren Dokumenten ist die Erzeugung der RDF-Dateien mit dem CONCEPT-COMPOSER vorzuziehen. Der ConceptComposer bietet darüber hinaus mehr Möglichkeiten als SemanticTalk, den Analyseprozess zu steuern und ist in der Lage, ein größeres Spektrum von Dokumentformaten zu verarbeiten.

Die folgende Abb. 15-2 zeigt die Benutzeroberfläche von SEMANTICTALK, in der das Panel für die Darstellung des semantischen Netzes im rechten Teil des Fensters den größten Bereich bildet. Hier kann durch Hinaus- und Hinein-Zoomen der vollständige Graph oder ein Ausschnitt davon dargestellt werden. Der angezeigte Ausschnitt kann mit der Maus frei verschoben werden.

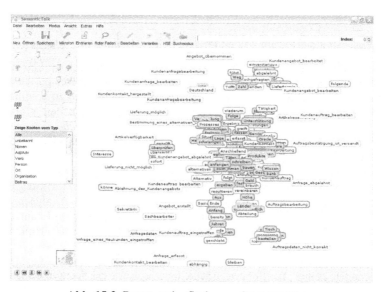

Abb. 15-2. Benutzeroberfläche von SEMANTICTALK

Im *Bearbeiten-Modus* können Knoten und Kanten (d.h. Begriffe und Assoziationen) des Begriffsnetzes hinzugefügt, gelöscht und annotiert (typisiert) werden

(Abb. 15-3). Im Hinblick auf eine bessere Visualisierung des Begriffnetzes stehen Funktionen zur Verfügung, mit denen das Netz nach verschiedenen Knotentypen (Wortarten) gefiltert werden kann. Knoten- und Kantentypen können in verschiedenen Farben dargestellt und mit Hinweistexten versehen werden, die ein Benutzer nach individuellen Präferenzen festlegen kann. Zusätzlich besteht die Möglichkeit, Knoten und Kanten mit Anmerkungen zu versehen, was eine Protokollierung von Diskussionen mit Hilfe von SemanticTalk erleichtert und eine zusätzliche Möglichkeit schafft, Informationen für die Arbeit mit den Netzen in sich anschließenden Phasen festzuhalten und weiterzugeben.

Weiterhin wurden Funktionen zum Vergleich und zum Zusammenführen verschiedener Begriffsnetze neu implementiert. Über die MS Windows Zwischenablage können Begriffsnetze oder Ausschnitte daraus im Enhanced Metafile Format (EMF) exportiert und in Standard-Officeanwendungen übernommen werden, deren Einsatz in den frühen Entwicklungsphasen weit verbreitet ist.

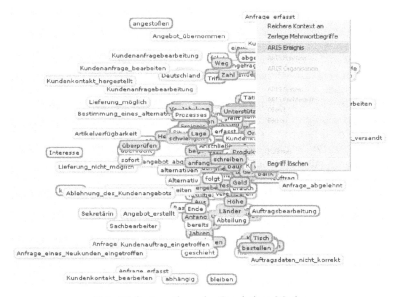

Abb. 15-3. Annotieren im Bearbeiten-Modus

15.3.3.3 Das Szenario

Das im Rahmen von ServCASE am umfassendsten bearbeitete Szenario richtet sich auf die Überbrückung der *horizontalen semantischen Lücke* zwischen den frühen, kreativen Phasen des Co-Designs und den sich anschließenden formaleren Phasen der Modellierung von Dienstleistungs- und IT-Komponenten. Dieser Übergang bildet in mehrfacher Hinsicht eine kritische Nahtstelle in einem Entwicklungsprozess, mit der Gefahr, dass mehrere Bruchstellen entstehen können.

In Abschnitt 15.2 wurde bereits darauf hingewiesen, dass sich die Arbeitsweise vor und nach dem Phasenübergang unterscheidet. Dies hat u.a. zur Konsequenz, dass die Verfügbarkeit softwaretechnischer Unterstützungswerkzeuge für die frühen Phasen noch relativ gering ist, während für die anschließende Modellierung (und Implementierung) in der Regel kein Mangel an geeigneten Tools herrscht. Daraus ergibt sich aber auch ein medialer Bruch zwischen den Phasen, so dass Arbeitsergebnisse der frühen Phasen nur schwer – in der Praxis oft unvollständig und/oder falsch – in die anschließenden Schritte übernommen und mit den in diesen Schritten verwendeten Werkzeugen weiterbearbeitet werden können. Dies gilt im Übrigen auch in umgekehrter Richtung und kann bei Vorgehensmodellen, die einen Rücksprung in vorherige Phasen und dabei eine erneute Bearbeitung von Ergebnissen der späteren Phasen vorsehen, zu Problemen führen. Denn häufig haben die potenziellen Bearbeiter vorliegender Teilergebnisse Schwierigkeiten, mit diesen umzugehen, wenn sie nicht speziell für sie aufbereitet werden.

Neben einem Wechsel von Arbeitstechniken und Tools, der zwischen kreativen und formalen Arbeitsschritten die Gefahr einer horizontalen semantischen Lücke und eines medialen Bruchs birgt, findet an dieser Nahtstelle häufig gleichzeitig ein Wechsel der Perspektive im Entwicklungsprozess statt. In den frühen Phasen dominiert meist eine fachliche und ganzheitliche Sicht, während in den späteren Phasen eine auf Einzelprobleme und Lösungen gerichtete technische Perspektive überwiegt. Der Übergang von der fachlichen zur technischen Sichtweise betrifft vor allem den Software-Entwicklungsprozess im Co-Design, während der Übergang vom großen Ganzen zum Detail auch bei der Dienstleistungsentwicklung Gefahren birgt. Eine Optimierung einzelner Teilleistungen, Teilprozesse oder Teilziele kann suboptimal im Hinblick auf das Gesamtergebnis sein.

Das ServCASE Szenario (Abb. 15-4) umfasst eine Situation, in der mit Hilfe der entwickelten Software-Werkzeuge – wobei hier insbesondere SEMANTICTALK eingesetzt wird – aus Dokumenten oder Konversation eine überwiegend fachliche Beschreibung einer IT-basierten Dienstleistung oder einer Komponente davon in Form eines semantischen Netzes generiert wird. Dieses Netz, das als RDF-Datei vorliegt, kann in SemanticTalk visualisiert und bearbeitet werden. Nach der Bearbeitung kann das Netz mit einem im Rahmen von ServCASE entwickelten Konverter in AML (ARIS Markup Language) transformiert werden und liegt dann als erster, grober Entwurf eines Produkt-, Prozess- oder Ressourcenmodells der IT-basierten Dienstleistung vor, das im ARIS Designer weiter ausgearbeitet werden kann.

Für den umgekehrten Weg der Überführung von ARIS Modellen in ein semantisches Netz im Sinne des oben erwähnten Rücksprungs in Tätigkeiten einer vorgelagerten Phase mit dem Ergebnis aus einer späteren Phase, wurde ebenfalls ein Konverter-Plugin für SemanticTalk entwickelt. Prinzipiell ist es möglich, aus den semantischen Netzen auch softwaretechnische Modelle, z.B. in UML (Unified Modeling Language) oder BPEL (Business Process Execution Language) zu erzeugen. Diese Möglichkeit wurde im Rahmen von ServCASE jedoch nicht weiter vertieft.

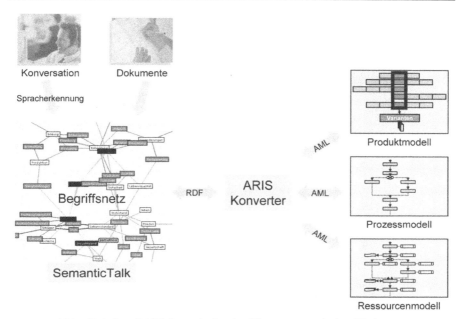

Abb. 15-4. ServCASE Szenario für den Einsatz semantischer Werkzeuge
(in Anlehnung an Biemann et al. 2004)

15.4 Vom semantischen Netz zum ARIS Modell

SEMANTICTALK kann im Co-Design für die Generierung von ersten, groben Entwürfen von Produkt-, Prozess- oder Ressourcenmodellen eingesetzt werden. Diese Modellentwürfe können in den ARIS DESIGNER der IDS SCHEER AG übernommen und dort ausgearbeitet werden. Zur Anbindung an die ARIS Modellierungswerkzeuge wurde ein Konverter-Plugin implementiert, das in SemanticTalk erzeugte Begriffsnetze in AML (ARIS Markup Language) konvertiert. Damit stehen sie für die weitergehende Modellierung zur Verfügung.

Abb. 15-5 zeigt das *ARIS-Export-Plugin* im Einsatz. Zunächst muss der zu generierende Modelltyp gewählt werden. Zur Auswahl stehen Ereignisorientierte Prozesskette (EPK), Organigramm, Produkt- und Leistungsbaum, Wertschöpfungskettendiagramm u.a. Da die ARIS Modelle zahlreiche Knotentypen verwenden, die in den erzeugten semantischen Netzen in der Regel nicht erkannt werden, kann im folgenden Konvertierungsprozess die Zuordnung der Knoten- zu den ARIS Objekt-Typen festgelegt werden. Die geschieht auf zwei verschiedene Arten: die automatische Zuordnung der Typen über eine Konfigurationsdatei und die interaktive, manuelle Typauswahl während der Konvertierung. Beide Verfahren lassen sich natürlich kombinieren, die manuelle Auswahl wird dann nur für die Typen angeboten, für die es keine automatische Zuordnung gibt (Abb. 15-6).

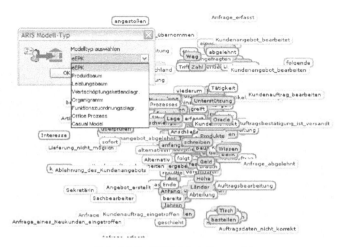

Abb. 15-5. ARIS-Modellauswahl

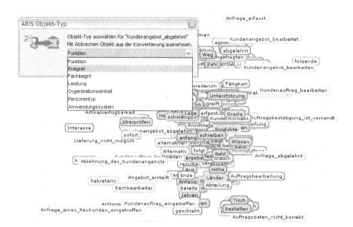

Abb. 15-6. Manuelle Zuordnung der ARIS-Typen

Der Konverter bietet auch eine *Import-Schnittstelle* für ARIS Modelle, der es ermöglicht, bestehende Modelle z.B. im Zuge von Verbesserungsprozessen für Gruppensitzungen und Diskussionen aufzubereiten und während einer Sitzung in SEMANTICTALK direkt zu kommentieren oder zu verändern. Dabei müssen die Modellierungsvorschriften der ARIS Methoden noch nicht beachtet werden, dies erfolgt vielmehr in einem anschließenden, formalen Modellierungsschritt im ARIS Designer durch einen Experten für die Methoden. Ziel des Einsatzes von Semantic-Talk ist es dabei, dass formale Modelle von Dienstleistungen, Systemen, Prozessen oder Organisationen in einem kreativen Prozess verändert und weiterentwickelt werden können und die dabei entstehenden Änderungen optimal dokumentiert an einen Modellierer weitergegeben werden, mit direktem Bezug zu den einzelnen Modellelementen.

15.5 Potenzial des Lösungsansatzes zur Unterstützung etablierter Methoden

Damit das Konzept der semantischen Netze und die Werkzeuge zu ihrer Generierung und Bearbeitung auch tatsächlich in den frühen Phasen eines Software-Service-Co-Designs angewendet werden, müssen sie sich mit Methoden verbinden lassen, die in diesen Phasen eingesetzt werden. In diesem Abschnitt sind daher exemplarische Überlegungen dazu beschrieben, wie durch die semantischen Werkzeuge bestimmte Tätigkeiten im Rahmen ausgewählter Methoden unterstützt werden können.

15.5.1 Kreativitäts- und Moderationstechniken[2]

In den frühen Phasen der Entwicklung einer neuen IT-basierten Dienstleistung finden häufig auch die wesentlichen Innovationen in der Produkt- und Prozessdimension der Dienstleistung statt. Diese Phasen sind durch kommunikative und kreative Tätigkeiten geprägt, die in der Regel in Teams durchgeführt werden.

Inzwischen wurde eine Vielzahl von Methoden entwickelt, die bei der kreativen Teamarbeit angewendet werden. Zu diesen Methoden zählen *Kreativitätstechniken* wie Brainstorming, Walt-Disney-Methode, KJ-Methode, Semantische Intuition, Bisoziation, TILMAG-Methode[3], mit denen die Generierung und Strukturierung von Ideen unterstützt wird, sowie *Moderationstechniken* zur zielgerichteten Durchführung von Diskussionen und Workshops. Viele dieser Methoden haben sich inzwischen in Unternehmen etabliert. Neueren Datums sind *Großgruppenmethoden*, die eine gemeinsame kreative Arbeit von mehreren hundert Menschen ermöglichen, z.B. Open Space (Owen o.J.), World Cafe, Real Time Strategic Change (RTSC), Zukunftskonferenz (Future Search Conference, FSC) und Appreciative Inquiry (Scheibel 2005). Bei diesen sehr großen Gruppen kann es sich auch um virtuelle Gruppen handeln, deren Zusammentreffen in virtuellen Räumen vernetzter Informationssysteme stattfinden.

So vielfältig die verfügbaren Methoden für kreative Teamarbeit sind, lässt sich andererseits ein Defizit an geeigneten Software-Werkzeugen feststellen, mit denen die kreativen Arbeiten in den frühen Phasen von Entwicklungsprozessen wirksam unterstützt werden können und deren methodischen Konzepte tragfähig genug sind, um auch den nachfolgenden Formalisierungsprozess zu begleiten. Ein zentraler Aspekt kreativer Tätigkeit, die Stimulation der Ideengenerierung durch freies Assoziieren, wird von den meisten Werkzeugen nur unzureichend berücksichtigt. Außerdem erfordern vorhandene Lösungen häufig ein zu hohes Maß an Aufmerksamkeit für die Bedienung oder erzwingen eine zu formale Arbeitsweise. Beides

---

[2] Im Hinblick auf die Unterstützung von Kreativitäts- und Moderationstechniken konnte auf Vorarbeiten der Abteilung Automatische Sprachverarbeitung der Universität Leipzig mit frühen Prototypen von SemanticTalk aufgebaut werden (siehe z.B. Heyer et al. 2002; Biemann et al. 2006).

[3] Eine gute Übersicht mit Links zu den einzelnen Techniken bietet der Beitrag zum Stichwort Ideenfindung in der deutschen Wikipedia (Wikipedia de. 2007).

schränkt die Kreativität der Benutzer ein und lenkt sie von ihrer eigentlichen Aufgabe ab. Ein weiterer Schwachpunkt liegt darin, dass Ergebnisse nicht in Werkzeuge übernommen werden können, die in späteren Entwicklungsphasen für die Produkt- und Prozessmodellierung eingesetzt werden.

Mit den beschriebenen Möglichkeiten stellt SEMANTICTALK allgemeine Funktionen bereit, die im Zusammenhang mit einer Reihe von Moderations- und Kreativitätstechniken genutzt werden können, die als Methoden für die frühen Phasen des Software-Service-Co-Designs im ServCASE-Vorgehensmodell vorgesehen sind. Methoden wie Open Space und RTSC versuchen, große Gruppen in Problemlösungs- und Änderungsprozesse einzubeziehen. Hier kann SemanticTalk eingesetzt werden, um den Teilnehmern mit ihrem in der Regel sehr heterogenen Wissens- und Erfahrungsschatz – also großen vertikalen semantischen Lücken – den Zugang zu Informationsquellen, Fragestellungen und Lösungen zu erleichtern. Im Rahmen einer Methode wie Appreciative Inquiery („Wertschätzendes Erkunden"; Cooperrrider u. Whitney 1999) können durch die Visualisierung in Form eines Begriffsnetzes auch weniger erfahrene Teilnehmer bei der Durchführung der Interviews in der Entdeckungsphase unterstützt werden. Zudem kann durch das Einbeziehen von Informationen aus Dokumenten, wie es durch SemanticTalk möglich ist, die Identifikation von erfolgreichen Lösungen wirksam unterstützt werden.

Als Beispiel für eine Kreativitätstechnik, die sich durch SemanticTalk gut unterstützen lässt, sei die KJ-Methode genannt. Dabei liefern die automatisch generierten Begriffsnetze eine erste Struktur für die Bildung von Themen-Clustern aus den gesammelten Informationen. Zusätzlich ermöglicht die Werkzeugunterstützung die Verarbeitung einer größeren Informationsmenge.

Bei der als Walt-Disney-Methode (Schwiteilo 2007) bekannten Technik des Denkens in drei verschiedenen Rollen (Träumer, Realisierer, Kritiker) ist es denkbar, durch SemanticTalk gezielte Impulse in eine Diskussion zwischen den drei Rollen einzubringen. Da es bei der Rolle des Träumers darauf ankommt, den Assoziationsprozess zu stimulieren, können für diese Rolle auch Knoten und Kanten in das Begriffsnetz aufgenommen werden, die unwahrscheinlicher sind, das heißt im Textkorpus nur eine vergleichsweise geringe statistische Häufigkeit als Kookkurrenzen aufweisen. Den Rollen Realisierer und Kritiker können im Gegensatz dazu verstärkt Fakten präsentiert werden, die beispielsweise in zusätzlich herangezogenen Dokumenten vorliegen.

Weitere Kreativitätstechniken, die durch entsprechende Anpassungen von SemanticTalk unterstützt werden können, sind Brainstorming, Semantische Intuition, Bisoziation und TILMAG-Methode. Insbesondere die TILMAG-Methode (Transformation Idealer Lösungselemente durch Matrizen der Assoziations- und Gemeinsamkeitenbildung; Mycoted 2006) verspricht ein erhebliches Unterstützungspotenzial, da hierbei aus den Begriffsnetzen erste Strukturen für die Assoziations- und Gemeinsamkeiten-Matrizen abgeleitet werden können.

15.5.2 Projektmanagement

In ServCASE wurde eine Schnittstelle zwischen SEMANTICTALK und einem Pro-jektmanagement-Werkzeug entwickelt. Dabei handelt es sich um den PROJECT-GLOBE NAVIGATOR, der die Methode des *objektorientierten Projektmanagements (OOPM)* unterstützt. OOPM eignet sich besonders für Innovationsprojekte, die sich aufgrund ihrer Unwägbarkeiten nur schwer mit Methoden planen und steuern lassen, die eine aufgaben- und tätigkeitsorientierte Strukturierung des Projekts voraussetzen. Der objektorientierte Ansatz geht demgegenüber von den Objekten aus, die in einem Projekt entstehen und bearbeitet werden. Verantwortung und Informationen werden den Objekten zugeordnet und unterliegen der Planung und Kontrolle, während Tätigkeiten, die an bzw. mit den Objekten durchgeführt wer-den, der Handlungsfreiheit der jeweiligen Verantwortlichen überlassen bleiben.

Die Schnittstelle zwischen dem ProjectGlobe Navigator und SemanticTalk er-öffnet die Möglichkeit, die Objektstruktur eines Projekts in Projekt-Meetings in Form semantischer Netze zu erstellen oder zu bearbeiten und sie direkt in das Pro-jektmanagement-Werkzeug zu übernehmen, um anschließend die Planung auszu-arbeiten. Abb. 15-7 zeigt einen typischen Einsatz von SemanticTalk und Project-Globe Navigator. Zu sehen ist die strukturierte Darstellung der Projekt-Objekte in einem Projektbaum auf der linken Seite und seine Repräsentation als Begriffsnetz.

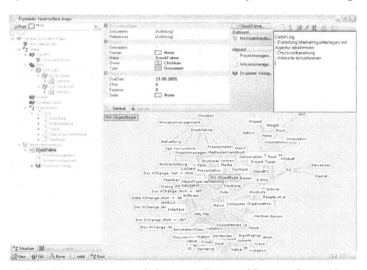

Abb. 15-7. Projektmanagement mit SEMANTICTALK und PROJECTGLOBE NAVIGATOR

15.5.3 Ontology Engineering

Als weitere Schnittstelle wurde ein Import und Export zwischen SEMANTICTALK und der marktführenden Modellierungsumgebung für Ontologien, dem ONTO-STUDIO der ONTOPRISE GMBH als Plugin implementiert. Damit können Service- und Softwareentwickler die beiden grundsätzlichen Ansätze der Ontologieentwicklung komplementär nutzen (siehe Abschnitt 15.3.2): die explizite Modellierung, die das OntoStudio unterstützt, und die Generierung mit Hilfe der automatischen Sprachverarbeitung, die durch SemanticTalk unterstützt wird. Der Austausch der entwickelten Ontologien zwischen beiden Werkzeugen vermeidet die Festlegung auf einen der beiden Ansätze und lässt den Dienstleistungsentwicklern jederzeit die Freiheit, für den nächsten Entwicklungsschritt den Ansatz zu wählen, der für die jeweilige Aufgabenstellung und die zu modellierende Domäne besser geeignet ist.

15.6 Resümee und Ausblick

Im Rahmen von ServCASE wurden neuartige semantische Software-Werkzeuge entwickelt, die in den frühen Phasen des Software-Service-Co-Designs zur Unterstützung kreativer Teamarbeit eingesetzt werden können und die dazu beitragen, semantische Lücken im Entwicklungsprozess zu überbrücken. Zentrale Anforderungen an die Software-Werkzeuge waren die Integrierbarkeit in die Arbeitsweise kreativer Teams, intuitive Bedienbarkeit ohne Ablenkung von der eigentlichen Aufgabenstellung und die Möglichkeit zur Übertragung von Arbeitsergebnissen in gängige Modellierungswerkzeuge.

Die entwickelten Werkzeuge basieren auf Verfahren der automatischen Spracherkennung und -verarbeitung und können sowohl elektronische Dokumente als auch gesprochene Sprache verarbeiten. Durch statistisch linguistische Text Mining Algorithmen werden signifikante Begriffe aus einem Textstrom gefiltert, klassifiziert und durch Begriffe ergänzt, die aus einem Referenzwortschatz hinzu assoziiert werden. Extrahierte und assoziierte Begriffe können in Echtzeit als semantische Netze visualisiert, bearbeitet und in verschiedenen Formaten exportiert oder gespeichert werden.

Die Werkzeuge unterstützen die Generierung von Dienstleistungsideen und Problemlösungen. In diesem Zusammenhang spielt die Rückkopplung von Inhalten an die Bearbeiter und die automatische Ergänzung zusätzlicher Informationen eine entscheidende Rolle (Raether et al. 2004). Außerdem ermöglichen die Werkzeuge eine Ergebnisdokumentation, die einerseits frei genug ist, um die Bearbeiter nicht durch Vorgaben und Regeln in ihrer Kreativität einzuschränken, andererseits aber formal genug, um eine elektronische Weiterverarbeitung ohne Informationsverlust zu unterstützen.

Im Rahmen von ServCASE wurde ein Konverter zwischen SEMANTICTALK – einem der beiden entwickelten Werkzeuge – und der ARIS Modellierungsumgebung entwickelt, der den Import und Export von Modellbeschreibungen in der ARIS Markup Language (AML) ermöglicht. Damit können aus der Analyse von Dokumenten oder der Konversation in Workshops semantische Netze als erste Modellentwürfe generiert werden, die dann im weiteren Verlauf eines Entwicklungsprojekts mit der ARIS Modellierungsumgebung weiter ausgearbeitet werden. Vorhandene Modelle können in SemanticTalk eingelesen werden und durch die Analyse von Dokumenten angereichert oder im Team diskutiert und dabei gleichzeitig bearbeitet werden.

In der weiteren Entwicklung der Werkzeuge CONCEPTCOMPOSER und SEMANTIC-TALK wird verstärkt Gewicht auf die Generierung und den Import von Ontologien und die Unterstützung der Standards des *Semantic Web* wie RDF(S) und OWL gelegt. Neben den nativen Korpus-Formaten, die als Ergebnis der Textanalyse mit dem ConceptComposer erzeugt werden, kann durch die Verwendung von z.B. OWL die Interoperabilität mit einer Vielzahl anderer Werkzeuge verbessert werden. Durch die Ausgabe der Ontologien in *GraphML*, einer standardisierten XML-basierten Beschreibungssprache für Graphen, lassen sich diese in zahlreichen Anwendungen einsetzen.

Neben der Nutzung von Verfahren des Text Mining sollen in Zukunft auch computerlinguistische Methoden wie das *Parsing von Prozessbeschreibungen* eingesetzt werden. Hierdurch kann eine bessere Abbildung von Prozessen in semantischen Netzen erreicht werden. Die Wortart und weitere Attribute der Knoten und Kanten der Netze können bei der Textanalyse zumindest teilweise automatisch durch *Part-of-Speech-Tagging (PoS-Tagging)* und andere Verfahren bestimmt werden, wenn eine Annotierungen auf Basis des Referenzkorpus nicht möglich ist. Dies verspricht bessere Ergebnisse im Hinblick auf die Merkmalszuordnung bei Fachbegriffen, die im Referenzkorpus nicht enthalten sind.

Die Grundarchitektur von SemanticTalk unterstützt bereits das kooperative Erstellen von Begriffsnetzen und kann somit zukünftig auch in Community-Prozessen eingesetzt werden, die sich zurzeit im Zuge von *Web 2.0* in Unternehmen etablieren. Damit können auch sehr große Gruppen von Stakeholdern in die frühen Phasen eines Software-Service-Co-Designs eingebunden werden. Eine Kombination der Text Mining Werkzeuge mit *Social Software* wie z.B. Wikis ist geplant und erste Schritte der Realisierung wurden bereits unternommen.

Literatur

Berners-Lee T (2000) Semantic Web on XML. Invited Talk at the XML 2000 Conference, Dec 6 2000, Washington DC. Internet: www.w3.org/2000/Talks/1206-xml2k-tbl

Biemann C, Osswald R (2005) Automatische Erweiterung eines semantikbasierten Lexikons durch Bootstrapping auf großen Korpora. In: Fisseni B, Schmitz HC, Schröder B, Wagner P (Hrsg) Sprachtechnologie, mobile Kommunikation und linguistische Ressourcen. Beiträge zur GLDV-Tagung 2005 in Bonn. Peter-Lang, Frankfurt am Main. Internet: wortschatz.uni-leipzig.de/~cbiemann/pub/2005/BiemannOsswaldGldv05_final-2.pdf

Biemann C, Böhm K, Heyer G, Melz R (2004) Automatically Building Concept Structures and Displaying Concept Trails for the Use in Brainstorming Sessions and Content Management Systems. Lecture at the I2CS, June 23 2004, Guadaljara, Mexico. Internet: wortschatz.uni-leipzig.de/~cbiemann/pub/2004/Biemann_I2CS04.ppt

Biemann C, Böhm K, Heyer G, Melz R (2006) Automatically Building Concept Structures and Displaying Concept Trails for the Use in Brainstorming Sessions and Content Management Systems. In: Böhme T, Larios Rosillo VM, Unger H, Unger H (eds) Innovative Internet: Community Systems. Proceedings of the 4th International Workshop, IICS 2004, Guadaljara, Mexico, June 21–23, 2004, Revised Papers. Lecture Notes in Computer Science; Vol 3473, Springer, Berlin Heidelberg New York pp 157–167

Cooperrider DL, Whitney D (1999) A Positive Revolution in Change: Appreciative Inquiry. Working Paper, Taos NM. Internet: appreciativeinquiry.case.edu/uploads/whatisai.pdf aufgerufen am 24.03.2005

Corcho O, Fernández-López M, Gómez-Pérez A (2003) Methodologies, Tools and Languages for Building Ontologies. Where is their Meeting Point? Data & Knowledge Engineering 46:41–64. Internet: www.cs.man.ac.uk/~ocorcho/documents/DKE2003_CorchoEtAl.pdf

Deutscher Wortschatz (2007). Internet: wortschatz.uni-leipzig.de aufgerufen am 22.02.2007

Hesse W (2002) Ontologie(n). Informatik Spektrum 25 (6):477–480. Internet: www.mathematik.uni-marburg.de/~hesse/papers/Hes_02b.pdf aufgerufen am 22.02.2007

Hesse W (2005) Ontologies in the Software Engineering Process. In: Lenz R, Hasenkamp U, Hasselbring W, Reichert M (Hrsg 2005) Tagungsband EAI-Workshop 2005; Enterprise Application Integration. GITO, Berlin. Internet: www.mathematik.uni-marburg.de/~hesse/papers/Hes_05a.pdf aufgerufen am 22.02.2007

Hesse W, Krzensk B (2004) Ontologien in der Softwaretechnik. Proceedings des Workshops Ontologien in der und für die Softwaretechnik anlässlich der Modellierung 2004, Marburg/Lahn S 1–12. Internet: www.mathematik.uni-marburg.de/~krzensk/mod04/WorkshopBand.pdf aufgerufen am 22.02.2007

Heyer G, Hoppe T, Müller K (2002) Die Wortschatz-Methode als netzbasierte Kreativitätstechnik in einer virtuellen Lernumgebung, Möglichkeiten und erste Erfahrungen. In: Hammwöhner R, Wolff C, Womser-Hacker C (Hrsg) Information und Mobilität, Optimierung und Vermeidung von Mobilität durch Information. Proceedings des 8. Internationalen Symposiums für Informationswissenschaft (ISI 2002), Regensburg, 8.–11.10.2002. UVK, Konstanz S 123–130

Heyer G, Quasthoff U, Wittig T (2006) Text Mining: Wissensrohstoff Text – Konzepte, Algorithmen, Ergebnisse. W3L, Herdecke Bochum

Mädche A, Staab S, Studer R (2001) Ontologien. Wirtschaftinformatik 43 (4):393–396. Internet: www.uni-koblenz.de/~staab/Research/Publications/stichwort.pdf aufgerufen am 21.11.2006

Maedche A, Neumann G, Staab S (2003) Bootstrapping an Ontology-based Information Extraction System. In: Szczepaniak PS, Segovia J, Kacprzyk J, Zadeh LA (eds) Intelligent Exploration of the Web. Springer, Berlin Heidelberg New York S 348–362

Mahn M, Biemann C (2005) Tuning Co-occurrences of Higher Orders for Generating Ontology Extension Candidates. Proceedings of the ICML-2005 Workshop on Learning and Extending Lexical Ontologies using Machine Learning Methods, Bonn Germany; Omnipress, Madison WI

Mycoted (2006) TILMAG. Internet: www.mycoted.com/TILMAG aufgerufen am 14.07.2006

Owen H (oJ) A Brief User's Guide to Open Space Technology. Internet www.openspaceworld.com/users_guide.htm aufgerufen am 21.11.2006

Pepper S (2002) The TAO of Topic Maps; Finding the Way in the Age of Infoglut. Internet: www.ontopia.net/topicmaps/materials/tao.html aufgerufen am 22.02.2007

Raether C, Ziegler J, El Jerroudi Z, Böhm K, Beinhauer W, Busch R (2004) Automatische Generierung von semantischen Kontexten aus gesprochener Konversation in Gruppensitzungen. In: Fähnrich KP, Meiren T (Hrsg.) Computer Aided Engineering für IT-basierte Dienstleistungen; Leipziger Beiträge zur Informatik; Band II. Eigenverlag der Universität Leipzig S 97–105

Scheibel G (2005) World Cafe, RTSC & Zukunftskonferenzen; Die Bandbreite moderner Großgruppenmethoden. TRAiNiNG Magazin für Bildung und Personalwesen 2005 (4):28–32

Schwiteilo A (2007) Stichwort Walt-Disney-Methode. Internet: Das Wiki der Wirtschaftsinformatik, www.wi3.uni-erlangen.de/anwendungen/wiwiki/wiki/Walt-Disney-Methode aufgerufen am 22.02.2007

Sowa JF (2001) Glossary. Internet: www.jfsowa.com/ontology/gloss.htm aufgerufen am 21.06.2006

Wikipedia (de 2007) Stichwort Ideenfindung. Internet: de.wikipedia.org/wiki/Ideenfindung aufgerufen am 18.05.2007

Wikipedia (en 2007) Stichwort Mind Map. Internet: en.wikipedia.org/wiki/Mind_map aufgerufen am 14.06.2007

Zelewski S (2001) Ontologien – ein Überblick über betriebswirtschaftliche Anwendungsbereiche. Internet: www.kowien.uni-essen.de/publikationen/Ontologien-StGallen-1.pdf aufgerufen am 04.05.2007

Anwenderfallstudien

16 Entwicklung von E-Business Dienstleistungen für die Produktkommunikation

Andrea Memminger[1], Jürgen Wäsch[2]

[1] e-pro solutions GmbH, Stuttgart
[2] Hochschule für Technik, Wirtschaft und Gestaltung, Konstanz

IT-basierte Dienstleistungen bilden einen wichtigen Bereich unserer Volkswirtschaft. Trotz dieser Bedeutung ist die Entwicklung dieser Dienstleistungen immer noch ein vernachlässigtes Feld. Durchgängige Vorgehensweisen, Methoden und Werkzeuge fehlen weitgehend. Der folgende Beitrag beschreibt den im Rahmen des ServCASE-Projektes von der e-pro solutions GmbH definierten strategischen Ansatz zur Entwicklung von IT-basierten E-Business Dienstleistungen für die Produktkommunikation.

16.1 IT-basierte E-Business Dienstleistungen

Unter dem Begriff E-Business versteht man die Abwicklung administrativer und betriebswirtschaftlicher Geschäftsprozesse eines Unternehmens unter Nutzung von modernen Informations- und Kommunikationstechnologien. Im Mittelpunkt stehen dabei vor allem die Kommunikationsbeziehungen des Unternehmens zu seinen Lieferanten, Geschäftspartnern, Kunden und Mitarbeitern. Die Arten der Kommunikation sind dabei nicht nur auf das Internet alleine beschränkt, sondern umfassen alle Arten der elektronischen Kommunikation. Als wichtigste Chancen des E-Business für Unternehmen gelten die Möglichkeit globaler Marktpräsenz, die Möglichkeit, den Ort der Leistungserstellung vom Ort der Nutzung zu trennen, Kosteneinsparungen durch Ausschaltung von Intermediären (Disintermediation), Verringerung der Lagerhaltung und Fehlervermeidung, Transaktionskostensenkung, Verbesserung der Wettbewerbsfähigkeit und die Erschließung neuer Geschäftsfelder.

Im Business-to-Business Bereich setzen Unternehmen heute verstärkt moderne IuK-Systeme und Software zur unternehmensübergreifenden Geschäftsprozessintegration wie E-Procurement-Systeme und Portal-Technologien ein. Gleichzeitig steigt die Nachfrage nach Dienstleistungen in diesem Bereich. Diese sind – schon aus der Natur der Sache heraus – zum größten Teil IT-basierte Dienstleistungen. Innerhalb des großen Feldes E-Business existiert heute eine breite Palette von IT-basierten Dienstleistungen, welche den elektronischen Geschäftsverkehr unterstützen. Beispiele sind IT-begleitende Dienstleistungen bei der Konzeption und Einführung von E-Procurement-Systemen oder IT-unterstützte Dienstleistungen zur Aufbereitung, Klassifizierung, Zertifizierung und automatischen Verteilung von Produktdaten in der elektronischen Produktkommunikation.

Für Dienstleistungsanbieter im E-Business Umfeld steht dabei die Frage im Mittelpunkt, welche Dienstleistungen angeboten und wie diese Dienstleistungen effizient entwickelt werden können. Während erstere Frage innerhalb der strategischen Unternehmensplanung behandelt wird, ist die integrierte Entwicklung von IT-basierten Dienstleistungen im E-Business heutzutage meist noch ein sehr individueller und nur schwach strukturierter Vorgang. Ansätze aus dem Software Engineering (Husen et al. 2005) oder dem Software-Produktmanagement (Kittlaus et al. 2004) behandeln die Entwicklung von IT-basierten Dienstleistungen nur am Rande oder sind hierfür unzureichend. Gerade in dem Bereich der IT-basierten E-Business Dienstleistungen fallen die fehlenden Methoden und Werkzeuge besonders ins Gewicht, da es sich hier um ein sehr dynamisches und flexibles Umfeld handelt. Produktlebenszyklen werden immer kürzer und Nachfrager der Dienstleistungen sind – trotz angemessener Dienstleistungsqualität – nicht bereit, hohe Preise zu bezahlen, was durch den Konkurrenzdruck aufgrund der zunehmenden Zahl von Anbietern noch verstärkt wird. Für Dienstleistungsanbieter im E-Business Umfeld bedingt dies eine hohe Flexibilität und Effizienz in der (Weiter-) Entwicklung der angebotenen Dienstleistungen (Spohrer u. Riecken 2006). Gerade hier gilt es, durch einen systematischen und integrierten Co-Design-Ansatz, schon von Anfang an Qualität, Flexibilität und Effizienz in die IT-basierten Dienstleistungen hineinzuentwickeln.

16.2 IT-basierte Dienstleistungen im Bereich elektronische Produktkommunikation

Die e-pro solutions GmbH ist ein Anbieter von standardisierten Softwareprodukten und IT-basierten Dienstleistungen im Bereich E-Business, genauer gesagt im Umfeld der elektronischen Produktkommunikation. 1999 als Mitentwickler des BMEcat und als technologischer Vorreiter im Bereich elektronischer Kataloge gestartet, deckt das Produkt- und Dienstleistungsportfolio heute das gesamte Leistungsspektrum ab, das zu einer erfolgreichen unternehmensübergreifenden Produktkommunikation gehört. Die e-pro solutions GmbH hat sich dabei auf Softwarelösungen für den gehobenen Mittelstand spezialisiert. Die Nähe zu nationalen und internationalen Standardisierungsinitiativen in den Bereichen elektronischer Datenaustausch (BMEcat, openTRANS etc.) und Klassifikation von Produkten und Dienstleistungen (eCl@ss, ETIM, UN/SPSC, procl@ss etc.) garantiert hochwertige und zukunftssichere Lösungen.

Mit über 60 Mitarbeitern an vier Standorten und einem umfangreichen Partner-netzwerk, ist die e-pro solutions GmbH mit mehr als 100 Installationen im Bereich Product Information Management und weit über 500 Softwarekunden in den Be-reichen Database Publishing und E-Business Werkzeuge das führende deutsche Softwarehaus für effiziente Lösungen zum Thema elektronische Produktkommu-nikation und E-Business Standards.

16.2.1 Produkte und Dienstleistungen der e-pro solutions GmbH

Die e-pro bietet eine umfangreiche Produktpalette beginnend mit Tools zur Erstel-lung von elektronischen Produktkatalogen bis hin zu umfangreichen Product Infor-mation Management Lösungen. Neben den in Abb. 16-1 dargestellten Standard-softwareprodukten hat die e-pro noch Projektsoftware u. a. in den Bereichen Online-Shops und Transaktionslösungen im Portfolio.

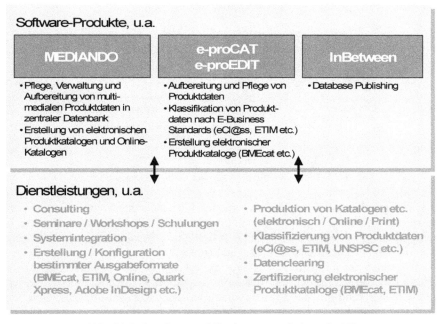

Abb. 16-1. Angebotsportfolio der e-pro solutions GmbH

Die angebotenen Dienstleistungen sind eng an die Softwareprodukte der e-pro gebunden. Die Dienstleistungen sind einerseits IT-begleitend (Consulting, Schu-lungen, Systemintegration, Entwicklung von Individuallösungen auf Basis der Projektsoftware etc.). Andererseits befinden sich auch IT-unterstützte Dienstleis-tungen wie Katalogproduktion, Klassifikation und Katalogzertifizierung im Ange-bot der e-pro (siehe Abschnitt 16.2.3).

16.2.2 Dienstleistungswertschöpfungskette

Bei der Erbringung von IT-basierten Dienstleistungen im Bereich Produktkommunikation können zwei Fälle unterschieden werden (vgl. Abb. 16-2).

1. *Direkte Leistungserbringung*: hier tritt der Softwareanbieter selbst als Dienstleistungsanbieter gegenüber dem Kunden auf.
2. *Indirekte Leistungserbringung*: hier erbringt ein Dritter (z.B. ein Partnerunternehmen oder ein unabhängiger Dienstleister) die Dienstleistung für den Kunden auf Basis der Software des Herstellers.

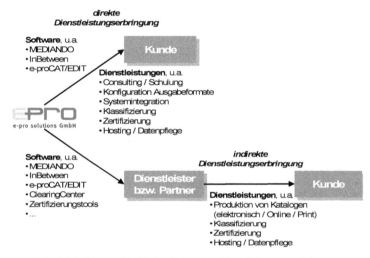

Abb. 16-2. Unterschiedliche Arten der Dienstleistungserbringung

Die e-pro bedient beide Stränge in der Dienstleistungswertschöpfungskette. Beispielsweise bietet die e-pro selbst IT-begleitende Dienstleistungen rund um ihre Standardsoftwareprodukte sowie IT-unterstützte Dienstleistungen wie die Zertifizierung von elektronischen Produktkatalogen an.

Im Bereich der indirekten Dienstleistungserbringung gibt es mehrere Möglichkeiten. Einerseits treten Partner der e-pro gegenüber den Kunden als Dienstleistungsanbieter rund um die e-pro Produkte auf. Beispielsweise produzieren Verlags- und Druckhäuser Kataloge für ihre Kunden auf Basis der e-pro Software. Zum anderen werden ausgewählte Kunden der e-pro durch den Erwerb von Softwarelösungen der e-pro selber zum Anbieter von Dienstleistungen im Bereich der elektronischen Produktkommunikation. Ein Beispiel hierfür ist das Nordwest Clearing Center. Hierbei handelt es sich um eine Plattform auf der die Nordwest Handel AG ein Web-basiertes Datenbereitstellungs-Center (Clearing Center) anbietet, welches die Kunden von Nordwest bei der Erstellung von klassifizierten Katalogen und dem Produktdatenaustausch unterstützt. Ein anderes Beispiel ist die Zertifizierung von Produktkatalogen mit der e-pro Zertifizierungssoftware durch unabhängige Dienstleister.

16.2.3 Klassifikation der IT-basierten Dienstleistungen

Im Rahmen des ServCASE-Projektes wurden Ansätze zur Klassifikation von IT-basierten Dienstleistungen entwickelt (Husen et al. 2005; Fähnrich u. Meiren 2004; siehe auch Beitrag 2 in diesem Buch). Kriterien hierbei sind unter anderem die Systemführerschaft und die Komplexität von Software und Dienstleistungen. Auf dieser Basis wurden im Rahmen des ServCASE-Projektes die Dienstleistungen der e-pro untersucht und klassifiziert. Im Folgenden werden zwei ausgewählte Bereiche von E-Business Dienstleistungen für die elektronische Produktkommunikation betrachtet.

1. IT-unterstützte Dienstleistungen rund um elektronische Produktdaten (Memminger 2004): Aufbereitung und Klassifikation von Produktdaten, Qualitätssicherung und Zertifizierung von Produktkatalogen nach E-Business Standards, Erstellung von elektronischen Katalogen für E-Procurement-Systeme und Online-Marktplätze nach kundenspezifischen Anforderungen, Betrieb von Clearing Centern etc.
2. IT-begleitende Dienstleistungen im Bereich Product Information Management (Memminger u. Wäsch 2005): Konfiguration des Produktdatenmodells, Systemintegration (beispielsweise mit ERP-Systemen), Erstellung von Ausgabekonfigurationen für Online- und Printmedien etc. Diese Aufgaben können prinzipiell auch von dem Kunden selbst übernommen werden, da die Schnittstellen der Software und die einzelnen Werkzeuge dokumentiert sind, allerdings ist spezialisiertes Know-how hierzu notwendig.

Bei der ersten Kategorie handelt es sich um IT-unterstütze Dienstleistungen, d.h. das angebotene Primärprodukt ist die Dienstleistung und die IT unterstützt bei der Dienstleistungserbringung. Die Systemführerschaft bei der integrierten Entwicklung von Software und Hardware liegt bei der Dienstleistung. Trotz der untergeordneten Rolle der Software stellt sich jedoch bereits in früheren Phasen die Aufgabe, die Machbarkeit und die gegebenen Rahmenbedingungen der IT zu prüfen und zu berücksichtigen (Fähnrich u. Meiren 2004). Die Komplexität der betrachteten Dienstleistungs- und Softwarekomponenten ist im untersuchten Bereich jeweils als mittel–hoch anzusehen. Dies bedingt eine enge Verzahnung von Dienstleistungs- und Softwareerstellung. So sind zwischen den existierenden Entwicklungsmethoden und -modellen Abstimmungspunkte zu finden, um das kombinierte Produkt effizient zu entwickeln. Erfolgt die Leistungserstellung indirekt (vgl. Abschnitt 16.2.2), sollte die Entwicklung der IT-basierten Dienstleistung gegebenenfalls gemeinsam vom Software-Hersteller und dem Partner bzw. Dienstleister durchgeführt werden.

Bei der zweiten untersuchten Kategorie handelt es sich um IT-begleitende Dienstleistungen, d.h. das angebotene Primärprodukt ist die Software. Die Systemführerschaft bei der integrierten Entwicklung von Software und Hardware liegt eindeutig bei der Software. Die Komplexität der betrachteten Software ist hoch, während die Komplexität der Dienstleistungen eher als mittel einzuschätzen ist. Die Entwicklung der Dienstleistungen erfolgt meist nebenläufig bzw. nachgelagert, wobei die Paradigmen des Software Engineering bzw. der Entwicklung von IT-Systemen dominieren.

Abb. 16-3 zeigt die Einordnung der betrachteten Dienstleistungsbereiche in die ServCASE-Matrix (Husen et al. 2005). Die Vorgehensweise bei der Entwicklung der IT-unterstützten Dienstleistungen wird in Abschnitt 16.3 näher beschrieben. Auf die Entwicklung von IT-begleitenden Dienstleistungen wurde in (Memminger u. Wäsch 2005) eingegangen.

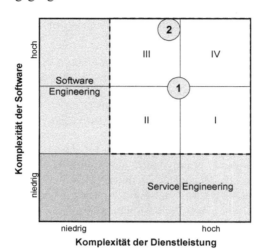

Abb. 16-3. Klassifikation der betrachteten IT-basierten Dienstleistungen

16.3 Vorgehensweise bei der Entwicklung IT-unterstützter Dienstleistungen

Innerhalb des ServCASE-Projektes erfolgte die Definition eines – an die Anforderungen der e-pro angepassten – Phasen-Modells zur Entwicklung von IT-unterstützten Dienstleistungen im Bereich der elektronischen Produktkommunikation. In Anlehnung an das ServCASE-Vorgehensmodell wurden folgende fünf Phasen definiert: Ideenfindung, Anforderungsdefinition, Konzeption, Realisierung und Qualitätssicherung sowie Markteinführung (siehe Abb. 16-4). Diese fünf Phasen bauen aufeinander auf und bilden einen Leitfaden für den strukturierten Entwicklungsprozess von IT-unterstützten Dienstleistungen. Hierbei soll kein streng sequentielles Vorgehen impliziert werden, die einzelnen Phasen bieten eher einen Orientierungsrahmen.

Orthogonal zu den Phasen werden in der integrierten Dienstleistungsentwicklung folgende Entwicklungsobjekte betrachtet (Husen et al. 2005; Husen 2005).

• *Produktmodell:* es wird beschrieben, *was* die Dienstleistung leistet und aus welchen Teilen diese besteht. Das Produktmodell beinhaltet das Nutzenmodell für den Kunden sowie das Ertragsmodell für das Unternehmen.

- *Prozessmodell (Leistungsmodell):* es wird beschrieben, *wie* die Ergebnisse einer Dienstleistung zustande kommen, d.h. in welchen Prozessschritten die Dienstleistung erbracht wird.

- *Ressourcenkonzept:* es wird beschrieben, welche Ressourcen (Humanressourcen, IT-Ressourcen etc.) zur Erbringung der Dienstleistung benötigt werden. Wird die Dienstleistung in Zusammenarbeit mit externen Partnern erbracht ist auch ein Kooperationsmodell zu entwickeln.

- *Kundeninteraktionsmodell:* es wird beschrieben, welche Interaktionen mit den Kunden in welchen Prozessschritten stattfinden (externe Schnittstellen der Dienstleistung, öffentliche Geschäftsprozesse).

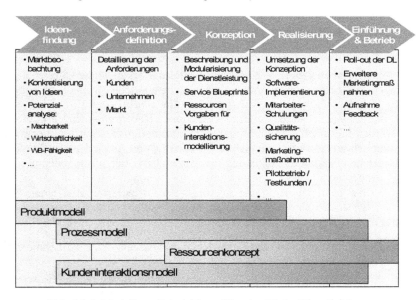

Abb. 16-4. Modell zur Entwicklung IT-unterstützter Dienstleistungen

Die verschiedenen Entwicklungsphasen fokussieren dabei unterschiedlich stark auf die einzelnen Entwicklungsmodelle (vgl. Abb. 16-4). Im Folgenden werden die einzelnen Phasen und die in den Phasen betrachteten Modelle und Methoden beispielhaft beschrieben.

16.3.1 Ideenfindung

Zu Beginn der Entwicklung der Dienstleistung steht die Ideenfindungsphase. Ziel dieser Phase ist die Entwicklung eines ersten Konzepts für erfolgversprechende IT-unterstützte Dienstleistungen.

In regelmäßigen Sitzungen werden hierzu Ideen für neue Dienstleistungen bzw. die Weiterentwicklung von Dienstleistungen innerhalb eines kleinen Kreises aus Geschäftsleitung, Marketing und Vertrieb, Consulting, Produktmanagement und

Softwareentwicklung (Product Board) diskutiert. Für ausgewählte Dienstleistungen werden die Marktrelevanz und das Marktpotenzial der Dienstleistungen in Brainstorming näher beleuchtet. Gleichzeitig erfolgt eine erste Abwägung in Bezug auf die erforderlichen internen und externen Prozesse und Schnittstellen sowie die Machbarkeit, den Preis (Wirtschaftlichkeitsbetrachtung) und das Qualitätsniveau der Dienstleistung. Aufgrund dieser Überlegungen erfolgt eine Entscheidung, ob die Ideen weiterverfolgt werden sollen oder nicht.

16.3.2 Anforderungsdefinition

Nach Abschluss der Ideenfindungsphase werden für erfolgversprechende Dienstleistungen weitere Anforderungen erhoben, um das Produktmodell der Dienstleistung zu detaillieren. Die Anforderungen kommen hierbei aus unterschiedlichen Bereichen.

Zum einen werden generelle Anforderungen des Marktes in die Überlegung mit einbezogen. Beispielsweise wird evaluiert, welche ähnlichen Dienstleistungen bereits am Markt verfügbar sind und wo genau die Stärken der zu entwickelnden Dienstleistung liegen (Unique Selling Propositions). Neben internen Marktinformationen werden hier auch externe Studien zur Informationsbeschaffung herangezogen. Zusätzlich werden vom Vertrieb und von den Consultants der e-pro Anforderungen, welche bei Kunden aufgenommen wurden bzw. sich aus Kundenprojekten ergeben, eingebracht. Diese Informationen sind besonders wertvoll, da sie sich speziell auf den späteren erfolgreichen Absatz der Dienstleistung beziehen. Nicht zuletzt spielen auch interne Anforderungen eine Rolle. Folgende Punkte werden hier unter anderem besonders berücksichtigt:

- Strategische Positionierung der Dienstleistung innerhalb des Unternehmens und deren organisatorische Einordnung.
- Wie soll die Dienstleistung im Unternehmen erbracht werden? Wie wird die Dienstleistung dem Kunden angeboten und wie werden Kunden in die Leistungserbringung eingebunden?
- Finanzielle Anforderungen: wie wird die Dienstleistung später abgerechnet, wie sind die Preisspielräume etc.?

Die Anforderungsdefinition wird im Falle der IT-unterstützten Dienstleistung von einem kleinen Querschnittsteam durchgeführt, in dem neben Consulting und dem Softwareentwicklungsbereich auch das Produktmanagement, Marketing und Vertrieb repräsentiert sind.

Hauptergebnis der Anforderungsdefinitionsphase ist ein vorläufiges, informales Produktmodell für die Dienstleistung. Weitere Ergebnisse sind erste Definitionen für das Prozess- und das Kundeninteraktionsmodell. Bei der Anforderungsdefinition wird nicht zwischen Software- und Dienstleistungsanteilen unterschieden, sondern es erfolgt eine integrierte Betrachtung. Die Ergebnisse werden innerhalb eines Lastenhefts für die IT-unterstützte Dienstleistung zusammen getragen. Auf Basis des Lastenhefts erfolgt eine Entscheidung, ob der Dienstleistungsentwicklungsprozess weiterverfolgt werden soll oder nicht.

16.3.3 Konzeption der Dienstleistung

Das Lastenheft für die Dienstleistung bildet die Grundlage für die Konzeptionsphase. Im Vordergrund der Konzeptionsphase steht die Entwicklung eines modularen, integrierten Produktmodells für die IT-unterstützte Dienstleistung. Gleichzeitig wird das Prozess- und Kundeninteraktionsmodell formalisiert und ein erstes Ressourcenkonzept entwickelt (vgl. Abb. 16-4). Da zwischen diesen Entwicklungsobjekten Interdependenzen existieren, muss eine integrierte Betrachtung erfolgen. Hierbei erfolgt eine enge Abstimmung zwischen der eigentlichen Dienstleistungsentwicklung und der unterstützenden Softwareentwicklung.

Produktmodell der Dienstleistung
Hier wird das Grobkonzept der Dienstleistung aus der Anforderungsdefinitionsphase konkretisiert. Das Produktmodell spezifiziert die abstrakten Produktstrukturen und das Qualitätsniveau der Dienstleistung und beschreibt die einzelnen Elemente, deren Eigenschaften und logischen Zusammenhänge, sowie das Ergebnis und die Quality of Service aus Kundensicht (Husen 2005). Es wird genau definiert, was die Dienstleistung später erbringen soll und wo der Nutzen für die späteren Kunden liegen soll. Daneben erfolgen eine Kosten- und Ertragsbetrachtung sowie eine RoI-Berechnung. Im Hinblick auf die IT-Unterstützung werden die einzusetzenden Werkzeuge und Softwarekomponenten und deren Funktionen spezifiziert. Die Dokumentation des Produktmodells erfolgt im Moment konventionell mittels Text, Spreadsheets und Graphiken – mangels geeigneter handhabbarer Modellierungswerkzeuge für formale Dienstleistungsproduktmodelle.
Wichtig bei der Definition des Produktmodells ist das Modularisierungskonzept. Durch Modularisierung von Dienstleistungen lassen sich einzelne Dienstleistungsbestandteile bzw. deren zugrunde liegenden Prozesse wiederverwenden und somit leicht Varianten bzw. Kombinationen von Dienstleistungen erstellen. Dienstleistungen können zügig an neue Rahmenbedingungen und Markt- und Kundenanforderungen angepasst werden. Neue Dienstleistungen können zeitnah umgesetzt werden, da nur definierte Teilbereiche geändert werden müssen. Dieser Adaptionsprozess kann unterstützt werden durch Leistungskataloge, die einzelne Leistungsmodule zu Leistungsgruppen zusammenfassen. Da die Leistungen in einzelne Elemente mit definierten Eigenschaften zerlegt werden, muss nicht für jede neue bzw. angepasste Dienstleistung eine neue bzw. angepasste Software erstellt werden; Softwarelösungen müssen nur für die entsprechenden Komponenten angepasst werden. Der Einsatz einer Serviceorientierten Architektur ermöglicht hier zusätzliche Flexibilität (siehe Abschnitt 16.3.4).

Prozessmodell
Innerhalb des Prozessmodells werden die Abläufe zur Dienstleistungserbringung genau spezifiziert, d.h. es wird beschrieben, wie die Ergebnisse der Dienstleistung zustande kommen (Husen 2005). Es werden die einzelnen Prozessschritte zur Erbringung der Dienstleistungsbestandteile, sowie deren Abfolge, Abhängigkeiten, Realisierung, Schnittstellen und Zeithorizont spezifiziert. Zum Einsatz kommen hier formale Methoden zur Prozessspezifikation, z.B. EPK, UML oder Service Blueprints. Abb. 16-5 zeigt beispielhaft einen Service Blueprint für eine E-Business

Dienstleistung zur Aufbereitung von Produktdaten in bestimmte Ausgabeformate, z.B. BMEcat/ETIM oder Print. Der Einsatz formaler Modellierungsmethoden ermöglicht die frühzeitige Fehlererkennung (z.B. mit Fehlermöglichkeits- und -einflussanalyse), die Optimierung der Prozesse (z.B. hinsichtlich Durchlaufzeiten, nicht-wertschöpfender Prozessschritte) sowie Profitabilitätsanalysen.

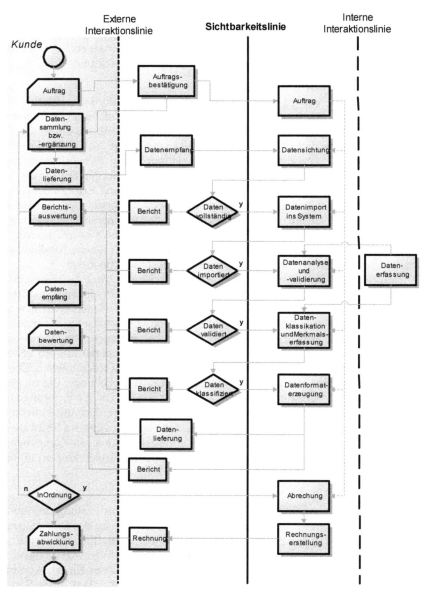

Abb. 16-5. Beispiel Service Blueprint für IT-unterstützte Dienstleistung

Ein spezieller Fokus in der Prozessmodellierung für E-Business Dienstleistungen liegt auf der Definition der Prozess- und IT-Schnittstellen Kunde – Unternehmen – Unternehmensbereiche/Abteilungen – externe Ressourcen. Es wird somit zwischen den unternehmensinternen (privaten) und den externen, unternehmensübergreifenden (öffentlichen) Geschäftsprozessen unterschieden (Klingemann et al. 1999; Otto u. Wäsch 2003). Eine Modellierungsmethode, welche die integrierte Betrachtung des Dienstleistungsprozesses aus Kunden- und unternehmensinterner Sicht erlaubt sind die sog. Service Blueprints (Shostak u. Kingman-Brundage 1991). Die Aktivitäten des Ablaufdiagramms werden hierbei in zwei Handlungsbereiche aufgeteilt, die durch eine Sichtbarkeitslinie voneinander getrennt sind. Die Sichtbarkeitslinie trennt Leistungsbestandteile bzw. Prozessschritte, die vom Kunden direkt wahrgenommen werden, von solchen, die vom Kunden nicht direkt wahrgenommen werden (Husen 2005). Der Bereich, der vom Kunden wahrgenommen wird, entspricht dem externen (öffentlichen), der andere dem internen (privaten) Geschäftsprozess. Weiterhin können in Service Blueprints Schnittstellen zu den Kunden (externe Interaktionslinien) und Schnittstellen zwischen Unternehmensbereichen bzw. Abteilungen und zu nachgeschalteten Dienstleistern gekennzeichnet werden (interne Interaktionslinien, siehe Abb. 16-5).

Im Rahmen des Co-Designs wird gemeinsam festgelegt, wie die einzelnen Prozessschritte im Detail zu realisieren sind. Beispielsweise können einzelne Prozessschritte manuell, system-gestützt oder voll-automatisch ablaufen. Hieraus ergibt sich die Konzeption für die einzelnen Softwaremodule und deren Zusammenhänge und Schnittstellen. Durch den Einsatz einer Serviceorientierten Architektur ist die flexible Komposition von IT-unterstützen Dienstleistungsprozessen möglich (siehe Abschnitt 16.3.4). Die Konzeption neuer Softwaremodule bzw. die Anpassung bestehender Softwaremodule erfolgt nach dem in der e-pro etablierten strukturierten Software-Entwicklungsprozess. Die Detaillierung manueller und teilmanueller Prozessschritte erfolgt im Rahmen der weitergehenden Prozessmodellierung und des Ressourcenkonzepts. Dabei erfolgt eine kontinuierliche Abstimmung der Konzeption für die unterschiedlichen Teilbereiche.

Kundeninteraktionsmodell
Im Kundeninteraktionsmodell erfolgt eine Beschreibung der externen Schnittstelle aus Kundensicht (Husen 2005). Allerdings sind Prozess- und Kundeninteraktionsmodell nicht klar zu trennen. Aus der Sicht der e-pro ist eine integrierte Betrachtungsweise von Vorteil, beispielsweise durch Nutzung der beschriebenen Service Blueprints.

Auf Basis des Prozessmodells und des Ressourcenkonzepts werden Prozessschritte mit Kundenschnittstellen und die zugeordneten Ressourcen identifiziert. Weiterhin werden die Interaktionsarten klassifiziert und die Art der technischen Ausgestaltung der Schnittstellen mit geeigneten Methoden und Werkzeugen spezifiziert. Die Interaktionen zwischen Dienstleistungs-Anbieter und -Empfänger können mit Hilfe einer Mensch-Objekt-Matrix klassifiziert werden: Mensch-Mensch (z.B. Telefon, E-Mail), Mensch-Objekt (z.B. Remote-Diagnose), Objekt-Mensch (z.B. automatische Nachricht per E-Mail) und Objekt-Objekt (z.B. System-APIs, Web Services).

Im Rahmen des Co-Designs wird festgelegt, welche Arten von externen Schnittstellen implementiert werden sollen. Externe Schnittstellen zu Kunden in E-Business Dienstleistungen können in einer Serviceorientierten Architektur relativ einfach mittels Portal-Technologie oder Web Services realisiert werden (Wäsch 2005). Kommen Web Services zur Objekt-Objekt-Interaktion zum Einsatz, können die Schnittstellen einfach mit WSDL spezifiziert werden, die Kommunikation erfolgt dann beispielsweise über SOAP.

Ressourcenkonzept

Das Ressourcenkonzept dient der Planung des Ressourceneinsatz, der für die spätere Erbringung der Dienstleistung erforderlich ist (Husen 2005). Aus dem Prozessmodell werden für jeden Prozessschritt detailliert die notwendigen Ressourcen (Humanressourcen sowie Infrastruktur und Betriebsmittel, z.b. erforderliche IT-Systeme, Räume) abgeleitet. Die Beschreibung der notwendigen Ressourcen erfolgt dabei auf abstrakter, nicht auf konkreter Ebene. Im Bereich Humanressourcen bedeutet dies, dass nicht die Zuordnung von konkreten Mitarbeitern zu Aufgaben, sondern nur Rollen sowie die Aufwände für die einzelnen Aktivitäten beschrieben werden. Auf dieser Basis kann dann die Berechnung der für eine Dienstleistung notwendigen Ressourcen erfolgen. Ein wichtiger Punkt ist, dass die IT-unterstützte Dienstleistung skalierbar angelegt ist, d.h. dass sie schnell und flexibel dem Bedarf angepasst werden kann.

Das Ressourcenkonzept legt bereits Verantwortlichkeiten fest, so dass im Rahmen des Co-Designs bereits die Bereiche/Abteilungen einbezogen werden können, die später die Dienstleistung erbringen sollen. Dies bildet die Basis für die Personalplanung im Unternehmen sowie Personalentwicklungsmaßnahmen (Ganz u. Graf 2006). Aus den Rollendefinitionen werden Soll-Kompetenzprofile für Mitarbeiter (Tätigkeitsbeschreibungen) abgeleitet. Durch Analyse der Differenz von Soll- und Ist-Profilen werden mögliche Ressourcen-Engpässe frühzeitig erkannt und der Rekrutierungs- und Qualifizierungsbedarf der Mitarbeiter und externen Ressourcen ermittelt. Vor allem bei der Entwicklung neuer Dienstleistungen können hier hohe Aufwände entstehen.

Begleitende integrierte Maßnahmen

Bereits in der Konzeptionsphase werden Testfälle für die Dienstleistung definiert und Qualitätssicherungsmaßnahmen vorbereitet. Neben den inhaltlichen Planungen werden erste Marketingplanungen zur späteren Vermarktung der Dienstleistung erarbeitet. Neben der Marketing-Strategie für die Platzierung innerhalb spezieller Zielgruppen wird auch bereits der später anzuwendende Marketing-Mix beschrieben. Hier ist eine enge Zusammenarbeit zwischen allen beteiligten Bereichen wichtig, da der Marketing-Mix neben Werbemaßnahmen auch preis- und absatzpolitische Entscheidungen umfasst.

Im Falle der indirekten Dienstleistungserbringung (vgl. Abschnitt 16.2.2) können vorliegende Produkt-, Prozess- und Kundeninteraktionsmodelle sowie Ressourcenkonzepte auch bei Partnern der e-pro sowie unabhängigen Dienstleisten Einsatz finden. Wenn diese Unternehmen mit der e-pro Software Dienstleistungen für Dritte erbringen, können die vorliegenden Modelle als „Best Practice" Vorlage für deren eigene Dienstleistungsrealisierung dienen, die dann an die vorliegenden

Rahmenbedingungen angepasst werden können. In diesem Fall wird nicht nur die Software von der e-pro vertrieben, sondern auch ein begleitendes Nutzungsmodell zur Dienstleistungserbringung mit der Software zur Verfügung gestellt. Das Dienstleistungsmodell kann damit selbst als ein Produkt aufgefasst werden. Hierfür muss dann ein geeignetes Lizenzmodell entwickelt werden.

16.3.4 Realisierung und Qualitätssicherung

Im Anschluss an die Konzeption folgt die Implementierungsphase. In dieser Phase ist sicherlich die größte Trennung zwischen Software und Service Engineering zu beobachten. Aus diesem Grund wird zusätzlich eine integrierte Entwicklungsebene für das Co-Design eingeführt, welche die beiden Entwicklungsbereiche koordiniert und die Qualität der entstehenden Dienstleistung sichert.

Softwareentwicklung
Die Implementierung neuer Softwaremodule bzw. die Anpassung bestehender Softwaremodule erfolgt nach einem etablierten strukturierten Software-Entwicklungsprozess. Bei der Implementierung der Software zur Dienstleistungsunterstützung wird nun ein serviceorientierter Ansatz verfolgt. Eine Serviceorientierte Architektur (SOA) ist eine Softwarearchitektur, die Geschäftsfunktionalitäten oder ganze Geschäftsprozesse als (IT-)Services zugänglich macht. Services können unabhängig von ihrer zugrunde liegenden Implementierungen über wohldefinierte bzw. standardisierte und veröffentlichte Schnittstellen aufgerufen werden. Serviceinteraktionen finden über eine dafür vorgesehene Kommunikationsinfrastruktur statt. Abb. 16-6 zeigt die grundlegenden Rollen und Funktionalitäten innerhalb einer SOA.

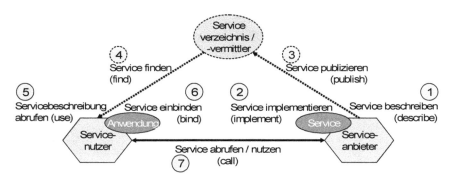

Abb. 16-6. Rollen und Funktionalitäten innerhalb einer SOA

Das grundlegende Prinzip einer SOA ist, die für die Geschäftsanwendungen und Geschäftsprozesse benötigten Funktionalitäten (in diesem Fall für die Dienstleistungserbringung) als modulare und wiederverwendbare IT-Services zur Verfügung zu stellen. Neue Geschäftsanwendungen können somit aus bereits existierenden IT-Services zusammengestellt werden (vgl. Abb. 16-7). Durch die lose

Kopplung von Services innerhalb einer SOA besteht die Möglichkeit, Geschäftsanwendungen und Geschäftsprozesse durch den Austausch einzelner Services zu
modifizieren, zu erweitern und zu optimieren. Services können neue Funktionalität implementieren, aber auch Funktionen existierender Anwendungssysteme kap-
seln. Bestimmte Funktionen der Anwendungsebene werden so als Services auf der
sog. Service-Ebene verfügbar. Diese Services können dann auf der Geschäftspro-
zess-Ebene zur flexiblen Realisierung neuer Geschäftsanwendungen und Geschäftsprozesse genutzt werden.

Die durch den serviceorientierten Ansatz gewonnene Flexibilität ermöglicht die
einfache, modulare Realisierung von IT-unterstützten Dienstleistungen. Bei Änderungen von Dienstleitungen und den zugrunde liegenden Prozessen muss nicht eine neue Software-Version entwickelt werden, sondern es müssen nur die entsprechenden Services ausgetauscht bzw. angepasst werden. Bei der Neuentwicklung
von Dienstleitungen kann das Repository von existierenden IT-Services genutzt
werden, um neue Software-Anwendung zur Dienstleistungsunterstützung zu kom-
ponieren.

Der Einsatz einer SOA unterstützt auch die Implementierung der externen
Schnittstelle zum Kunden (öffentlicher Geschäftsprozess) im Rahmen einer unternehmensübergreifenden Geschäftsprozessintegration, oft auch als Business to Business Integration (B2BI) bezeichnet. Hier wird die SOA zur Vereinfachung des
Austauschs von Geschäftsdokumenten sowie der Anwendungs- und Prozessinteg-
ration genutzt. Externe Schnittstellen zu Kunden können so relativ einfach mittels
Portal-Technologie oder Web Services realisiert werden.

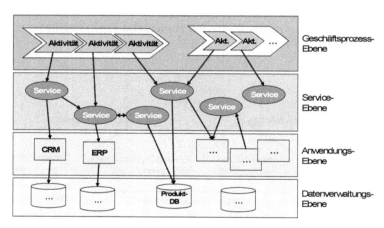

Abb. 16-7. Komposition und Orchestrierung von Services

Dienstleistungsentwicklung
Ein weiterer wichtiger Schritt ist die Umsetzung der in der Konzeptionsphase beschriebenen Dienstleistungsprozesse. Für die interne Realisierung der Dienstleistung werden Verantwortlichkeiten definiert und entsprechende Dokumentationen
und Vorgehensanweisungen erstellt. Es werden dabei die etablierten Methoden zur
Dienstleistungsentwicklung eingesetzt.

Im Falle von IT-unterstützten Dienstleistungen wird versucht, den Dienstleistungserbringungsprozess – soweit möglich und sinnvoll – zu automatisieren (Business Process Management, Service Automation (Fähnrich u. Meiren 2004)). Es soll eine effiziente, gewinnbringende Abwicklung von Dienstleistungsaufträgen ermöglicht werden, wobei der aktuelle Zustand der laufenden Prozessinstanzen mit allen notwendigen Informationen jederzeit nachvollziehbar sein soll. Hierbei geht es vor allem um die Verzahnung existierender prozessunterstützender Anwendungssoftware – weniger um die Entwicklung neuer Software als Basis der Dienstleistung. Dies betrifft unter anderem das CRM-System (Kundenmanagement, Angebots- und Auftragsmanagement etc.), die Ressourcenplanung, den Help Desk und das eingesetzte ERP-System (Auftragsmanagement, Zeiterfassung, Verbuchung, Abrechnung etc.). Gegebenenfalls werden auch spezielle Werkzeuge zur Prozessunterstützung einer IT-basierten Dienstleistung in Abstimmung mit der Softwareentwicklung implementiert. Der Einsatz einer SOA unterstützt wiederum den Prozess der Enterprise Application Integration.

Innerhalb der Realisierungsphase werden auch die endgültigen Personalentscheidungen getroffen. Falls notwendig, werden Mitarbeiter entsprechend den im Ressourcenkonzept definierten Soll-Kompetenzprofilen qualifiziert. Gegebenenfalls kommt es hier zu Personaleinstellungen oder zum Rückgriff auf externe Ressourcen, falls nicht genügend interne Ressourcen vorhanden sind. Meist ist dies aber erst nach einer gewissen Erfolgsphase einer Dienstleistung der Fall und nicht bereits Bestandteil der Implementierungsphase.

Integrierte Entwicklung
Ziel der integrierten Entwicklungsebene für das Co-Design ist eine gesamtheitliche Betrachtung der Dienstleistungsentwicklung. Sie koordiniert die Entwicklungsbereiche Software und Dienstleistungen und stellt die übergreifende Qualität und integrierte Dokumentation der entstehenden Dienstleistung sicher. Hier sind auch das operative Gesamtprojektmanagement und die vorbereitenden vertriebsunterstützenden Marketingmaßnahmen angesiedelt.

Für die interne Erbringung der Dienstleistung werden weitere Dokumentationen erstellt. Auf Basis von Testfällen werden periodisch Integrationstests durchgeführt und die Ergebnisse dokumentiert. Die Qualitätssicherung der Softwareentwicklung erfolgt dabei vor allem mit den etablierten Methoden der Softwarequalitätssicherung in der Entwicklung. Unter Umständen erfolgt vor dem endgültigen Rollout ein Testbetrieb oder ein Pilotbetrieb mit ausgewählten Kunden.

Begleitend erfolgen sonstige organisatorische Maßnahmen für den Roll-out der IT-unterstützten Dienstleistung. Zur detaillierten Preisfindung sind genaue Kalkulationen nötig. Zur Messung der Produktivität der späteren Dienstleistungserbringung werden Messgrößen und Kennzahlen definiert. Im administrativen Bereich werden vorbereitende Maßnahmen getroffen (Anlegen von Kostenstellen etc.), damit eine reibungslose Verbuchung und Abrechnung der Leistungserbringung möglich ist. Die geplanten Marketingmaßnahmen werden umgesetzt und das Marketingmaterial wird öffentlich zugänglich gemacht, um bereits eine erste Nachfrage auf dem Markt zu generieren.

16.3.5 Markteinführung und Betrieb

Am Ende der Realisierungsphase ist die qualitätsgesicherte IT-basierte Dienstleistung verkaufsfertig. Die Dienstleistung wird Bestandteil des Unternehmensportfolios und die Markteinführung kann gestartet werden. Mit den bisher geplanten Maßnahmen kann der Roll-out der Dienstleistung gestartet werden.

Seitens des Marketings wird der Roll-out durch die Durchführung von Befragungen auf Kunden- und Unternehmensseite unterstützt. Dies ist eine wichtige Messgröße für das Unternehmen. Im Falle eines negativen Feedbacks kann sofort reagiert werden und der Prozess der Dienstleistungsentwicklung bzw. -verbesserung neu angestoßen werden (Continuous Improvement). Zur Messung der Qualität und Produktivität setzt die e-pro spezielle Messgrößen ein. Dabei handelt es sich nicht nur um klar quantifizierbare Messgrößen wie z.B. Durchlaufzeiten und Umsatz, sondern auch um solche Faktoren wie Kundenzufriedenheit und Market Response.

16.4 Zusammenfassung

In diesem Beitrag wurde der von der e-pro solutions GmbH definierte strategische Ansatz zur Entwicklung von IT-basierten E-Business Dienstleistungen für die Produktkommunikation beispielhaft beschrieben. Durch die im Rahmen des Serv-CASE-Projektes gewonnenen Erkenntnisse konnte die Qualität der Dienstleistungsentwicklung sowie der Dienstleistungen selbst verbessert werden. Eine wichtige Erkenntnis für das Unternehmen und die Mitarbeiter war hierbei, dass die systematische Dienstleistungsentwicklung – trotz erhöhten Aufwands – durchaus sinnvoll ist. Als Folge wird das beschriebene Konzept prinzipiell auch auf andere Dienstleistungsbereiche wie Professional Services und Systemintegration angewendet. Die Ergebnisse kommen auch Partnern der e-pro bei der indirekten Dienstleistungserbringung zugute.

Die gewählte Vorgehensweise bei der Konzeption und Realisierung der IT-unterstützten Dienstleistungen wird – mangels ausgereifter und für die e-pro handhabbarerer Werkzeuge – augenblicklich nur zum Teil durch Werkzeuge unterstützt. Die eingesetzten Tools sind vor allem bekannte Office-Software und Werkzeuge aus dem Software Engineering zur Prozess- und Systemmodellierung. Vor allem Tools zur einfachen Erstellung und strukturierten Beschreibung von Produktmodellen für Dienstleistungen im Baukastenprinzip fehlen. Hier können in ServCASE entwickelte Werkzeuge Verbesserungspotenzial bieten, falls diese leichtgewichtig genug für den Einsatz in KMU sind.

Der beschriebene Entwicklungsprozess des Co-Designs von Software und Dienstleistungen wird auf Basis von Erfahrungswerten und der in ServCASE entwickelten Methoden kontinuierlich weiterentwickelt. Beispielsweise wird im Bereich des Dienstleistungscontrollings nach weiteren Messgrößen gesucht, um die Prozesse noch weiter verbessern zu können. Hier wird es sicherlich noch eine gewisse Zeit dauern, bis ein ähnlicher Stand wie bei der Softwareentwicklung erreicht werden wird.

Literatur

Fähnrich KP, Meiren T (Hrsg 2004) Computer Aided Engineering für IT-basierte Dienstleistungen. Leipziger Beiträge zur Informatik; Band II, Eigenverlag der Universität Leipzig

Ganz W, Graf N (Hrsg 2006) Leitbilder – gelebte Werte oder Worte? Fraunhofer IRB, Stuttgart

Husen C van (2005) Dienstleistungsentwicklung – Modellsichten. ServCASE, interner Vortrag

Husen C van, Opitz M, Böttcher M, Meyer K (2005) Co-Design von Software und Services; Studie zur Entwicklung IT-basierter Dienstleistungen in deutschen Unternehmen. Fraunhofer IRB, Stuttgart

Kittlaus HB, Rau C, Schulz J (2004) Software-Produkt-Management. Springer, Berlin Heidelberg New York

Klingemann J, Wäsch J, Aberer K (1999) Deriving Service Models in Cross-Organizational Workflows. In: IEEE Computer Society (ed) Proceedings of the Ninth International Workshop on Research Issues in Data Engineering: Information Technology for Virtual Enterprises (RIDE-VE '99). Los Alamitos CA pp 100–107

Memminger A (2004) IT-basierte Dienstleistungen im E-Business. In: Fähnrich u. Meiren 2004 S 30–35

Memminger A, Wäsch J (2005) Fallstudie: Ist-Situation und Verbesserungspotentiale bei der Produkt- und Dienstleistungsentwicklung im E-Business Umfeld. ServCASE Arbeitspaket 6.2

Otto B, Wäsch J (2003) A Model for Inter-Organizational Business Process Integration. In: Uhr W, Esswein W, Schoop E (Hrsg) Wirtschaftsinformatik 2003, Medien – Märkte – Mobilität; Band I. Physica, Heidelberg S 425–446

Shostak GL, Kingman-Brundage J (1991) How to Design a Service. In: Congram CA, Friedman ML (eds) The AMA Handbook of Marketing for the Service Industries. AMACOM, New York pp 243–261

Spohrer J, Riecken D (eds 2006) Special Issue: Services Science. Communications of the ACM 49 (7):30–87

Wäsch J (2005) Informations- und Wissensmanagement im Enterprise-Portal. Vortrag bei den Stuttgarter E-Business Tagen am 15.11.2005

17 Entwicklung von technischen Dienstleistungen

Ralf Paschnik

Infoman AG, Stuttgart

17.1 Einleitung

Die nachfolgend beschriebenen Ergebnisse beziehen sich auf das Anwendungsgebiet Erbringung von technischen Dienstleistungen im Bereich Customer Relationship Management (CRM) mit dem Schwerpunkt auf die Branche Maschinen- und Anlagenbau.

Wie bei vielen Neuerungen folgte auch beim Thema CRM auf die Phase anfänglicher Euphorie eine Zeit der Ernüchterung und der Misserfolge. Die Einführungen von CRM-Systemen haben in der Vergangenheit einige Unternehmen überfordert. Die Gründe hierfür sind oft in überzogenen Erwartungen, unkorrekten Zusagen oder sogar beidem zu finden. In den letzten Jahren hat sich wieder überwiegend Optimismus bei Unternehmen zum Thema CRM eingestellt. Aktuelle Untersuchungen in Deutschland ergeben, dass trotz mancher Enttäuschung insgesamt eine positive Stimmung gegenüber CRM besteht. Eine zunehmende Zahl von Unternehmen hat erkannt, dass es bei CRM nicht darum geht, einmalig eine Software zu implementieren, sondern langfristig und kontinuierlich das Management des Kundenlebenszyklus zu verbessern.

Hier setzt das Dienstleistungsangebot der Infoman AG an. Infoman bietet Unternehmen des Maschinen- und Anlagenbaus Beratungs- und Realisierungsleistungen zur Einführung oder Optimierung von kundenorientierten Geschäftsprozessen.

Als Beratungs- und Lösungshaus ist Infoman bestrebt, eine zunehmende Bandbreite unterschiedlicher Dienstleistungen effizient und effektiv zu leisten. Ein Aspekt, der die Effizienz verringert, ist die übliche Trennung der Sparten Dienstleistungsentwicklung und Softwareentwicklung. Während im Bereich der Softwareentwicklung im zunehmenden Maße Entwicklungswerkzeuge angeboten werden und Methoden existieren, um Softwareprojekte in ihrer Effizienz zu steigern, gibt es keine vergleichbar weitreichenden Ansätze im Bereich der Dienstleistungsentwicklung. Ein Ansatz, beide Sparten zu verknüpfen und sowohl die Planung als auch die Umsetzung mit gleichen Methoden und Werkzeugen möglichst parallel ablaufen zu lassen, ist noch zu entwickeln.

Die mit einer Standardisierung der Erbringung von Dienstleistungen einhergehende Verwendung von Best Practice Ansätzen wird besonders von Unternehmen des Maschinen- und Anlagenbaus geschätzt und gewünscht. Dabei ist die Verwendung von Best Practice Ansätzen nicht als Gleichmacherei zu verstehen, sondern als Benchmarking mit erfolgreichen Verfahren, an denen man sich misst, die man dann aber für seine eigenen Bedürfnisse adaptiert.

17.2 Begriffsdefinitionen

Benchmarking
„Benchmarking ist der kontinuierliche Prozess, Produkte, Dienstleistungen und Praktiken zu messen gegen den stärksten Mitbewerber oder die Firmen, die als Industrieführer angesehen werden." (David T. Kearns, Chief Executive Officer, Xerox Corporation; FinanzXL 2006)

CAD
Computer Aided Design (computergestütztes Konstruieren) bedeutet, technische Zeichnungen mit Hilfe eines CAD-Programms zu entwerfen und zu bearbeiten.

Die Zeichnungen entstehen also nicht mehr am Reißbreit, sondern im Dialog mit dem Rechner. In der Regel stehen CAD-Programme dem Anwender mit Methoden zur Automatisierung und Rationalisierung zur Seite. Außerdem gibt es Teile-Bibliotheken, die häufig benötigte Konstruktions-Elemente zur Verfügung stellen (Computerlexikon 1998).

CAM
Computer Aided Manufacturing (computerunterstützte Fertigung) steht für die Produktion mit rechnergestützten Bearbeitungsanlagen. Es handelt sich um die Rechnerunterstützung und -überwachung von Betriebsmitteln im Fertigungsprozess. Die Rechnerunterstützung umfasst alle produktionstechnischen Prozesse von der Eingabe über die Bearbeitung bis hin zur Maschinensteuerung. Das Kernstück der computerunterstützten Fertigung ist das NC-Programm, das einem normalen Programm ähnelt. Der Rechner setzt den Programmcode schrittweise in die Werkzeugbewegungen um. Mit dem CAM-Programm kann aus einem Rohling mit elektronisch gesteuerten Werkzeugmaschinen (CNC) das gewünschte Werkstück erzeugt werden.

CAM-Prozesse können ihre Daten direkt aus der computerunterstützten Konstruktion (CAD) erhalten. Die in CAD-Systemen entworfenen Produkte werden in den CAM-Systemen maschinengerecht umgesetzt und für die Steuerung von NC- oder CNC-Systemen benutzt (IT Wissen 2006).

CRM
Customer Relationship Management (Kundenbeziehungsmanagement) „... ist eine kundenorientierte Unternehmensstrategie, die mit Hilfe moderner Informations- und Kommunikationstechnologien versucht, auf lange Sicht profitable Kundenbeziehungen durch ganzheitliche und individuelle Marketing-, Vertriebs- und Servicekonzepte aufzubauen und zu festigen." (Hippner u. Wilde 2006)

Die folgende Abb. 17-1 zeigt die Komponenten eines ganzheitlichen CRM Systems. Die Komponenten eines CRM Systems gliedern sich in die Bereiche operatives CRM, kommunikatives CRM und analytisches CRM.

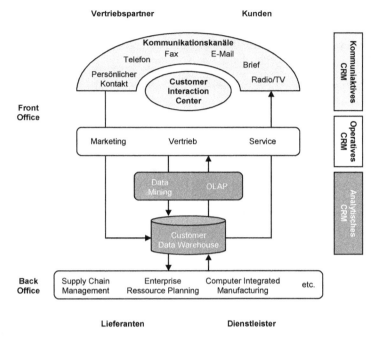

Abb. 17-1. Komponenten einer CRM Lösung
(in Anlehnung an Helmke et al. 2007)

Operatives CRM Das operative CRM umfasst alle Anwendungen, die das Tagesgeschäft in Marketing, Vertrieb und Service unterstützen und teilweise automatisieren. Um gegenüber Kunden korrekte Aussagen über Verfügbarkeiten, Lieferzeiten oder individuelle Preise machen zu können, muss das operative CRM an vorhandene betriebliche Systeme, wie beispielsweise ERP, SCM etc. angebunden sein.

Kommunikatives CRM Das kommunikative CRM umfasst die Steuerung, Koordination und Integration aller kunden- oder geschäftspartnerorientierten Kommunikationswege, wie beispielsweise Telefon, Fax, Internet etc. Typischerweise laufen alle Kommunikationswege in einem Customer Interaction Center zusammen.

Analytisches CRM Operatives und kommunikatives CRM unterstützen direkt die kunden- und geschäftspartnerbezogenen Geschäftsprozesse eines Unternehmens. Das analytische CRM hingegen zeichnet Kontakte und Aktivitäten, die im Rahmen der Kunden- und Geschäftspartnerbeziehung auftreten, in einer Datenbank auf und wertet diese aus. Mit analytischem CRM können beispielsweise Kundengruppen identifiziert, Kundenbewertungen durchgeführt und Prognosen über zukünftiges Verhalten erstellt werden.

Mass Customizing
Mass Customizing bedeutet, dass kundenindividuelle Leistungen oder Produkte mit Hilfe standardisierter Prozesse und standardisierter (modularer) Produktbestandteile erstellt werden. Auf diese Weise sollen die Vorteile genutzt und die Nachteile vermieden werden, die sowohl mit der Massen- als auch mit der individualisierten Produktion verbunden sind. Mittels optimierter Produkt- und Prozesskonfiguration können kundenindividuell gestaltete Produktvarianten erzeugt werden, indem z.B. bereits konstruierte und vorgefertigte Bauteile kombiniert werden. Die eigentliche Variantenfertigung erfolgt in einer möglichst späten Phase des Herstellungsprozesses (RKW 2006).

PLM
Product Lifecycle Management (PLM) bezeichnet ein IT-Lösungssystem, mit dem alle Daten, die im Produktlebenszyklus anfallen, einheitlich gespeichert, verwaltet und abgerufen werden. Dabei kommen Systeme von der Planung (PPS, ERP), Konstruktion (CAD) und Fertigung (CAM) bis zum Qualitätsmanagement, Projektmanagement, Vertrieb und Service zum Einsatz. Ein PLM-System ist aufgrund der Komplexität nicht als Produkt, sondern als eine Lösung zu verstehen. Diese muss durch geeignete technische und organisatorische Maßnahmen betriebsspezifisch umgesetzt werden (HMD 2006).

XML
XML (Extensible Markup Language) steht für strukturierte Daten. Strukturierte Daten findet man z.B. in so unterschiedlichen Dingen wie Kalkulationstabellen, Adressbüchern, Konfigurationsparametern, finanziellen Transaktionen und technischen Zeichnungen. XML ist ein Satz an Regeln (man kann ebenso von Richtlinien oder Konventionen sprechen) für die Erstellung von Textformaten zur Strukturierung solcher Daten. XML ist keine Programmiersprache und man braucht auch kein Programmierer zu sein, um XML zu benutzen oder zu erlernen. XML erleichtert es einem Computer, Daten zu generieren oder zu lesen und sorgt dafür, dass eine bestimmte Datenstruktur eindeutig bleibt. XML vermeidet herkömmliche Fallen, wie sie in anderen Sprachkonstruktionen auftreten: XML ist erweiterbar, plattformunabhängig und unterstützt Internationalisierung/Lokalisierung und Unicode (W3C 2005).

17.3 Ausgangssituation Maschinen- und Anlagenbau

Der Maschinen- und Anlagenbau zählt zu den bedeutendsten Wirtschafszweigen in Deutschland. Diese Branche ist mit knapp 900.000 Beschäftigten der größte industrielle Arbeitgeber der deutschen Wirtschaft. Der Maschinen- und Anlagenbau erwirtschaftete im Jahr 2005 einen gesamten Umsatz von ca. 165 Milliarden Euro, das entspricht ungefähr einem Achtel des Umsatzes des verarbeitenden Gewerbes.

Der Maschinen- und Anlagenbau besitzt eine starke Orientierung auf den Export. Rund zwei Drittel des Umsatzes, etwa 90 Milliarden Euro, werden im Ausland erzielt. Damit sind die deutschen Maschinen- und Anlagenbauer die bedeutendsten Anbieter von Maschinen weltweit (IKB 2004).

Die Bedeutung des Maschinen- und Anlagenbaus zeigt sich nicht nur in seiner internationalen Ausrichtung, sondern vor allem auch darin, dass von Innovationen im Maschinen- und Anlagenbau maßgebliche technologische Impulse auf andere wichtige Bereiche der deutschen Wirtschaft ausgehen. Beispielsweise profitieren die Automobilindustrie, die Elektrotechnik oder weitere High-tech Branchen wie die Mikroelektronik und die Biotechnologie von der Innovationskraft des Maschinen- und Anlagenbaus (Köhn 2006).

Seit 1970 hat sich der Umsatz im Maschinen- und Anlagenbau beinahe verfünffacht. Langfristig betrachtet besitzt die Branche einen stabilen Wachstumstrend, der trotz des deutlichen Umsatzrückgangs in den Jahren 1993 und 1994 weiter anhält.

Während im Maschinen- und Anlagenbau insgesamt eine stabile Entwicklung zu verzeichnen ist, zeigen sich in Teilbereichen trotz stetigem Aufwärtstrend erhebliche Schwankungen. So. bestimmen große Messen und längere Innovationszyklen der jeweiligen Abnehmer den Verlauf der Umsatzzahlen relativ stark (IKB 2004).

17.3.1 Unternehmerische Herausforderungen

Unternehmen des Maschinen- und Anlagenbaus sind nach wie vor für einen großen Teil des in Deutschland erwirtschafteten Bruttosozialprodukts verantwortlich. Aber trotz eines Wachstums von über 3% in den letzten Jahren, haben die meisten Unternehmen der Branche ein Problem. Ihre Rendite des eingesetzten Kapitals liegt durchschnittlich bei unter 4%. Durch eine zu geringe Rendite laufen viele Unternehmen Gefahr, zusätzliches Geld nur zu schlechten Konditionen oder überhaupt nicht zu erhalten. Dadurch sind einige Unternehmen in ihrem strategischen Handeln stark eingeschränkt oder sogar generell gefährdet (Baumgartner u. Kautzsch 2003).

Steigerungen der Rendite durch neue Absatzmärkte, Einsparungen oder technische Innovationen sind nur noch in begrenztem Umfang möglich. Ein Großteil der Märkte für den Maschinen- und Anlagenbau ist gesättigt. Kostensenkungsprogramme und Produktionsverlagerungen an Standorte mit geringeren Produktionskosten wurden bereits weitestgehend durchgeführt.

Wachstumschancen befinden sich somit hauptsächlich im Bereich der maschinenbezogenen Dienstleistung. Der Bedarf nach Dienstleistung wurde von den Unternehmen des Maschinen- und Anlagenbaus erkannt. In zunehmendem Maß werden die Unternehmen daher zu Komplettanbietern. Viele Unternehmen des Maschinen- und Anlagenbaus argumentieren bereits heute, dass das Neumaschinengeschäft wenig Gewinn abwirft und der eigentliche Gewinn im Service erwirtschaftet wird.

17.3.2 Technologische Herausforderungen

Auf die Unternehmen des Maschinen- und Anlagenbaus kommen in den nächsten Jahren erhebliche technologische und unternehmerische Herausforderungen zu. Im technologischen Bereich existiert ein deutlicher Trend zu softwarebasierter Wertschöpfung.

Software hat sich zu einer Schlüsseltechnologie entwickelt, die einen zunehmend größeren Anteil an der Wertschöpfung und am Kundennutzen besitzt. Unternehmen des Maschinen- und Anlagenbaus differenzieren sich auch in zunehmendem Maße durch softwarebasierte Leistungen vom Wettbewerb. Gleichzeitig verlagern sich Kostenanteile der Produktion von traditionellen mechanischen Elementen in Richtung IT-Technologien und Software. Der Anteil der Software an den Entwicklungskosten einer Maschine ist teilweise bereits höher als der Anteil der Mechanik.

Rationalisierungspotenziale sind heute sowohl bei Unternehmen des Maschinen- und Anlagenbaus als auch beim Kunden primär durch den Einsatz innovativer Softwarelösungen zu generieren. Dies gilt einerseits für die Maschinen selbst, zum anderen auch für die Prozesse von der Beschaffung, über die Produktion bis zur Entsorgung von Maschinen.

Dabei besitzen alle Teile der Prozesskette – Beschaffung, Planung, Konstruktion, Marketing, Vertrieb und Service – Relevanz für den Softwareeinsatz.

Der Einsatz von moderner Informations- und Kommunikationstechnologie bei Maschinen- und Anlagenbauern kann in vier Ebenen (Abb. 17-2) untergliedert werden:

- Software in den Maschinen
- Kommunikation zwischen Maschinen
- Digitale Fabrik und
- Beziehungen zwischen Herstellern und Kunden/Betreibern (IKB 2004)

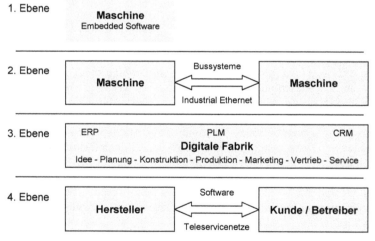

Abb. 17-2. Softwarebasierte Wertschöpfung im Maschinen- und Anlagenbau (modifiziert nach IKB 2004)

Embedded Software erhöht entscheidend den Nutzen von Maschinen. Sie dient zur Maschinensteuerung, erhält Daten und Anweisungen, produziert Kontrollsignale basierend auf Maschinensensoren und liefert Produktionsdaten. Embedded Software ermöglicht die Steigerung der Effizienz von Herstellungsprozessen durch:

- Erhöhung der Maschinenverfügbarkeit
- Reduzierung von Störungen
- Verkürzung von Stillstandszeiten
- Verkürzung von Rüstzeiten (IKB 2004)

Die *Kommunikation zwischen Maschinen* mit Hilfe von Industrial Ethernet ermöglicht eine einfache und einheitliche Vernetzung von Maschinen vergleichbar mit der Vernetzung von Computern. Industrielle Netzwerke erlauben die ortsunabhängige Kommunikation, Diagnose und Bedienung von Maschinen. Gegenüber konventionellen Kommunikationsverbindungen werden kostspielige Systembrüche vermieden und eine einheitliche Vernetzung vom Sensor bis in die Konstruktion erzielt (IKB 2004).

Die *Digitale Fabrik* steht als Synonym für das elektronische Abbild eines produzierenden Unternehmens. Für den Konstruktionsprozess von Maschinen- und Anlagen wird es immer wichtiger, in möglichst kurzer Zeit von der Idee zum produktiven Betrieb zu gelangen. Das Konzept der Digitalen Fabrik hat das Ziel, die Kosten und Zeiten der Planungs-, Realisierungs- und Anlaufprozesse von Maschinen und Anlagen zu reduzieren. Aber auch das Auffinden und Bewerten von Varianten und Alternativen zur Optimierung von Änderungskosten sowie die Absicherung und Verkürzung beim Produktionsanlauf sollen durch die Digitale Fabrik erreicht werden.

Die *Beziehungen zwischen Herstellern und Kunden/Betreibern* vertiefen sich immer weiter. Je komplexer Maschinen und Anlagen werden, desto mehr verlagern sich Teile der Wertschöpfung auf den späteren Bereich des Produktlebenszyklus, also auf Service und Wartung. Etwa 20% des Umsatzes im Maschinen- und Anlagenbau wird bereits mit produktbezogenen Serviceleistungen erzielt. Mit modernen Informations- und Kommunikationstechniken können Maschinen und Anlagen über große Distanzen vom Hersteller betreut und gewartet werden. Kunden können Servicefälle elektronisch an den Hersteller senden und sich jederzeit über den aktuellen Status der Bearbeitung ihrer Serviceanfrage informieren.

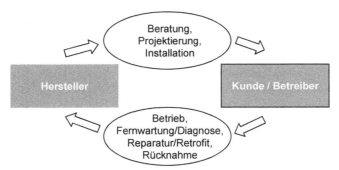

Abb. 17-3. Serviceanforderungen an Maschinenhersteller
(modifiziert nach IKB 2004)

17.4 Anforderungen an die Entwicklung technischer Dienstleistungen

Auch bei der Optimierung von Geschäftsprozessen und der Einführung von neuen Dienstleistungen, die hohe Margen versprechen, herrscht ein hoher Kostendruck. Vor der Realisierung von Ergebnissen steht die Investition durch den Kunden.

Darum haben Unternehmen mehrere Anforderungen an die Entwicklung und Implementierung von Dienstleistungssystemen.

Gesamtkosten
Unternehmen fordern eine schnelle Einführung und eine zentrale Installation von Dienstleistungssystemen. Die Systeme müssen einfach zu bedienen sein und der Trainingsaufwand muss sich in Grenzen halten. Die Systeme müssen leicht an geänderte Anforderungen anpassbar sein und müssen sich einfach pflegen lassen. Die Systeme müssen skalierbar und erweiterbar sein, das heißt, dass die Größe und der Leistungsumfang der Systeme leicht und schnell an die Bedürfnisse des Unternehmens anpassbar sind.

Produktivität
Die neuen Dienstleistungssysteme müssen direkt und ohne langwierige Implementierungs-, Test- und Überarbeitungsphasen einsetzbar sein. Kundendaten müssen einfach integrierbar sein. Informationen sollen einfach ausgetauscht werden können. Unternehmensprozesse und Workflows müssen einfach abgebildet werden können. Das Unternehmen muss von Routinetätigkeiten entlastet werden, die das Dienstleistungssystem weitestgehend abnehmen soll. Umfangreiche Berichte und Analysen zur Auswertung des Status der Prozesse und der Kundenbeziehungen sowie zur Auslastung und Effizienz des Dienstleistungssystems müssen generiert werden können.

Integration
Ein Zugriff auf Daten aus Warenwirtschaftssystemen und weiteren Back-Office Systemen wird vorausgesetzt. Web Services müssen angebunden werden können. Für einfache Integrationen und Erweiterungen werden eine offene Softwareschnittstelle sowie Softwareentwicklungswerkzeuge erwartet.

Service und Support
Den Unternehmen ist eine schnelle Einführung der Dienstleistungssysteme sehr wichtig. Produktzyklen der Softwareprodukte müssen feststehen und für Unternehmen planbar sein. Außerdem sollten Anbieter von CRM-Systemen einen einfachen Zugang zu Hilfefunktionen anbieten.

17.5 Anforderung an einen Dienstleister

Der Markt für technische Dienstleistungen hat sich in den letzten Jahren verändert. Zurzeit herrscht ein Trend der Konsolidierung von Lösungsanbietern. Diese Konsolidierung findet quer durch alle Größenklassen von Lösungsanbietern statt.

Gleichzeitig reifen Entwicklungsplattformen und Open Source Produkte, die zur Realisierung individueller Lösungen teilweise durch das Unternehmen selbst herangezogen werden können.

Diese Entwicklungen haben zur Folge, dass ein Druck gegenüber Anbietern von technischen Dienstleistungen entsteht. Sie sind somit gezwungen, sowohl eine Vielzahl von kundenspezifischen Funktionalitäten anzubieten, diese aber auch gleichzeitig kostengünstig, schnell und verlässlich zu implementieren.

Anforderungen nach hohem Funktionsumfang bei niedrigen Kosten können allein durch traditionelles Anbieten von CRM-Standardlösungen und Vertrauen in qualifizierte Projektmitarbeiter nicht erfüllt werden.

17.5.1 Modulare Struktur basierend auf funktionalen Bausteinen

Die hohen Anforderungen von Unternehmen können nur erfüllt werden, wenn Dienstleistungssysteme über einen hohen Deckungsgrad mit den individuellen funktionalen Anforderungen des jeweiligen Unternehmens verfügen. Dies ist nur bei denjenigen CRM-Lösungen der Fall, die entweder eine sehr große Anzahl von unterschiedlichen Funktionalitäten für mehrere Branchen anbieten, oder einzelne branchenspezifische Funktionalitäten in branchenspezifischen Modulen zusammengefasst bereitstellen.

Große CRM-Lösungen, die umfangreiche spezifische Funktionalitäten für mehrere Branchen anbieten, sind relativ komplex und meist sehr unübersichtlich. Ironischerweise besteht der Implementierungsaufwand derartig komplexer Systeme nicht nur darin, Funktionalitäten hinzuzufügen, sondern einen großen Teil der bestehenden Funktionalitäten zu verbergen. Dieser Aufwand wird notwendig, um die Übersichtlichkeit der Systeme zu gewährleisten und die Risiken von Fehlbedienungen drastisch zu mindern.

Besser eignen sich deshalb CRM-Lösungen, die einen modularen Aufbau besitzen. Systeme mit einzelnen Modulen, deren Funktionsumfang sich auf branchenspezifische Anforderungen beschränkt, bieten eine hohe Deckung mit individuellen Anforderungen bei gleichzeitig hoher Übersichtlichkeit und Bedienerfreundlichkeit.

17.5.2 Best Practice Prozesse

Ein weiteres Kriterium zur Erfüllung der Anforderungen von Unternehmen an die Realisierung von Dienstleistungssystemen stellen Best Practice Prozesse dar. Dienstleistungssysteme lassen sich besonders schnell und effizient implementieren, wenn der Anbieter einer CRM-Lösung über branchenspezifisches Prozesswissen verfügt, das er bereits mehrfach in Projekten zur Erstellung von Dienstleistungssystemen angewandt hat.

Best Practice Prozesse werden vom Dienstleister für verschiedene Branchen vordefiniert und dienen als Vorlage und Grundstock für die Erarbeitung von spezifischen Prozessdefinitionen für jedes Unternehmen. Best Practice Prozesse stellen einen der wesentlichen Mehrwerte dar, die ein Dienstleister einem Unternehmen bei der Realisierung von Dienstleistungssystemen zur Verfügung stellt.

Best Practice Prozesse für die Implementierung von CRM-Lösungen basieren auf dem folgenden Know-how:

- CRM Prozesse
  - Kundeninteraktion
  - Kundenmanagement
  - Kampagnenmanagement
  - Vertriebsmanagement
  - Servicemanagement
  - Kommunikationsmanagement

- CRM Implementierung
  - Konzeption und Design von Systemlandschaften
  - Realisierung von CRM- und Kommunikations-Lösungen
  - Schulung/Training
  - Wartung und Service

17.5.3 Business Templates

Durch Business Templates oder Business Blueprints bietet ein Dienstleister einem Unternehmen einen sehr hohen Mehrwert durch Verringerung des Aufwandes zur Realisierung von Servicedienstleistungen. Diese Business Templates bestehen aus praktischen Verfahrensanweisungen, Beschreibungen und eventuell Vorlagen wie Geschäftsprozessen und Organisationsstrukturen basierend auf Best Practice Prozessen und Branchenmodulen in Dienstleistungssystemen.

Business Templates lassen sich beliebig detailliert erstellen. Je tiefer ein Business Template auf die Erstellung von Prozessen eingeht, desto unternehmensspezifischer und aufwendiger wird es.

17.6 ServCASE Methodik

Vereinfachend dargestellt geht es bei der ServCASE Methodik darum, den Erstellungsprozess von technischen Dienstleistungen zu unterstützen und zu steuern. Werkzeuge helfen bei der Auswahl der für den jeweiligen Kunden oder Anwendungsfall am besten geeigneten und bereits vorgefertigten Anleitungen, Vorlagen und IT-Systemkomponenten.

Damit integriert die ServCASE Methodik unter anderem das Konzept des *Mass Customizing*. Mass Customizing im Sinne der ServCASE Methodik will drei wesentliche Ziele erreichen:

- Konservierung/Multiplizierung,
- Standardisierung/Modularisierung und
- Individualisierung/Konfigurierung.

Konservierung und Multiplizierung
Eine der größten Herausforderungen für Dienstleister ist die Konservierung und Multiplizierung ihrer Leistungen. Die erbrachte Dienstleistung an sich ist flüchtig und nicht speicherbar. ServCASE geht es darum, die Vorstufen und Hilfsmittel zur Erbringung der Dienstleistung so weit wie möglich zu speichern, so dass die Erbringung der Dienstleistung weitestgehend vereinfacht und fehlerfrei durchgeführt werden kann.

Standardisierung und Modularisierung
Voraussetzung für eine sinnvolle Multiplizierung der Dienstleistungen ist die Definition von wieder verwendbaren „Standard"-Bausteinen, die für mehrfache Erbringungen von Dienstleistungen eingesetzt werden. Die ServCASE Methodik bietet hierfür eine Struktur um die für die Erbringung der Dienstleistung benötigten Prozessbeschreibungen und Vorgaben, sowie die benötigten Softwarekomponenten abzulegen.

Individualisierung und Konfigurierung
Kunden haben den Anspruch, individuell auf sie zugeschnittene Dienstleistungen zu erhalten. Individuell zugeschnittene Dienstleistungen werden erreicht, indem die einzelnen Bausteine zur Erbringung der Dienstleistung individuell für den jeweiligen Kunden zusammengestellt werden. Zur Konfiguration der einzelnen Dienstleistungsbausteine besitzt ServCASE einen Konfigurator, der die Bausteine des prozessualen Teils der Dienstleistungen und die hierfür benötigten Softwarekomponenten zusammenstellt.

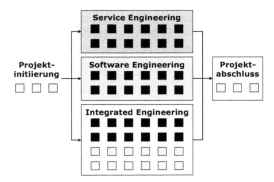

Abb. 17-4. ServCASE-Vorgehensmodell

17.7 Praktische Umsetzung der ServCASE Methodik

17.7.1 Standardisierung

Bestrebungen, Dienstleistungen und deren Erbringung zu standardisieren, scheinen im Widerspruch zu dem Wunsch der Kunden nach individuell auf sie zugeschnittenen Dienstleistungen zu stehen. In der betrieblichen Praxis zeigen sich aber mehrfache Vorteile, die eine intelligent angewendete Standardisierung mit sich bringt. In jeder Branche und bei jeder unternehmerischen Tätigkeit gibt es Verfahrensweisen, die sich bewährt haben und die allgemein als effizient und effektiv gelten. Unternehmen, die Dienstleistungen anbieten, streben nach einer geeigneten Mischung aus Standardisierung und Individualität bei der Erbringung ihrer Dienstleistungen. Typischerweise geschieht der Austausch über effiziente und effektive Verfahrensweisen zwischen Unternehmen informell und unstrukturiert. Einige Unternehmen suchen allerdings gezielt nach einem branchenspezifischen optimalen Verfahren. Ein häufig angewendetes Verfahren, um strukturiert Wissen über optimale Verfahren zu erlangen, ist das Benchmarking.

Basierend auf historischen Erfahrungen und Befragungen von Unternehmen des Maschinen- und Anlagenbaus strukturiert und standardisiert Infoman die angebotenen Leistungen im Bereich technische Dienstleistungen.

Zur Erbringung der technischen Dienstleistungen entwickelte Infoman ein Projektvorgehen, das alle zur erfolgreichen Umsetzung eines CRM Projektes notwendigen Bedarfsfelder berücksichtigt. Das Projektvorgehen untergliedert CRM Projekte in logisch getrennte aber aufeinander aufbauende Phasen, die einzeln umgesetzt werden können.

Das Infoman Projektvorgehen unter Berücksichtigung der ServCASE Methodik soll am Beispiel von Projekten im Bereich Servicemanagement erläutert werden.

Bei der Änderung oder Implementierung eines CRM Systems im Service werden die vier Bereiche Serviceprodukte, Serviceorganisation, Servicesysteme und Servicepersonalentwicklung eines Unternehmens berührt (Abb. 17-5). Wie eigene Erfahrungen aufzeigen, müssen alle Bereiche berücksichtigt werden, damit eine Änderung oder Einführung einer neuen Dienstleistung erfolgreich sein kann. Wird einem Thema nur ungenügende Beachtung geschenkt, besteht eine sehr hohe Wahrscheinlichkeit, dass das gesamte Projekt seine Ziele nicht erreicht.

Abb. 17-5. Infoman Leistungen im Bereich Servicemanagement

Daraus ergibt sich, dass in Projekten zur Einführung von Dienstleistungssystemen in der Regel mehrere Projekte teils gleichzeitig und teils zeitversetzt organisiert werden müssen. In der Beratungsphase, die von der strategischen Zieldefinition bis zur Entwicklung von Realisierungskonzepten reicht, werden die vier Themen meist zeitnah oder zugleich analysiert und entwickelt. In der Umsetzungsphase, die von der Umsetzungsplanung bis zum Roll-out in der Fläche reicht, nimmt die Komplexität zu und die Themen werden stärker zeitversetzt bearbeitet. Die einzelnen Teilprojekte müssen immer durch ein Hauptprojekt geleitet werden, das die erfolgreiche Implementierung sicherstellt.

Bei vielen Unternehmen besteht der Bedarf, die Projekte schlank zu halten, um den Aufwand, der mit Länge und Umfang eines Projekts zunimmt, zu begrenzen und um sicher zu stellen, dass die Mitarbeiter des Unternehmens die notwendigen Veränderungen der unternehmensinternen Prozesse verinnerlichen und mit tragen. Eine Verschlankung der Projekte wird erreicht, indem beispielsweise das CRM System zuerst am Hauptsitz des Unternehmens implementiert wird und später in der Fläche ausgerollt wird.

Dadurch teilt sich ein Projekt nochmals in Teilprojekte auf. Das neue übergeordnete Hauptprojekt erhält nun die Funktion, die einzelnen Implementierungen zu steuern, deren Erfolg zu überwachen und den geeigneten Zeitpunkt für weitere Implementierungen mit dem Kunden zu planen.

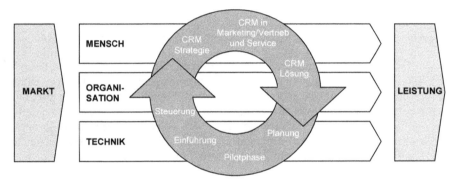

Abb. 17-6. Infoman CRM Projektvorgehen

17.7.2 Modularisierung

Infoman hat sein über einen Zeitraum von mehr als 10 Jahren in Kunden- und Innovationsprojekten erworbenes Wissen analysiert und in Best Practices für die Branche Maschinen- und Anlagenbau zusammengefasst. Das Ergebnis ist unter anderem eine Prozess-Landkarte der kundenorientierten Geschäftsprozesse.

Infoman verwendet Prozesslandkarten und detaillierte Prozessbeschreibungen als Basis für die Planung von kundenindividuellen technischen Dienstleistungen.

Die einzelnen Prozesse der Prozesslandkarte können als *prozessuale Module* verstanden werden, die grundsätzlich eigenständig betrachtet und umgesetzt werden können, aber in logischem Zusammenhang zu einem oder mehreren weiteren Prozessen stehen.

Die Erfahrungen aus Beratungs- und Implementierungsprojekten fließen in eine modular aufgebaute CRM Branchenlösung ein, die stetig weiter entwickelt wird.

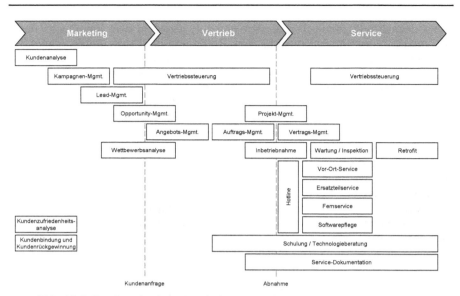

Abb. 17-7. Kundenorientierte Geschäftsprozesse im Maschinen- und Anlagenbau

Die Infoman Prozesslandkarten und Prozessbeschreibungen bilden die Grundlage für die Entwicklung von einzelnen Softwarebausteinen der Infoman Branchenlösung. Die Prozessbeschreibungen sind in Teilprozesse untergliedert. Die Softwarebausteine teilen sich in Module auf. Zwischen Teilprozessen und Softwaremodulen besteht eine n:m-Beziehung. Dies bedeutet, dass ein Teilprozess durch ein oder mehrere Softwaremodule technologisch umgesetzt wird. Gleichfalls kann ein Softwaremodul ein oder mehrere Teilprozesse unterstützen.

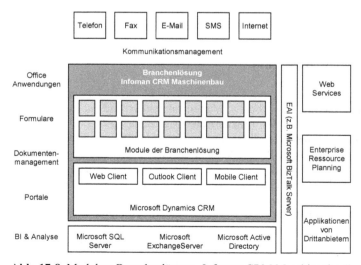

Abb. 17-8. Modulare Branchenlösung „Infoman CRM Maschinenbau"

17.7.3 Konfigurierung

Höchste Effizienz bei der Realisierung von technischen Dienstleistungen wäre mit Hilfe eines universellen Werkzeugs zu erreichen, welches nach Eingabe von Parametern ein System zur Erbringung von Dienstleistungen erzeugt oder konfiguriert.

Eines der Ziele des Forschungsvorhabens ServCASE war, einen methodischen Ansatz zu entwickeln, der zukünftig zu einem derartigen Werkzeug führt. Für die Entwicklung einer derartigen Methodik wurde als wesentliche Hürde, die üblicherweise getrennte Betrachtung der prozessualen Seite der Erbringung von Dienstleistungen und der zur Ausführung der Dienstleistung benötigten Softwarekomponenten identifiziert. Im Rahmen von ServCASE wurde mit der entwickelten Methodik diese Lücke geschlossen.

Infoman adaptierte die ServCASE Methodik an die Erfordernisse bei der Umsetzung von technischen Dienstleistungen im Bereich CRM.

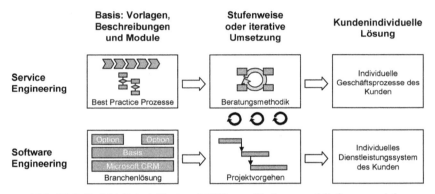

Abb. 17-9. Projekt-Entwicklung mit Hilfe von Vorlagen und Softwaremodulen

Die Besonderheiten der Erbringung von technischen Dienstleistungen der Infoman bestehen darin, dass Infoman seine installierten Dienstleistungssysteme technologisch auf der CRM Server-Plattform Microsoft Dynamics CRM aufbaut. Die Architektur dieser Plattform ist ideal geeignet, um Bausteine des Dienstleistungssystems zu standardisieren und zu konservieren. Bis zu einem gewissen Grad können kunden- oder kundengruppenspezifische funktionale Anpassungen in einer Metasprache (XML) beschrieben und als Datei abgelegt werden. Ein nicht an kundenspezifische Anforderungen angepasster Microsoft Dynamics CRM Server kann eine Datei mit den beschriebenen funktionalen Anpassungen interpretieren und die entsprechenden Funktionen automatisch bereitstellen.

Komplexere funktionale Erweiterungen des CRM Servers können über aufwendigere Installationsverfahren ebenfalls automatisiert werden, so dass auch diese komplexeren Erweiterungen konserviert, mehrfach verwendet und auf einem CRM Server bereit gestellt werden können.

Komponenten, die eine Kopplung des CRM Systems an neue oder bereits beim Kunden existierende weitere IT-Systeme ermöglichen, lassen sich ebenfalls elektronisch speichern und mehrfach verwenden.

Damit sind beide Aspekte bei der Erbringung von technischen Dienstleistungen berücksichtigt. Dokumente, die eine Umsetzung von Dienstleistungen unterstützen, können ebenso strukturiert abgelegt werden, wie Vorgaben für die Softwareentwicklung und ausführbarer Softwarecode.

ServCASE bietet eine Methodik und noch weiter zu entwickelnde Werkzeuge, um die strukturiert abgelegten Dateien nach definierten Parametern zu konfigurieren.

17.7.4 Anwendungsfall Infoman BLUEPRINT Projekte

Infoman Blueprint Projekte verwenden die ServCASE Methodik zur effizienten Realisierung von kundenspezifischen CRM Demonstrations- und Testsystemen.

Die Auswahl eines verlässlichen Dienstleisters zur Umsetzung eines CRM Systems und die Auswahl der passenden CRM Software sowie weiterer geeigneter IT-Systeme stellen Unternehmen vor große Herausforderungen. Aufgrund der Komplexität dieser Entscheidungen müssen Unternehmen relativ große Aufwände investieren, um fundierte Erkenntnisse zur Entscheidungsfindung zu gewinnen. Aufgrund der Intransparenz vieler Faktoren erfahren Unternehmen allerdings oft erst einige Zeit nach der Entscheidung und während der Implementierungsphase, ob sie sich für den richtigen Dienstleister und die richtigen Softwaresysteme entschieden haben.

Um die Transparenz der Faktoren für die Entscheidungsfindung der Kunden zu erhöhen und einen Ausschnitt des zukünftigen Systems bereits zu realisieren, entwickelte Infoman das Konzept der Blueprint Projekte.

Die Blueprint Projekte gliedern sich in *drei Workshops*, die mit dem Kunden durchgeführt werden (Abb. 17-10).

Workshop 1: Anforderungsaufnahme

- Vorstellung der Infoman Best Practice Prozesse
- Einführung in die Infoman Branchenlösung
- Definition und Besprechung der Kernprozesse
- Beschreibung der ausgewählten Szenarien

Workshop 2: Umsetzung und Optimierung

- Besprechung der Szenarien
- Anpassung der Szenarien
- Aufnahme der IT Infrastruktur und Systeme

Workshop 3: Abschlusspräsentation

- Vorstellung der Szenarien
- Vorstellung der Anforderungsbeschreibung
- Vorstellung des Projektplans
- Besprechung weiterer Schritte

Abb. 17-10. Gliederung BLUEPRINT Projekt

In einem *ersten Workshop* werden die Handlungsfelder des Kunden besprochen. Anschließend stellt Infoman seine branchenspezifischen Best Practice Prozesse und die Branchenlösung Infoman CRM Maschinenbau vor. Anhand der Best Practice Prozesse werden Kernprozesse definiert, die im Rahmen des Blueprint Projekts umgesetzt werden sollen. Die Infoman Vorlagen und Prozessdokumente dienen dabei als Arbeitsgrundlage und werden je nach Anforderungen des jeweiligen Projektes spezifisch ausgewählt. Die selektierten Dokumente werden an die detaillierten kundenspezifischen Anforderungen angepasst.

Im *zweiten Workshop* stellt Infoman die bereits angepasste CRM Lösung mittels eines kundenspezifischen Demonstrations- und Testsystems vor. Mit dem Kunden werden Anforderungen anhand des Testsystems validiert, bewertet und verfeinert. Dabei werden die geänderten Anforderungen an die CRM Lösung wieder in Dokumenten festgehalten und bereits während des Workshops direkt in das Testsystem übernommen.

Im *dritten Blueprint Workshop* präsentiert Infoman die realisierten Kernprozesse auf dem CRM Testsystem. Der Projektplan zur Umsetzung des CRM Systems wird vorgestellt und besprochen. Der Kunde erhält die Möglichkeit das Testsystem für einen definierten Zeitraum zu nutzen.

Der anvisierte Zeitraum zur Umsetzung von Blueprint Projekten beträgt wenige Wochen. Der Aufwand wird sowohl für Infoman als auch für den Kunden bewusst gering gehalten, um die Leistungsfähigkeit und Effizienz der Einführungsmethodik, die auf Vorlagen beruht, der CRM Software und letztendlich auch von Infoman unter Beweis zu stellen.

Der Einsatz der ServCASE Methodik ist die Voraussetzung, um kundenspezifische Geschäftsprozesse in einem solch kurzen Zeitraum in einem Testsystem umzusetzen.

17.8 Weitere Schritte

Die Infoman Blueprint Projekte, die es erlauben innerhalb nur weniger Wochen ein Demonstrations- und Testsystem zur Erbringung von Dienstleistungen aufzubauen, welches bereits ausgewählte Kernprozesse und kundenspezifische Anpassungen eines Unternehmens beinhaltet, wurden am Markt positiv aufgenommen.

In der praktischen Anwendung zeigten sich die gleichen Optimierungspotenziale, die während der Erarbeitung der Anforderungen im Rahmen des Forschungsvorhabens ServCASE bereits zutage getreten sind. Um in mehreren Branchen einsetzbar zu sein, müssen ServCASE-Vorgehensmodell und Methode bis zu einem gewissen Grad abstrakt und generisch sein. Es ist daher anzunehmen, dass der Verwender von Vorgehensmodell, Methoden und Werkzeugen, diese an seine Branche und vermutlich sogar an die spezifischen Bedürfnisse seines Unternehmens adaptieren muss. Im Falle von Infoman ist es erforderlich, das Multi-Projektmanagement besser zu unterstützen. Dabei liegt die besondere Herausforderung darin, dass die einzelnen Teilprojekte sehr unterschiedlicher Natur sind. Sie reichen im Falle von Dienstleistungen im Bereich Servicemanagement von der internationalen Servicestrategieentwicklung bis hin zu der Anbindung des CRM Systems an Telekommunikationssysteme.

Infoman ist bestrebt, die gewonnenen Erfahrungen weiterhin auf Realisierungsprojekte zu übertragen und weiterzuentwickeln. Weitere Entwicklungen sind denkbar im Ausbau der Blueprint Projekte, bei der Automatisierung von Anpassungen des CRM Systems und durch Berücksichtigung von Evolutionsphasen der Projekte.

17.8.1 Weiterentwicklung BLUEPRINT

Die Blueprint Projekte sind ausgereift und bieten einen Mehrwert sowohl für Infoman, als auch für Infoman Kunden.

Weitere Entwicklungen im Bereich der Blueprint Projekte könnten verschiedene Varianten der Blueprint Projekte sein, die je nach Umfang der zu ändernden oder neu zu implementierenden Dienstleistung(en) selbst modular erweiterbar sein könnten. In diesem Sinne könnte sich das Blueprint Projekt nicht nur der ServCASE Vorgehensweisen, Methoden und Werkzeuge bedienen, sondern könnte seinerseits als Ergebnis einer Konfiguration eine auf den Kunden noch mehr maßgeschneiderte Dienstleistung sein. Damit wäre dann das Blueprint Projekt die Dienstleistung 1. Ordnung, die als Ergebnis eine weitere konfigurierte Dienstleistung, die Implementierung des Dienstleistungserbringungssystems (das CRM System), als Dienstleistung 2. Ordnung zur Folge hat. Führt man diesen Gedanken weiter, muss die Dienstleistung, die der Infoman-Kunde seinen Kunden gegenüber mit Hilfe des CRM Systems erbringt, die Dienstleistung 3. Ordnung sein.

Dieser Gedanke legt nahe, dass die ServCASE-Modelle kaskadiert werden können je nachdem wie viele Ordnungen oder Ebenen an Dienstleistungen benötigt werden, um bei einem Endkunden anzugelangen, der selbst keine weitere Dienstleistung mehr anbietet.

17.8.2 Werkzeugunterstützte Modellierung der Anpassungen

Wie bereits im Abschnitt „Konfiguration" erläutert, können kunden- oder kundengruppenspezifische funktionale Anpassungen für Microsoft Dynamics CRM bis zu einem gewissen Grad in einer Metasprache (XML) beschrieben und als Datei abgelegt werden. Der Microsoft Dynamics CRM Server ist in der Lage, diese Metasprache zu lesen und die jeweiligen Anpassungen automatisch vorzunehmen.

Damit ist die technische Möglichkeit gegeben, aus einem Drittsystem, das Prozesse und hierfür benötigte Objekte modellieren kann, kundenindividuelle Modellierungen zu exportieren und in Microsoft Dynamics CRM zu importieren. Die Voraussetzung hierfür ist, dass das Drittsystem das Ergebnis der Modellierung ebenfalls in der Metasprache XML ausgeben kann. Als Schnittstelle zwischen dem Drittsystem und Microsoft Dynamics CRM wird ein Interpreter benötigt, der beide Metasprachen gegenseitig übersetzt.

Eine derartige Kombination aus Dienstleistungsmodellierung und automatisierter Umsetzung in Software könnte die ServCASE-Modelle um eine zumindest teilweise Automatisierung ergänzen. Eine völlige Automatisierung scheint allerdings ausgeschlossen. Bei der Betrachtung einer Automatisierung müssen die jeweiligen Beschränkungen der Modelliermöglichkeiten des Drittsystems sowie die Beschränkungen der Konfigurationsmöglichkeiten von Microsoft Dynamics CRM über Konfigurationsdateien berücksichtigt werden.

17.8.3 Berücksichtigung von Evolutionsstufen der Projekte

CRM Projekte verlaufen in der Regel in mehreren Evolutionsstufen. Wichtig für die ServCASE Vorgehensweisen, Methoden und Werkzeuge ist es, dass zu der bereits bestehenden Komplexität des Multi-Projektmanagements eine weitere Komplexität der mittel bis langfristigen Steuerung der einzelnen in sich abgeschlossenen, aber logisch zusammenhängenden Realisierungsprojekte hinzukommt. Dem Hautprojekt fällt hierbei die Aufgabe zu, den Erfolg der einzelnen Realisierungsprojekte zu überwachen und zusammen mit dem Kunden den besten Zeitpunkt für die Initiierung weiterer Projekte festzulegen.

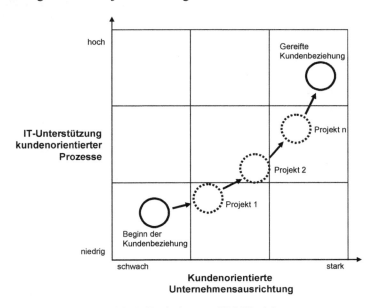

Abb. 17-11. Evolution von CRM Projekten

Das Ziel muss es sein, eine langfristig erfolgreiche partnerschaftliche Zusammenarbeit zwischen Dienstleister und Kunde aufzubauen, bei der der Kunde die Möglichkeit besitzt, sukzessive im Grad der Reife des Kundenmanagements zu wachsen und individuell gewonnene Erkenntnisse aus den Spezifika des Unternehmens mit in neue Prozesse aufzunehmen.

17.9 Fazit

Als spezialisiertes Beratungs- und Lösungshaus arbeitet Infoman kontinuierlich an der Ausweitung und Verbesserung seiner angebotenen Dienstleistungen.

Folglich ist es das Ziel, sowohl die Effektivität als auch die Effizienz bei der Erbringung von Dienstleistungen weiter zu steigern und gleichzeitig die Vielfalt der Dienstleistungen zu erhöhen. Dieser offensichtliche Widerspruch kann mit dem Konzept des *Mass Customizing* gelöst werden. Durch Kombination einzelner in sich optimierter Module ist es einem Dienstleister möglich, seinem Kunden eine bereits stark kundenspezifisch angepasste Dienstleistung anzubieten, die dennoch für beide Seiten wirtschaftlich attraktiv ist.

Die ServCASE Vorgehensweisen, Methoden und Werkzeuge unterstützen technische Dienstleister bei der Modularisierung und vor allem bei der Konfiguration der einzelnen Bestandteile zur Erbringung der Dienstleistung. ServCASE fordert den Dienstleister auf, entsprechende Vorlagen und Anleitungen auf der Seite des Service Engineering und Softwarekomponenten sowie Entwicklungsanweisungen auf der Seite des Software Engineering zu definieren. Damit wird erreicht, dass der Dienstleister seine einzelnen Leistungen standardisiert und mithin konserviert. Mit Hilfe der ServCASE-Werkzeuge besitzt der Dienstleister die Möglichkeit, die für eine Dienstleistung benötigten Komponenten zu konfigurieren und den Ablauf der Dienstleistung zu überwachen.

Aus der Sicht von Infoman sind die Modelle des Forschungsvorhabens Serv-CASE zu einem gewissen Grad generisch und müssen darum vom jeweiligen Dienstleister für seine Zwecke adaptiert werden. Speziell bei CRM Projekten ist es einer der Erfolgsfaktoren, dass die Einführung einer Softwarelösung nicht ohne Berücksichtigung und eventueller Anpassung von Geschäftsprozessen, Produktportfolio, Organisationsstruktur und Personalentwicklungsmaßnahmen erfolgt.

Mit den Ergebnissen des Forschungsvorhabens ServCASE wurde eine Basis geschaffen, die mit einem gewissen Bedarf an Ergänzungen und Anpassungen von Unternehmen übernommen werden kann. Die Ergebnisse bieten das Potenzial für weitergehende Forschungen, beispielsweise zum Ausbau der Konfigurationsmöglichkeiten oder der Vertiefung von Funktionalitäten in Bezug auf Multi-Projektmanagement.

Literatur

Baumgartner P, Kautzsch T (2003) Maschinenbau 2010; Steigerung der Ertragskraft durch innovative Geschäftsmodelle. Eine Studie der Mercer Management Consulting, München Frankfurt Zürich

Computerlexikon (1998) Stichwort Computer Aided Design. Internet: www.computerlexikon.com/definition-cad aufgerufen am 27.11.2006

FinanzXL (2006) Definition Benchmarking. Internet: www.finanzxl.de/lexikon/Benchmarking_Definition.html aufgerufen am 26.11.2006

Helmke S, Uebel M, Dangelmaier W (2007) Effektives Customer Relationship Management; Instrumente – Einführungskonzepte – Organisation. Gabler, Wiesbaden

Hippner H, Wilde K (2006) Grundlagen des CRM; Konzepte und Gestaltung. Gabler, Wiesbaden

HMD (2006) HMD-Glossar zum Schwerpunktthema Product Lifecycle Management, HMD 249. Internet: HMD Praxis der Wirtschaftsinformatik, hmd.dpunkt.de/glossar/glossar_249.html aufgerufen am 27.11.2006

IKB (2004) Märkte im Fokus: Maschinenbau in Deutschland – Traditionsbranche mit hoher Innovationskraft. IKB Deutsche Industriebank AG, Düsseldorf

IT Wissen (2006) Stichwort Computer Aided Manufacturing. Internet: Das große Online-lexikon für Informationstechnologie, www.itwissen.info/definition/lexikon//_camcam_camcomputer%20aided%20manufacturing%20cam_camcomputerunterst%FCtzte%20fertigung.html aufgerufen am 27.11.2006

Köhn R (2006) Mittelstand pur. Internet: www.faz.net/s/RubEC1ACFE1EE274C81BCD36 21EF555C83C/Doc~ED2B7E365AB824362BE69D500B11AD53E~ATpl~Ecommo~Scontent.html aufgerufen am 27.11.2006

RKW (2006) Rationalisierungs- und Innovationszentrum der Deutschen Wirtschaft eV. Internet: www.rkw.de/99_UeberRKW/Magazin/Archiv/MAG106/MAG106_MassCustom/index.html aufgerufen am 26.11.2006

W3C Communication Team (2005) XML in 10 Punkten. Internet: www.w3c.de/Misc/XML-in-10-points.html aufgerufen am 29.11.2006

18 Entwicklung von E-Learning Dienstleistungen

Steffen Mörbe, Astrid Müller-Wenzke, Maria Koch, Anita Marton

T-Systems Multimedia Solutions GmbH, Dresden

T-Systems Multimedia Solution (T-Systems MMS) hat sich innerhalb des For-schungsprojektes ServCASE „Computer Aided Engineering für IT-basierte Dienst-leistungen" auf das Thema E-Learning fokussiert. Die langen Erfahrungen aus diversen individuellen E-Learning Projekten haben einen großen Teil an der Ent-wicklung beigetragen. Des Weiteren konnten auf Grund der detaillierten Analyse des eigenen Vorgehensmodells und der Abläufe weitere wesentliche Erkenntnisse erbracht werden, um die Kundenzufriedenheit im Unternehmen zu erhöhen.

Dieser Beitrag beschreibt einerseits den derzeitigen Entwicklungsansatz bei T-Systems MMS und andererseits die Verbesserungspotenziale mit den daraus re-sultierenden Maßnahmen. Des Weiteren basiert er auf der Fallstudie, die innerhalb dieser Projektarbeit entwickelt wurde.

18.1 Derzeitiger Entwicklungsansatz

Ausgehend von dem Fokus auf den Bereich E-Learning bezieht sich der Entwick-lungsansatz im folgenden Abschnitt speziell auf Customer Content, d.h. kunden-individuelle Contents, die mit Hilfe von Standardautorenwerkzeugen erstellt und ohne den Einsatz eines Lernmanagementsystems (LMS) über das Internet verteilt werden.

Man kann E-Learning grundsätzlich nach drei Gesichtspunkten einteilen:

Technik – Damit sind zum einen die technologische Infrastruktur, abgebildet über spezifische LMS oder erweiterte Formen von Contentmanagementsystemen (CMS), zum anderen weitere Werkzeuge wie Autorensysteme oder Virtual Class-room Systeme etc. gemeint, die die Produktion oder Durchführung unterschiedli-cher mediengestützter Lernformen ermöglichen.

Content – Beim Content handelt es sich um alle Lerninhalte, die grundsätzlich nach Standardinhalten und kundenspezifischen Inhalten unterschieden werden können. Lerncontent kann unterschiedliche Grade der Interaktion und Multimedia-lität aufweisen. Es gibt die Möglichkeit der Integration in ein LMS oder die der Stand Alone Version. Er kann Bestandteil einer betreuten Onlinemaßnahme sein oder als reines Selbstlernmedium angeboten werden. Für die Erstellung von Contents spielen Standards (SCORM, LOM etc.) eine wichtige Rolle, da sie die problemlose Integration in ein entsprechend standardisiertes LMS und den Austausch von Learning Objects erlauben.

Service – Dabei bezieht man sich auf Themen wie z.B. Consulting, Einführung von E-Learning, Change Management, Teletutoring und didaktische Konzeption.

Zur Veranschaulichung der drei Bereiche soll das Service-Modell in Abb. 18-1 dienen. Es zeigt übersichtlich, welche Prozesse und Produkte für die Erstellung von E-Learning-Anwendungen nötig sind.

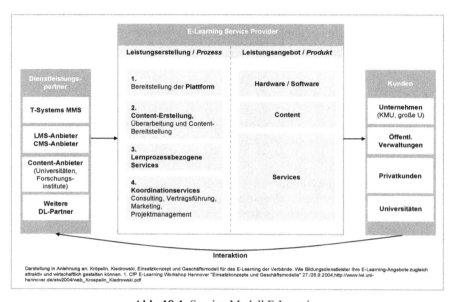

Abb. 18-1. Service-Modell E-Learning

18.1.1 Entwicklungsaufwand

Der Entwicklungsaufwand für WBT (Web Based Training) beträgt je nach Komplexität des Themas und Grad der Multimedialisierung zwischen ein und drei Monaten für eine Lernstunde (gemessen an der gesprochenen Zeit einer Lernanwendung).

Der Aufwand bei der Entwicklung einer E-Learning-Anwendung ist in den Teilbereichen Software und Dienstleistung gleich groß. Dienstleistung umfasst Themen wie allgemeine Beratung, didaktisches und mediendidaktisches Konzept sowie Beratung bei der Einführung und im Projektmarketing. Unter Software wird die Produktion aller Elemente und Medien für das fertige Produkt verstanden.

18.1.2 Methodik

Aus Erfahrungswerten wurde bei T-Systems MMS ein Vorgehensmodell entwickelt, welches sich an den Bedürfnissen des Kunden und an der Wirtschaftlichkeit des Unternehmens gleichermaßen orientiert. Zur Erstellung von Customer Content (WBT-Auftragsproduktionen) existiert ein stringentes Vorgehensmodell mit folgenden Schritten (siehe Abb. 18-2).

- *Analyse*
  Die Analyse dient zur Festlegung der fachlichen und technischen Anforderungen, Rahmenbedingungen und der Bestandsaufnahme vorhandener Inhalte bezogen auf die vorliegende Konzeption. Des Weiteren werden in dieser Phase die Ansprechpartner und die Zuliefermodi festgelegt. Diese Abstimmungen erfolgen in enger Zusammenarbeit mit dem Auftraggeber.
- *Konzeption*
  In der Konzeption werden alle grundlegenden Anforderungen, Rahmenbedingungen und Zielsetzungen auf Basis der Analyseergebnisse und der vorliegenden Gesamtkonzeption des Auftraggebers festgelegt. Das beinhaltet die Konzeption der Struktur und der Navigation, das technische Konzept, die Definition der Nomenklatur, das inhaltliche Konzept mit Grobzielanalyse und Beschreibung der Zielgruppen sowie das Medienkonzept und den Styleguide.
- *Grafik/Design*
  Dieses Arbeitspaket umfasst die Konzeption und Realisierung aller graphischen Elemente, die der Gestaltung des Webauftritts, der Lern- und Infobausteine dienen. Dazu gehören Figuren, Animation und Navigationselemente sowie Elemente für rollen- und/oder bereichsbezogene Farbleitsysteme.

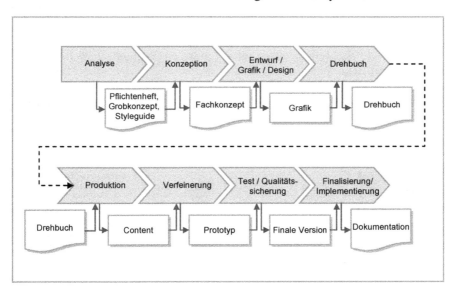

Abb. 18-2. Prozessmodellierung „Entwicklung E-Learning-Anwendungen"

- *Drehbuch*
  Das Drehbuch ist die exakte Vorlage für die inhaltliche, gestalterische und technische Realisierung. Es ist die Basis für die Produktion und enthält entsprechend alle Elemente sowie Anweisungen bezüglich einzubindender Bilder, Animation, Interaktionen, Audio, Video usw., die für die Umsetzung erforderlich sind.
- *Produktion*
  Die Produktion erfolgt auf Basis des Drehbuchs. Sie wird mit einem Autorentool vorgenommen.
- *Test/Qualitätssicherung*
  Test und Qualitätssicherung erfolgen in den entsprechenden Zielsystemen. In der Qualitätssicherung sind neben Lauffähigkeit der Bausteine im Zielsystem auch die fachliche und inhaltliche Richtigkeit zu prüfen.
- *Implementierung/Finalisierung*
  Nach Test und Qualitätssicherung werden alle Versionen finalisiert und auf der CD ausgeliefert. Die Einbindung ins Intranet erfolgt in Zusammenarbeit mit dem Auftraggeber.

Die Ergebnisse der einzelnen Prozessschritte sind wie folgt zu verstehen (siehe Abb. 18-3):

- *Styleguide:*
  Allgemeine Richtlinien für die Inhaltserstellung, technische Rahmenparameter, CI/CD Vorgaben, Richtlinien für Anmutung, Design, Ansprache und Vorlagen für die Erfassung der Inhalte und Drehbucherstellung.
- *Fachkonzept:*
  Struktur, Navigationskonzept, technisches Konzept, inhaltliches Konzept mit Grobzielanalyse, Medienkonzept.
- *Grafik:*
  Figuren- und Symbolbaukasten, alle grafischen Elemente und Bilddateien, ebenso wie Audio- und Videodateien.
- *Drehbuch:*
  Beschreibung aller inhaltlichen, gestalterischen und technischen Komponenten und Anforderungen als Basis der Realisierung.
- *Content:*
  Alle realisierten, statischen und interaktiven Inhaltsmodule und Dateien.

PHASE	Analyse	Konzeption	Entwurf Grafik/Design	Drehbucherstellung	Produktion	Test/Qualitätssicherung	Implementierung/Finalisierung
Styleguide	X						
Fachkonzept		X					
Grafik			X				
Drehbuch				X			
Content/Prototyp					X		
Finale Version						X	
Dokumentation							X

Abb. 18-3. Phasenbezogene Projektergebnisse bei WBT-Erstellung

- *Finale Version:*
  In sich geschlossene Lösung zur Einbindung in die jeweils benannte Umgebung (Intranet, Internet und LMS).
- *Dokumentation:*
  Zusammenfassung aller für die Lösung relevanten Unterlagen.

Der Entwicklungsprozess ist modular aufgebaut. Er beginnt mit den Skizzen für das Storyboard und folgt dann mit der anschließenden Erstellung. Zeitgleich wird das Drehbuch bzw. der Prototyp angefertigt. Darauf folgt die Abnahme des Drehbuchs/Prototyps. Die Realisierung des Lernmoduls inklusive aller grafischen Elemente sowie die Qualitätssicherung sind zwei weitere entscheidende Merkmale der Entwicklung. Das letzte Modul ist die Finalisierung und Implementierung der Anwendung, welches mit der Dokumentation abschließt.

Je nach Abstimmungsaufwand mit dem Kunden und Größe des beteiligten Teams in der Abnahmephase variiert zeitlich der komplette Durchlauf von der Konzeption bis zur Finalisierung.

Im Projektumfang von E-Learning Projekten sind je nach Wunsch und Auftrag des Kunden sowohl Softwareentwicklung als auch die Entwicklung von Dienstleistungen enthalten.

Vorgehensmodell für die Softwareentwicklung
Das Vorgehensmodell, welches T-Systems MMS bei E-Learning Projekten verwendet, lehnt sich an das Prototyping, einem Modell aus der Softwareentwicklung, an. Da das Unternehmen im Projektgeschäft tätig ist, stehen die Kundenanforderungen und die Erreichung der Projektziele im Vordergrund. Deshalb ist der gesamte Prozess der Entwicklung von WBT sehr dynamisch.

Das Prototyping ist eine Entwicklungsmethode, bei der man (eine) vorläufige, betriebsfähige Version(en) von Teilen eines Softwaresystems erstellt. Ziel der Entwicklung ist nicht der Einsatz des Prototyps im Produktionsbetrieb, sondern das Gewinnen von Erkenntnissen oder die Demonstration von Konzepten. Es führt schnell zu ersten Ergebnissen und frühzeitigem Feedback bezüglich der Eignung eines Lösungsansatzes.

In der Planung des Projektes wird das entsprechende Vorgehen zur Erreichung der Projektziele entwickelt und mit dem Kunden abgestimmt. Im Allgemeinen wird im Kickoff-Meeting, welches in der Analysephase stattfindet, die Vorgehensweise erläutert. Zur Unterstützung der Anforderungsanalyse werden u.a. Fragebögen eingesetzt, welche ständig weiterentwickelt werden.

Die Abstimmung zwischen den verschiedenen Rollen und Verantwortlichkeiten erfolgen in Workshops, Meetings, per E-Mail, per Telefon in regelmäßigen Telefonkonferenzen und über eine gemeinsame Projektplattform. Alle Ergebnisse der Abstimmungen fließen in ein fortlaufend geführtes Protokoll ein. Die Abnahme des Drehbuchs geschieht durch ein vorgefertigtes Korrekturexemplar mit Kommentarspalte.

Diese vorgestellte Vorgehensweise für den Projektablauf hat sich bisher sehr bewährt. Eine besondere Herausforderung besteht darin, dass meist nur kleine Budgets zur Verfügung stehen, aber trotzdem eine hohe Ergebnisqualität und professionelle Prozesse im Projektablauf erwartet werden.

Eine direkte Integration in den Entwicklungsprozess ist seitens des Kunden nicht gewünscht. Er wird durch Zwischenberichte und Prototypen über den aktuellen Entwicklungsstand informiert.

18.1.3 Organisation

Bei E-Learning Projekten teilen sich das Kernteam und ein erweitertes Team die notwendigen Aufgaben. Das Kernteam nimmt die Rollen Projektleiter der Auftragnehmer- und Auftraggeberseite, Drehbuchautor/Mediendidaktiker, Grafiker und Medienentwickler wahr. Die Rollen sind nicht immer Personen gleichgesetzt. Eine Person kann auch mehrere Rollen übernehmen. Als Übersicht der Organisation dient die Grafik in der Abb. 18-4.

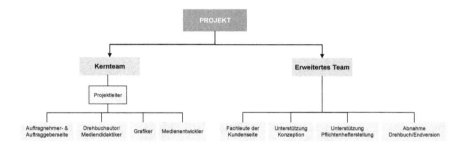

Abb. 18-4. Organisation

Das erweiterte Team besteht aus Fachleuten der Kundenseite. Es stellt die Lerninhalte in Form von unterschiedlichen Medien zur Verfügung und ist in die Anfangsphase der Konzeption und Pflichtenhefterstellung sowie in die Abnahme von Drehbuch und auslieferungsfähiger Version integriert.
Der Projektleiter verantwortet und leitet das gesamte Projekt. Für andere Mitglieder des Kernteams sind die Aufgaben differenziert entsprechend der Phasen zu betrachten. Der Drehbuchautor arbeitet in der Konzeptionsphase und Drehbuchstellung bis zur Abnahme mit. Die Grafiker und Medienentwickler leisten den Hauptteil ihrer Arbeit während der Umsetzungsphase.

	ROLLE	Projektleiter	Drehbuchautor	Grafiker	Medienentwickler	erweitertes Team
PHASE	Analyse	X				
	Konzeption	X	X			X
	Entwurf Grafik/Design	X		X	X	
	Dregbucherstellung	X	X	X	X	X
	Produktion	X	X	X	X	X
	Test/Qualitätssicherung	X	X	X	X	X
	Implementierung/ Finalisierung	X				X

Abb. 18-5. Phasenbezogene Aufgaben der Rollen bei der WBT-Erstellung

18.2 Verbesserungspotenziale im Entwicklungsprozess

Mit dem aktuellen Entwicklungsprozess werden sehr gute Ergebnisse erreicht. An einigen Stellen, wie beispielsweise den eingesetzten Werkzeugen, existieren Verbesserungspotenziale. Für die Weiterentwicklung werden fortlaufend Anstrengungen unternommen, um die Prozesse so optimal wie möglich zu gestalten.

18.2.1 Methodik

Im Fokus von T-Systems MMS steht der Kunde. Daher ist das allgemeine Vorgehen sehr stark darauf ausgerichtet. Die Dokumentation wird projektunterstützend und kundenverständlich geführt.

18.2.1.1 Vorgehensmodell

Um den Kostenrahmen des Kunden zu berücksichtigen muss die Phase der Analyse und Konzeption meist kurz gehalten werden. Für die Spezifikation der Anforderungen wird dem Kunden ein Beispielmodul vorgestellt. Weitere Anforderungen werden mit Hilfe von Fragebögen aufgenommen. Die Interpretation der Anforderungen deckt sich nicht immer genau mit den Vorstellungen des Kunden. Dieser Abstimmungs- und Korrekturprozess gestaltet sich schwierig, da es momentan keine zweckmäßigen Werkzeuge gibt. Daraus ergeben sich zeitliche Verzögerungen für den gesamten Projektverlauf.

Fachliche Inputs werden vom Auftraggeber geliefert. Die Anwendung (Lerngegenstand), welche das Lernmodul einführen soll, wird meist parallel entwickelt und es ergeben sich häufig Änderungen während des Entwicklungsprozesses, die beim Erstellen des Lernmoduls berücksichtigt werden müssen. Somit ist die Qualitätssicherung besonders schwierig.

Am Ende eines jeden Projektes wird eine Feedback-Befragung durchgeführt, anhand derer die Zufriedenheit des Kunden ermittelt wird. Um ein umfangreiches Feedback zu erhalten, sind die Rahmenbedingungen (Zeitdruck, knappe Budgets) meist ungünstig. Die gewonnenen Informationen sind damit nicht ausreichend, um den Prozess nachhaltig zu verbessern.

18.2.1.2 Modellierung/Dokumentation

Für die Dokumentation im Projektablauf ist jederzeit die Möglichkeit eines Exportes aller Sachverhalte (z.B. Drehbuch, verwendete Grafiken) aus dem Entwicklungstool in ein Dokument gegeben. Dieses besitzt eine Kommentarspalte und kann so nachträgliche Inputs bzw. Änderungen für die Anwendung liefern. Die Änderungen können entweder durch einen Re-Import in das Autorentool geladen oder bei Anmerkungen des Kunden manuell vom Medienentwickler an die entsprechenden Stellen übertragen werden. Die Änderungen in einem MS-Word-Dokument sind durch die in diesem von T-Systems MMS genutzten Autorentool vorhandenen komfortablen Möglichkeiten der Textbearbeitung eine enorme Arbeitserleichterung. Beispielsweise kann das Ersetzen eines falschen Begriffes an allen erforderlichen Stellen durch die Funktion „Bearbeiten – Ersetzen" vorgenommen werden. Um jedoch die Inhalte im Entwicklungstool zu ändern, ist eine manuelle Suche im gesamten Text notwendig. Die derzeit manuelle Pflege der Kundenkommentare könnte vereinfacht werden.

18.2.2 Werkzeuge

Wie bereits erwähnt, werden in der Analysephase Fragebögen mit einem Lernmodul-Beispiel eingesetzt, die mit dem Kunden gemeinsam beantwortet und anschließend manuell ausgewertet werden. Die Zusammenarbeit mit dem Kunden während des gesamten Projektes ist umso wichtiger, da die expliziten Anforderungen zu Beginn meist nicht umfassend identifiziert werden können. Für ein effizienteres Arbeiten wäre eine Verbesserung der Analysephase mit entsprechenden Werkzeugen notwendig.

Für die Optimierung des Feedbacks beim Kunden ist eine Veränderung der Fragestellungen bzw. der Befragungstechnik notwendig.

18.2.3 Organisation

Die Mitarbeiter der T-Systems MMS werden bei Veränderungen im Prozess, Methoden und Werkzeugen geeignet weitergebildet. Durch unternehmensweite Kommunikation findet zwischen den Mitarbeitern von T-Systems MMS ein sehr guter Meinungs-, Informations- und Erfahrungsaustausch statt. Diese Philosophie des Unternehmens fördert den Ausbau der Mitarbeiterkompetenzen und trägt zu deren ständiger Weiterentwicklung dieser bei.

Um den Kunden ein umfangreiches Branchen-Know-how zur Verfügung stellen zu können, wird bei einigen Projektschritten auf externe Kräfte mit den benötigten Skills zurückgegriffen. In diesem Zusammenhang ist eine sehr gute Einschätzung der Fähigkeiten notwendig, um das Projektziel zu erreichen. Es wird auf bewährte externe Kräfte zurückgegriffen.

18.3 Maßnahmen zur Optimierung des Engineering IT-basierter Dienstleistungen

Nachfolgend werden mögliche Maßnahmen und Ergebnisse zur Verbesserung von Methoden und Werkzeugen unter Berücksichtigung der Kundenanforderungen genannt, um die oben dargestellten Verbesserungspotenziale zu optimieren.

18.3.1 Methodik

Die Methodik zur Lösung der Unzulänglichkeiten müsste speziell die Entwicklung von E-Learning Dienstleistungen berücksichtigen. Die Arbeitsergebnisse aus den einzelnen Phasen müssten medienbruchfrei, weiterverwendbar und in die anderen Phasen transportierbar sein.

Zunächst sollte im Bereich der Anforderungsanalyse eine Art „Baukasten" entwickelt werden, um diesen Prozess dahingehend zu optimieren, dass dem Kunden konkrete Beispiele zur Verfügung stehen. Dieser „Baukasten" sollte alle möglichen Bausteine (z.B. Motivationselemente, GUI, Textstile und Symbole) eines E-Learning Moduls enthalten. Diese Bausteine wären dann als Vorlage bei neuen Projekten in der Anforderungsanalyse einsetzbar.

Des Weiteren spielt die Modellierung bei E-Learning Projekten auf Grund der geringen Personenzahl von Projektbeteiligten eine untergeordnete Rolle. Je nach Projektumfang besteht die Möglichkeit, dass das gesamte Projekt von zwei Personen durchgeführt wird. Da bei einigen Projekten die Abstimmung auf Grund des überschaubaren Inhalts und der wenigen beteiligten Personen sehr einfach ist, kann zur besseren Ausnutzung des Projektbudgets vom Standardvorgehen abgewichen werden, sofern das Projektziel nicht gefährdet ist.

18.3.2 Werkzeuge

Es werden Werkzeuge benötigt, die Informationen aus dem Projektmanagement und Ergebnisse aus der Entwicklung der E-Learning Dienstleistungen verbinden. Ein produktionsunterstützendes Tool für alle Phasen eines Projektes könnte die Erstellung des WBT optimieren. Denkbar wäre ein Anforderungstool, das dem Kunden alle Möglichkeiten eines Lernmoduls demonstriert sowie die gesamten Anforderungen abfragt und auswertet, um diese Informationen in die Contentproduktion zu integrieren. Das Tool sollte folgende Eigenschaften besitzen:

- Leichte Bedienbarkeit
- Fachlich einsetzbar
- Kostengünstig
- Integration in die Hard- und Softwareumgebung

18.4 Zusammenfassung

Dieser Beitrag basiert auf der Fallstudie, die innerhalb des Projektes ServCASE bei T-Systems Multimedia Solutions erarbeitet wurde und sich mit dem Bereich E-Learning Services beschäftigt. Der Fokus liegt dabei auf Costumer Content, d.h. kundenindividuelle Inhalte, die mit Hilfe von Standardautorenwerkzeugen erstellt und ohne den Einsatz eines Lernmanagementsystems über das Internet verteilt werden.

Mit dem vorgestellten, aktuellen Entwicklungsprozess konnten beachtliche Erfolge erzielt werden. An einigen Stellen haben sich Verbesserungspotenziale herauskristallisiert, um die Abläufe noch weiter zu optimieren. Für die Weiterentwicklung werden fortlaufend Anstrengungen unternommen, um die Prozesse so optimal wie möglich zu gestalten.

Zusammenfassend lässt sich sagen, dass T-Systems MMS der Rolle als Dienstleister und Softwareentwickler gleichermaßen gerecht wird. Der Zusammenhang zwischen Software und Services ist in den Abläufen eindeutig erkennbar. Die Kundenzufriedenheit hat bei E-Learning Projekten einen besonders hohen Stellenwert. Dabei ist insbesondere die Modellierung und die angewendete Methodik wichtig, um dem Kunden einen hohen Nutzen bieten zu können und gleichzeitig die Produktionskosten minimal zu halten.

19 Entwicklung von E-Government-Dienstleistungen

Kyrill Meyer, Stephan Heidner

Universität Leipzig, Abteilung Betriebliche Informationssysteme

19.1 Einleitung

Die Idee der elektronisch unterstützten Regierungsarbeit, kurz E-Government, wird seit etwa 15 Jahren weltweit durch fortschrittliche Regierungen untersucht. Auch in Deutschland existieren seit geraumer Zeit diese, durch den Erfolg des E-Business begründeten Bestrebungen. Dabei gewinnen insbesondere E-Government-Dienstleistungen bzw. E-Bürgerservices zunehmend an Bedeutung.

Um als öffentliche Einrichtung erfolgreich solche elektronischen Dienstleistungen einführen und Bürgern, Unternehmen und anderen öffentliche Einrichtungen unter Einhaltung der Wirtschaftlichkeit anbieten zu können, sind eine Vielzahl von organisatorischen, rechtlichen und technischen Anforderungen miteinander in Einklang zu bringen. Entsprechend komplex stellt sich das zu bewältigende Problemgebiet dar.

Im Rahmen der Arbeiten des ServCASE-Projektes konnte untersucht werden, wie sich im Bereich der Entwicklung des E-Government Unternehmen dieser schwierigen Thematik stellen, wie sich die derzeitige Situation darstellt und wo Verbesserungspotenzial besteht. Dazu wird insbesondere das im Rahmen des Projektes entwickelte integrierte Vorgehensmodell für das Co-Design von Software und Service herangezogen.

Ausgangspunkt für die nachfolgend beschriebenen Ergebnisse bilden Vor-Ort-Untersuchungen in Unternehmen, die neben einem Abriss der bisherigen Entwicklung des E-Government und den notwendigen Definitionen die Grundlage für die Betrachtung bisheriger Herangehensweisen zur Schaffung von Lösungen für E-Government bieten. Weiterhin erfolgt eine Analyse von Verbesserungspotenzial und Maßnahmen im Rahmen eines Software-Service-Co-Designs.

19.2 Ausgangssituation und Entwicklungsansätze

Der Fortschritt der Verwaltungsmodernisierung in Deutschland zeichnet ein sehr uneinheitliches Bild. Bei genauer Betrachtung scheinen der Anspruch nicht der Realität zu entsprechen und die Entwicklungsstände sehr von den Entwicklungsansprüchen des E-Government abzuweichen.

Die Entwicklung des E-Government in Deutschland soll in diesem Abschnitt aufgezeigt werden. Den Ausgangspunkt bildet dabei der in Deutschland durch die Bundesregierung formulierte Anspruch, entsprechende Bürgerservices anbieten zu wollen. Im Nachfolgenden werden zuerst die wesentlichsten grundlegende Begriffe erläutert, bevor die geschichtliche Entwicklung und das daraus resultierende heterogene Lösungsspektrum betrachtet werden.

19.2.1 Begriffsdefinitionen

Im Umfeld des E-Government wird eine Reihe von Begriffen wiederholt genannt. Um ein einheitliches Verständnis aufzubauen, werden die Wesentlichsten nachfolgend definiert.

19.2.1.1 E-Business

Durch die Firma IBM wurde im Jahr 1998 der Begriff *Electronic Business*, kurz E-Business, geprägt. Seitdem ist er, unter anderem durch globale Marktkampagnen von IBM, ein gebräuchlicher Begriff in weiten Teilen der Wirtschaft geworden. IBM als sozusagen Erfinder des Begriffes definiert diesen folgendermaßen:

Definition 1: *Electronic Business* (IBM)
The transformation of key business processes through the use of Internet technologies.

Im Kontext von E-Business fällt, häufig ohne definitorische Abgrenzung, der Begriff Electronic Commerce (E-Commerce). Dieser bezeichnet hauptsächlich elektronisch unterstützte Handelsaktivitäten zwischen autonomen Organisationseinheiten, wohingegen E-Business sich über alle Geschäftsprozesse innerhalb und außerhalb eines Unternehmens erstreckt (Merz 2002). Die Bundesregierung legt in ihrer Definition des E-Commerce (Bundesverwaltungsamt 2004) auf die Aspekte elektronische Information, Kommunikation und Transaktion wert. Die Aufhebung zeitlicher und räumlicher Restriktionen trägt zur Internationalisierung genauso bei wie Digitalisierung und Standardisierung. Daraus resultieren erhöhte Markttransparenz sowie Prozessbeschleunigung.

Durch KPMG wird besonders die elektronische Integration und Verzahnung unterschiedlicher Wertschöpfungsketten bzw. Geschäftsprozesse hervorgehoben. Für eine unternehmensübergreifende Zusammenarbeit ergeben sich die Notwendigkeit von Datenintegration, Interoperabilität heterogener Plattformen und Konvergenz differierender Lösungen auf verschiedenen Endgeräten.

Für einen erleichterten Überblick teilen Deelmann u. Loos (2001) die E-Business-Prozesse in eine Kooperations-, eine Organisations-, eine Funktions-, eine Daten- und schließlich eine Leistungssicht. Im Allgemeinen werden vier mögliche Entwicklungsphasen für E-Business genannt, die ungefähr gleich lautend und gleichbedeutend in Standards wie in Produkten verwendet werden.

Eine Übersicht über die Phasen, in den Phasen verwendete Standards und mögliche Werkzeuge wird in Tabelle 19-1 gegeben.

Tabelle 19-1. Standards und Werkzeuge zu den Entwicklungsphasen im E-Business

	Entwicklungsphase	Standards	Werkzeug
1	Produktklassifizierung	eClass, ETIM, UN/SPSC	EUROPART E-Procurement Solution
2	Katalogdatenaustausch	BMEcat, catXML, xCBL	ARIS
3	Austausch von Geschäftsdokumenten	openTRANS mit XML (CBL)	IBM E-Business Framework
4	Geschäftsprozess-integration	ebXML mit Repository, kompletter Austauschprozess mit UMM Modellierung	Microsoft BizTalk

19.2.1.2 E-Government

Moderne Technik wird nicht nur in Unternehmen eingesetzt, sondern zunehmend auch in der öffentlichen Verwaltung. Auch hier sind der Kostendruck und das mit der IT-Unterstützung verbundene Einsparpotenzial ein wesentlicher Antrieb. Es existieren einige Gemeinsamkeiten zwischen E-Government und E-Business, allerdings auch einige grundlegende Unterschiede.

Nachfolgend wird eine grundlegende Definition aufgeführt, wobei bereits an dieser Stelle darauf hingewiesen wird, dass die Definitionsansätze für E-Government sehr unterschiedlich sind.

> Definition 2: *Electronic Government*
> (in Anlehnung an Europäische Kommission 2005)
> Electronic Government bezeichnet den Einsatz der Informations- und Kommunikationstechnologien in öffentlichen Verwaltungen in Verbindung mit organisatorischen Änderungen und neuen Fähigkeiten, um öffentliche Dienste und demokratische Prozesse zu verbessern und die Gestaltung und Durchführung staatlicher Politik zu erleichtern.

Anhand weiterer Definitionen (Deutsche Rentenversicherung 2002; Lucke u. Reinermann 2000; KoopA ADV 2003) lassen sich dann zwei Grundzüge der Problemanalyse separieren:

- *Weit gefasste Definition:* Abwicklung von Geschäftsprozessen im Zusammenhang mit Regieren und Verwalten mit Hilfe von Informations- und Kommunikationstechnologien.

Dabei ist zu beachten, dass Regieren und Verwalten sehr facettenreich ist, und u.a. öffentliche Willensbildung, Entscheidungsfindung (Konsens), Leistungserstellung und -erbringung und Partizipation umfasst (GI u. VDE 2000).

• *Eng gefasste Definition:* E-Business des öffentlichen Sektors, d.h. insbesondere der Einsatz von Internet-Technologien. Der am E-Government neue Aspekt ist nicht die elektronische Abwicklung verwaltungsinterner Abläufe, sondern die Abwicklung von Beziehungen über elektronische Medien.

Im Prinzip ist E-Government das E-Business der öffentlichen Verwaltung. Der Unterschied gegenüber dem E-Business ist die zugrunde liegende Gesetzgebung. Im E-Government bestehen detaillierte rechtliche Vorgaben, um Aufgaben und Prozesse zu regeln. Die Verfahren unterliegen einer Reihe von im Gegensatz zum E-Business nur langsam veränderlichen Rechtsgrundlagen. Darüber hinaus existieren ein Staatsmonopol und ein Dienstleistungsauftrag.

19.2.1.3 Lebenslagenprinzip

Bislang funktionieren Dienstleistungen von Behörden oftmals sehr monolithisch, d.h. jede Behörde übernimmt nur genau die Aufgaben, die rechtlich für sie vorgeschrieben sind. Dies bedeutet beispielsweise, ein Einwohnermeldeamt meldet einen Bürger *an* oder *ab*. Eine Abteilung des Ordnungsamts bearbeitet alle Aufträge im Zusammenhang mit Kraftfahrzeugen. Um für den Bürger eine Unterstützung anzubieten, könnte nach dem Lebenslagenprinzip die An- und Abmeldung des Bürgers und die notwendige Ummeldung des Fahrzeuges bei einem Wechsel des Wohnortes zu einer übergreifenden Dienstleistung zusammengefasst werden. Die sich stellenden Thematiken sind dabei oftmals relativ komplex, im Beispiel des Umzugs muss der Bürger sich über die Ummeldung seines Wohnortes und seines Fahrzeuges eventuell eine neue Wohnung suchen, seine alte zurückgeben, weiterhin benötigt er ein Umzugsunternehmen. Der Umzug muss bei der Gemeinde angezeigt werden. Wenn der Umzug beruflich bedingt ist, lassen sich die Kosten unter Umständen steuerlich geltend machen. Bei einigen Arbeitnehmern gibt es Sonderurlaub für einen Wohnungswechsel. Auch bei ganz trivialen Dingen, wie der Auswahl neuer Einkaufsgelegenheiten in der Umgebung oder der Beförderung mit öffentlichen Verkehrsmitteln kann dem Bürger Unterstützung angeboten werden (Strom, Wasser, Gas, Bank, Versicherung).

Die umfassende Anwendung des Lebenslagenprinzips verbindet im Idealfall Unternehmen, Behörden und allgemeine Hilfestellungen so nahtlos miteinander, dass dem Bürger behörden- und unternehmensübergreifend unter die Arme gegriffen wird, auch mit Zeitplänen, aufbereiteten Informationen und chronologischen Abläufen.

Solche Lebenslagen sind nicht nur der Umzug, sondern auch die Geburt eines Kindes, die Heirat von zwei Bürgern, der Kauf eines Fahrzeugs, die Einbürgerung ausländischer Menschen sowie der Tod eines Bürgers. Es entstehen komplexe Geschäftsprozesse für die Verwaltung.

Die statischen Informationsangebote der Verwaltung müssen in dynamische Lebenslagenprinzipien gewandelt werden. Äquivalent für Lebenslagenprinzip

werden die Begriffe One-Stop-Government, Lebenslagenmanagement und Lebens-
lagenkonzept verwendet (Weinberg u. Grässel 2004).

Das Lebenslagenprinzip ignoriert die Verwaltungsstruktur und richtet sich konsequent nach „Kunden"-Bedürfnissen bzw. dem täglichen Leben der Gesellschaft
aus (BFH 2005; vgl. Abb. 19-1).

Abb. 19-1. Das Lebenslagenprinzip

Dabei sollen auch Transaktionen, wie das Einreichen von Formularen oder die
Bezahlung von Gebühren elektronisch auslösbar sein. Es werden nicht primär die
verwaltungsinternen Prozesse vereinfacht, sondern die Dienstleistungsqualität
wird erhöht. Die Dienstleistung wird aus Sicht desjenigen betrachtet, der die Leistung nutzt. Das Lebenslagenprinzip geht erheblich über eine „Behördenleistung"
hinaus und verwendet übergreifend Dienstleistungen von öffentlicher Verwaltung,
Unternehmen und Privatpersonen.

Eine erste primitive Unterstützung des Lebenslagenprinzips könnte das Eintra-
gen von Stammdaten des Nutzers in angeforderte Formulare sein. Auf höherem
Niveau ist die Personalisierung zusammengefasster Vorgänge denkbar.

19.2.1.4 Fachverfahren

Während der Arbeit mit Behörden und mit Unternehmen, die für öffentliche Einrichtungen arbeiten, hat sich herausgestellt, dass der Begriff Fachverfahren ein
Spektrum variierender Bedeutungen beinhaltet. In etwa stimmen die Bedeutungen
inhaltlich darin überein, dass sie einen Vorgang bzw. eine Aufgabe beschreiben,
die innerhalb *einer* Behörde ausgelöst und von dieser Behörde vollständig abgearbeitet wird.

Die Umsetzung der Fachverfahren obliegt kommunaler Verantwortung und ist
nicht einheitlich vorgegeben. Ein Fachverfahren hat Schnittstellen, Methoden,

Werkzeuge und Datenstrukturen als technische Details. Für ein Fachverfahren können eine Ressourcensicht, eine Funktionssicht, ein Produktmodell und ein Prozessmodell definiert werden. Diese Sichten können als serviceseitige Details betrachtet werden. Damit ist ein vollständiges Modell eines Fachverfahrens definiert – egal ob es als Papierakte mit Zugriff eines Sachbearbeiters am Telefon oder als digitales Verfahren online verfügbar ist. Zur modellgetriebenen Integration werden idealerweise Metamodelle zu den jeweiligen Fachverfahren erstellt (Freitag et al. 2000).

Für die Bewertung und Auswertung von verwaltungsinternen Prozessen, also auch der Fachverfahren, sind Mess- und Erfassungssysteme sowie fachspezifische Auswertesysteme erforderlich.

19.2.2 Entwicklung des E-Government in Deutschland

Im nachfolgenden soll die Entwicklung des E-Government in Deutschland nachvollzogen werden. Die in der Bundesrepublik existierenden Bestrebungen in diesem Bereich zeigen sich momentan häufig uneinheitlich und heterogen. Die Gründe dafür sind vielfältig und haben ihre Ursache in Verwaltungshoheit und kommunaler Selbstbestimmung einerseits sowie mit den rechtlichen Vorgaben und den auf dem Markt existierenden Anbietern für Lösungen anderseits zu tun.

19.2.2.1 Initiativen und Wettbewerbe

Der deutsche Staat strebt seit einiger Zeit die Entwicklung von E-Government-Strukturen auf kommunaler Ebene, Landesebene bzw. Bundesebene an. Diesem Zweck dienen und dienten verschiedene Initiativen und Wettbewerbe, bei denen einzelne bzw. übergreifende Strukturen für E-Government durch gezielte Förderung etabliert werden sollen. Die wichtigsten Wettbewerbe sind nachfolgend kurz erläutert.

Media@Komm
Der erste deutsche E-Government Wettbewerb fand zwischen Oktober 1999 und Dezember 2003 unter dem Titel MEDIA@KOMM statt. Es war ein bundesweiter Wettbewerb auf kommunaler Ebene im Rahmen des bundesweiten Projektes BUNDONLINE 2005 (siehe unten). Die Gewinner waren die Hansestadt Bremen mit den Online Services Computer Interface (OSCI) Spezifikationen und dem daraus entwickelten Produkt GOVERNIKUS, der Städteverbund Nürnberg mit dem Produkt CURIAWORLD und die Stadt Esslingen.

Media@Komm Transfer
Die Lösungen der Gewinner des Wettbewerbs MEDIA@KOMM werden durch die Beteiligten der kommunalen, bundesweiten Initiative MEDIA@KOMM-TRANSFER bis zum Jahr 2006 auf ausgewählte Kommunen, z.B. die Stadt Hamburg und den Zweckverband Kommunale Informationsverarbeitung Sachsen in Aue, übertragen (Media@Komm-Transfer 2004). Dabei wird die Übertragbarkeit der Lösungen auf andere Kommunen getestet (contentmanager.de 2004).

BundOnline 2005
Die E-Government Initiative BUNDONLINE 2005 löste bundesweit mehrere Projekte, u.a. MEDIA@KOMM und MEDIA@KOMM-TRANSFER aus. Sie wurde im Sommer 1999 gestartet und verfolgt das Ziel, die 350 online-fähigen Dienstleistungen der Bundesverwaltung online bereitzustellen.

Die meisten dieser Dienste sind Informationsdienste, Antragsverfahren und die Abwicklung von Förderungen. Der Wirtschaftlichkeitsaspekt soll vor der elektronischen Umsetzung der Dienstleistungen geprüft werden.

DeutschlandOnline
Die gemeinsame E-Government-Strategie von Bund, Ländern und Gemeinden trägt den Namen DEUTSCHLANDONLINE. Diese Strategie wurde 2003 mit der Aufgabe beschlossen, die heterogene deutsche E-Government Landschaft zu harmonisieren. In 20 gemeinsamen Internetprojekten haben sich die Ministerpräsidenten der Länder auf fünf Säulen der Zusammenarbeit geeinigt, um die Stärkung gemeinsamer Strukturen und den Wissenstransfer zu fördern.

Bestehende Vorzeigeprojekte, wie die Gewinner des MEDIA@KOMM, werden mit dem Ziel weiterentwickelt, alle Dienstleistungen des Bundes im Internet bereitzustellen.

Initiative D21
Die INITIATIVE D21 E.V. wurde 1999 von 23 Unternehmen gegründet, inzwischen gibt es 300 beteiligte Unternehmen und Forschungseinrichtungen. Ziel dieser größten Public Private Partnership ist es, Deutschland im internationalen Wettbewerb einen Spitzenplatz bei der Nutzung von Informationstechnologie einnehmen zu lassen.

Entscheidende Themen bezüglich der Entwicklung der Informationsgesellschaft in Deutschland werden exemplarisch aufgegriffen, daraus Strategien entwickelt, Projekte unterstützt sowie Öffentlichkeitsarbeit geleistet.

Kommunale Projekte
Unter den zahlreichen kommunalen Projekten ist das Projekt DIGITALES NORDRHEIN-WESTFALEN (D-NRW) eines der größten und technologisch am weitesten fortgeschrittenen. Die bisherige Entwicklung hat zur Umsetzung von Formularserver, Personalisierung und Registrierung für die Bürger Nordrhein-Westfalens geführt. Bis zum Jahr 2008 sollen weitere Entwicklungen realisiert werden (Kallas u. Moukabary 2004).

Im E-Government Projekt des Bundeslandes Sachsen heben sich technologisch hochwertige Umsetzungen der Geodaten-Initiative mit Kartendarstellungen, Hochwasserinformationssystem und Gesamtstraßennetzdarstellungen im bundesweiten Vergleich besonders hervor (SAKD 2004).

Fazit
Durch verschiedene E-Government Wettbewerbe und Projekte hat sich eine heterogene E-Government-Landschaft in Deutschland entwickelt. Es gab und gibt Projekte auf kommunaler, Landes- und Bundesebene. Eine gemeinsame Strategie aller Beteiligten bemüht sich um Harmonisierung dieser E-Government Landschaft.

19.2.2.2 Einzel- und Insellösungen für E-Government

Durch die oben vorgestellten Wettbewerbe ist eine Vielzahl individueller, meist kommunal anwendbarer Produkte entstanden. Unter diesen Produkten werden einige mit Vorbildcharakter, z.B. mit herausragenden Eigenschaften bei der Umsetzung der Sicherheitskomponente in Tabelle 19-2 gegenübergestellt. Für die Entwicklung durchgängiger E-Government Dienstleistungen können diese Lösungen eine Grundlage bilden, wobei eine durchgängige Betrachtung sowohl von Software als auch von Service im Allgemeinen nicht den Fokus bei der Entwicklung der Produkte gebildet hat.

Die vorgestellten Produkte sind als kommunale Lösungen im Einsatz und tragen zu einem sehr heterogenen Lösungsspektrum bei. Viele der Produkte zeichnen sich durch Besonderheiten aus, insofern sind die positiven Ergebnisse der Wettbewerbe als hervorragende Ergebnisse mit Leuchtturmcharakter und als sehr fortschrittlich zu bewerten. Trotzdem sind die Produkte im Hinblick auf eine allgemeine und einheitliche Lösung für die Abwicklung von E-Government und den damit verbundenen Austausch von Daten oftmals noch sehr ungeeignet, da nur wenig einheitliche und von allen Lösungen unterstützte Standards eingesetzt werden.

Tabelle 19-2. Gegenüberstellung von E-Government-Lösungen

Bezeichnung	Hersteller	Entstehung	Besonderheit	Module & Technologie
CuriaWorld	Curiavant Internet GmbH, 100World AG	Media@Komm	Ratsinformationssystem, Zahlungsdienste, Baugenehmigungsverfahren	J2EE, JCA
Governikus	Bremen Online Services GmbH & Co. KG	Media@Komm	Referenzimplementierung OSCI	Java, XML, OSCI, VDS
easyGovernment	IVU Traffic Technologies AG	Auftrag des Berliner Senats	Mobile Lösung, mobile Zahlung	J2EE, XML, OSCI, VDS
eGovernment Area	Datenzentrum Rheinland-Pfalz	Interner Auftrag	PKI, Clearingstelle	FTP, HTTP/S, XML
eGov Portal Suite	PC Ware GmbH	Kommerzielles Produkt	Schnittstelle zum öffentlichen Dienst	HTML, XML, HTTP

19.2.2.3 Standardisierungsbestrebungen

Aufgrund der Wettbewerbe und Initiativen ist E-Government vor allem durch Einzellösungen, wie die im vorherigen Abschnitt vorgestellten, gekennzeichnet. Die fehlende Interoperabilität von Produkten und die mangelhafte Übertragbarkeit von Ergebnissen auf andere Kommunen begründen das Bedürfnis einer Standardisierung.

Die nachfolgend vorgestellten Standards sind durchweg junge Standards, die einer weiteren Entwicklung bereits unterliegen beziehungsweise bei denen weitere Entwicklungen zu erwarten sind.

Die Festlegung von Standards gleicht der Einführung einer Richtschnur. Standards dienen der Qualitätssicherung und -kontrolle, sowie der Vereinheitlichung. Es handelt sich um allgemein gültige und akzeptierte Normen, die themen- oder tätigkeitsbezogen konkrete Situationen und Leistungen regulieren (Scholz 2002).

Der wichtigste Standard für E-Government sind die sehr allgemein gehaltenen „Standards und Architekturen für E-Government Anwendungen" (SAGA; KBSt 2003). Zur Konkretisierung auf der Ebene der Fachkonzepte definiert der OSCI-XÖV Standard ein Datenaustauschformat (OSCI Leitstelle 2005), der OSCI-Transport Standard definiert den sicheren Nachrichtenaustausch (OSCI Leitstelle 2005) und Testa (KoopA ADV 2004) definiert sichere Kommunikationsnetze zum Nachrichtentransport. Als grundlegender Standard innerhalb von Behörden dient das DOMEA, welches die Einführung der elektronischen Akte standardisiert.

In Abb. 19-2 sind die Zusammenhänge der genannten Standards dargestellt.

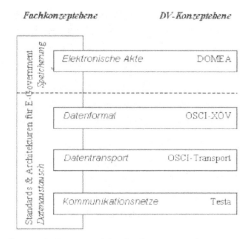

Abb. 19-2. Übersicht in Deutschland relevanter E-Government Standards

Definiert sind somit eine Reihe grundlegender Standards zur Entwicklung von E-Government Produkten. Es existieren Konzepte zur Einführung der elektronischen Akte, Standards zum Datenaustausch zwischen öffentlichen Verwaltungen und Standards für Behördenkommunikationsnetze.

Alle diese Standards sind jedoch „junge" Standards. Sie unterliegen der weiteren, teilweise sehr dynamischen Entwicklung. Die Standards können aufgrund dieser Dynamik lediglich als grobe Richtlinien gelten.

19.3 Verbesserungspotenzial

In den vorangegangenen Abschnitten ist die Entwicklung des E-Government skizziert worden: Aufgrund der verschiedenen Wettbewerbe sind größtenteils unabhängig voneinander Einzellösungen entstanden, die vereinzelte sehr gute Lösungsansätze realisieren, auf einer übergreifenden Ebene jedoch aufgrund mangelnden Kompatibilität und Zusammenarbeit nur ungenügend sein können

Um das Zusammenspiel unterschiedlicher Produkte gewährleisten zu können, wurden und werden Standards entwickelt, die idealerweise innerhalb der verschiedenen Lösungen zur Anwendung kommen sollten.

Nachfolgend soll das Verbesserungspotenzial aufbauend auf den existierenden Lösungen aufgezeigt werden. Dafür wird zuerst ein Klassifizierungsmodell vorgestellt um im Weiteren darzustellen, inwieweit die Nutzung und der Ausbau von Frameworks Potenzial bieten. Auf die mit der Entwicklung verbundene Methodik wird in Abschnitt 19.4 eingegangen.

19.3.1 Klassifikation

Die Einordnung existierender E-Government Produkte in eine aussagekräftige Klassifikation dient der Herstellung der Vergleichbarkeit der Produkte. Dafür werden Ordnungsansätze vorgestellt und auf Eignung überprüft. Danach wird eine konsolidierte Klassifikation vorgestellt, die die Nachteile bestehender Ordnungsansätze überwinden soll. Als möglicherweise geeignete Klassifikationen für E-Government-Produkte werden die Klassifikationen des FRAUNHOFER-INSTITUTS, von GISLER und SPAHNI und weitere Ansätze untersucht.

Es fällt bei der Vorstellung der Klassifikationen wiederholt der Begriff der *Transaktion*. Eine Transaktion ist ein Tausch von Leistungen. Es handelt sich dabei im E-Government um den Prozess der personenbezogenen Dienstleistung mit rechtsverbindlichem Geschäftsverkehr. Es gelten dabei die gesetzlichen Vorgaben für einen ordnungsgemäßen Verwaltungsakt (IHK Berlin 2004).

19.3.1.1 Klassifikation des Fraunhofer-Instituts

Die Klassifikation des Fraunhofer-Instituts analysiert das Dienstleistungsportfolio der Bundesregierung und gruppiert die ca. 350 angebotenen Dienstleistungen für Bürger und Unternehmen in *drei Klassen*.

Die Klasse der *allgemeinen und Fachinformationen* enthält Dienstleistungen, die durch die Beschaffung, Aufbereitung, Verdichtung und Verbreitung von Information gekennzeichnet sind. Als Anwendungsbeispiel ist das „Ermöglichen einer Antragstellung", z. B. einer einmaligen Sonderparkgenehmigung, aufgeführt.

Die Klasse der *Kommunikation* beschäftigt sich mit Dialogeinheiten, bindet Kommunikationspartner ein und führt Beratungsdienstleistungen durch. Dabei werden politische Entscheidungen vorbereitet und die Zusammenarbeit von Bürgern und Unternehmen mit Behörden wird analysiert. Als Anwendungsbeispiel werden Annahme und Bearbeitung von Anträgen genannt.

Die Klasse *Transaktion* enthält Dienstleistungen wie die Durchführung von Beschaffungsvorhaben, Aufsichtsmaßnahmen durch die Verwaltung und die Genehmigung von Förderungen. Zur Erbringung dieser Dienstleistungen werden Zulassungen und Genehmigungen erteilt, sowie Zahlungen abgewickelt. Als Beispiel wird die Genehmigung einer Baumaßnahme genannt.

Die Klassifikation fokussiert vor allem Massendienstleistungen wie zum Beispiel jährlich 50 Millionen durch Bürger und Unternehmen auszufüllende Zollerklärungen oder täglich 60.000 auszustellende Personalausweise und Reisepässe. Der Großteil der untersuchten Dienstleistungen fällt dabei in die Klasse der allgemeinen und Fachinformation (Schallbruch 2002).

19.3.1.2 Klassifikation von Gisler und Spahni

PROF. DR. DIETER SPAHNI als Leiter des Instituts für Wirtschaft und Verwaltung und DR. OEC. HSG MICHAEL GISLER als Gründer und Leiter des Competence Center E-Government haben zusammen eine „Standortbestimmung E-Government" herausgegeben. Sie analysieren die Abbildung und Strukturierung von Verwaltungsprozessen, die Arten der Kooperation innerhalb von Prozessen und das erforderliche Wissen bei Verwaltungsdienstleistungen. Sie gelangen zu einer Gruppierung in die *fünf Bereiche* Portal, Entscheidungsablauf, Abstimmung, Interpretation und Expertensysteme.

Eine erste Klasse der *Portale* offeriert einen einheitlichen Einstiegspunkt zu den Leistungen und Aufgaben der öffentlichen Verwaltung auf den verschiedenen vertikalen und horizontalen Ebenen einer Verwaltung.

Die Klasse *Entscheidungsablauf* beschäftigt sich im Wesentlichen mit Vorgangsbearbeitungssystemen und allgemeinen Bürofunktionen, Abrechnungssystemen, aber auch mit Datenbankanfragen im Handelsregister.

Als dritte Klasse verlangt die Klasse der *Interpretation* nach elektronischer Umsetzung der Gesetzessuche und der darauf bezogenen Unterstützung fachspezifischer juristischer Tätigkeiten. Solche Systeme tragen die Bezeichnung „Argumentationssysteme".

Eine weitere Klasse behandelt elektronisch mögliche *Abstimmungsvorgänge und Verhandlungen* vor allem in der Führungsebene. Dabei sind Zusammenarbeit, Informationsteilung und intensive Kommunikationsvorgänge wichtig.

Die Formalisierung von Normen mit Hilfe eines juristischen *Expertensystems* wird einer eigenen Klasse zugeordnet, die z.B. das Steuerwesen und die Sozialversicherungen durch einen Softwareagenten verbindet.

In die Klassifikation von GISLER und SPAHNI werden die Dienstleistungen der Bundesregierung aus der Sicht der Wissensbereiche erfasst und gruppiert. Sie bezieht sich dabei häufig auf bestehende E-Business Anwendungen (Gisler u. Spahni 2001).

19.3.1.3 Konsolidierte Klassifikation

Die betrachteten Klassifikationsansätze erscheinen zur Einordnung der untersuchten Produkte ungeeignet, weil sie keine Klassenbildung hinsichtlich einer integrierten Sicht auf Technik *und* Dienstleistung zulassen. Der Aspekt der verwaltungsinternen Dienstleistung wird häufig nicht betrachtet. Daher wird eine konsolidierte Klassifikation mit einer technischen Seite eingeführt, um die Einstufung von Produkten zu erleichtern.

Die konsolidierte Klassifikation verwendet die in Abb. 19-3 dargestellten Klassifikationsstufen Information, Kommunikation, Transaktion und Integration, die

an Anwendungsfällen eines Produkts erläutert werden. Als Anwendungsfall emp-
fiehlt sich aufgrund der Anschaulichkeit des Vorgangs der „Umzug des Bürgers X
von der Kommune A in die Kommune B".

Stufe I: Information
Anwendungsfall: Der Bürger X nutzt das Produkt dieser Entwicklungsstufe, um die
Öffnungszeiten des für ihn zuständigen Einwohnermeldeamtes der Kommune A
zu erfahren. Die Kommune A nutzt das Produkt dieser Entwicklungsstufe, um die
Adressen und Öffnungszeiten ihrer Ämter, z.B. des für Umzüge zuständigen Ein-
wohnermeldeamtes, zu veröffentlichen.

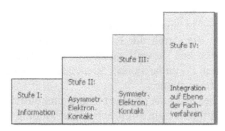

Abb. 19-3. Klassifikationsstufen der konsolidierten Klassifikation

Die Funktionalität eines Produkts dieser Klasse ist durch die Bereitstellung von
statischer Information für zukünftige Nutzer einer öffentlichen Leistung gekennzeichnet. Beispiele solcher Information sind Adressen und Öffnungszeiten von
Behörden sowie die Möglichkeit Formulare im Internet anzubieten.

Stufe II: Kommunikation
Anwendungsfall: Das Produkt dieser Entwicklungsstufe ermöglicht es dem Bürger
X, der umziehen möchte, beim zuständigen Mitarbeiter der Kommune A z.B. per
E-Mail nachzufragen, wann die erforderliche Abmeldung in der Kommune A zu
erfolgen hat. Die Kommune A nutzt das Produkt dieser Entwicklungsstufe um
z.B. im Chat die Fragen des Bürgers X zu beantworten.
    Die Produkte diese Entwicklungsklasse zeichnen sich durch Interaktion von
Nutzer und Bereitsteller einer öffentlichen Dienstleistung aus. Dabei entspricht der
Interaktionsgrad dem einer persönlichen Beratung. Der teilweise automatisierte
Austausch von Wissen beschleunigt und vereinfacht bestehende Prozesse. Die Information wird personalisiert und dynamisiert. Die technischen Anforderungen
von Produkten dieser Klasse beinhalten unterliegende Netze zur Kommunikation
zwischen den Teilnehmern, sowie Anwendungen zur Kommunikation, wie Chat,
Mail und Weblogs.

Stufe III: Transaktion
Anwendungsfall: Das Produkt dieser Entwicklungsstufe befähigt den Bürger X die
fälligen Gebühren für seinen online ausgefüllte Antrag auf einen Anwohnerpark-
ausweis online zu bezahlen. Die Kommune A nutzt das Produkt zur digitalen Wei-
terleitung des Zahlungsvorgangs an den zuständigen Bearbeiter sowie zur Verbuchung der Gebühren in der Finanzkasse.

Auf dieser Klassifikationsstufe zeichnen sich die Produkte durch die Abwicklung einfacher Geschäftsprozesse aus. Dazu können Teile der Prozesse personalisiert und automatisiert werden. Die Behörden von Kommunen können online Anträge annehmen, Zulassungen erledigen und Zahlungen abwickeln, sowie zwischen Kommunen austauschen. Die Bürger der Kommune können Prozesse online auslösen und dem eigenen Willen durch elektronische Aktionen Ausdruck verleihen.

Die technische Basis dieser Ebene erweitert die Anforderungen der vorherigen Klasse um Sicherheitskomponenten, die eine Umsetzung der qualifizierten elektronischen Signatur entsprechend dem Signaturgesetz verlangt. Auf Anwendungsebene werden Zahlungsdienste, rechtssichere Archivierung, Transaktionssteuerung und Prozessmanagement erwartet.

Stufe IV: Integration

Anwendungsfall: Der Bürger X kann mit dem Produkt dieser Entwicklungsstufe seinen Umzug von der Kommune A in die Kommune B vollständig online abwickeln. Die Kommunen A und B nutzen das Produkt, um die dazu erforderlichen eigenen Transaktionen zu verbuchen, bzw. Transaktionen in der jeweils anderen Kommune elektronisch abzuwickeln, d.h. medienbruchfrei.

Die Produkte dieser Klasse stellen Fachverfahren kommunenübergreifend vollständig elektronisch zur Verfügung. Dazu werden über eine einzelne Transaktion hinaus weitere Prozesse bzw. Transaktionen angestoßen, die in anderen Behörden oder sogar andern Kommunen medienbruchfrei ausgeführt werden.

Als technologische Grundlagen sind die Anforderungen der dritten Ebene um organisatorische Anwendungen, wie Controlling und Berichtswesen zu erweitern. Die wichtigste Forderung besteht jedoch im Aufbau einer Integrationsebene über Middleware-Architekturen, die auf sicheren Netzen und gesicherter, rechtsverbindlicher Kommunikation beruhen. Dadurch können mehrere Kommunen zusammenarbeiten.

Die konsolidierte Klassifikation komprimiert die vorgestellten Klassifikationen in vier hierarchische Klassen. Über eine Einstufung der Dienstleistungen hinaus werden die Bedingungen für den technologischen Entwicklungsstand der Produkte auf den jeweiligen Ebenen gegeben.

Die konsolidierte Klassifikation bezieht sich also einerseits auf Software und Dienstleistungen und andererseits auf technologische Aspekte. Beispiele für die technologische und die Nutzersicht werden in Tabelle 19-3 angeführt

Tabelle 19-3. Anforderungen an die Entwicklungsstufen von E-Government Plattformen

Stufe	Information	Kommunikation	Transaktion	Interaktion
Service	Website	Formulardownload	Formularbearbeitung	Vorgangsbearbeitung
Technik	WCMS	ECMS, Mail, Nutzerverwaltung, Personalisierung	Versionierung, rechtssichere Archivierung	PKI, VPS, digitale Akte, Workflow, DMS, ERP, Im-/Export

19.3.2 Ausbau und Nutzung von Frameworks

Für die Abwicklung der verschiedenen beschriebenen Klassifikationsstufen werden wiederholt ähnliche oder gleiche Funktionalitäten in unterschiedlichen Prozessen benötigt. Es ist naheliegend, diese Funktionalitäten in Form von Komponenten zu realisieren und als Teil einer umfangreichen Entwicklung in sogenannten Frameworks zu integrieren.

Frameworks sind im Bereich des E-Business bereits weit verbreitet und etabliert. Ein Framework ist eine Grobarchitektur von Software, die an spezifischen Punkten durch Programme oder Programmteile, d.h. Code-Stückchen, ergänzt wird. Es ist vergleichbar mit einer Art Standard-Software-Architektur (Gatsche u. Matz 2002).

Der Begriff Framework ist den Technologien zur Wiederverwendung von Software zuzuordnen. Er beschreibt ein Gerüst aus einer Menge von Objekten, die zur Lösung eines fachspezifischen Problems verwendet werden (Jakob u. Stoll 2004). Im Gegensatz zur Programmbibliothek besteht ein Framework zusätzlich aus einem Hauptprogramm, welches die globale Steuerung übernimmt. In der Grobarchitektur wird nur noch an bestimmten Stellen der applikationsspezifische Code eingehängt. Dadurch entsteht eine Ausrichtung auf einen speziellen Anwendungsbereich. Beispiele für Frameworks sind graphische Editoren, Buchhaltungssysteme oder elektronische Warenhäuser.

Die betriebswirtschaftlichen Vorteile eines Frameworks zeigen sich durch Einsparungen in der Entwicklung, zentralen, preisgünstigen Lösungsbetrieb und einfachere Integration mehrerer Klassen von Endanwendungen. Es existieren bereits einige Anbieter spezieller Frameworks für E-Government-Lösungen.

Im Rahmen eines Multiprojektmanagements können durch die Verwendung von Frameworks die Entwicklungen sehr effizient organisiert werden. So lassen sich auch die Back-End-Integration und der Lösungsbetrieb durch eine Integrationsebene als Bestandteil eines Frameworks vereinfachen.

In Abb. 19-4 wird die Entwicklung eines Frameworks bestehend aus einzelnen Projekten im Rahmen zweier Entwicklungsdimensionen skizziert. Einerseits wird durch eine langzyklisch angelegte Entwicklungsplattform, die nach dem Aufbau von Basisdiensten für Information und Aufbaudiensten für Kommunikation auch komplexe Dienste, wie Transaktionsdienste für Sicherheit, Zahlungen und Auftragsabwicklung bietet, der Aufbau eines Frameworks unterstützt. Andererseits bieten nachhaltig angelegte IT-Mehrwertdienste durch steigende Lösungskomplexität von Schulungen, Help Desk, Solution Management bis hin zum Prozess Outsourcing ebenfalls Unterstützung beim Aufbau eines Frameworks.

Im Rahmen der Entwicklung von E-Government-Dienstleistungen gilt es, das bestehende Potenzial von Frameworks im Hinblick auf die bereits diskutierte Klassifikation anzuwenden und zu erschließen. Eine solche Entwicklung muss sowohl technische als auch dienstleistungsspezifische Aspekte direkt berücksichtigen. Im nächsten Kapitel wird ein solcher Entwicklungsprozess detaillierter betrachtet.

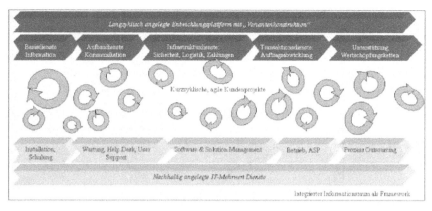

Abb. 19-4. Entwicklungsrahmen für ein Framework

19.4 Co-Design-Methodik aufgrund des ServCASE-Modells

Nachfolgend wird die integrierte Entwicklung von E-Government-Dienstleistungen betrachtet, welche Software und Service umfasst. Den Ausgangspunkt bildet die im Rahmen des ServCASE-Projektes entwickelte Methodik.

Die Methodik unterscheidet einen unterliegenden Hauptentwicklungsstrang, das so genannte Metaprojekt, der einzelne Projekte initiiert. Meta- und Einzelprojekte laufen in denselben Phasen ab.

Weiterhin geht die Methodik geht davon aus, dass das Gesamtproblem nicht in einem Projekt gelöst werden kann. Daher ist eine Aufteilung in Teilprobleme nötig, die schrittweise zu einem Metaprojekt beitragen und das Problem lösen. In Abb. 19-5 ist die Aufteilung in das unterliegende Metaprojekt und die Zyklen der Einzelprojekte dargestellt. Die Einzelprojekte adressieren dabei jeweils nur überschaubare Problemklassen, sind zeitlich eng begrenzt und vom Entwicklungsvorgehen her sehr flexibel. Das definierte Metaprojekt ist zeitlich langfristig (im Regelfall über mehrere Jahre) orientiert und hat das Erreichen eines höheren Reifegrades im Sinne der vorgestellten Klassifikation für E-Government als Ziel. Erfahrungen aus den Lösungen der Teilprojekte werden durch dieses Metaprojekt explizit berücksichtigt und in eine Erfahrungsfabrik eingebracht, auf die in weiteren Projekten zurückgegriffen werden kann. Das Management des Metaprojekts ist stärker durch lineare Vorgehensweisen geprägt.

Die Erstellung eines kombinierten Software und Service Produkts wird durch die einzelnen Beiträge der Projekte zur Gesamtlösung als evolutionsartiger Prozess aufgefasst. Auf das Gesamtprojekt wirkt eine Vielzahl von Einflüssen der Einzelprojekte ein. Diese Einflüsse werden nicht explizit zu verhindern versucht, sondern sie sind erwünscht und werden in die Entwicklung integriert, sowie in der Erfahrungsfabrik dokumentiert.

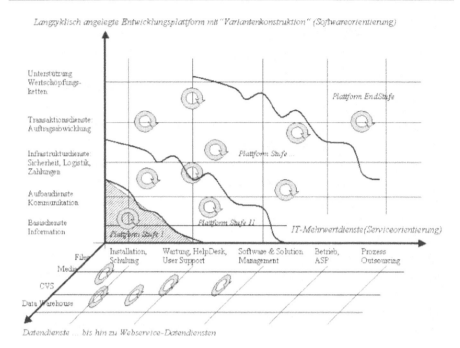

Abb. 19-5. Lösungsraum der Anwendungen

Der Hauptentwicklungsstrang (das definierte Metaprojekt) entwickelt sich durch die in den Einzelprojekten gewonnenen Ergebnisse. Dazu müssen innerhalb oder nach Abschluss der Einzelprojekte Synchronisationspunkte mit dem Hauptentwicklungsstrangs ausgelöst werden. Dies kann auch durch manuelle Zusatzereignisse oder bei Problemen erfolgen. Erfüllen die Synchronisationspunkte definierte Anforderungen des Metaprojekts, erfolgt die Zusammenfassung der gesammelten Erfahrung in einem marktfähigen Zwischenprodukt im Sinne einer Entwicklungsstufe des Metaprojektes.

Zu Beginn eines Projektes werden Softwareentwicklung und Serviceentwicklung parallel gestartet. Ist eine vollständig integrierte Entwicklung innerhalb des Projektes nicht möglich, erfolgt eine Synchronisation beider Entwicklungsstränge nach definierten Kriterien oder zu definierten Zeitpunkten, beispielsweise an Meilensteinen oder anhand zeitlicher Kriterien. Die Methodik selbst basiert auf serviceorientierter Analyse und Design, sie nutzt demnach serviceorientierte Konzepte. Dies ist dahingehend bedeutsam, dass über die reine Softwareentwicklung hinaus, die Entwicklung eines ganzheitlichen Produktes im Sinne des Metaprojektes verfolgt wird. Dieser Zusammenhang wird in Abb. 19-6 veranschaulicht.

Die Entwicklungsphasen der Projekte teilen sich in zwei asynchrone Zyklen. Der erste Zyklus beinhaltet neben der Definitionsphase, der Anforderungsanalyse und der Konzeptionsphase vor allem vorbereitende Schritte. Nach der Synchronisation mit dem Hauptprojektstrang erfolgen im zweiten Zyklus die Implementierungsphase, die Testphase, das Roll-out und falls erforderlich der Lösungsbetrieb.

Eine Synchronisation mit dem Metaprojektstrang gleicht einzelne Projekte mit der Erfahrungsfabrik ab, auf die in den Projekten stets erst ein Rückgriff und dann die Einbringung der Ergebnisse erfolgen.

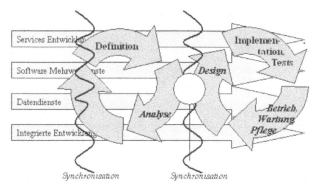

Abb. 19-6. Phasen und Zyklen der Methodik

Nachfolgend soll auf die einzelnen Phasen und die in ihnen durchzuführenden Aktivitäten im Rahmen eines Fallbeispieles genauer eingegangen werden.

Als Beispiel sei die Kommunikation zwischen den Behörden zweier Kommunen mit ihren öffentlichen Verwaltungen betrachtet. Im vorliegenden Anwendungsfall zieht ein Bürger von Chemnitz nach Dresden um. Dazu muss er sich im einfachsten Fall in Chemnitz abmelden, den Umzug selbst erledigen, und sich in Dresden wieder anmelden.

Zur Unterstützung des Bürgers könnte ein Behördenportal als Teil einer E-Government-Plattform alle dargestellten Teilprozesse ausführen und bei erfolgreicher Abarbeitung die angefallenen Gebühren einziehen. Die geänderten Ausweisdokumente und Fahrzeugpapiere stellt die Behörde per Post zu.

Beispielhaft wird die ServCASE Methodik anhand der Entwicklung eines E-Government-Frameworks angewandt. Dabei ist das Metaprojekt der Methodik das Framework selbst, die einzelnen Teilprojekte setzen in vier Entwicklungsstufen die Information des Bürgers, die Kommunikation mit dem Bürger, die Transaktion zur Gebührenzahlung und die Integration zur vollständigen Erledigung des Fachverfahrens mit elektronischer Aktenbearbeitung um.

Projektinitialisierung
Das Metaprojekt legt bei der Projektinitialisierung eine neue Erfahrungsfabrik und ein Projekthandbuch an und plant als Projektziel die Umsetzung eines E-Government-Frameworks.

Definitionsphase
In der Definitionsphase entsteht nach Beschreibung des Anwendungsfalls die Idee, den Anwendungsfall so zu lösen, dass der Bürger alle Behördengänge online durch eine einzige Transaktion ersetzen kann. Anschließend schätzt die Machbarkeitsstudie ein, dass mit Hilfe der eigenen Projekterfahrung ein solches Projekt durchführbar ist.

Am Ende der Definitionsphase werden die Teilprozesse des Umzugs, die im Framework schrittweise umzusetzen sind, geplant. Dabei entsteht als Zieldefinition die in Abb. 19-7 dargestellte Teilprozessfolge eines Umzugs.

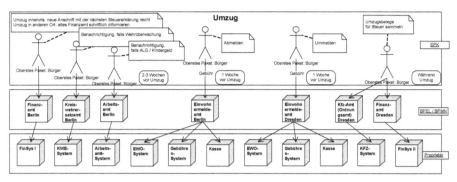

Abb. 19-7. Anwendungsfall Umzug

Anforderungsanalysephase
Nach durchgeführter Anforderungsanalyse stellt sich heraus, dass der Bürger alle zum Umzug gehörenden Teilprozesse durch eine einzige Transaktion online erledigen möchte. Eine derartig komplexe Transaktion stellt umfangreiche Anforderungen an die zugrunde gelegte Architektur.

Diese Anforderungen lassen sich in einer J2EE-Architektur zusammenfassen, die in Abb. 19-8 dargestellt ist.

Anhand des Potenzials sowie der Anzahl der Mitarbeiter wird eine Umsetzung des Projekts als möglich eingeschätzt. Die Preisfindung wird nicht näher betrachtet, sie orientiert sich an der potenziellen Anzahl der zukünftigen Nutzer innerhalb der als Nutzer des Frameworks betrachteten Kommune.

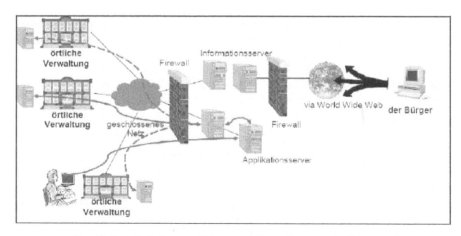

Abb. 19-8. Anknüpfen von Bürger und Verwaltung an ein Framework

Konzeptionsphase

Als nächster Schritt des Metaprojekts folgt die Phase der Konzeption, in der die Produkteigenschaften, die Anforderungen an den Erbringungsprozess und die notwendigen Ressourcen zur Erbringung des Produkts definiert werden. Der Aspekt des Marketings sei an dieser Stelle ausgeblendet.

Produkt: Dargestellt wird das Produkt in einem Graphical User Interface (GUI) in Form eines Java-Applet so, dass die Angabe der vollständigen alten und neuen Adresse sowie des Namens genügen. Ein Hinweis auf das Sammeln von Belegen für eine Steuerrückerstattung wird in Form einer Nachricht als Teil des GUI angezeigt. Ein Beispiel für ein solches GUI mit den erforderlichen Daten wird in Abb. 19-9 gegeben.

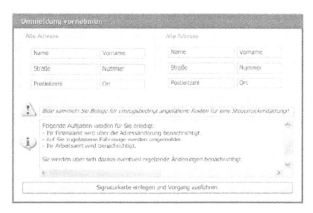

Abb. 19-9. Beispielhaftes User-Interface

Prozess: Über eine elektronische Anfrage ermittelt der Erbringungsprozess, ob Kindergeld oder Arbeitslosengeld bezogen werden, und teilt die Adressänderung entsprechend mit. Die Benachrichtigungen betroffener Finanzämter und des Kreiswehrersatzamts sind ebenfalls Teil dieses Prozesses. Ein weiterer Teil des Prozesses ist die automatische elektronische Ummeldung von auf den Nutzer des Produkts zugelassenen Kraftfahrzeugen, falls der Fahrzeughalter dies wünscht. Voraussetzung für den Beginn dieses Prozesses ist die in Abb. 19-10 dargestellte Verwendung eines Authentifikationsprozesses.

Ressourcen: Für die Erbringung des Produkts und die Abarbeitung des zugehörigen Prozesses sind Ressourcen erforderlich. Das sind auf Nutzerseite eine angemeldete Signaturkarte, Kartenlesegerät und Kartenprüfsoftware, Browser und Internetzugang. Um eine Gleichbehandlung aller Bürger zu gewährleisten, wird ein behindertengerechter Zugang zum Produkt im Einwohnermeldeamt in Form eines Terminals eingerichtet. Dadurch werden behinderte Bürger genauso unterstützt, wie Bürger ohne privaten Zugang zum Internet.

In den Behörden der Kommunen selbst werden ebenfalls Terminals als Arbeitsplatz für die Mitarbeiter eingerichtet. Alle Terminals greifen, wie in Abb. 19-8 dargestellt, über ein gesichertes Kommunikationsnetz auf einen zentralen Anwendungsserver zu, der die vom Framework umgesetzten Fachverfahren bereitstellt.

Implementierung

Auf die Details der Implementierung wird nicht im Detail eingegangen. Durchgeführt werden vier Teilprojekte, die zunächst die Information des Bürgers durch die
Verwendung des Contentmanagementsystems TYPO3 innerhalb des Frameworks
umsetzen. Für den Schritt der Kommunikation mit dem Bürger wird die IP-Telefo-
nie hinzugefügt, dann werden Transaktionen mit dem Bürger durch Umsetzung
mit Hilfe von Kassensystem, Zahlungssystem und Signaturlösung bereitgestellt.
Im letzten Schritt erfolgt die Anknüpfung dieser Systeme an zwei, respektive alle
Kommunen im gesicherten Kommunikationsnetz.

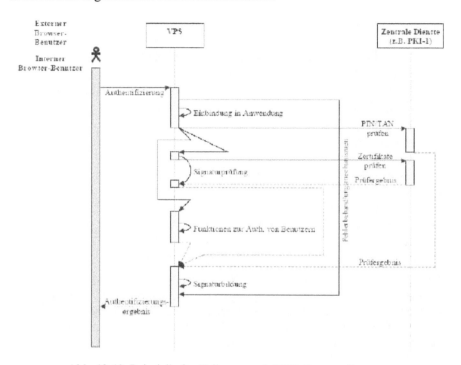

Abb. 19-10. Beispielhafter Teilprozess als UML-Sequenzdiagramm

Test

In den Testphasen werden die Systeme auf Akzeptanz durch den Benutzer getestet. Für diesen Test wird aus der Kommune eine Auswahl von Bürgern getroffen,
die gebeten werden, die Anwendung zu testen. Ein weiterer Teil der Testphase ist
der Systemtest, in dem die Ergebnisse der Teilprojekte in das Framework eingebracht und in der gemeinsamen Kopplung getestet werden.

Synchronisation

Die Synchronisation startet die Teilprojekte und füllt die Ergebnisse der Teilprojekte explizit in die Erfahrungsfabrik ein.

Die weiteren Phasen Roll-out, Betrieb & Wartung und Projektfortführung werden organisatorisch geplant, eine nähere Betrachtung wird bei diesem Projekt

nicht ausführlich dargestellt. Es sei lediglich darauf hingewiesen, dass sich bei der Fortführung des Projekt das Wissen aus der Erfahrungsfabrik als sehr hilfreich herausstellen könnte, da schon umfangreiche Prozesse und Produkte modelliert sind, die mit wenigen Adaptionen gut wiederverwendet werden können.

19.5 Fazit

Der Staat als größter Arbeitgeber in Deutschland, sowie alle Bürger und Unternehmen haben Berührungspunkte mit Teilen der öffentlichen Verwaltung. Darum gibt es eine große Zahl von Verbesserungsbemühungen der aktuellen Situation. Sämtliche Modernisierungsmaßnahmen von internen Abläufen einerseits und dem Kontakt mit der öffentlichen Verwaltung andererseits laufen unter dem Begriff E-Government zusammen. Genauso umfangreich, wie der Begriff E-Government ist auch das Spektrum von Produkten zur Erleichterung und Unterstützung von E-Government.

Als auslösende Momente für die existierende Produktvielfalt gelten von der Bundesregierung gestartete Initiativen und Wettbewerbe. Bei diesen Wettbewerben entstanden in den Kommunen sehr gute Teillösungen, die zurzeit auf andere Städte und Kommunen übertragen werden. Einige der entstandenen Lösungselemente verbreiten sich als kommerzielle Produkte. Um die Vielfalt dieser Produkte überschaubar zusammenzufassen, wurde eine Klassifikation erstellt, die gemeinsame Aspekte der aktuellen und der geplanten Entwicklung aufzeigen.

Aus dem Wissen um die Unüberschaubarkeit von Produkten und die uneinheitliche Verwendung von Fachverfahren sind die Bemühungen um Standardisierung hervorgegangen. Neben diesen dynamischen, teilweise inkompatiblen Standards trägt auch die Entwicklung von Frameworks zu einer Konsolidierung des E-Government-Bereichs bei.

Bei existierenden Methoden zur Entwicklung von Software oder von Dienstleistungen beschreiben Anwender eine integrierte Entwicklung als problematisch und unzureichend unterstützt.

Für eine solche Entwicklung existieren keine Modelle. Aus den bestehenden Methoden wurde daher eine integrierte Methodik auf Basis der Arbeiten des ServCASE-Projektes erstellt.

Die angepasste Methodik konnte im Rahmen des Projektes in Zusammenarbeit mit der Praxis getestet werden und wurde in Kürze in Abschnitt 19.4 skizziert.

Für die weitere Forschung bieten sich einige interessante Ansätze an. Als sehr wünschenswert wurde immer wieder eine semantisch hinterlegte Modellierung beschrieben. Dadurch wäre eine teilautomatisierte, integrierte Software- und Dienstleistungserstellung unter erleichterten Bedingungen realisierbar. Die Nutzung der Erfahrungsfabrik als Element des Frameworks erscheint gerade für den Betrieb und die Wartung von Rechenzentren als interessanter Gesichtspunkt. Hier könnten stark frequentierte Wartungs- und Unterstützungsdienstleistungen aufgezeichnet, analysiert und teilautomatisiert weiterentwickelt werden.

Literatur

BFH (2005) Stichwort Lebenslagenprinzip. Internet: E-Government Glossar der Berner Fachhochschule Wirtschaft und Verwaltung, glossar.iwv.ch/content.asp?id=47&sprache=de aufgerufen am 13.01.2005

Bundesverwaltungsamt (2004) Internet: www.bva.bund.de/aufgaben/win/beitraege/00327/ aufgerufen am 14.12.2004

contentmanager.de (2004) Schlauch gibt Startschuss für MEDIA@Komm-Transfer. Internet: www.contentmanager.de/magazin/news_h6920_schlauch_gibt_startschuss_fuer.html aufgerufen am 15.11.2004

Deelmann T, Loos P (2001) Überlegungen zu E-Business-Reifegradmodellen und insbesondere zu ihren Reifegradindikatoren. Working Papers of the Research Group Information Systems & Management, Chemnitz University of Technology, Paper 5. Internet: archiv.tu-chemnitz.de/pub/2001/0106/data/isym_paper_005.pdf aufgerufen am 29.11.2004

Deutsche Rentenversicherung (2002) Internet: www.vdr.de/internet/vdr/fnaweb.nsf/0/9307 9DBD851EDD45C1256C5200410348/$FILE/daum.pdf aufgerufen am 23.11.2004

Europäische Kommission (2005) Elektronische Behördendienste (eGovernment). Internet: europa.eu.int/information_society/activities/egovernment_research/about_us/index_de.htm aufgerufen am 29.06.2005

Freitag U, Schreiter HP, Schwotzer T (2000) Modellgetriebene Integration von Fachverfahren in Informationssysteme der öffentlichen Verwaltung. In: Umweltdatenbanken im Web, Workshop-Beiträge und Ergebnisse des Workshops des Arbeitskreises Umweltdatenbanken am 10./11.06.1999 in Karlsruhe S 119–136. Internet: www.umweltbundesamt.at/fileadmin/site/publikationen/DP059.pdf aufgerufen am 13.01.2005

Gatsche D, Matz S (2002) Integrationsarchitekturen im eBusiness. Internet: ais.informatik.uni-leipzig.de/download/2002s_s_ieb/MatzGatsche_frameworks.pdf aufgerufen am 10.01.2005

GI, VDE (2000) Electronic Government als Schlüssel zur Modernisierung von Staat und Verwaltung; Ein Memorandum des Fachausschusses Verwaltungsinformatik der Gesellschaft für Informatik eV und des Fachbereichs 1 der Informationstechnischen Gesellschaft im VDE. Bonn Frankfurt

Gisler M, Spahni D (Hrsg 2001) eGovernment – Eine Standortbestimmung. Haupt, Basel

IHK Berlin (2004) eBook eGovernment. Internet: www.berlin.ihk24.de/BIHK24/BIHK24/ produktmarken/innovation/anlagen/_download/eBook_eGovernment.pdf aufgerufen am 19.01.2005

Jakob D, Stoll D (2004) Stichwort Framework. Internet: Testbox – Systemtests von n-Tier Webapplikationen, Data Dictionary, testbox.onym.org/wiki.php/Main/DataDictionary? action=source aufgerufen am 30.11.2004

Kallas G, Moukabary G (2004) d-NRW Plattformarchitektur; Integration – Sicherheit – Offene Standards. Internet: www.im.nrw.de/inn/doks/egov/ws1_dig_Rathaus_d-nrw_kallas.pdf aufgerufen am 12.05.2005

KBSt (2003) SAGA – Standards und Architekturen für E-Government-Anwendungen. Internet: www.kbst.bund.de/Anlage304423/SAGA_Version_2.0.pdf aufgerufen am 23.04.2005

KoopA ADV (2003) Architekturmodell für Interoperabilität von e-Government-Anwendungen in Bund, Ländern und im Kommunalen Bereich in Deutschland. Internet: Kooperationsausschuss Automatisierte Datenverarbeitung Bund, Länder und Kommunaler Bereich, www.koopa.de/beschluesse/dokumente/Architekturmodell.pdf aufgerufen am 11.11.2004

KoopA ADV (2004) Internet: Kooperationsausschuss Automatisierte Datenverarbeitung Bund, Länder und Kommunaler Bereich, www.koopa.de abgerufen am 23.03.2005

Lucke J von, Reinermann H (2000) Speyerer Definition von Electronic Government – Ergebnisse des Forschungsprojektes Regieren und Verwalten im Informationszeitalter. Internet: foev.dhv-speyer.de/ruvii/Sp-EGov.pdf aufgerufen am 24.11.2004

Media@Komm-Transfer (2004) Internet: www.mediakomm-transfer.de/Content/de/ Homepage/Standardisierung/Arbeitsgruppen/Arbeitsgruppen__node.html aufgerufen am 16.11.2004

Merz M (2002) E-Commerce und E-Business: Marktmodelle, Anwendungen und Technologien; 2. Aufl. dpunkt, Heidelberg

OSCI Leitstelle (2005) Internet: www.osci.de/ aufgerufen am 24.03.2005

SAKD (2004) Internet: Sächsische Anstalt für kommunale Datenverarbeitung, e-government.sakd.de/foerderung/eGov-Fahrplan-20040621.pdf aufgerufen am 12.11.2004

Schallbruch M (2002) Vortrag auf dem Forum eGovernement in Deutschland des Fraunhofer IAO am 25.10.2002. Internet: www.egovernment.iao.fraunhofer.de/files/iao_egovernment-forum2002/iao_egovernment-forum2002_schallbruch.pdf aufgerufen am 14.12.2004

Scholz D (2002) Standards als Mittel zur unternehmensübergreifenden Zusammenarbeit in der Luftfahrtindustrie. Internet: www.haw-hamburg.de/pers/Scholz/paper/TannerPaper.pdf aufgerufen am 02.05.2005

Weinberg J, Grässel R (2004) Strukturiertes Leben. Kommune21 4 (3):12–13

20 Service Engineering bei IT-Dienstleistern

Tonio Grawe[1], Klaus-Peter Fähnrich[2]

[1] Advicio Ingenieurbüro Tonio Grawe, Rosenheim
[2] Universität Leipzig, Abteilung Betriebliche Informationssysteme

20.1 Einleitung

Verschiedene Branchen haben sich in der Vergangenheit durch den Einsatz neuer Produktionsmethoden oder Organisationsformen weiterentwickelt und ihre Produktivität gesteigert. Diese trifft auch auf IT-Dienstleister zu. Sie müssen sich wie jede andere Organisation weiterentwickeln und an veränderte Umgebungsbedingungen anpassen. Diese Evolution führt zu einer Professionalisierung der Dienstleister bei der Erbringung und Entwicklung von IT-Services. Die Produktorientierung stellt in diesem Zusammenhang einen viel versprechenden Ansatz dar. Der heute gelebte Dreiklang der Projektphasen „Plan, Build, Run" bezieht sich bei IT-Dienstleistern zumeist ausschließlich auf die Implementierung und den Betrieb von Informationstechnik. Die Definition von Produkten erfordert aber auch Kundenorientierung, Kostenbewusstsein und Prozessperformance. In diesem Artikel wird beleuchtet, welche Vorteile von der Produktorientierung erwartet werden können, wie vorzugehen ist, und welche Herausforderungen gemeistert werden müssen.

Die Begriffe Leistung, Dienstleistung und Service werden in diesem Zusammenhang synonym verwendet. Weiterhin betrachten wir den Service als das Produkt des Dienstleisters.

20.2 Quantensprung im Reifegrad durch Produktisierung

„Produktisierung" ist ein Zeichen von Reife
Professor Hans-Jörg Bullinger, der Präsident der Fraunhofer-Gesellschaft, sprach in seiner Eröffnungsrede bei der Konferenz „IT-Service Engineering 2005" (Bullinger 2005) von der „Produktisierung" von IT-Services. IT-Dienstleister müssten

die Entwicklungsphase für IT-Services ernster nehmen, sollten hier in die Vorleistung gehen und ausgereifte Dienstleistungen am Markt anbieten, anstatt die IT-Services während der Provisionierung zu entwickeln. In diesem Zusammenhang wächst das Verständnis, dass IT-Services auch Produkte sind, die entwickelt und über ihren ganzen Lebenszyklus betreut werden müssen.

Diese Entwicklung spiegelt sich auch in dem Reifegradmodell SPMM wieder. IT-Dienstleister, die heute individuelle Services per SLAs verwalten, gehen dazu über, ein Service-Portfolio zu entwickeln und stellen sich zunehmend dem Wettbewerb. So entsteht ein Markt für IT-Services, die vordefiniert sind und von Kunden abgerufen werden können.

20.2.1 Definition des Service Provider Maturity Models

Die Entwicklung von IT-Dienstleistern lässt sich in einem Reifegradmodell abbilden. Aus den Entwicklungsschritten, die wir bei IT-Dienstleistern in den vergangenen fünf bis zehn Jahren beobachtet haben und die wir für die nahe Zukunft erwarten können, ist das Reifegradmodell Service Provider Maturity Model (SPMM) entstanden. Darin wird die gesamte Bandbreite an IT-Dienstleistern von der internen IT-Abteilung, die als Kostenstelle organisiert ist, bis hin zu unabhängigen, wettbewerbsfähigen, am freien Markt agierenden Anbietern von IT-Services abgebildet.

Während der Entwicklung des Reifegradmodells Service Provider Maturity Model (SPMM) wurden fünf Reifegradstufen identifiziert, die danach benannt sind, worauf der IT-Dienstleister in der jeweiligen Stufe seinen Fokus gerichtet hat:

Stufe 1 Infrastruktur: Auf der untersten Reifegradstufe konzentriert sich der Dienstleister völlig auf den Betrieb der IT-Infrastruktur. Definierte IT-Services existieren noch nicht. Die Vorgänge laufen ad hoc und ungesteuert ab.

Stufe 2 Prozesse: Der Dienstleister beginnt, seine Prozesse zu definieren und zu dokumentieren. Als Hauptaufgabe wird weiterhin der Betrieb der Infrastruktur gesehen. Dies geschieht nun jedoch gesteuert und nach festgelegten Vorgaben, etwa ITIL. Dienstleistungen sind noch nicht definiert.

Stufe 3 Anwender: Auf dieser Reifegradstufe werden Dienstleistungen definiert. Der Dienstleister erkennt in ihnen den Mehrwert, den er dem Kunden anbieten kann. Es werden Service Level Agreements (SLAs) abgeschlossen, in denen die Dienstleistungen beschrieben werden und die Dienstgüte festgelegt wird. Der Anbieter versucht dabei jeden Kundenwunsch zu erfüllen und die SLAs genau an die Anforderungen des Kunden anzupassen.

Stufe 4 Produkte: Der Schritt in diese Reifegradstufe wird vollzogen, wenn der Anbieter seine Dienstleistungen nicht mehr speziell auf jeden Kunden zuschneidet, sondern im Voraus entwickelt und ein Produktportfolio mit vordefinierten Dienstleistungsprodukten zusammenstellt. Die Standardisierung von Dienstleistungen hat eine deutliche Effizienzsteigerung zur Folge, da die Erbringungsprozesse auf wenige, klar definierte Dienstleistungsprodukte optimiert werden können. Dafür büßt der Anbieter die Anpassungsfähigkeit seiner Dienstleistungen an spezielle Kundenwünsche ein. Um diesem negativen Effekt entgegenzuwirken werden viele Dienstleistungen konfigurierbar gestaltet, d.h. die Dienstleistung selbst und damit auch ihr Erbringungsprozess ist standardisiert, der Kunde kann jedoch die Dienstgüte und den Leistungsumfang innerhalb definierter Grenzen anpassen.

Stufe 5 Markt: Auf der höchsten Reifegradstufe ist der Dienstleistungsanbieter am freien Markt positioniert oder besteht als interner Dienstleister im Wettbewerb mit dem Markt. Die Entwicklung von Reifegradstufe 4 auf 5 wird durch die konsequente Orientierung an den Bedürfnissen des Marktes sowie dem Wettbewerb vollzogen.

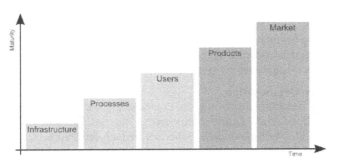

Abb. 20-1. Service Provider Maturity Model

Die in dem Modell abgebildete Entwicklung lässt sich mit einfachen Worten zusammenfassen: Weg vom Einzelfertiger, hin zur Service-Fabrik. Die heute schon stark verbreiteten Service Level Agreements (SLAs), das sind Vereinbarungen, welche die Dienstleistung und deren Qualität spezifizieren, führen bei den Dienstleistern zu einem Produktverständnis. Die Dienstleister versuchen, einen einmal spezifizierten und implementierten IT-Service an weitere Kunden zu verkaufen. Damit gehen sie einen wichtigen Schritt: Während früher IT-Services im Kundenauftrag entwickelt wurden, im Rahmen von aufwendigen und riskanten Projekten, gehen die IT-Dienstleister zukünftig in die Vorleistung, die Services zu entwickeln.

Schätzungen gehen davon aus, dass sich heute über 80% der IT-Dienstleister in den Stufen 2 und 3 befinden.

20.2.2 Konsequente Schritte zur Steigerung des Reifegrades

Um in die höheren Stufen des Reifegradmodells vorzudringen, müssen IT-Dienstleister ihre Leistungen definieren und in Form von Service-Produkten bündeln. Dies bedingt, dass sie sich mit einem neuen Typ von Datenobjekt beschäftigen müssen. Bisher wurden zwei Typen von Datenobjekten verwendet:

- Bestandsdaten, dazu zählen Inventar (Assets), Mitarbeiter, Kunden, bestehende Verträge mit Kunden und Lieferanten (SLAs).

- Bewegungsdaten, wie zum Beispiel Werte, die durch das Monitoring erhoben werden oder sogenannte Incidents (Kundendienstvorgänge).

Als dritter Datentyp werden Informationen über die Möglichkeiten der Leistungserbringung des IT-Dienstleisters benötigt. Diesen Typ nennen wir Potenzialdaten:

- Potenzialdaten beschreiben die Services, die ein Dienstleister in der Lage ist zu erbringen.

Im Gegensatz dazu enthalten die Bestandsdaten Informationen darüber, welche Services tatsächlich erbracht werden. Wir verstehen Potenzialdaten als Spezifikationen (Produkt-Definitionen) für tatsächliche Aufträge (Services). Es sollte zu jedem erbrachten Service, auch Service-Instanz genannt, eine entsprechende Spezifikation geben. Die Sammlung aller Service-Spezifikationen wird auch als Service-Katalog bezeichnet. Bestandsdaten, sowie Bewegungsdaten werden heute bereits umfassend erhoben. Dagegen beginnen IT-Dienstleister erst jetzt, ihr Potenzial in Service-Katalogen zu spezifizieren.

Anpassung der Organisation

Dieser Beitrag beschäftigt sich mit der Entwicklung von Service-Katalogen (Produkt-Spezifikationen) als Grundvoraussetzung für das Erreichen der Reifegradstufen 4 und 5. Der Vollständigkeit halber soll jedoch erwähnt sein, dass der Übergang in einen höheren Reifegrad auch Veränderungen in der Organisation, den Rollen und Prozessen des IT-Dienstleisters erfordert.

Ein Beispiel ist die Einführung der Rolle des Produktmanagers. Er oder sie verantwortet ein IT-Service-Produkt über dessen gesamten Lebenszyklus, von der Entwicklung, über die Vermarktung, den Betrieb bis zum Assessment. Der Produktmanager muss dafür sorgen, dass die notwendigen Ressourcen und auch die Prozesse auf das Produkt abgestimmt sind.

Die Aufgabe des Produktmanagers mag zunächst als Overhead und Sissiphus-Aufgabe erscheinen. Bei der großen Menge von IT-Services, welche die meisten IT-Dienstleister im Angebot haben, ist der Aufwand im Produktmanagement entsprechend hoch. Deshalb muss auch das Portfoliomanagement als eine wichtige neue Aufgabe etabliert werden. Während bisher praktisch jeder IT-Dienstleister ein Vollsortimenter war, gilt es nun, ein Produktportfolio strategisch zu definieren. Nicht alle IT-Services müssen selbst erbracht werden, sondern nur diejenigen, mit denen die höchste Wertschöpfung erzielt werden kann. Andere IT-Services sind oftmals günstiger zuzukaufen („selektives Outsourcing").

20.2.3 Die Rolle des Service-Katalogs

Die Entwicklung eines Service-Katalogs und der in ihm enthaltenen Service-Spezifikationen spielt eine wichtige Rolle beim Erreichen eines höheren Reifegrades. Der Service-Katalog bildet die Basis für die Leistungserbringung des Dienstleisters. Er ist die Grundlage für eine Vielzahl an Aktivitäten des Dienstleisters.

Der Service-Katalog in der Kundenbeziehung

In der Kundenbeziehung kommt dem Service-Katalog die Aufgabe zu, die Leistungen des IT-Dienstleisters dem Kunden zu präsentieren und damit den Verkauf zu unterstützen. Weil jedoch IT-Services eng an die Geschäftsprozesse des Kunden gebunden sind, besteht sehr oft die Notwendigkeit, die IT-Services an die gelebten Prozesse anzupassen. Einige Dienstleister haben etwa bei Application Service Providing (ASP) von SAP R/3 die Erfahrung machen müssen, dass IT-Services nicht von der Stange gekauft werden, sondern stark an die Kundenbedürfnisse angepasst werden müssen.

Der scheinbare Widerspruch von standardisierten Service-Produkten und kundenspezifischen Anforderungen lässt sich mit dem Ansatz der Mass Customization durch Produktkonfiguration lösen. Dabei kann ein Kunde durch eine Vielzahl von Optionen sein Produkt nach den persönlichen Bedürfnissen gestalten. Bei der Mass Customization wird Massenware hergestellt und doch jedes Stück mit Individualität ausgestattet.

Es besteht jedoch die Gefahr, dass eine Vielzahl von angebotenen Services und Konfigurationsmöglichkeiten den Kunden überfordert, so dass aus Mass Configuration „Mass Confusion" wird. Der Service-Katalog muss den Kunden zielgerichtet zu einem passenden Angebot führen.

Interne Verwendung eines Service-Katalogs

Informationen zu den Service-Produkten werden ständig von der gesamten Organisation zur Erbringung der Leistungen benötigt. Mit dem Verständnis, dass die IT-Services die Produkte des IT-Dienstleisters sind, liegt die Frage auf der Hand, was bei IT-Dienstleistern das Produkt-Daten-Management (PDM) ist. Ein umfassender IT-Service-Katalog bildet die Grundlage des PDM indem er alle Produktspezifikationen enthält und damit hilft, für die IT-Organisation wichtige strategische Ziele zu erreichen:

Innovation wird bei einem IT-Dienstleister nicht geschaffen, indem eine neue IT-Infrastruktur eingeführt wird. Vielmehr entsteht Innovation, indem das Dienstleistungsangebot kontinuierlich an den Anforderungen der Kunden ausgerichtet wird. Neuentwicklungen sind jedoch teuer und langatmig. Durch eine fundierte Dokumentation der bestehenden Leistungen können Teilleistungen (Service-Komponenten) in neuen Dienstleistungen wiederverwendet werden. Dadurch müssen für neue Services tatsächlich nur etwa 20% der Dienstleistung neu entwickelt werden. Eine schnellere „Time to Market" ist die Folge.

Effizienz Vor dem Hintergrund einer angespannten Wirtschaftslage und der Wettbewerbssituation kommt den Kosten besondere Aufmerksamkeit zu. Effizienz heißt, den Aufwand minimal zu halten. Aufwand umfasst sowohl die eingesetzten Betriebsmittel, als auch die Arbeitsprozesse. Es gibt also zwei Ansatzpunkte, effizient zu werden: Erstens, die eingesetzte Informationstechnologie möglichst gut auszunutzen, also durch Kapazitätsmanagement die Planung des Ressourceneinsatzes zu optimieren. Und zweitens, die Prozesse des IT-Dienstleisters zu optimieren, integrieren und automatisieren, sowohl in der Bereitstellung als auch im Betrieb. Aufbauend auf die im Service-Katalog definierten Services lassen sich standardisierte und optimierte Prozesse für die Erstellung der Leistungen entwickeln.

Kundenorientierung IT-Services können nicht von der Stange verkauft werden, sondern müssen sich an den Anforderungen des Kunden orientieren. Der bereits erwähnte Ansatz der Mass Customization lässt sich vergleichen mit den Stücklisten, die aus der diskreten Fertigung von Gütern bekannt sind. Damit er sich für IT-Services umsetzen lässt, muss der Dienstleister seine Teilleistungen (Service-Komponenten) genau kennen: Welche Organisationseinheiten involviert sind, welche Prozesse durchlaufen werden und welche Ressourcen eingesetzt werden. Diese Informationen sind dem Service-Katalog zu entnehmen.

Preisbildung Der Preis eines Produkts ist ein entscheidendes Merkmal, denn er ist offensichtlich und leicht vergleichbar. Die Preisbildung ist ein Differenzierungsmerkmal eines Dienstleisters. Dabei ist nicht nur die Höhe des Preises, sondern auch dessen Zusammensetzung und Nachvollziehbarkeit entscheidend. Heute stehen überwiegend Pauschalbeträge in den Preislisten der IT-Dienstleister. Befürworter von Reformen verlangen Preise, die nutzungsabhängige Anteile enthalten, die anhand der Produktionskosten der Dienstleistung kalkuliert sind. Das PDM, also der IT-Service-Katalog, bildet hierfür die Kalkulationsgrundlage.

Benchmarking und Controlling Viele für die Steuerung der IT-Organisation interessante Kennzahlen haben einen Bezug zu den Produkten. Beispiele hierfür sind Kundenzufriedenheit, Qualität, Umsätze und andere Betriebskennzahlen. Aufgrund der Immaterialität der Service-Produkte besitzen diese jedoch keine Messpunkte. Die Produktdaten im Service-Katalog können aber eine Aggregation von Messwerten von Ressourcen ermöglichen, womit Key-Performance-Indikatoren von den Service-Produkten erhoben werden können.

> *Produkt-Daten-Management*
> Ein Service-Katalog beschreibt nicht nur den Service aus Kundensicht, sondern auch die interne Sicht des Dienstleisters. Das heißt jegliches Wissen zu dem Service wird darin zusammengeführt. Der Service-Katalog ist das Produkt-Daten-Management des IT-Dienstleisters.

Der Service-Katalog zur Steuerung von Lieferanten
„Make-or-Buy"-Entscheidungen stehen bei IT-Dienstleistern ständig auf der Tagesordnung, um das eigene Dienstleistungsportfolio zu optimieren. Obwohl die Lieferantenbeziehungen einen wichtigen Teil in der Strategie eines jeden IT-Dienstleisters einnehmen, ist das Partner-Management eine noch recht junge und wenig ausgereifte Disziplin bei IT-Dienstleistern.

IT-Service-Provider hängen in großem Maße von ihren Lieferanten ab. IT-Services, wie Dienstleistungen allgemein, unterscheiden sich wesentlich von Produktionsgütern. IT-Services können nicht auf Vorrat produziert werden, sondern werden in Echtzeit erbracht. Die Erbringer von Teilleistungen arbeiten nicht in einem definierten Prozess mit diskreten Fertigungsschritten nacheinander an dem Produkt, sondern müssen zeitgleich zusammenarbeiten. Die Qualitätssicherung von IT-Services erfolgt nicht als Prozess mit eigenem Zeitfenster, sondern während die Dienstleistung erbracht wird. Die Herausforderung liegt in der Kontinuität, mit der IT-Services betrieben werden müssen.

Der Service-Kunde möchte das Beziehungsnetzwerk, durch das die konsumierte Dienstleistung erbracht wird, nicht kennen müssen. Der Kunde möchte einen einzigen Ansprechpartner haben, der die Verantwortung für den gesamten Erbringungsprozess übernimmt. Einen solchen Generalunternehmer bezeichnen wir als Service-Integrator. Der Service-Integrator hat die Aufgabe, die verschiedenen Teilleistungen aufeinander abzustimmen, sprich: deren Zusammenspiel sicherzustellen. Der Service-Katalog beinhaltet alle Teilleistungen und wie diese zu Service-Produkten kombiniert werden. Er bildet also die Grundlage für die Koordination der Leistungen der beteiligten Zulieferer und der eigenen Leistungserstellung des Service-Integrators.

20.3 Entwicklung einer komponentenbasierten Service-Architektur

Damit der Service-Katalog die an ihn gestellten Anforderungen der unterschiedlichen Einsatzgebiete erfüllen kann, müssen die ihm zugrunde liegenden Daten in einer geeigneten Struktur vorliegen. In der Praxis haben sich für die Strukturierung von Service-Katalogen auf Komponenten basierende Service-Architekturen durchgesetzt.

20.3.1 Definition

Heute sind die meisten IT-Dienstleistungen monolithisch aufgebaut. Im Gegensatz dazu verfolgen innovative Dienstleister einen komponentenbasierten Ansatz (Fähnrich u. Grawe 2003). Dieser Ansatz geht davon aus, dass sich Dienstleistungen aus verschiedenen Komponenten zusammensetzen. Werden diese Komponenten spezifiziert und standardisiert, dann lässt sich eine Plattformstrategie fahren, bei der Komponenten in vielen verschiedenen Produkten eingesetzt werden.

Der Begriff „Plattformstrategie" ist aus der Automobilindustrie bekannt. Gemeint ist damit eine Standardisierung von Komponenten. Die Idee, Komponenten in verschiedenen Modellen wiederzuverwenden, hat Automobilkonzernen geholfen, Produktion und Logistik zu optimieren.

Dieser Ansatz kann auch erfolgreich für den IT-Betrieb übernommen werden. Die Produkte (respektive Autos) sind IT-Dienstleistungen, die dem Kunden verkauft werden. Die Komponenten (respektive Motor, Fahrwerk) sind Teilleistungen. Das Ziel ist nun, durch Standardisierung eine Teilleistung nur einmal zu spezifizieren und diese in möglichst viele Produkte einfließen zu lassen. So können neue Dienstleistungsprodukte schnell und kostengünstig entwickelt werden, weil ein Großteil des neuen Produkts sich aus bestehenden Komponenten zusammensetzt.

Dieser Ansatz erfordert eine Differenzierung zwischen Service-Produkten und Service-Komponenten, die wie folgt definiert sind:

• Service-Komponenten sind granulare Dienstleistungsmodule, die sich aufgrund ihrer Abstraktion und Konfigurierbarkeit wiederverwenden lassen.

- Service-Produkte sind verkaufbare Dienstleistungen, die sich aus einer definierten Menge von Service-Komponenten zusammensetzen.

Die Produkte und Komponenten werden durch Spezifikationen definiert und beschrieben. Die Spezifikationen der Service-Komponenten und Service-Produkte sind die eingangs erwähnten Potenzialdaten des IT-Dienstleisters, die in einem Service-Katalog hinterlegt und verwaltet werden. Neben den Spezifikationen der Services werden auch die Beziehungen zwischen den einzelnen Services in den Service-Katalog aufgenommen. Die Gesamtheit der im Service-Katalog enthaltenen Spezifikationen und deren Beziehungen untereinander werden als komponentenbasierte Service-Architektur bezeichnet.

Um eine solche komponentenbasierte Service-Architektur aufzubauen wurde das folgend beschriebene Vorgehensmodell entwickelt.

20.3.2 Dekomposition

Sofern ein Dienstleister bereits am Markt tätig ist bilden die von ihm angebotenen Services eine gute Grundlage für die Entwicklung einer Service-Architektur. Durch Dekomposition werden die bestehenden Service-Angebote in ihre Bestandteile zerlegt. Dazu werden die Services in sinnvolle Funktionsbereiche aufgeteilt, die dann als Service-Komponenten identifiziert sind. Die Dekomposition von IT-Services entspricht dem Zerlegen materieller Güter in ihre Bestandteile. In mehreren Runden können die Service-Komponenten immer weiter zerlegt werden. Ziel ist es, die Größe der Komponenten so weit zu reduzieren, dass sie überschaubar sind und leicht dokumentiert werden können. Durch die mehrstufige Dekomposition wird eine komplexe Dienstleistung in atomare Service-Komponenten zerlegt denen schließlich einzelne Ressourcen, sei es Personal oder Infrastruktur, zugeordnet werden.

Je höher die Granularität der Teilleistungen ist, desto besser wird später das Ziel der Wiederverwendung erreicht, jedoch steigt mit zunehmender Granularität die Anzahl der Komponenten. In Abb. 20-2 wird eine beispielhafte Dekomposition des Service-Angebots „Workspace" vorgenommen.

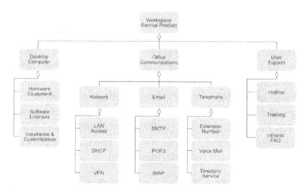

Abb. 20-2. Beispielhafte Dekomposition des IT-Services „Workspace"

Charakteristika von Service-Komponenten
Service-Komponenten sollten einen sehr begrenzten Umfang haben, um sie "greifbar" zu machen. Service-Komponenten können über mehrere Stufen dekomponiert (zerlegt) bzw. komponiert (zusammengebaut) werden. Eine höhere Granularität erhöht die Wahrscheinlichkeit der Wiederverwendung. Typisch ist, dass IT-Dienstleister mehrere hundert Service-Komponenten haben.

20.3.3 Entwicklung einer Service-Taxonomie

Durch die Dekomposition alleine wird das erhoffte Ziel, die identifizierten Service-Komponenten als Bausteine bei der Entwicklung neuer Services wiederzuverwenden, noch nicht erreicht. Der Grund ist die Inkompatibilität der Service-Komponenten zueinander. An dieser Stelle muss ein Entwicklungsprozess einsetzen, durch den die Komponenten aneinander angepasst werden. Nur so können die Komponenten in einem Netzwerk gegenseitiger Abhängigkeiten zusammenarbeiten. Die beiden häufigsten Ursachen von Inkompatibilitäten sind:

- Eine unterschiedliche Terminologie. Beispielsweise wenn für eine Komponente „QoS" definiert ist, obwohl Verfügbarkeit gemeint ist. Und wie ist eigentlich „Verfügbarkeit" definiert? Eine gemeinsame Sprache muss durch ein Glossar geregelt sein.
- Grundsätzliche Design-Aspekte. Dies betrifft einheitliche Regelungen für Verfügbarkeiten, Betriebszeiten etc. Sind solche Parameter für jede Service-Komponente individuell festgelegt, so ist es mutig bis riskant, für einen daraus aggregierten Service eine Qualitätsgarantie abzugeben.

20.3.3.1 Reduktion der Anzahl

Typischerweise ergeben sich aus der Dekomposition zu viele Service-Komponenten. Mehrere hundert sind üblich, in Einzelfällen wurden auch über tausend Service-Komponenten identifiziert. Eine reiche Auswahl ist in einem gut sortierten Service-Baukasten erwünscht. Allerdings wirken sich mehrfach erfasste, identische Service-Komponenten kontraproduktiv aus. Erfahrungsgemäß kann die Anzahl durch Konsolidierung um 15% reduziert werden. Je nach Historie des IT-Dienstleisters – insbesondere Fusionen wirken sich aus – kann die Konsolidierung auch weit größere Effekte haben.

20.3.3.2 Übersicht durch Strukturierung

Im nächsten Schritt soll die Übersichtlichkeit erhöht werden, indem die Service-Komponenten in sinnvolle Gruppen eingeteilt werden. Doch nach welchem Kriterium soll gruppiert werden? Drei Ansätze sind augenscheinlich möglich:

- Nach der Organisationsstruktur, also welche Einheit die Leistung erbringt.

- Nach der verwendeten Technologie.
- Nach der durch den Service bereitgestellten Funktionalität.

Eine Reihe von Gründen spricht für die Funktionalität als Kriterium für die Gruppenbildung. So lassen sich beispielsweise die Teilleistungen „Betrieb Oracle", „Betrieb DB2" und „Betrieb MySQL" die Gruppe „Betrieb RDBMS" einordnen.

Eine Gruppe ist eine Oberklasse. Wir bezeichnen diese auch als abstrakte Service-Komponente. Abstrakte Service-Komponenten können nicht instanziert werden, das heißt sie können nicht als Service angeboten werden, hingegen können konkrete Service-Komponenten wie „Betrieb MySQL" tatsächlich umgesetzt werden. Die abstrakten Oberklassen dienen lediglich der Strukturierung der Komponenten im Service-Katalog.

Entsprechend kann nun wiederum für mehrere Gruppen eine gemeinsame Oberklasse gefunden werden, so dass letztlich alle Service-Komponenten zu einer Oberklasse vereinheitlicht und in einer übersichtlichen Baumstruktur angeordnet sind. Eine solche Struktur nennen wir eine Service-Taxonomie.

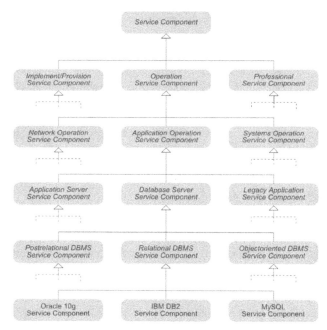

Abb. 20-3. Service-Taxonomie

20.3.3.3 Semantische Beziehungen der Service-Komponenten

Wie in Abb. 20-3 zu sehen ist, entsteht eine Vielzahl an abstrakten Oberklassen, deren Namen gemäß UML-Notation kursiv geschrieben werden. Was ist der praktische Nutzen von diesem Overhead?

Eine Service-Architektur unterscheidet sich von einer Ansammlung unterschiedlicher Service-Komponenten durch die Beziehungen zwischen den Service-Komponenten. Durch die Service-Taxonomie werden die semantischen Beziehungen der Service-Komponenten hergestellt. Es wird semantisches Wissen erfasst. Wenn man beispielsweise nicht wüsste, was „Betrieb MySQL" sein könnte, so verrät die Taxonomie, dass es sich um den Betrieb einer relationalen Datenbank handelt. Die in der Taxonomie abgebildeten semantischen Beziehungen sind „is-a" Beziehungen.

Die semantischen Beziehungen helfen auch im IT-Service-Engineering bei der Spezifikation von Service-Komponenten. Soll etwa definiert werden, dass ein Anwendungsservice die Betriebsdienstleistung einer relationalen Datenbank erfordert, ohne festlegen zu wollen, welche dies ist, so wird auf die abstrakte Oberklasse „Betrieb RDBMS" verwiesen. Man erhält dadurch einen Freiheitsgrad, den man ohne Taxonomie nur durch wartungsintensive Konfigurationsregeln erreichen könnte.

20.3.3.4 Vererbungsmechanismen aus der Objektorientierung

Aus der objektorientierten Softwareentwicklung sind Vererbungsmechanismen bekannt, die sich nun auch beim IT-Service-Engineering bewähren. Damit können Eigenschaften bei den abstrakten Service-Komponenten definiert werden, die dann durch die Vererbung für alle davon abgeleiteten Service-Komponenten gelten. Zwei Beispiele dazu:

- Wir definieren ganz oben in der Taxonomie, dass eine Service-Komponente einem Servicemanager zugeordnet wird. Durch die Vererbung gilt dies für alle Service-Komponenten.
- Alle Betriebsdienstleistungen haben Betriebszeiten zu Bürozeiten. Dies wird in der „Operation Service Component" definiert und von dort an alle abgeleiteten Service-Komponenten vererbt.

Diese Beispiele verdeutlichen, dass die Vererbung dazu führt, Service-Komponenten gewissen Standards und Vorgaben folgend zu spezifizieren. Wie eingangs festgestellt, ist das die Voraussetzung dafür, aufeinander abgestimmte, integrierbare Service-Komponenten – eben eine Service-Architektur – zu erhalten.

Ein weiterer Nutzen ist, dass die Entwicklung neuer Service-Komponenten wesentlich schneller geht, weil sie auf bereits bestehende Oberklassen aufsetzen und lediglich in Details angepasst werden müssen.

20.3.4 Standardisierte Service-Taxonomie

In der Praxis stellte sich heraus, dass bei unterschiedlichen Dienstleistern sehr ähnliche Service-Taxonomien entwickelt wurden. Aufgrund dieser Erfahrungen wurde ein Projekt initiiert, das diese wiederkehrenden Strukturen standardisieren sollte. Das Ergebnis dieses Projekts ist die Service Classification Recommendation (SCR), eine Empfehlung für die grundlegende Strukturierung von Service-Taxonomien.

In Abb. 20-4 wird die Basis-Strukturierung der Service Classification Recommendation in einer Matrix grafisch dargestellt.

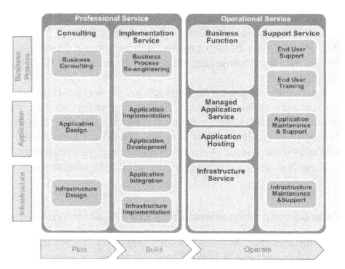

Abb. 20-4. Service Map: Oberste Hierarchieebenen der SCR

Die grundlegende Einordnung der Service-Komponenten in die Taxonomie leitet sich aus den Phasen des Lebenszyklus eines Service-Produktes ab. Dieser ist auf der horizontalen Achse der Matrix abgebildet. Der Lebenszyklus eines Service-Produktes besteht aus den Phasen Plan, Build und Operate. In den ersten zwei Phasen werden hauptsächlich Leistungen erbracht, die personalintensiv sind und eher Projektcharakter haben. Daher wird diese Gruppe von Services als „Professional Services" bezeichnet. In der dritten Phase (Operate) werden dagegen hauptsächlich Betriebsdienstleistungen auf Basis der in Phase eins und zwei entwickelten IT-Systeme erbracht. Diese Services werden der Gruppe „Operational Services" zugeordnet. Daraus ergibt auf der obersten Ebene der Taxonomie eine Unterscheidung zwischen „Professional Services" und „Operational Services".

Auf der vertikalen Achse der Matrix sind die Wertschöpfungsstufen von IT-Services abgebildet. Dabei wird eine Unterteilung in die Ebenen Infrastructure, Application und Business Process vorgenommen. Die drei Stufen bauen aufeinander auf.

Die unterste Ebene ist „Infrastructure". Darin sind die Planung, die Entwicklung, die Implementierung und der Betrieb von IT-Infrastruktur einzuordnen. Die Services der Ebene „Application" bauen auf den Infrastrukturleistungen auf und nutzen diese für die Erbringung ihrer eigenen Leistungen wie die Entwicklung und den Betrieb von Anwendungssystemen. Die Services der Ebene „Business Process" nutzen ihrerseits wiederum Leistungen der Ebene „Application" für ihre eigene Leistungserbringung. Die Services dieser Ebene sind beispielsweise die Abwicklung ganzer Geschäftsprozesse unter der Nutzung der Application-Services der Application-Ebene.

SCR im Detail

Von dieser allgemeinen Sicht auf die Service Classification Recommendation erfolgt nun eine detailliertere Betrachtung der Strukturierung der einzelnen Service-Klassen.

In der Planungsphase eines Service werden zumeist Professional Services erbracht. Dabei beschränken sich diese Leistungen im Wesentlichen auf Beratung. Sie werden in der Klasse „Consulting" zusammengefasst. Auf der Wertschöpfungsstufe Infrastructure handelt es sich dabei um Leistungen, die auf das Design von IT-Infrastruktur hin ausgerichtet sind. Auf der Ebene der Applikationen richten sich die Leistungen auf das Design neuer Anwendungssysteme. Business-Process-bezogene Leistungen sind Beratungsservices bei der Entwicklung von Businessmodellen.

In der Build Phase werden ebenfalls Professional Services erbracht. Dies sind Services, die die Umsetzung und Implementierung der in der Phase Plan entwickelten IT-Systeme beinhalten. Diese Services werden als Implementation Services zusammengefasst. Für die Infrastructure-Ebene ist dies die Implementierung der IT-Infrastruktur, wie beispielsweise die Installation von Netzwerken oder die Einrichtung einer Serverinfrastruktur. Ebenfalls gehören Leistungen wie die Integration von Anwendungssystemen dazu. In die Application Ebene sind Services aus den Bereichen Anwendungsdesign und Anwendungsimplementierung einzuordnen. Auf der Business-Process-Ebene lassen sich Leistungen identifizieren, die Geschäftsprozesse neu entwickeln oder bestehende anpassen.

Die Services, die in der Operate Phase erbracht werden, sind Operational Services. Diese Services richten sich auf den Betrieb von Infrastruktur und Anwendungssystemen und die Abwicklung von Geschäftsprozessen beziehungsweise die Erbringung von Geschäftsfunktionen. Auf der Stufe Application wird zwischen Application Hosting und Managed Application Services unterschieden. Bei letzteren ist neben dem reinen Betrieb einer Anwendung auch deren Wartung enthalten.

Neben den reinen Betriebsdienstleistungen der Operate Phase gehören auch Support Services zu den Operational Services. Diese Services richten sich zum einen auf die Aufrechterhaltung der operativen Services und zum anderen auf die Unterstützung des Endnutzers. Auf den Ebenen Infrastructure und Application sind dies die Wartungsservices bezüglich der IT-Infrastruktur beziehungsweise der Anwendungssysteme. Leistungen durch die der Endnutzer direkt unterstützt wird sind beispielsweise der Help Desk oder Trainings.

Mit dieser Grundstrukturierung der Service-Komponenten durch die Service Classification Recommendation lassen sich alle Leistungen, die ein IT-Service-Anbieter erbringt, in eine einheitliche Service-Taxonomie einordnen. Die Basisklasse dieser Taxonomie-Empfehlung ist die Klasse „Service Component", von der die Klassen „Professional Service" und „Operational Service" abgeleitet werden. Im Laufe der weiteren Verfeinerung der Taxonomie werden nacheinander alle Service-Klassen entsprechend ihrer Einordnung in der obigen Matrix abgeleitet. Auf der Basis der Service Classification Recommendation lassen sich leicht und schnell unternehmensspezifische Service-Taxonomien entwickeln.

20.3.5 Komposition: Bildung von Service-Produkten

Mit Service-Produkten geht der IT-Dienstleister auf den Kunden zu. Daher werden an Service-Produkte andere Anforderungen gestellt, als an Service-Komponenten. Beim Komponenten-Katalog wurde in Kauf genommen, dass dieser sehr umfangreich wird. Der Produkt-Katalog muss aber überschaubar sein, um den Kunden nicht mit der Auswahl zu überfordern. Statt einer hohen Anzahl von Service-Produkten sollten es nur wenige sein, die aber durch Konfiguration an die Anforderungen des Kunden angepasst werden können.

Service-Produkte sind lediglich Bündelungen von Service-Komponenten, die mit einem Preis und einer Bestellnummer versehen sind. Die eigentliche Leistung ist in den Komponenten-Spezifikationen definiert und wird durch die Komponenten-Instanzen erbracht.

> Während die Service-Komponenten möglichst granular sein sollten, sollen Service-Produkte häufig möglichst umfangreich gestaltet werden. So werden hochwertige Services zusammengestellt, die entsprechend hoch bepreist werden können. Zudem kann der IT-Dienstleister sich einer direkten Vergleichbarkeit mit Wettbewerbern entziehen, wenn er seine Service-Produkte umfangreicher und anders als der Wettbewerb gestaltet.

Produktkonfiguration

Natürlich muss das „Zusammenbauen" von komplexen Dienstleistungen aus einzelnen Modulen bestimmten Regeln folgen. Diese Regeln werden auch als Bauvorschriften bezeichnet, und sie machen einen wesentlichen Teil der Spezifikation von Service-Komponenten aus. Den Vorgang des „Zusammenbauens" entsprechend der Regeln bezeichnet man als Konfiguration. Das Service-Produkt wird für einen Kunden konfiguriert. Die Konfiguration des Service-Produktes beginnt nicht für jeden Kunden bei Null, sondern wird auf der Basis einer Grundkonfiguration vorgenommen. Indem einzelne Service-Komponenten ausgetauscht, hinzugefügt oder weggelassen werden, wird das Service-Produkt so angepasst, dass es die Anforderungen des Kunden bestmöglich erfüllt.

Es gibt verschiedene Ansätze zur Lösung des Konfigurationsproblems. Für komponentenbasierte IT-Services bietet sich primär eine ressourcenbasierte Konfiguration an. Bei der ressourcenbasierten Konfiguration wird jede Komponente als eine Ressource angesehen, welche einerseits ihre Leistung anderen zur Verfügung stellt, und andererseits selbst Bedarfe hat. Ein System gilt dann als vollständig konfiguriert, wenn alle Bedarfe durch Ressourcen abgedeckt sind.

Der Anwender benötigt ein Werkzeug für die Konfiguration der Dienstleistung. Wir schlagen dazu ein wissensbasiertes System vor, dass den Anwender durch die Konfiguration führt. Wie bei Produktkonfiguratoren üblich, unterscheiden wir zwischen „high level configuration", wobei die Konfiguration interaktiv vom Anwender (Kunde) vorgenommen wird, und „low level configuration", die automatisch vom System oder vom Dienstleister konfiguriert wird.

Bauvorschriften

Bauvorschriften sollen den Freiheitsgrad beim Zusammenstellen von Komponenten einschränken, so dass nur sinnvolle Kombinationen möglich sind. Dazu werden für Komponenten und Produkte „Resource Interfaces" definiert, die einen Bedarf, im Sinne einer ressourcenbasierten Konfiguration abbilden. Eine erste Definition des Bedarfs entsteht durch die von einer Komponente erforderte Funktionalität. Die Funktionalität einer Komponente als Ressource ist durch deren Semantik aus der Service-Taxonomie zu entnehmen.

Weitere Einschränkungen ergeben sich für die Konfiguration hinsichtlich Qualitäts- und Kapazitätsmerkmalen. Dafür muss eine Konsistenzprüfung vorgenommen werden. Beispielsweise sollten die Betriebszeiten aller Teilleistungen übereinstimmen. Ein anderes Beispiel ist die Hochverfügbarkeit: Obwohl die Teilleistungen redundant ausgelegt sind, kann eine einzelne Teilleistung, die diesem Anspruch nicht genügt, die Verfügbarkeit der Gesamtleistung stören („single point of failure"). In einem solchen Fall kann die Komponente den Bedarf des Interface nicht erfüllen und darf damit dem Service nicht zugeordnet werden. Derartige Bedingungen können im System durch Constraints, die das Interface genauer spezifizieren, hinterlegt werden. Constraints sind Gleichungen oder Ungleichungen der Prädikatenlogik.

20.4 Datenmodellierung und Wissensrepräsentation

20.4.1 Dimensionen der Modellierung von IT-Services

Eine wesentliche Aufgabe des Produktmanagements ist die umfassende Dokumentation der verantworteten Services. Dafür werden bei der Entwicklung neuer Dienstleistungen, beim sogenannten Service Engineering, jegliche Informationen bezüglich eines Service zusammengetragen. Dies umfasst die Spezifikation der Dienstleistung aus Kundensicht, aber auch interne Prozessdefinitionen und Verfahrensanweisungen, Betriebshandbücher, sowie die erforderlichen Ressourcen, Kostenkalkulationen etc. Dieses Wissen wird sinnvollerweise strukturiert erfasst, so dass es nicht nur von Menschen, sondern auch von Software verarbeitet werden kann (Auer et al. 2004).

Es muss jeweils zwischen Spezifikation und Instanz unterschieden werden. Die Instanz eines Service-Produkts ist ein Auftrag (auch Service-Konfiguration genannt). Die Instanz einer Service-Komponente ist eine Service-Instanz. Eine Unterscheidung zwischen diesen sehr unterschiedlichen Geschäftsobjekten muss auch gegeben sein, wenn sie in einem gemeinsamen System verwaltet werden.

Mit der Unterscheidung zwischen Service-Produkten und Service-Komponenten einerseits, und der Unterscheidung zwischen Spezifikationen und deren Instanzen andererseits, lässt sich eine zweidimensionale Matrix aufspannen, durch welche vier Objekttypen definiert sind.

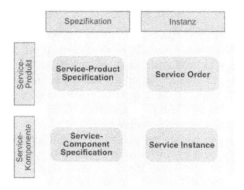

Abb. 20-5. Matrix der vier Objekttypen

20.4.2 Wie die Informationen abgebildet werden können

Da die Erbringung von Dienstleistungen insbesondere im IT-Umfeld zunehmend automatisiert wird, reicht es nicht aus, dass IT-Services für den Menschen lesbar beschrieben werden. Auch Softwaresystemen müssen diese Informationen zugänglich sein, sie sollen also die Spezifikationen der IT-Services interpretieren können. Von daher scheiden klassische Werkzeuge zur Dokumentation von Service-Katalogen, nämlich Word und Excel, aus. Mit diesen Werkzeugen können zwar in einem strukturierten Dokument die charakteristischen Merkmale einer jeden Teilleistung erfasst werden, jedoch lassen sich Relationen zwischen ihnen nicht darstellen. Es müssen zweierlei Beziehungen berücksichtigt werden: (1) Die Klassenhierarchie (Service-Taxonomie), über die eine Service-Klasse Eigenschaften von ihren Oberklassen erbt. (2) Abhängigkeiten einer Teilleistung von Ressourcen, die dieser Teilleistung zuarbeiten.

Relationale Datenbanken sind primär auch ungeeignet, weil sie die Kollaboration unterschiedlicher Organisationseinheiten erschweren. Service-Spezifikationen erfordern keine zentrale Datenhaltung, sondern sollten zwischen Organisationen ausgetauscht werden können. Die Instanzen müssen natürlich beim IT-Dienstleister zentral verwaltet werden, aber sie müssen sich auch mit Dritten, etwa Kunden, austauschen lassen.

Eine auf XML basierende Beschreibungssprache für IT-Services bietet sich daher an. XML-Dateien sind maschinenlesbar, können einzeln ausgetauscht werden, beispielsweise über HTTP, und können leicht für den Menschen lesbar präsentiert werden.

20.4.3 Service Specification and Configuration Language

Mit der Service Specification and Configuration Language (SSCL) wurde eine XML-basierte, offene Beschreibungssprache für IT-Services entwickelt. Die SSCL besteht aus mehreren XML-Schemata, die jeweils den Sprachumfang und

Aufbau der Service-Spezifikationen und Service-Instanzen definieren. Darunter sind die Schemata Service Component Specification (SCS) und Service Product Specification (SPS) zur Beschreibung von Service-Komponenten und Service-Produkten der wohl wichtigste Teil der SSCL.

Für jede Service-Spezifikation wird eine eigene XML-Datei erstellt. Darin sind unter anderem die nachfolgend beschriebenen Informationen abgelegt.

- *Name und URI:* Es ist wichtig, dass die Spezifikation eines Service eindeutig bezeichnet werden kann. Zusätzlich zu einem Namen, der nicht unbedingt eindeutig ist, erhält jeder Service einen Unified Resource Identifier (URI).

- *Beschreibung:* Die Funktionalität des Service wird verbal beschrieben. Weitere textuelle Anmerkungen, die nicht die Funktionalität beschreiben, können als Anmerkung ergänzt werden.

- *Semantik (nur SCS):* Die Service-Komponente erhält eine Semantik durch die Einordnung in eine Taxonomie. Diese kann dazu genutzt werden, dass auch Softwaresysteme die Funktionalität der Service-Komponente verstehen. Die Einordnung erfolgt durch einen Verweis auf den URI der Eltern-Komponente.

- *Classtype (nur SCS):* Service-Komponenten können entweder abstrakt oder konkret sein. Die Bedeutung ist entsprechend der objektorientierten Programmierung.

- *Parameter* werden verwendet, um den Service weiter zu spezifizieren. Es gibt vier Einsatzgebiete für Parameter:
  - *Qualitätsmerkmale:* Parameter können Qualitätsmerkmale sein, wie zum Beispiel die Verfügbarkeit eines Service.
  - *Kapazitätsmerkmale:* Parameter können die Kapazität des Service festlegen, etwa die Bandbreite einer Standleitung.
  - *Konfigurationsmerkmale:* Parameter legen fest, welche Angaben zur Konfiguration des Service für die Instanzierung notwendig sind.
  - *Kosten/Preismerkmale:* Parameter legen fest, wie sich die Kosten beziehungsweise Preise eines Service zusammensetzen bzw. berechnen lassen.

- *Bauvorschriften:* Die SSCL definiert die Leistung eines Service durch das Produktmodell. Welche anderen Service-Komponenten benötigt werden, wird durch Interface Elemente spezifiziert. Jedes Interface ist eine Schnittstelle, die von einer anderen Service-Komponente erfüllt werden muss, wenn die Dienstleistung instanziert wird.

- *Lebenszyklus:* Der Zustand des Lebenszyklus einer Spezifikation wird in ihr abgebildet (vgl. Abschnitt 20.4.4).

- *Prozessmodell:* Jede Spezifikation enthält ein Prozessmodell der aus ihr gebildeten Instanzen (vgl. Abschnitt 20.4.4).

- *Versionierung:* Die SSCL unterstützt die Versionierung von Service-Spezifikationen (vgl. Abschnitt 20.4.4).

- *Change Log:* Die Spezifikationen protokollieren Veränderungen. Zu jedem „Change" werden die Version, der Status, das Datum, der Benutzer und gegebenenfalls eine vom Benutzer eingepflegte Dokumentation der Änderung protokolliert.

> *Inhalte der Spezifikationen*
> Service-Produkte und Service-Komponenten werden umfangreich in Spezifikationen beschrieben. Sie enthalten:
> *Produktmodell:* Spezifikation der Funktionalität, Qualität, Kosten etc.
> *Prozessmodell:* Lebenszyklus, Zustände, Workflows (als Basis für Automatisierung)
> *Ressourcenmodell:* Benötige Service-Komponenten (Bauvorschrift), Personal (Rollen), Infrastruktur.

20.4.4 Service Lifecycle

Lebenszyklus der Spezifikationen
Spezifikationen von Service-Produkten und Service-Komponenten unterliegen einem Lebenszyklus. Sie haben einen Zustand, der ausdrückt, in welcher Phase des Lebenszyklus sich eine Service-Produkt- oder Service-Komponenten-Spezifikation befindet. Implizit wird damit festgelegt, wozu die Spezifikation zu verwenden ist. Die folgenden vier Zustände kann eine Spezifikation annehmen:

Tabelle 20-1. Lebenszyklus von Spezifikationen

Bezeichnung	Zustand der Spezifikation	Zustand des Service
DV Development	Die Spezifikation befindet sich in Entwicklung.	Der Service darf noch nicht in Aufträgen verwendet werden.
AC Active	Die Spezifikation ist Bestandteil des Service-Portfolios.	Service-Instanzen der Spezifikation können erstellt werden. Der Service kann verkauft werden.
PO Phase Out	Spezifikation ist abgekündigt.	Es dürfen keine neuen Instanzen erstellt werden. Der Service darf nicht mehr neu verkauft werden, aber in bestehenden Verträgen wird er noch eingesetzt.
EL End of Life	Die Spezifikation ist am Ende des Lebenszyklus.	Instanzen der Spezifikation werden nicht mehr verkauft und sind nicht mehr in Betrieb.

Zustandswechsel können immer nur entlang des vorgegebenen Lebenszyklus gemacht werden, also von DV nach AC, von AC nach PO, von PO nach EL.
Spezifikationen können nur im Zustand DV bearbeitet werden. In allen anderen Zuständen können sie nicht mehr verändert werden, da auf ihnen basierende Instanzen bestehen können. Die Weiterentwicklung von Spezifikationen, die nicht mehr im Zustand DV sind kann nur durch eine Abzweigung erfolgen, bei der die bestehende Spezifikation kopiert wird und eine neue Spezifikation im Zustand DV erzeugt wird. Diese erhält die Historie von der Vorgänger-Spezifikation. Man sagt, es entsteht ein „Branch" von der Spezifikation. Der ältere Zweig bleibt bestehen und muss seinen Weg bis „EL" (End of Life) weiter gehen. Abb. 20-6 stellt dies dar.

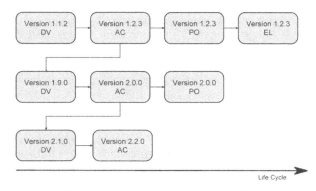

Abb. 20-6. „Branching" von Service-Spezifikationen

Versionierung der Spezifikationen Die Spezifikationen enthalten eine dreiteilige Versionsnummer (Beispiel: 1.2.4). Die drei Zahlen bezeichnen die Hauptversion, die Subversion und die Build-Nummer. Jedem neuen Branch wird eine neue Versionsnummer zugeordnet. Die Angabe des Zustands einer Spezifikation bezieht sich immer auf einen Branch dieser Spezifikation. Es können also mehrere Branches einer Spezifikation parallel bestehen, die in unterschiedlichen oder gleichen Zuständen sind, aber jedoch alle eine eindeutige Versionsnummer besitzen. Ein Beispiel dazu:

- Version 1.2.4 ist EL. Diese Version der SCS wird nicht mehr verwendet. Die SCS wird nur noch zu Dokumentationszwecken oder aus regulatorischen Gründen mitgeführt. Nach einiger Zeit wird sie wahrscheinlich gelöscht.
- Version 1.6.5 ist PO. Service-Komponenten dieser Version werden nicht mehr neu verkauft, aber sie wird noch in bestehenden Verträgen eingesetzt. Solange diese Verträge laufen wird auch die Spezifikation noch benötigt und behält diesen Status.
- Version 1.8.0 ist PO. Auch zu dieser Version bestehen noch laufende Verträge.
- Version 2.0.1 ist AC. Dies ist die aktuelle Version, die in neuen Verträgen eingesetzt wird.
- Version 2.1.1 ist DV. Dies ist die nächste Version der Komponente, an der die Service Engineers gerade arbeiten.

Best Practice: Umgang mit Versionsnummern Eine Änderung der Version ist nur beim Übergang in die Zustände DV und AC möglich. Bei jeder Versionsänderung wird ein neuer Branch der Spezifikation erzeugt und umgekehrt. Wenn eine Spezifikation in den Zustand AC übergeht wird ihre Versionsnummer unveränderlich bis zum Ende ihres Lebenszyklus festgelegt. Für stabile Versionen sollten gerade Zahlen als Subversionsnummer verwendet werden. Ungerade Subversionsnummern lassen entsprechend auf eine weniger stabile Arbeitsversion schließen.

Prozessmodell der Service-Instanzen
Die Automatisierung von Routinearbeiten ist nicht nur eine Entlastung, sondern beschleunigt auch viele Prozesse in der Service-Provider-Organisation und eliminiert

Fehlerquellen. Prozessorientierung ist auch deshalb wichtig, da die Dienstleistungen (Service-Instanzen) ebenfalls Lebenszyklen besitzen und durch Prozesse erbracht werden. Die Prozesse im System zu berücksichtigen ist unabdingbar, aber zugleich eine große Herausforderung, weil sie Dynamik in das System bringen: Konfigurationen ändern sich, neue Bestellungen müssen ausgeführt werden, andere Aufträge laufen aus. Dienstleistungen werden neu entwickelt oder eingestellt. Beteiligte Personen haben Rollen, die aber nicht statisch sind, sondern vom behandelten Objekt und dessen Zustand abhängen.

Der Zusammenhang zwischen den zuvor definierten Objekten und den Prozessen wird in den Spezifikationen durch einen endlichen Zustandsautomaten (finite state machine) abgebildet. Die Prozesse sind dabei die Übergänge von einem Zustand in den nächsten. Oder in anderen Worten: Der Prozess versetzt das Objekt in einen anderen Zustand.

Es sollte versucht werden, der Einfachheit halber, für alle Service-Komponenten ein einheitliches Zustandsmodell zu definieren. Das in Abb. 20-7 gezeigte Modell beinhaltet einen Vorschlag für einen solchen Zustandsautomaten für IT-Services.

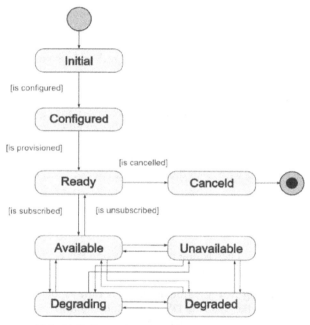

Abb. 20-7. Zustandsautomat für Service-Instanzen

Natürlich sind die Prozesse speziell für jede Service-Komponente. Schließlich unterscheidet sich beispielsweise der Vorgang zur Einrichtung eines E-Mail-Accounts von der Einrichtung einer WAN-Anbindung einer Filiale.

Die Prozesse selbst werden nicht in den Spezifikationen hinterlegt. Sie können durch BPM- oder Workflow-Systeme implementiert werden. In den Spezifikationen der Services kann dann diese Prozessmodellierung referenziert werden.

20.5 Zusammenfassung

Damit ein IT-Dienstleister seine Service-Entwicklung und Erstellung professionalisieren kann ist eine Weiterentwicklung im Sinne des Service Provider Maturity Models nötig (Grawe 2007). Eine wichtige Voraussetzung ist dabei eine konsequente Produktorientierung. Der erste und wichtigste Schritt dabei ist die Definition der eigenen Leistungen in einem Service-Katalog. Da dieser Service-Katalog die Grundlage für das Produkt-Daten-Management des IT-Dienstleisters ist, muss er in geeigneter Weise aufgebaut sein. Mit Hilfe der Service Specification and Configuration Language lassen sich maschinenlesbare, komponentenbasierte Service Architekturen entwickeln, die den hohen Anforderungen des Produkt-Daten-Managements gewachsen sind.

Literatur

Auer S, Burek P, Grawe T (2004) Knowledge Engineering for IT-based Services. Proceedings of I-KNOW '04, 4th International Conference on Knowledge Management, June 30–July 1 2004, Graz, pp 213-224

Bullinger HJ (2005) IT-Service-Engineering als Innovationsbeschleuniger; Wettbewerbschancen für IT-Dienstleister in Deutschland. Key Note der Konferenz IT-Service-Engineering, 01.06.2005, München

Fähnrich KP, Grawe T (2003) Systematisches Entwickeln von IT-Dienstleistungsprodukten. In: Bernhard MG, Blomer R, Bonn J (Hrsg) Strategisches IT-Management; Band 2. Symposion, Düsseldorf

Grawe T (2007) IT wie ein eigenständiges Unternehmen führen. IT Management 2007 (1–2):38

G Ausblick

21 Agile Ansätze für die Entwicklung IT-basierter Dienstleistungen

Kyrill Meyer, Marco Schubert, Martin Böttcher

Universität Leipzig, Abteilung Betriebliche Informationssysteme

21.1 Einführung

Sequenzielle oder zyklische Vorgehen bei der Entwicklung von IT-basierten Dienstleistungen stellen für viele Problemklassen einen Lösungsrahmen dar, der Medienbrüche vermeidet und aufgrund der besseren Verzahnung der Entwicklungsphasen von Dienstleistung und Software eine effizientere sowie qualitativ hochwertige IT-basierte Dienstleistung erzeugt. Eine integrierte Entwicklung von Software und Services wird dadurch ermöglicht und ein identifizierter Problembereich (Meiren 2002) dadurch geschlossen.

Das in diesem Buch vorgestellte Vorgehensmodell leistet dazu einen Beitrag. Es kann zur strategischen Entwicklung IT-basierter Dienstleistungen in Unternehmen angewendet werden (vgl. die Anwenderfallstudien in den Beiträgen 16–20 in diesem Buch) oder in Unternehmen für einzelne Kundenprojekte zum Einsatz kommen. Insofern können durch das Vorgehen sowohl firmeninterne Projekte als auch einzelne Kundenprojekte berücksichtigt werden.

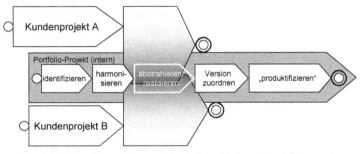

Abb. 21-1. Kundenprojekte auf Basis langfristiger Entwicklung eines Software/Dienstleistungsportfolios

Sind Kundenprojekte jedoch sehr individuell (d.h. es kommt keine Standardlösung bzw. eine stark entsprechend den Kundenanforderungen angepasste Lösung zum Einsatz) und das Unternehmen wünscht trotzdem eine enge Verzahnung mit der Weiterentwicklung des angebotenen Lösungsportfolios (vgl. Abb. 21-1), muss der Entwicklungsprozess das Variantenmanagement bzw. die Verzahnung interner Entwicklungsprozesse mit kundenspezifischen Ausprägungen berücksichtigen. Dies heißt insbesondere, dass Kundenprojekte auf existierenden IT-basierten Dienstleistungen (bzw. Teilen davon) aufsetzen und diese gleichzeitig weiterzuentwickeln helfen. Mit dem vorgestellten Vorgehen ist dies nur teilweise möglich. Aus diesem Grunde wird nachfolgend ein Ansatz vorgestellt, der dieses Defizit beheben helfen kann.

21.2 Vorgehensmodelle – Von der Phasenorientiertheit zur Agilität

Die Unterstützung der Dienstleistungsentwicklung durch geeignete Vorgehensweisen, d.h. das Service Engineering, ist eine relativ junge Fachdisziplin (vgl. Fähnrich u. Opitz 2003). Bisher sind überwiegend phasenorientierte Vorgehensmodelle (Scheuing u. Johnson 1989; Edvardsson u. Olsson 1996; Ramaswamy 1996; Jaschinski 1998) für die Dienstleistungsentwicklung bekannt. Iterative oder agile Ansätze, wie sie in der Softwaretechnik bekannt sind, werden nur ansatzweise verfolgt (Shostack u. Kingman-Brundage 1991; Meiren u. Barth 2002; Kunau et al. 2005).

Agile Ansätze sind in der Softwaretechnik nach phasenorientierten und iterativen Modellen entwickelt worden. Promiente Vertreter sind SCRUM (Takeuchi u. Nonaka 1986; Schwaber 1995), CRYSTAL (Cockburn 1998) und das Extreme Programming (Beck 1999). Aus diesem Grund wird nachfolgend die Motivation für die Entwicklung der verschiedenen Modelle in der Softwaretechnik etwas genauer betrachtet.

Phasenorientierte Entwicklungsmodelle in der Softwaretechnik (bspw. das Wasserfall- und das V-Modell (Bunse u. Knethen 2002) orientieren sich sehr stark an diesem Zyklus. Kennzeichnend ist die festgelegte Linearität in der Abfolge der einzelnen Phasen. Voraussetzung für den Beginn einer Folgephase ist dabei stets der erfolgreiche Abschluss der vorhergehenden Phase (Erreichung von Projektmeilensteinen). Zum Abschluss einer Phase werden Artefakte (bspw. Dokumente oder Quellcodes) freigegeben. Die Implementierung einer Software im Rahmen eines solchen Vorgehensmodells setzt demzufolge ein vollständiges Pflichtenheft und darauf aufbauend einen vollständigen Entwurf voraus. Modelle dieser Art erwiesen sich bei großen Projekten als inakzeptabel, da

1. der Auftraggeber frühestens nach Abschluss der Implementierung des gesamten Softwareproduktes Tests bzgl. der Funktionalitäten und der Akzeptanz durchführen konnte,
2. die Anforderungen beim Projektbeginn noch nicht vollständig bekannt waren,
3. sich die (Geschäfts-)Anforderungen während des Projektes geändert haben und
4. Modelle dieser Art sehr bürokratisch sind.

Den Unzulänglichkeiten 1. bis 3. wurde in der Folge mit iterativen Entwicklungsmodellen (bspw. dem Spiralmodell; Boehm 1988) begegnet. Modelle dieser Art zeichnen sich dadurch aus, dass dem Auftraggeber in gewissen Abständen prototypische oder lauffähige Teilprodukte zur Verfügung gestellt werden

Innerhalb der iterativen Modelle lässt sich noch zwischen evolutionären und inkrementellen Modellen unterscheiden. Erlauben erstere noch spätere Änderungen wesentlicher Anforderungen, setzen letztere eine von Anfang an weitgehend vollständige Anforderungsdefinition voraus. Damit erlauben die evolutionären Modelle einen flexiblen Entwicklungsprozess bei sich rasch ändernden Geschäftsbedingungen des Auftraggebers, erhöhen aber die Gefahr sehr kostspieliger Anpassungen. Im Gegensatz dazu werden bei inkrementellen Modellen nur noch geringfügige Änderungen der Anforderungen aufgrund der Erfahrungen mit dem Einsatz der Teilprodukte vorgenommen. Sowohl die Flexibilität als auch die Gefahr teurer Anpassungen reduzieren sich im Vergleich zu evolutionären Modellen. Eine Reihe weiterer iterativer Vorgehensmodelle listen BUNSE und VON KNETHEN (2002).

Auch wenn die iterativen Vorgehensmodelle mehr auf die Auslieferung lauffähiger Teilprodukte fixiert sind, haftet ihnen (neben der nach wie vor prediktiven Ausrichtung) noch der Makel der Bürokratie an (Fowler 2005). Zu dessen Behebung fokussieren Forschung (siehe weiterführende Verweise in Beck et al. 2001; Agile Alliance 2006) und Praxis (KBSt 2006) derzeit unter dem Schlagwort *Agilität* eine umfassende Flexibilisierung der gesamten Softwareentwicklung.

Das Oxford English Dictionary definiert das englische Wort agile als „... the faculty of quick motion; nimble, active, ready". Neben der deutschsprachigen Entsprechung agil bzw. Agilität ist übertragen flink, wendig, lebhaft und adaptiv gemeint. Im Rahmen der Softwareentwicklung bezieht sich Agilität auf vier Aspekte:

1. Werte,
2. Prinzipien,
3. Methoden und
4. Prozesse.

Bereits im 2001 verfassten Agile Manifesto (Beck et al. 2001) werden die Grundzüge der vier Aspekte erläutert. Die agilen Werte beziehen sich auf soziale Faktoren wie Teamgeist, Kommunikation und Anpassungsfähigkeit sowie auf eine starke Kundenorientierung. Darauf aufbauend betrachten die Prinzipien die Werte detailreicher. Soziale Prinzipien werden durch persönliche Kommunikation, Motivation und stete Zusammenarbeit zwischen Entwicklern, Entscheidern und Anwendern verwirklicht. Oberstes Prinzip des Wertes Kundenorientierung ist die regelmäßige Auslieferung gebrauchsfertiger Software in Form eines Teilproduktes. Die Anpassungsfähigkeit bezieht sich auf die während der kontinuierlichen und kritischen Rückschau im bisherigen Entwicklungsprozess festgestellten Probleme. Im Bedarfsfalle sind einzelne Methoden oder Prozesse bzw. Prozessbausteine durch geeignetere zu ersetzen. Die Methoden stellen konkrete Techniken dar, die sich an den aufgestellten Prinzipien orientieren. Das Zusammenwirken einzelner Methoden wird durch die Prozesse dargestellt.

Das Agile Manifesto enthält keine konkreten Vorschläge zu Umsetzung. Es definiert nur den Rahmen; in seinen Kernaussagen ist es in Tabelle 21-1 dargestellt.

Tabelle 21-1. Kernprinzipien des Agile Manifesto

traditionell	agil
Prozesse, Werkzeuge	Individuen, Interaktion
Ausführliche Dokumentation	Lauffähige Software
Vertragserfüllung	Kundeneinbeziehung
Verfolgung eines Planes	Einstellung auf Änderungen

Die Erarbeitung dieser Prinzipien und deren Umsetzung in konkreten Vorgehensmodellen in der Softwareentwicklung ist eine Reaktion auf das in der Einführung geschilderte Problem der Balance zwischen Standardisierung und strategischer Produktentwicklung auf der einen Seite und der Kundenindividualität auf der anderen Seite. In der Softwareentwicklung hat sich gezeigt, dass für kleine bis mittelgroße Projekte – bezogen auf die Anzahl zu realisierender Funktionen – plangetriebene Verfahren aufgrund des Missverhältnisses von Bürokratie zu produktiven Tätigkeiten ungeeignet sind. Selbiges gilt für Projekte, in denen die Anforderungen seitens des Kunden ständigen Änderungen unterworfen sind. Als Antwort fanden sich, den Prinzipien der klassischen Softwareentwicklung zuwiderlaufend, schlanke Entwicklungsverfahren, die weniger auf die Erfüllung eines Planes bzw. Vertrages denn auf die Ablieferung lauffähiger Software ausgelegt sind.

Der erfolgreiche Einsatz agiler Entwicklungsverfahren setzt ein breites Umdenken in den beteiligten Unternehmen (also sowohl beim Auftraggeber als auch beim Auftragnehmer) voraus. Der zu bewältigende Wandel wird in vier Eckpunkten im Agile Manifesto (vgl. Tabelle 21-1) charakterisiert.

Für IT-basierte Dienstleistungen kann ein ähnlicher Ansatz Erfolg versprechend sein. Dabei können Kundenprojekte mit Hilfe einer agilen Methodik durchgeführt werden, die Weiterentwicklung des Produkt- bzw. Serviceportfolios auf Seite des Unternehmens kann dabei längerfristig und bspw. phasenorientiert erfolgen. Hierzu ist weitere Forschungstätigkeit angeraten.

21.3 Adaption agiler Prinzipien auf die Dienstleistungsentwicklung

Bei der Einführung agiler Methodiken und Techniken in die Dienstleistungsentwicklung im Allgemeinen und in den Entwicklungsprozess im Speziellen ergeben sich Auswirkungen in fünf Dimensionen:

1. *Dienstleistung*
   Mit innovativen Dienstleistungsprodukten, welche mit geringen Planungsaufwendungen umgesetzt werden, lässt sich möglicherweise ein sehr frühzeitiger Marktstart realisieren. Damit können Testkunden gewonnen und praktische Erfahrungen gesammelt werden.

2. *Personal*
   Die Anforderungen an die Qualifikation und Kollaborationsfähigkeit sind sehr hoch. Darunter fällt insbesondere die Bereitschaft, Wissen bedingungslos zu teilen, ohne dass es entsprechender Verpflichtungen bedarf.
3. *Kunden*
   Das Domänenwissen in all seinen Facetten besitzen die Kunden. Daher ist der Kunde von Anfang an in die Entwicklung mit einzubeziehen.
4. *Geschäftsprozesse*
   Die zu entwickelnde Dienstleistung sollte sich an den logischen Prozessen orientieren, und nicht an Hierarchien in Unternehmen.
5. *Management*
   Die fachliche Kompetenz haben die Entwickler und Anwender beim Kunden. Daher sollten ihnen auch gewisse Entscheidungskompetenzen übertragen werden.

21.3.1 Agile Prinzipien im Detail

Die in Tabelle 21-1 dargestellten vier agilen Prinzipien bedürfen zunächst weiterer Erläuterungen in Bezug auf die Dienstleistungsentwicklung. Keines der im Folgenden dargestellten Prinzipien ist für sich alleine zu betrachten, vielmehr sind sie eng miteinander verflochten.

21.3.1.1 Fokussierung auf Individuen und Interaktionen

Bereits 1981 wurde festgestellt, dass die Kosten für die Beseitigung von Fehlern im Fortlauf eines Projektes exponentiell ansteigen (Boehm 1981, Abb. 21-2). In ähnlicher Form steigen die Kosten, wenn nachträglich Änderungen der Anforderungen eingearbeitet werden müssen.

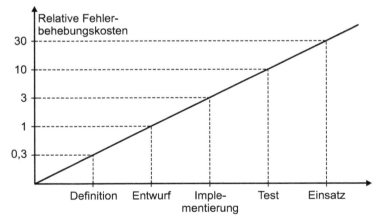

Abb. 21-2. Relative Fehlerbehebungskosten in den Projektphasen (nach Boehm 1981)

Als Ursachen wurden vor allem die ausufernde Redundanz des dokumentierten Wissens und die darauf beschränkte Kollaboration ausgemacht. Die später verfügbaren Werkzeuge (Dokumentenmanagementsysteme, Prozessmodellierungswerkzeuge, integrierte Entwicklungsumgebungen etc.) erleichterten zwar die Erfassung von Wissen, das Problem der Aufrechterhaltung der Konsistenz blieb jedoch erhalten.

HIGHSMITH III schlug vor, dokumentiertes durch stilles Wissen zu ersetzen bzw. zu ergänzen (Highsmith III 2000). Als vorteilhaft erkannte er, dass in Unternehmen, in denen das „Klima stimmt", der Wissensaustausch im persönlichen Gespräch sehr viel effizienter ist, als selbiger über das Verfassen von Dokumenten. Mittel zum Zweck könnten großzügige Teeküchen und Raucherzimmer als Räume zum Gedankenaustausch, Tafeln, Gemeinschaftsbüros oder auch community-orientierte Software (Wikis, Weblogs, Foren) sein. Mithin soll angestrebt werden, aus einem Team eine Gemeinschaft bzw. eine Community zu formen. Untersuchungen bei Schülern haben gezeigt, dass solche Gemeinschaften sogar in der Lage sind, sich über die eigentlichen Anforderungen hinaus weiterzuentwickeln (Honegger 2005).

21.3.1.2 Produktorientierung

In Ähnlichkeit zu den agilen Communities ist die Konzentration auf das Produkt das eigentliche Ziel einer agilen Entwicklung. Im Falle der WIKIPEDIA wird dies durch die Einfachheit der Teilnahme der Mitglieder am Schaffensprozess realisiert, wobei die Community überwacht, korrigiert oder sonst wie eingreift. Das Bewusstsein, dass Fehler im späteren Verlauf leicht korrigiert werden können, eröffnet allen Beteiligten die Teilnahme an einem Lernprozess.

In der Softwareentwicklung erreicht man dies u.a. dadurch, dass das Softwareprodukt modularisiert wird. Spätere Änderungen in einem Modul ziehen dann nicht mehr zwangsläufig Änderungen des Gesamtsystems nach sich. Des Weiteren verringert sich der Aufwand für die Erhaltung der Konsistenz der Dokumentation (welche neben dem initialen Pflichtenheft auch Benutzerhandbücher, Schulungsunterlagen, Prozesspläne usw. enthält). Die Lehre der agilen Softwareentwicklung geht teilweise sogar soweit, dass sie fordert, ein Softwareprodukt solle selbstdokumentierend sein. Allerdings wird auch betont, dass mit steigender Größe eines Projektes der Verwaltungsaufwand ebenfalls zu steigern ist (Cockburn 1998, 2002), womit auch das eigentliche Ziel einer Dokumentation besser erreicht wird (Royce 1970).

21.3.1.3 Erfolgsfaktor Kunde

Eine plangetriebene Entwicklung im Kundenauftrag setzt idealerweise voraus, dass ausgehend von den vollständig vorliegenden Anforderungen der Planung und Definition die Implementierung, der Test, die Einführung und schließlich der Einsatz folgen. Es hat sich jedoch gezeigt, dass die Voraussetzungen, also die vollständige Definition der Anforderungen, oft nicht vollumfänglich erfüllt werden. Vielmehr liegen Ideen beim Kunden vor (Hippel 1986), die es gilt, in Anforderungen umzusetzen. Die Verwertung dieses Ideenpotenziales bedarf der Nutzung von Kommunikationskanälen (Keil u. Carmel 1995), beispielsweise

- Kommunikationsmittel und -technologien,
- Interaktion mit den Anwendern bereits in der Entwicklung (customer on site),
- Frühzeitige Tests mit den Anwendern (Prototyping) oder
- Etablierung agiler Communities.

Ein weiteres Problemfeld eröffnet sich, wenn sich die anfangs definierten Anforderungen, bspw. durch Umschwünge im Geschäftsumfeld, in der Projektlaufzeit ändern. Hier ist der Kunde mit seinem Domänenwissen in der Lage, schon in der Entwicklung frühzeitig zu intervenieren, damit sich die Änderungen nicht in die späteren, teureren Phasen (Abb. 21-2) verlagern.

21.3.1.4 Flexible Entwicklung

Über die Zeit nimmt der Nutzen eines fix definierten Systems ab (Coldewey 2001), nur im sogenannten nutzbringenden Zeitfenster erfüllt es die Anforderungen (Abb. 21-3).

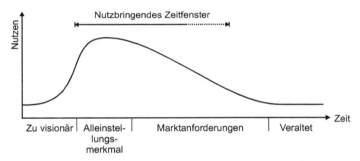

Abb. 21-3. Nutzbringendes Zeitfenster (nach Coldewey 2001)

Veränderungen im Umfeld haben vielfältige Ursachen, sie können ökonomischer, ökologischer, rechtlicher oder auch gesellschaftlicher Art sein. Die genannten Unsicherheiten machen es erforderlich, zumindest in länger- oder langfristigen Projekten, Veränderungen als Bestandteil der Planung einzubeziehen, d.h. ein Projekt so zu gestalten, dass stets flexibel und angemessen reagiert werden kann.

21.3.2 Auswirkungen auf die Dienstleistungsentwicklung

Übertragen auf das Service Engineering setzen die vier genannten Prinzipien Änderungen in vier Bereichen voraus:

1. Auf der Ebene des Dienstleistungsproduktes,
2. beim Management,
3. in der Entwicklungstechnik (einschließlich des organisatorischen Rahmens) und
4. beim Personal.

21.3.2.1 Dienstleistungsprodukt

Dienstleistungen sind oftmals, anders als Softwareprodukte, sehr komplex aufgebaut; dies reicht von der Bereitstellung von erbringendem Personal, nutzbaren Anlagen, Gebäuden und Einrichtungen über die Einbeziehung der externen Faktoren bis zur Schaffung der unterstützenden IT-Infrastruktur.

Langfristige (strategische) Entwicklungen des Dienstleistungsportfolios sind eher von Zielen und Visionen getrieben, so dass in diesen Fällen strukturiertere Verfahren Verwendung finden. Agile Entwicklungstechniken erscheinen im Gegensatz dazu geeignet, wenn Projekte einen sehr kundenindividuellen Charakter haben oder wenn Neuheiten am Markt eingeführt werden sollen (operative Entwicklungen). Abb. 21-4 zeigt eine solche (iterative, aber modellunabhängige) Entwicklung.

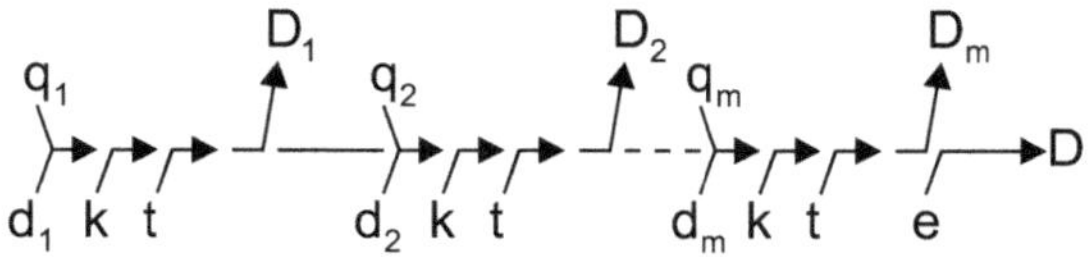

Abb. 21-4. Operative Dienstleistungsentwicklung

Dabei stellen $q_{1...m}$ die in einer Phase umzusetzenden Anforderungen dar, $d_{1...m}$ die zu leistenden Planungs- und Definitionsarbeiten, k die Beteiligung des Kunden, t die Tests, $D_{1...m}$ die teilfertigen Dienstleistungen, e die Einführungsarbeiten und D schließlich die fertige Dienstleistung.

Für den genannten Ansatz scheinen sich insb. komponentenorientierte Produkte zu eignen. In der Softwaretechnik wurde dies schon gegen Ende der 1960er Jahre diskutiert (McIlroy 1968). Auch in der Produktionswirtschaft werden Plattformkonzepte verfolgt. Für Dienstleistungen lassen sich möglicherweise diese Vorteile ebenso nutzen. Vorteilhaft wäre in diesem Falle, dass Redundanzen im Produktangebot und damit in der Entwicklung vermieden werden. Des Weiteren erreicht die Komplexität einer Komponente nicht die der gesamten Dienstleistung. Nachteilig könnte sein, dass einzelne Komponenten sehr großzügig geplant und definiert werden müssen, damit diese universell verwendbar sind.

21.3.2.2 Management

Management und Controlling bei etablierten Prozessen und Prozessmodellen ist wohlerforscht und wird entsprechend praktiziert. Das Kennzeichen eines agilen Prozesses ist seine Adaptivität. Dies bedeutet, dass ein Prozess (bspw. ein Entwicklungsprozess) stets in eine unvorhergesehene Richtung laufen darf, womit etablierte, auf prediktiven Modellen basierende Managementstrukturen weniger geeignet erscheinen.

Der klassische Vertrag über eine Entwicklung regelt die Rechte und Pflichten der Vertragsparteien, definiert das Produkt in seinen Einzelheiten und legt den finanziellen und zeitlichen Rahmen fest. Angesichts eines immer schnelleren Wandels ist dies insbesondere bei längerfristigen Projekten nicht immer praktikabel.

Das Management muss sich bei agil durchgeführten Projekten und Prozessen folgenden Schwierigkeiten stellen (Nrn. 1–4: Cohn u. Ford 2003; Nr. 5: Boehm 2002):

1. Welche Produktmerkmale können dem Kunden versprochen werden?
2. Wie wird die Entwicklung gesteuert (Controlling) und der Fortschritt überwacht (Revision)?
3. Wie beeinflusst eine agile Entwicklung andere Organisationsbereiche (Budgetierung, Personalwesen, Marketing usw.)?
4. Wann ist das Produkt fertig?
5. Wie viel Agilität ist richtig?

Demnach muss sich das Management (ggf. in Zusammenarbeit mit Entwicklern, Anwendern und Vertretern anderer Organisationsbereiche) intensiv mit den Kundenwünschen auseinandersetzen. Eine Beschränkung dieser Auseinandersetzung auf das Marketing ist nicht ausreichend.

21.3.2.3 Entwicklungstechnik und organisatorischer Rahmen

Drei Modelle bestimmen im Wesentlichen eine Dienstleistung, das Produkt-, das Prozess- und das Ressourcenmodell. Folgt man der agilen Softwareentwicklung, müssten agil entwickelte Dienstleistungen stringent an den Geschäftsprozessen bei Kunden ausgerichtet, vom Design her möglichst einfach gehalten und schnell zumindest in Teilen verfügbar sein.

Immanent ist also das Verständnis der Geschäftsprozesse und der Schnittstellen, die der Anbieter als externen Faktor in seine eigenen Prozesse einbinden muss. Die schon angesprochene Modularisierung, die die Einbindung vereinfacht, bedarf auch der organisatorischen Unterstützung. Der Vorschlag, Strukturen in Abhängigkeit von Marktumfeld und Produkteigenschaften auszurichten, bietet eine Lösung (Reichwald u. Möslein 1996; Abb. 21-5).

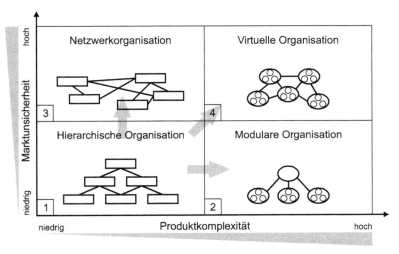

Abb. 21-5. Organisationsstrategien (vereinfacht nach Reichwald u. Möslein 1996)

Klassischerweise entsteht in vielen Unternehmen eine funktionale hierarchische, Organisationsform (Abb. 21-5, Quadrant 1). Diese Form eignet sich insbesondere dann, wenn die Marktunsicherheit niedrig und die Produktkomplexität überschaubar ist; für die betrieblichen Abläufe ist dies gleichbedeutend mit Stabilität. Für hohe Produktkomplexitäten wird dagegen das stark an Geschäftsprozessen ausgerichtete Modell der modularen Organisation vorgeschlagen (Quadrant 2), welches die Hierarchien nicht mehr funktional, sondern divisional bzw. prozessorientiert ausrichtet. Netzwerke bieten sich an, wenn die Marktunsicherheit hoch und damit der Bedarf nach steten Neuausrichtungen der betrieblichen Strukturen besteht (Quadranten 3 und 4). Alle drei Wege, die man ausgehend von einer hierarchischen Organisation beschreiten kann, flexibilisieren die Abläufe im Unternehmen, da sie stärker an den tatsächlichen Bedürfnissen ausrichtbar sind.

Für das Außenverhältnis bedeutet dies, dass ad hoc Partnerschaften eingegangen und auch wieder aufgelöst werden können. In dieser Partnerschaft stehen dann alle relevanten bzw. beteiligten Fachbereichsvertreter zur Verfügung, ohne dass es aufwändiger Abstimmungsprozesse bedarf.

Die Entwicklung selbst soll evolutionär gestaltet werden. Unwägbarkeiten, die in den anfänglichen Planungen nicht ersichtlich oder einschätzbar sind, lassen sich dadurch auch später einarbeiten. Die Softwaretechnik kennt hier das *Refactoring*, welches in plangetriebenen Verfahren möglichst vermieden werden soll („Mache es von Anfang an richtig!"). Agile Verfahren hingegen sehen explizit vor, dass Refactoring betrieben wird. Voraussetzung ist, dass bereits in den Anfangsphasen darauf hingearbeitet werden muss, dass das Produkt (oder das betreffende Modul) flexibel an die sich ändernden Bedürfnisse anzupassen ist („Mache es richtig, wenn die Zeit reif ist!").

21.3.2.4 Personal

Der Mensch ist die Quelle der Kreativität. Aus diesem Grunde liegt der eigentliche Schwerpunkt der agilen Methodiken in dessen Förderung. Die wissenschaftliche Betrachtung des Menschen in seiner Eigenschaft als Beschäftigter eines Unternehmens blickt auf eine lange Tradition zurück. In der Zeit um 1900 wurde weitgehend davon ausgegangen, dass der Mensch und seine Arbeit ingenieurmäßig analysierbar, bewertbar und anleitbar sind, Anreize wurden insbesondere in der Entlohnung gesehen (Taylor 1911). Diesen Paradigmen einer Mechanisierung zuwiderlaufend wird Kreativität als treibendes Moment in der Entwicklung gesehen. Ihren Rahmen findet sie in der Unternehmenskultur. Der Begriff wird verschiedenartig definiert, bspw. als zweidimensionales Modell (Deal u. Kennedy 1982), als Ebenenmodell (Schein 1988; zur Grundidee vgl. Abb. 21-6) oder als Kulturnetz (Johnson 1988).

Den Definitionen gemein ist, dass der Mensch gewisse Verhaltensweisen hat, die sich durch Anweisungen nicht eliminieren lassen, sondern nur durch Schaffung von Bedingungen, die diese Verhaltensweisen nicht hervorrufen. Tatsächlich könnte dies erreicht werden durch eine balancierte Vergabe von Rechten mit der Einforderung erfüllbarer Verantwortungen (siehe Tabelle 21-2; Ambler 2006).

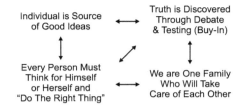

Abb. 21-6. Das Action-Co.-Paradigma (Schein 1988)

Tabelle 21-2. Rechte und Verantwortlichkeiten (Ambler 2006)

The Rights of Everyone	The Responsibilities of Everyone
1. To be treated with respect.	1. To produce a system that best meets your needs within the resources that you are willing to invest in it.
2. To produce and receive quality work at all times based on agreed to project standards and principles.	
3. To estimate the activities you are actively involved with, and to have those estimates respected by others.	2. To be willing to work with others, particularly those outside your chosen specialties.
4. To be provided adequate resources (time, money ...) to do the job that's been asked of you.	3. To share all information, including "work in progress".
5. To determine how your resources will be invested. For people funding the project how the funds will be spent and for people working on the project (e.g. investing time) what tasks they choose to work on.	4. To actively expand your knowledge and skillset.
6. To be given the opportunity to gain the knowledge pertinent to making the project a success. Business people will likely need to learn about the underlying technologies/techniques and technical staff to learn about the business.	
7. To have decisions made in a timely manner.	
8. To be provided good-faith information in a timely manner. Sometimes this is just the "best guess" at the time, and that's perfectly all right. This includes but is not limited to business information such as prioritized requirements and detailed domain concepts as well as technical information such as designs and detailed technical concepts.	
9. To own your organization's software processes, following and actively improving these processes when needed.	

Die Kultur einer Organisation soll ihre Mitarbeiter zu einem erhöhtem Engagement motivieren, welches in einer Arbeit nahe dem Chaos – als solches sind agile Projekte zu bezeichnen – absolut notwendig ist.

21.3.3 Forderungen an eine agile Dienstleistungsentwicklung

Aus den vorhergehenden Abschnitten lassen sich die folgenden elf Forderungen aufstellen, die erfüllt sein sollten, wenn Entwicklungen agil durchgeführt werden sollen. Bei einer agilen Dienstleistungsentwicklung sollte(n)

1. qualifiziertes, motiviertes, verantwortungsbewusstes und kollaborationsfähiges Personal gefördert, gefunden und eingesetzt,
2. unkomplizierte Telekooperationsmöglichkeiten bereitgestellt und Freiräume für das Personal gewährt,
3. Prozesserfahrungen gesammelt, bewertet, kommuniziert und vorbehaltlos diskutiert,
4. durch die Verträge ein breites Spektrum möglicher Projektverläufe abgedeckt,
5. Unternehmenskulturen gefördert und kulturelle Hemmnisse beseitigt,
6. Kunden als Co-Designer oder Entwicklungspartner gewonnen, Marktstarts mit teilfertigen Produkten in Erwägung gezogen,
7. realistische Ziele und Visionen aufgestellt und deren Verwirklichung gelebt,
8. Dienstleistungen zur flexiblen Gestaltung des Angebotes modular aufgebaut,
9. der Planungsaufwand bedarfsgerecht auf die Entwicklungszyklen verteilt,
10. Informationen und Controllingwerkzeuge bereitgestellt und Prozessfehler frühzeitig korrigiert und
11. die Organisationsform den Produkteigenschaften einhergehend mit den Entwicklungstechniken und dem Marktumfeld angepasst

werden.

Literatur

Agile Alliance (2006) Helping Agile Projects Start, Helping Agile Teams Perform. Internet: www.agilealliance.org aufgerufen am 13.10.2006
Ambler SW (2006) Active Stakeholder Participation: Enhancing XP's Onsite Customer Practice. Internet: www.agilemodeling.com/essays/activeStakeholderParticipation.htm aufgerufen am 18.04.2007
Beck K (1999) Embracing Change with Extreme Programming. IEEE Computer 32 (10):70–77
Beck K, Beedle MBA, Cockburn A, Cunnigham W, Fowler M, Greening J, Highsmith J, Hunt A, Jeffries R, Kern J, Marick B, Martin R, Mellor S, Schwaber K, Sutherland J, Thomas D (2001) The Agile Manifesto. Internet: www.agilemanifesto.org aufgerufen am 13.10.2006
Boehm BW (1981) Software Engineering Economics. Prentice Hall, Englewood Cliffs NJ
Boehm BW (1988) A Spiral Model of Software Development and Enhancement. IEEE Computer 21 (5):61–72
Boehm BW (2002) Get Ready for Agile Methods, with Care. IEEE Computer 35 (1):64–69

Bunse C, Knethen A von (2002) Vorgehensmodelle kompakt. Spektrum Akademischer Verlag, Berlin Heidelberg

Cockburn A (1998) Surviving Object-oriented Projects: A Manager's Guide. Addison-Wesley, Reading MA

Cockburn A (2002) Agile Software Development. Addison-Wesley, Reading MA

Cohn F, Ford D (2003) Introducing an Agile Process to an Organization. IEEE Computer 36 (6):74–78

Coldewey J (2001) Agile Prozesse – Eine Einführung. Handout zur Keynote des 8. Workshops der Fachgruppe 5.11 „Vorgehensmodelle für die betriebliche Anwendungsentwicklung" der Gesellschaft für Informatik.
Internet: coldewey.com/publikationen/conferences/GI/Glashuetten.7.3.2001.pdf

Deal TE, Kennedy AA (1982) Corporate Culture – The Rites and Rituals of Corporate Life. Addison-Wesley, Reading MA

Edvardsson B, Olsson J (1996) Key Concepts for New Service Development. The Service Industries Journal 16 (2):140–164

Fähnrich KP, Opitz M (2003). Service Engineering – Entwicklungspfade einer jungen Disziplin. In: Bullinger HJ, Scheer AW (Hrsg) Service Engineering. Springer, Berlin Heidelberg New York S 83–116

Fowler M (2005) The New Methodology.
Internet: www.martinfowler.com/articles/newMethodology.html

Highsmith III JA (2000) Adaptive Software Development: A Collaborative Approach to Managing Complex Systems. Dorset House, New York

Honegger BD (2005) Wikis – A Rapidly Growing Phenomen in the German-Speaking School Community. Proceedings of the 2005 International Symposium on Wikis, Oct 16–18 2005, San Diego CA. ACM Press, New York

Hippel E von (1986) Lead Users: A Source of Novel Product Concepts. Management Science 32 (7):791–805

Jaschinski C (1998) Qualitätsorientiertes Redesign von Dienstleistungen. Shaker, Aachen

Johnson G (1988) Rethinking Incrementalism. Strategic Management Journal 9 (1):75–91

KBSt (2006) V-Modell XT, Version 1.2. Internet: ftp.uni-kl.de/pub/v-modell-xt/Release-1.2/Dokumentation/Aenderungsvergleich/Vergleich.pdf

Keil M, Carmel E. (1995) Customer-Developer Links in Software Development. Communications of the ACM 38 (5):33–44

Kunau G, Junginger M, Herrman T, Krcmar H (2005). Ein Referenzmodell für das Service Engineering mit multiperspektivischem Ansatz. In: Herrmann T, Kleinbeck U, Krcmar H (Hrsg) Konzepte für das Service Engineering – Modularisierung, Prozessgestaltung und Produktivitätsmanagement. Physica, Heidelberg S 187–216

McIlroy MD (1968) Mass-Produced Software Components. In: Naur R, Randell B (1969) Software Engineering: Report on a Conference. Proceedings of the NATO Software Engineering Conference, Garmisch, Germany, Oct 7–11 1968. NATO Scientific Affairs Division, Brussels

Meiren T (2002) Service Engineering in der Praxis: Kurzstudie zu Dienstleistungsentwicklung in deutschen Unternehmen. Fraunhofer IRB, Stuttgart

Meiren T, Barth T (2002) Service Engineering in Unternehmen umsetzen: Leitfaden für die Entwicklung von Dienstleistungen. Fraunhofer IRB, Stuttgart

Ramaswamy R (1996) Design and Management of Service Processes; Keeping Customers for Life. Addison-Wesley, Reading MA

Reichwald R, Möslein K (1996) Auf dem Weg zur virtuellen Organisation: Wie Telekooperation Unternehmen verändert. In: Müller G, Kohl U, Strauss RE (Hrsg) Zukunftsperspektiven der digitalen Vernetzung. dpunkt, Heidelberg

Royce WW (1970) Managing the Development of Large Software Systems: Concepts and Techniques. Proceedings of IEEE WESCON. Reprinted in: Proceedings of the 9th International Conference on Software Engineering 1987, Monterey CA. IEEE Computer Society, Los Alamitos CA

Schein EH (1988) Organizational Culture. Sloan School of Management, Massachusetts Institute of Technology.
  Internet: dspace.mit.edu/bitstream/1721.1/2224/1/SWP-2088-24854366.pdf

Scheuing E, Johnson E (1989) A Proposed Model for New Service Development. Journal of Services Marketing 3 (2):25–34

Schwaber Ken (1995) SCRUM Development Process. Proceedings of the ACM Conference on Object-Oriented Programming – Systems, Languages and Applications (OOPSLA '95): Workshop on Business Object Design and Implementation.
  Internet: jeffsutherland.org/oopsla/schwapub.pdf

Shostak GL, Kingman-Brundage J (1991) How to Design a Service. In: Congram CA, Friedman ML (eds) The AMA Handbook of Marketing for the Service Industries. AMACOM, New York pp 243–261

Takeuchi H, Nonaka I. (1986) The New New Product Development Game. Harvard Business Review 64 (1):137–146

Taylor FW (1911) The Principles of Scientific Management.
  Internet: melbecon.unimelb.edu.au/het/taylor/sciman.htm

Anhang

Projektpartner

Advicio Ingenieurbüro Tonio Grawe, Rosenheim

Internet: advicio.de

Advicio unterstützt IT-Dienstleister bei der Entwicklung neuer Service-Angebote und bei der Optimierung der Service-Erbringung.

Grundlage für die Beratung ist die Kombination aus fortlaufender Forschung im Bereich Service Engineering und die langjährige praktische Erfahrung der Mitarbeiter im IT-Service-Management nach ITIL.

Schwerpunkte sind die Automatisierung und Steuerung von Service-Prozessen, die Entwicklung von Service-Katalogen und die Implementierung von Service-Portalen. Neben der Beratung übernimmt Advicio auch die Implementierung und Integration von Werkzeugen. Durch Partnerschaften mit Herstellern von „best of breed"-Lösungen und der Entwicklung eigener Spezialsoftware bietet Advicio seinen Kunden individuell abgestimmte Lösungen für das IT-Service-Management.

e-pro solutions GmbH, Stuttgart

Internet: www.e-pro.de

Mit fast 100 Installationen im Bereich Produktkommunikation und weit über 500 Softwarekunden in den Bereichen database publishing und e-Business ist die 1999 gegründete e-pro solutions GmbH heute das führende deutsche Softwarehaus für effiziente Lösungen zum Thema Produktkommunikation, Cross Media Publishing und e-Business.

Die e-pro Produkte unterstützen die produktzentrierten Marketing- und Kommunikationsprozesse von Markenherstellern, angefangen von der zentralen Datenhaltung bis hin zu den Ausgabemedien wie Print, Web und elektronische Kataloge. Die e-pro solutions GmbH beschäftigt derzeit ca. 70 feste und freie Mitarbeiter, die namhafte Kunden durch spezialisierte Software und Beratungsleistungen dabei unterstützen, ihre Geschäftsabläufe zu optimieren und ihre Wettbewerbsfähigkeit weiter auszubauen.

Das Produktspektrum reicht von medienneutralen Datenbanken zur Verwaltung sämtlicher Unternehmensdaten über die Konvertierung, Klassifizierung und das Editieren von Produktdaten und Cross-Media-Publishing bis hin zu spezialisierten Clearing Centern auf Basis der neuesten Internet- und Technologiestandards.

Die e-pro Produkte „sprechen" international anerkannte Standards wie BMEcat, xCBL, eCl@ss, proficl@ss, ETIM und UNSPSC. Neben den Softwareprodukten bietet die e-pro solutions Consulting-Dienstleistungen bei der Einführung, Erprobung und Umsetzung innovativer Business-to-Business-Lösungen. Die e-pro solutions ist Partner bei nationalen und internationalen Forschungsprojekten und kooperiert mit Forschungseinrichtungen wie der Fraunhofer-Gesellschaft, Universitäten im In- und Ausland sowie zahlreichen Branchenverbänden.

Fraunhofer-Institut für Arbeitswirtschaft und Organisation IAO, Stuttgart

Internet: www.iao.fraunhofer.de

Das Fraunhofer-Institut für Arbeitswirtschaft und Organisation IAO beschäftigt sich mit aktuellen Fragestellungen im Bereich des Technologiemanagements. Insbesondere unterstützt das Institut Unternehmen dabei, die Potenziale innovativer Organisationsformen sowie innovativer Informations- und Kommunikationstechnologien zu erkennen, individuell auf ihre Belange anzupassen und konsequent einzusetzen. Den Anforderungen der Unternehmen entsprechend entwickelt das Institut markt- und kundengerechte Technologiestrategien. Es plant und begleitet den Technologieeinsatz im Gesamtunternehmen, in Geschäftsbereichen und in Einzelprojekten. Die integrierte Betrachtung von Mensch, Technik und Organisation gewährleistet, dass auch die individuellen und sozialen Gesichtspunkte des arbeitenden Menschen berücksichtigt werden.

Forschungs- und Entwicklungsprojekte werden in enger Zusammenarbeit mit Industrie- und Dienstleistungsunternehmen – zum überwiegenden Teil im direkten Auftrag – durchgeführt. Außerdem ist das Institut in Forschungsprogramme der Europäischen Union, des BMBF und der DFG sowie in regionale Förderprogramme der Landesregierung von Baden-Württemberg eingebunden.

Unter einer gemeinsamen Institutsleitung arbeiten am Fraunhofer IAO und dem Institut für Arbeitswissenschaft und Technologiemanagement IAT der Universität Stuttgart rund 210 Mitarbeiter aus unterschiedlichen Disziplinen zusammen.

Einen Arbeitsschwerpunkt des Fraunhofer IAO bildet die thematische Auseinandersetzung mit Dienstleistungen. So wurden in dem Bereich „Entwicklung und Management von Dienstleistungen" die Kompetenzen zur Entwicklung und Gestaltung von Dienstleistungen gebündelt. Insbesondere haben Mitarbeiter dieses Bereichs in den neunziger Jahren die Fachdisziplin „Service Engineering" begründet und zu internationaler Bekanntheit geführt.

GSM Gesellschaft für Software Management mbH, Düsseldorf

Internet: gsm.de

Die GSM Gesellschaft für Software Management mbH ist ein herstellerunabhängiges Beratungs- und Anwendungsentwicklungshaus mit Sitz in Düsseldorf und Stuttgart. Ihre zentralen Tätigkeitsbereiche sind: Projektmanagement und Controlling, Prozessmanagement, Informationsmanagement, Software Management, Software-Architekturen, Software-Technologie und Qualitätssicherung.

Das Produktspektrum beinhaltet verschiedene Service-Produkte wie Prozess-Check zur Überprüfung der prozessorientierten Unternehmenssteuerung oder IT-Check zur Analyse der eingesetzten IT-Komponenten und deren Schnittstellen entlang der Geschäftsabläufe. Dienstleistungen werden im Bereich Strategie- und Organisationsberatung und im Management komplexer IT-Vorhaben erbracht.

Die GSM verfügt über langjährige Erfahrung aus Dienstleistungstätigkeiten für Logistik-Konzerne (Deutsche Post AG, Telekom AG etc.) bzw. Finanz-Konzerne (Deutsche Bank, DZ-Bank etc.) in den Bereichen Service Engineering, IT-Management und Integrationsmanagement.

IDS Scheer AG, Saarbrücken

Internet: www.ids-scheer.de

Das Software- und Beratungshaus IDS Scheer ist der weltweit führende Lösungsanbieter für Geschäftsprozessmanagement und IT. Mit der ARIS Platform for Process Excellence bietet IDS Scheer ein sowohl technisch als auch fachlich hochgradig integriertes und vollständiges Werkzeug-Portfolio für „Business Process Excellence"; es umfasst Methoden, Software und Lösungen für alle Phasen des Prozesslebenszyklus – von der Strategie, über das Design und die Implementierung bis zum Controlling.

Die ARIS Platform stellt damit ein klares Alleinstellungsmerkmal von IDS Scheer dar und unterstützt die Kunden in Unternehmen und Behörden softwareseitig rund um den Process Lifecycle. Innerhalb der ARIS Platform for Process Excellence ist ARIS Toolset das weltweit meist verkaufte Werkzeug für die Prozessoptimierung. Eine strategische Kooperation mit SAP macht die ARIS Werkzeuge und Methoden künftig zum Standard der NetWeaver Plattform. Mit ARIS Smart-Path steht außerdem ein Werkzeug zur Verfügung, das auch für mittelständische Unternehmen eine schnelle SAP-Einführung gewährleistet.

Dank des integrierten Ansatzes des ARIS Value Engineering (AVE) betrachten die IDS Scheer-Berater die Organisationen ihrer Kunden ganzheitlich. AVE bedeutet Brücken zu bauen zwischen der Unternehmensstrategie, den daraus resultierenden Prozessen, den zur Unterstützung notwendigen IT-Lösungen und der Kontrolle des laufenden Betriebs. Darüber hinaus erhalten Kunden ein globales Service-Angebot für Outsourcing und Support.

IDS Scheer wurde 1984 von Prof. Dr. Dr. h.c. mult. August-Wilhelm Scheer, heute Aufsichtsratsvorsitzender und Chief Technology Advisor, gegründet und betreut derzeit ca. 6.000 Kunden in über 70 Ländern mit eigenen Niederlassungen bzw. Partnern. Die IDS Scheer Gruppe erwirtschaftete 2006 einen Umsatz von etwa 354 Mio. Euro. Das Unternehmen beschäftigt weltweit über 2.800 Mitarbeiter und ist an der Frankfurter Börse im TecDAX gelistet.

Infoman AG, Stuttgart

Internet: www.infoman.de

Die Infoman AG ist das CRM Beratungs- und Lösungshaus für den Maschinen- und Anlagenbau. Wir bieten Kundenmanagementstrategien, Prozessberatung und CRM Lösungen. Sowohl unternehmensweit als auch fokussiert auf die Bereiche Vertrieb, Marketing oder Service. Unser Anspruch ist dabei präzise definiert: ganzheitlich, partnerschaftlich, innovativ.

Infoman realisiert mit diesem Anspruch bereits seit über zehn Jahren zielgerichtete CRM Projekte. Oder anders ausgedrückt: In über 300 Kunden- und Innovationsprojekten haben wir unser Know-how eingebracht und ausgebaut.

Mit Infoman CRM Maschinenbau hat die Infoman AG eine spezielle Branchenlösung auf Basis von Microsoft CRM für Unternehmen im Maschinen- und Anlagenbau entwickelt. Langjährige Erfahrungswerte und das Know-how als branchenvertrautes CRM Beratungs- und Lösungshaus sind in diese Lösung eingeflossen.

Infoman CRM Maschinenbau bietet neben der 360°-Kundensicht auch den umfassenden Blick auf Maschinen. Und das von der Vermarktung über den Verkauf bis hin zum Service. Alle Informationen stehen per Mausklick jederzeit abteilungsübergreifend zur Verfügung. Entscheider können ihre Maßnahmen gezielt planen und steuern.

Infoman CRM Maschinenbau ist von Microsoft als weltweit erste CRM Branchenlösung für den Maschinen- und Anlagenbau zertifiziert.

ISA Informationssysteme GmbH, Stuttgart

Internet: www.isa.de

Die ISA Informationssysteme für computerintegrierte Automatisierung GmbH in Stuttgart wurde im Jahre 1987 gegründet. Bereits Mitte der 80er Jahre entwickelte die ISA weit fortgeschrittene User Interface Technologien. Unternehmensziel ist die Entwicklung und Vermarktung innovativer Technologien auf Basis von XML und moderner Benutzerschnittstellen.

Seit Gründung hat sich die ISA als einer der führenden deutschen Anbieter von Client-Server-Lösungen etabliert. Sie hat mit ihrem Produkt „Dialog-Manager" das weltweit erste voll grafisch-interaktive und plattformunabhängige User Interface Management System (UIMS) entwickelt. Der Dialog-Manager ist ein Tool, mit dem grafische Benutzeroberflächen (GUIs) und Client-Server-Architekturen erstellt werden können.

Mehr als 10.000 Softwareentwickler arbeiten heute weltweit mit ISA Produkten. Zahlreiche Großkunden von den europäischen Flugsicherungsagenturen bis zu nationalen Behörden, Banken und Versicherungen lassen bei ISA entwickeln. Die langjährige Erfahrung der ISA findet ihre Umsetzung in zwei durch ausgeprägte Alleinstellungsmerkmale gekennzeichneten Arbeitsgebieten:

Bereitstellung von Softwarewerkzeugen zur Entwicklung großer Client-Server-Lösungen einschließlich der Unterstützung bei komplexen Entwicklungs- und Integrationsprojekten. Bereitstellung von Methoden und Werkzeugen für das unternehmensweite Wissensmanagement. Lösungen sind hierbei Klassifikationssysteme zum Ordnen und Weiterleiten von E-Mails, Systeme zur strategischen Frühaufklärung bezüglich neuer Technologietrends und Werkzeuge zur Unterstützung der frühen Phasen von Entwicklungsvorhaben.

T-Systems Multimedia Solutions GmbH, Dresden

Internet: t-systems-mms.com

T-Systems vereint hochwertige Dienstleistungen für Informations- und Kommunikationstechnik (engl.: ICT). Das weit reichende Know-how aus beiden Welten macht die Geschäftskundensparte der Deutschen Telekom zu einem bevorzugten Partner von multinationalen Konzernen, kleinen und mittelständischen Unternehmen sowie Institutionen der öffentlichen Hand. Im Geschäftsjahr 2005 erzielte T-Systems mit 52.000 Mitarbeitern in mehr als 20 Ländern einen Umsatz von 12,9 Milliarden Euro.

Seit der Gründung im Jahr 1995 hat sich die *T-Systems Multimedia Solutions GmbH*, eine Tochter der T-Systems Business Services GmbH, zum erfolgreichsten Internet- und Multimedia-Unternehmen in Deutschland entwickelt. Sie gehört mit gegenwärtig über 600 Mitarbeitern zu den größten Unternehmen und Ausbildern der Branche in Deutschland. In zehn Jahren erfolgreicher Geschäftstätigkeit etablierte sich das Unternehmen als kompetenter E-Business Enabler. Der Hauptstandort des Unternehmens befindet sich in Dresden.

Zu den Dienstleistungen gehören die Entwicklung und Pflege von Portalen für unterschiedliche Branchen und Themen – darunter Telekommunikation, Energie, Handel, Gesundheitswesen oder die öffentliche Verwaltung – sowie branchenübergreifender Lösungen für Online Marketing, E-Procurement, E-Commerce, E-Services, E-Learning und vieles mehr. Im T-Systems-Verbund erarbeitet das Unternehmen Gesamtlösungen – vom Datennetz bis zu Portalanwendungen. Dies schließt sicheres Hosting, Service und Support sowie stabile Kooperationsstrukturen zur kontinuierlichen Anpassung und Weiterentwicklung ein.

Zu den Kunden des Unternehmens gehören u.a. Barmer Ersatzkasse, BASF AG, Bundesagentur für Arbeit, Deutsche Post AG, DaimlerChrysler AG, Fraunhofer-Gesellschaft, Gardener's, Innenministerium Baden-Württemberg, Mettler-Toledo GmbH, Philip Morris, Playmobil, Promarkt, Quelle Neue Medien, Schalke 04.

Universität Leipzig, Institut für Informatik, Abteilung Betriebliche Informationssysteme

Internet: bis.informatik.uni-leipzig.de

Die *Universität Leipzig* wurde 1409 gegründet und ist die zweitälteste Universität Deutschlands mit kontinuierlichem Lehrbetrieb. Mit ihren aktuell ca. 35.000 Wissenschaftlern, Angestellten und Studierenden sieht sie sich heute wie auch jeher der *universitas litterarum* verpflichtet. Die Universität Leipzig vereint so ein breites Spektrum wissenschaftlicher Disziplinen unter ihrem Dach, die in Fakultäten und Instituten zusammengefasst sind und in hohem Maße interdisziplinär zusammenarbeiten.

Das 1993 gegründete Institut für Informatik bildet gemeinsam mit dem Mathematischen Institut die Fakultät für Mathematik und Informatik der Universität. Das Institut legt seit seiner Gründung hohen Wert auf eine Verbindung der Informatik mit anderen Wissenschaftsdisziplinen der Universität insbesondere den Wirtschafts-, Geistes-, Naturwissenschaften und der Medizin. Daraus entstanden am Institut angewandte Forschungsgruppen und Studienrichtungen wie Automatische Sprachverarbeitung, Versicherungsinformatik, Medizinische Informatik, Bioinformatik und Betriebliche/Anwendungsspezifische Informatik. Gegenwärtig sind über 1.000 Studenten in den verschiedenen Informatik-Studiengängen eingeschrieben.

Die *Abteilung Betriebliche Informationssysteme (BIS)* am Institut für Informatik der Universität Leipzig besteht seit dem Wintersemester 2000/01 unter der Leitung von Prof. Dr. Klaus-Peter Fähnrich.

Der Lehrstuhl beschäftigt sich übergreifend mit integrativen Softwarelösungen vom Ansatz über Middleware-Konzepte bis hin zur vollständigen Modellierung einsatzfähiger Vorgehensmodelle. Von Grund auf werden notwendige beständige und neue Technologien im Umfeld der Forschungsbereiche Service Engineering, Wissensmanagement, E-Business und Systemintegration sowie Semantic Web Technologies erprobt und in die Lehre eingebracht.

Abbildungsverzeichnis

Tabellenverzeichnis

Sachverzeichnis